「山东大学中文一流学科建设经费」资助项目

刘晓艺 著

家法

一位食货后学的政经法论稿

山东大学中文专刊

复旦大学出版社

图书在版编目(CIP)数据

家法：一位食货后学的政经法论稿/刘晓艺著.
上海：复旦大学出版社,2024.9. -- ISBN 978-7-309
-17528-8
Ⅰ.C53
中国国家版本馆 CIP 数据核字第 20240BQ137 号

家法：一位食货后学的政经法论稿
刘晓艺　著
责任编辑/黄　丹

复旦大学出版社有限公司出版发行
上海市国权路 579 号　邮编：200433
网址：fupnet@fudanpress.com　http://www.fudanpress.com
门市零售：86-21-65102580　团体订购：86-21-65104505
出版部电话：86-21-65642845
常熟市华顺印刷有限公司

开本 787 毫米×960 毫米　1/16　印张 19.75　字数 303 千字
2024 年 9 月第 1 版
2024 年 9 月第 1 版第 1 次印刷

ISBN 978-7-309-17528-8/C・451
定价：78.00 元

如有印装质量问题，请向复旦大学出版社有限公司出版部调换。
版权所有　侵权必究

刘晓艺,女,山东大学文学院比较文学与世界文学研究所教授、博士生导师,美国亚利桑那大学博士。出版中文专著5部、双语专著1部、英文专著2部,发表中英文论文40余篇。主要研究方向为:明代物质文化史、民国史、格律诗歌。

作者亚利桑那大学博士毕业照

陶希圣全家福

前排右一：陶希圣，前排左一：万冰如（陶希圣夫人）
第三排左一：鲍家麟，第三排左二：陶晋生

《山东大学中文专刊》
编辑工作组

组长
黄发有　郭春晓

副组长
马　兵　杨建刚　樊庆彦　王　辉

成员
王培源　刘晓东　萧光乾　张学军　张树铮
孙之梅　关家铮　王新华　杨振兰　岳立静
戚良德　祁海文　李开军　刘晓多　沈　文
王　萌　刘靖渊　程鸿彬　刘天宇　吉　颙
李振聚

《山东大学中文专刊》编辑出版说明

"山东大学中文专刊",是山东大学中文学科学者著述的一套丛书。由山东大学文学院主持编辑,邀请有关专家担任编纂工作,请国内有经验的专业出版社分工出版。山东大学中文学科与山东大学的历史同步,在社会巨变中,屡经分合迁转,是国内历史悠久、名家辈出、有较大影响的中文学科之一。1901年山东大学堂创办之初,其课程设置就包括经史子集等中文课程。1926年省立山东大学在济南创办,设立了文学院,有中国哲学、国文学两系。20世纪30年代至40年代,杨振声、闻一多、老舍、洪深、梁实秋、游国恩、王献唐、张煦、丁山、姜叔明、沈从文、明义士、台静农、闻宥、栾调甫、顾颉刚、胡厚宣、黄孝纾等著名学者、作家在国立山东(青岛)大学、齐鲁大学任教,在学术界享有盛誉。新中国成立后,山东大学中文学科迎来新的发展时期,华岗、成仿吾先后担任校长,陆侃如、冯沅君先后担任副校长,黄孝纾、王统照、吕荧、高亨、高兰、萧涤非、殷孟伦、殷焕先、刘泮溪、孙昌熙、关德栋、蒋维崧等语言文学名家在山东大学任教,是国内中文学科实力雄厚的学术重镇。改革开放以来,新中国培养的一代学术名家周来祥、袁世硕、董治安、牟世金、张可礼、龚克昌、刘乃昌、朱德才、郭延礼、狄其骢、葛本仪、钱曾怡、曾繁仁、张忠纲等,以深厚的学术功力和开拓创新精神,谱写了山东大学中文学科新的辉煌。总结历史成就,整理出版几代人用心血和智慧凝结而成的著述,是对学术前辈最大的尊敬,也是开拓未来,创造新知,更上一层楼的最好起点。如何在新的阶段为学科发展做一些有益的工作,是摆在面前的首要课题。编辑出版《山东大学中文专刊》是新举措之一。相信这是一项长期的任务,而且长江后浪推前浪,在未来的学术界,山东大学中文学科的学人一定能够创造出无愧于前哲,无愧于当代,无愧于后劲的更加辉煌的业绩。

山东大学文学院
2019年10月11日

目录

序	001	食货惟先述祖声
政治	003	"西安事变"与"丢失大陆":失败者怎样书写历史 ——兼谈国民党文宣系统的"曲释"(Spin)操作
	038	"西安事变"文附录:与汪荣祖先生论二陈信
	042	论《苏俄在中国》"极密件":兼及陶希圣与中共早期人物往来
	060	市民社会伦理已渗入历史书写:论近年来秋瑾研究中的历史修正主义倾向
	086	两代英伦首相的与时相悖:索尔斯伯利侯爵与贝尔福舅甥素描
	098	珍珠港前夜的胡适与霍恩贝克
	107	被塑造的后瞻性:《卡尔·马克思:一个19世纪的人》评介
	115	谎话连篇胡兰成
	124	迈克尔·肯尼迪之死:一个晚期资本主义文化角度的释读
经济	139	《醒世姻缘传》及其他明清小说中的白银与制钱问题
	162	《醒世姻缘传》中折射出的明代自耕农经济兴衰 ——兼谈一条鞭法和"黄宗羲定律"
	181	明代奢侈性食品消费的阶层下移趋向 ——兼考《醒世姻缘传》中的罕异方物名吃

198 明代的水陆旅行：以《醒世姻缘传》中的描写为例
214 非理性繁荣：回顾危机的历史
220 教你五个金融术语

法律
231 "美国诉弗吉尼亚"案与美国司法审查思维的变迁
　　　——兼论美国南方价值传统中的"与时背驰"
254 险对特朗普出鞘的达摩克利斯之剑：第25条修正案的前生今世

外篇
263 大圣教：海外中国人网络社区的二次元宗教
269 我为潇水写推荐语的来龙去脉
278 给人民写手潇水的推荐语

跋
284 《食货家法》勒成感希圣公生平

序

食货惟先述祖声

　　国内文学出身的学生来美国念研究生，东亚系是一个常见的选择，非近现代方向的历史系学生往往也是这个选择，因为美国历史系没有、或很少有针对前现代中国史专业的培养计划。文科奖学金难拿，东亚系的助教职位可以提供生计之需。

　　我硕士和博士都完成于亚利桑那大学东亚系，但硕士和博士并没有连着来——1999年硕士毕业后，我入博士项目又读了一年，千禧年踩着互联网泡沫进入旧金山一家财富500强金融公司，六年后又回到亚大的原项目重新读博，越四年，始完成学业。工作期间遇到"9·11"，办公楼坐落在蒙哥马利路，属旧金山金融区数一数二的高层建筑，当时纷传，如果西岸也来个那么一下子，不是我们楼就是美国银行大楼没跑。嘉信理财有名的着装标准严格，除周五外，寻常上班日，女员工一水西装衬衫及膝窄裙，因出出入入，重重关卡，大家脖颈上都系挂着一张工牌。我们曾收到过大楼里有爆炸物的警报，在震耳欲聋的轰鸣中进行高层疏散，无数高跟鞋声轧轧回响在漫长的楼梯间，但绝无拥堵推搡，甚至没有人惊叫或抱怨；如同群蜂从遭受攻击的蜂巢中有序散出，恐惧中仍带着工蜂阶级的井然。

　　旧金山金融区是这么一个地方，你感到与世界政经的脉搏相连，但它绵密的冷雨，又使你永远觉得生活在异乡。飘离学术界称"间隙期"(Gap)，通常来说对学术生涯是有害的，但于我却未始非福。工作的经历为我打开了财经的视域，当我用长期盯着道纳二指曲线的眼睛再回过头去看明物质史，一切田亩、丝帛、桑柴、人口、骡马、航船的数据就都有了意义。

　　我在国内原出身于山东大学中文系，本科师从古籍学者鲍思陶先生，习旧体诗文,严重偏科古代文学,专业诉求上从不作第二想。在亚大申硕士项目,系里原是将我作古典文学方向的学生录取的,但人生如树花同发,随风而坠,一个命运的偶然,使我由文入史:就在我入学前夕,专业导师M教授忽罹中风。系里另外一位古典文学教授是他的太太C,为了照顾病人,C教授将课时减为半时,几个月后,他们就办妥退休,双双搬去阳光明媚的圣何塞了。系里补聘古典文学方向的教授,从刊出广告到面试、定立人选,再到新人报到、熟悉环境、接手研究生,需要一个周期。学业不能等,古典文学之门既对我关闭,虽仍有现代文学可选,然我意不在兹,遂转向与古典文学最接近的古代史方向。

我师陶晋生院士与鲍家麟教授,分别治宋金史与明清史。他们也是一对夫妇。陶晋生为民国学者陶希圣第四子,亦为陶家诸子中继业其父青箱之学的唯一。鲍家麟与陶晋生年龄相差大致7岁,但本科出处一致,同为台大历史系,留美又同负笈印第安纳大学历史系。年级差别这么多,本来不太可能同期,但在台湾,健康男性或早或迟都必须服兵役。陶晋生考取了姚从吾的硕士,毕业后轮兵役两年,再任姚从吾的讲座研究助理,其后才放洋。如此这般,在印第安纳大学,他遂以年届相近的学长身份与鲍家麟相识、相恋、订婚。他在获得博士学位前,曾回母校历史系任教一载,这在当年中国台湾留美"博士候选人"中,是通行的做法;获得学位后,他任教于美东的卡拉玛祖和西密大,凡三年,一面等待他的未婚妻完成学业。其后他们结婚、生了长女、举家返台,回到母校台湾大学,共同教书7年;这期间陶晋生同时任半职于"中研院"史语所,又与其父一起复刊了《食货》期刊。决定返台教书,原因之一是陶师深苦在美国高校无时间做研究,这里面有一重历史的原因。20世纪60年代末,越战方殷,大量学生与嬉皮士涌入历史系修习远东现代史课程,作为助理教授的他,光是此一课程,一年就需要开两班,每班70人,授课任务实在太重,更不消说还需要承担中国通史、中国近代史、中国现代史、西方文明史和中国史研究的课程。

1976年,汉学巨擘史华慈为亚利桑那大学罗致人才,举荐了陶晋生夫妇,他们接受该校的教职,返美工作到退休为止。陶家三个女儿皆生于美国,长女与次女之间隔着她们父母回台教书的岁月。1990年,陶师当选"中研院"院士。他们夫妇既为陶希圣后人中的史学继业者,很自然地,他们接收了乃翁生前的部分资料。

陶希圣的另外一些资料，原由其第三子陶恒生掌握；陶恒生退休前为一名成就卓然的机械工程师，退休后致力于有关其父生平重大事件的"高陶事件"的研究，著有《高陶事件始末》，翻译了《高宗武回忆录》。陶恒生去世后，他的家人将他所拥有的陶希圣资料捐献给了斯坦福大学。2018年2月18日，斯坦福大学胡佛所正式为陶希圣资料建档。①胡佛所已收有蒋介石、宋子文、孔祥熙档案，陶希圣资料之进入胡佛所，足证其珍稀。《高陶事件始末》得陶门大弟子何兹全序一，著名历史学家唐德刚序二。鲍家麟在读博末期又曾到哥大作访问学生，师从唐德刚与狄百瑞（William Theodore de Bary）。

唐德刚一生都在悲叹"历史制造者"对"现代史学的规律，尤其是对二战后'口述历史'这宗新史学发展的重要性，认识不足，而不愿自'倒竹筒'，只吞吞吐吐挤点'牙膏'，让后世不明真相的隔代史家，各取所需，自行编造，误人误己"，故此，了解到他指导的访问生鲍家麟正是陶希圣儿媳后，他曾有过一番规劝：

> 至于陶希圣先生的故事，我曾以同样理由，鼓励过陶府家人，乘陶公健康极好，记忆犹新之时，请他老人家本人，作个详细口述的记录，为陶府留家乘，为国家存信史。我也劝告过那时还是史学博士生的鲍家麟女士（陶公四子晋生的夫人），可以作为她的博士论文，来认真地撰写成一部有关高陶事件的史学巨著，为我国近现代史，解决一桩久悬未决的大疑案，功在文化。盖希圣先生虽然已著作等身，但是涉及这段往事，则显然是欲言又止也。后来鲍教授学成之后，对公公的访问，据说还是不够彻底。这可能因为是媳妇访问公公，不易尽所欲问。更可能则是陶公仍觉忌讳太多，不愿畅所欲言也。②

1965年，唐德刚刚完成哥大"口述历史部"韦慕庭主管下的"李宗仁口述历史"，被采访人李宗仁忽然自纽约"失踪"，回到红色中国，使得耗时8年

---

① Hsiao-ting Lin, *Defectors in The Midst Of War*, Hoover Institute, Stanford: Stanford University, February 8 2018. DOI: https://www.hoover.org/news/defectors-midst-war.
② 唐德刚：《序二》，[美]陶恒生：《高陶事件始末》，中国大百科全书出版社2012年版，第3页。

的项目深陷泥沼。中英两稿皆被美国法院以出版法及国际版权协议判为哥大"校产",查封蒙尘。其中,英文稿本已箭在弦上、即将签约出版;李宗仁作为政治新闻人物的时效性过期后,其稿几经周转,至1979年方见天日;付梓过程备历艰辛,部分出版资金甚至需要唐德刚"归而谋诸妇",以小家庭私蓄垫付。长度逾百万字的中文稿命运更是多舛,唐氏称其为"一位未施脂粉、乱头粗服的佳人",这部"学术在政治上的牺牲品",在经历了版权、人事、修订、翻译种种纠葛之后,万里飘蓬、几经抄袭,至1975年底被退回哥大,1977年见刊连载于香港《明报月刊》;在经历停刊波折后,1980年以"中国人民政治协商会议广西壮族自治区委员会文史资料研究委员会"所刊"内部书"的形式付梓,始有荆璧之出世。

鲍家麟是1957年以头名考入台大历史系的。台湾联考争竞惨烈,我们或能从琼瑶早期小说及自传中略窥一二。历史系一级仅招生一个班级,正式生名额仅有15人(但有十几名侨生、港生,后又有转学生进来,故总数达30人左右),而20世纪50年代的台大历史系与"中研院"史语所两处,裒集了多少声名赫赫的史学名家!他们的总人数几乎可以匹配一级的本科生人数。头名、扫眉才子,自然引起院系中各长老的关注。彼时联考还在使用传统的写榜法,学生的成绩,一名一名从学校报到学院。文学院院长沈刚伯回忆说,在等写榜的时候,头名出来,他本以为"鲍家麟"是个男生,待他抽完一支烟,第二名的消息才报过来。

这一年历史专业忽成为女生的择科理想,联考不得歧视性别,系里多录了几名女生,遽引发性别比的地震。教授们很多从西南联大时期过来,对中文、外文专业招女生本是经惯的,但见到历史系这男女各据半壁江山的新局面,还是不由得惶惶然:本专业莫非正在面临"三千余年一大变局也"[①]?——他们援引李鸿章同治十一年(1872年)的《筹议制造轮船未可裁撤折》,以近于黑话的史学术语表达着对史学发展的忧虑。唯吴相湘没那么含蓄,他发愁道:"历史系要变成怡红院了,怎么办?"系主任刘崇鋐是个老清华,老清华对男女分区是有一些不能改变的执念的。迎新会上,他致辞欢迎新生,提出

[①] 〔清〕李鸿章:《筹议制造轮船未可裁撤折》,顾廷龙、戴逸主编:《李鸿章全集5:奏议五》,安徽教育出版社2008年版,第107页。

希望女生"赶快转系",因为"这一行不适合女生";他的苦心箴言没人理会不说,话音没落多久,又有一名女生谢莹莹从农学院转了进来。

授业师中有李济讲"考古学导论"、凌纯声讲"地学通论"、方东美讲"哲学概论"、吴相湘讲"中国近代史"、英千里讲"西洋文学史"、夏德仪讲"中国通史"、姚从吾讲"辽金元史"、李宗侗讲"中国上古史"、牟润孙讲"隋唐五代史"、劳榦讲"秦汉史"、方豪讲"宋史"、芮逸夫讲"民族学"等。王叔岷、屈万里和全汉昇都给历史系开过选修课。徐子明的"西洋中古史"仅汪荣祖一人选修,一师一徒,经年对坐,毫不苟且,蔚成景观。少女鲍家麟对徐氏这个做派和言谈都极端复古的怪老头是敬谢不敏的。确然她错失了一座宝库:徐子明为海德堡大学博士,精通六国文字,于古罗马史、西欧史并先秦百家,无一不精。"旁人错比扬雄宅,异代应教庾信居",徐氏也骂胡适,人们把他比作异时空的台大版辜鸿铭。

刘崇铉、毛子水在1948年底南京国民政府紧急出台的"抢救学人计划"里,彼时的南苑机场已被解放军占领,他们所乘的专机能够从北平起飞,靠的是傅作义以多名国军士兵的生命换到了一条跑道。在其后漫长的同事岁月里,历史系的其他学者对刘、毛的这段"非常之遇"作何感想,在我看来,非常值得感想。"抢救学人计划"的名单由傅斯年、陈雪屏、朱家骅等人提出,他们根据什么决定谁能上飞机、谁不能上飞机以及谁要为谁上飞机付出生命,只有他们已逝的魂灵知道。历史和当今不断提示,每一个时代、每一个社会,都有它的傅斯年、陈雪屏、朱家骅,也都有它的刘崇铉、毛子水。不过,如果有哪位较劲的谁坚持,我也可以从表述中去掉"当今"。

诸师嘴上说不喜欢女生念历史,打分数的时候却并不歧视女孩子,系里的高分数和奖学金常常流向她们,尤其是台北一女中的毕业生。一女中为台湾最精英的女校,盛产家教良好的乖乖女。她们每见到穿长衫的教授都鞠躬,以示尊师重道。李敖长他们几届,穿长衫、戴眼镜,学妹们辨不出他与教授的区别,几番鞠错,直到听说他大一英文还没及格、需要一再补考,那实在戳破她们有关"有才华的学长"的认知;此外还听说他戴的草帽翻过来,里面藏有裸女照片,那对她们来说又是难为情的经验。不久,李敖任姚从吾助教,有一天,他对选姚教授辽金元史课的一个女生说:"姚老师对你们一个个都有评语,写在一个本子上,你们想看的话,付我一个字五块钱,我就拿来给你们看。"乖乖女们讨论后,一致决定不看。

修习历史其实很容易催熟学子的思想,再是幼稚的小姑娘,四年内也蝉蜕变化,而况还有两性互动的力量:台大男女比例悬殊,多数女生都在校园中展开初恋,然而多数初恋都保不住,因为去服兵役后的男生很难做到"捍卫胜利果实"。台湾高校的圈子那么小,每个人认识每个人,大不了几岁的男学长从美国镀金回来,成为助教,会"鸡飞狗跳地追女孩子",几乎每个适龄女生都被考虑过。以今日的女权主义理论拆解而论,那其中必然有所谓"男凝"权力结构值得被批判,但是那组包括"男凝"在内的系列"凝视",同时也正是她们的"本我"形成的铸造性力量——总好过被泯然众人。男性世界的反馈并没有使她们倒向娇妻主义,无论婚姻经营得如何,她们人人都专注于事业。也许因为那"凝视"是同时看成绩单与外貌的,当然,也并不是说看成绩单的"凝视"就不应被批判。我的本意仅仅是想回溯到某种社会历史语境以说明:人们通常认为披斩荆棘的拓荒者境遇艰难,但拓荒者往往也踏在更肥沃的土地上。在职业性别领域也是如此。

一个轮回之后,我有机缘接触到更多台大20世纪五六十年代出身的女性学者——她们当时已在七十岁到八十岁间。使我时时惊叹的是,她们集体带有一种未被浊世时光带走的女学生气,我以为那正与她们少女时代所得到的特殊眷顾——广义上的"凝视"——有关。近乎一对一的师生比,使她们从师长层面得到充沛的个人化关注;竞争总由考试构成,长期正反馈分数,这使她们终生服膺知识密集型考核体系的公平;在两性区隔仍然鲜明的时代,她们被人数众多的男生追求;琼瑶小说于60年代中期兴起,这使她们长时段地、也许不无盲目地信仰爱情。即使琼瑶也不失为一种女性思想解放元素,因为她的爱情至上主义提倡了女性自主意识与世俗的对立。这些因素可能妨碍她们成为更圆熟的入世者,但学术界稀见的并不是圆熟的入世者,而是能在学术会议上津津有味听一天报告不抱怨累的七八十岁老太太。我也欣赏她们谈起旧日哪个男同学"学问好、人品好"时眼睛里的光。她们不谈谁谁很发财。高等教育流水线化以后,青年学子身上常常带有的一种计算气,中年学者身上常常带有的一种疲沓气,知识女性身上常常带有的一种待沽气,在她们那里反而是很少见的。

鲍家麟本科时期往来最密的是教逻辑学的自由知识分子殷海光。殷氏以其独特的人格魅力吸引着台大诸专业的青年学子。在课堂上,他不屑于那种"浇一瓢水在鸭子身上"的教学法,他的课堂使用对话式问答,从学理上讲透逻辑学的知识体系和思考方式。他的讲座充满干货,他磁性的声音充满力量,对每一命题、每一推理,皆有举证;学生们敏锐地感知到,他们在走向理性与独立的思考,因为教师的意向不在于教授多少知识,而在于养成他们对是非正误的判断力。殷海光是金岳霖的西南联大烟斗喷出来的,他也与乃师相似,喜欢课下与学生深度互动。殷长年受蒋政府监控,台大宿舍浅窄,若要说点批评性的言论,他需要甩开特务,带学生们去"跑山",气喘吁吁中发出"危险观点"。他极端贫困,连写信的邮票都闹穷,寄给海外诸高弟的信,要装在一个信封里省邮资;他在极端物质匮乏中仍保持着一点西式的爱好,或曰风度:喝咖啡,读精装原版书,请学生吃"美而廉"的小点心。没有人不被他身上的道德光芒所照亮。他的病床前,得狂生李敖的殷勤照拂;他的身后,孤女赴美,得事业成功的女学生李楣的鼎力相助——邓公访美,李楣曾在华盛顿肯尼迪中心代表美方担任其翻译。在殷海光去世的1969年,张灏、林毓生、鲍家麟等走学术道路的弟子都在美国,有的正在经历读博苦熬阶段,有的刚闯关出来,事业初立但有小家庭之负累,但无论在工在读,殷门弟子都会省吃俭用,在邮信中夹张支票,万里迢迢,寄回台湾给师母补贴家用。

我比鲍师的长女小一岁,多年来她对我视同亲女,生活上诸多照拂。由于推崇"职业主义"精神,美国高校其实有着严格的师生藩篱。我们同文同种、同为女性,这对打破藩篱很关键。外出开会,我们合订一个房间;她做了好吃的点心,会带给我一份;晚年她与陶师离异,心情郁闷时,我曾开车载着她四处游荡。我时常觉得,鲍师实则是将她承自台大诸师的个人化关注复加诸我身了,她予我的关怀与互动,不光不似美式的,甚至可以说是前现代式的。

鲍师的治学重点在妇女史,而犹重辛亥革命史;我念硕士时,适逢她拿到蒋经国基金会的一个项目,我为她做助研,自己的兴趣和研究计划也被带到晚清及以降。2016年,我们终于将在我硕士时期就一起合作的秋瑾书稿付梓,了结了一笔"文债"。她手中凡有珍贵的研究资料,只要我说可能会用得到,她就会复印一份给我;至若整书,她若度自己不再使用,也往往举而相赠。明史专家查尔斯·贺凯（Charles O. Hucker）曾于20世纪60年代初在亚利桑那大学任教，后来去了密歇根大学（顺带成了黄仁宇的答辩委员会导师），但他热爱亚利桑那的阳光，退休后又与妻子返回图桑，直到20世纪90年代初去世前一直活跃在东亚系。现在东亚系还设有贺凯奖学金给本科生。贺凯的藏书大部分捐给了亚大图书馆，有一部分则赠给了他的同专业同事鲍家麟，又经鲍师传到我的手上。也幸亏有贺凯间接的藏书遗馈，我才敢于去拿一个明代物质生活史的课题来作博士论文题目。

陶师风度严整，为民国贵公子与严师形象的综合体：当年虽已年逾六十，然身材笔挺，头发约八成白，发型整齐，衣品绝佳，雪白的衬衫，背带裤，外穿双肘处打补丁的合体西装。他从来不苟言笑，学生不提问，他从无主动寒暄一句。我初入学时，第一次坐在他那冷气开得十足的办公室里，汗出涔涔如浆而背后发冷。很久之后，"立雪"的刻板印象才渐渐冰释。陶师上课时不大说笑话，偶尔说一则，全班莞尔。有次他介绍宋金史研究在美国汉学界的规模，"在高校任职的宋金史研究者，大约有……三十多位吧……那么我想，我在其中大约是，可以排到，"顿了一顿，"头，呃，三十多名的样子吧。"他喜欢一位俗姓严的和尚——亚大东亚系的佛学研究排名颇好，常年有来自中国港台、新加坡的比丘及比丘尼研究生——仿基督徒称牧师的叫法，称他"reverent"或"your honor"，遇到哲理性问题，常肃容请教严师父的看法，句型等同"元芳你怎么看？"多年后《神探狄仁杰》在大陆热播，我一直在猜测编剧是不是我当年班上的同学之一。

在系里待了足够长年头的学长透露：陶师善绘而喜音乐，家中收藏有一整书架的歌剧密纹唱片，为了中意的NCAA篮球赛事，他可以贪夜排队高价买黄牛票。他还是最早的电子游戏玩家。一句话，这位老夫子绝非窗牖下的旧式书蠹。在印第安纳，他师从邓嗣禹及讲外交史的法勒尔（Robert Ferrell）。我们的课程从《中国对西方的反应》讲起，我至今记得陈独秀《敬告青年》中对青年的寄语"进取的而非退隐的、世界的而非锁国的"，译作"Be Cosmopolitan, not Isolationist; Be Utilitarian, not Formalistic."

陶师治学，又特重研究法，他在台湾时曾与张存武共编《历史学手册》，主要内容为指导英文史学论文的写作，也涉中文参考资料的引用和使用方法，此书亦强调英文文法，翔实处可媲美威廉·斯特伦克（William Strunk Jr）

专教写作的名著《风格的要素》(*The Elements of Style*)。我在陶师的课上受益良多,了解到西方汉学社会学治史的基本路径,学会了写作论文的范式,更重要的,是认知了师祖。

陶希圣为中国社会经济史的开山门者,我们称陶老先生。他父亲月舸公丁酉科拔贡后,适张文襄任两湖总督,创两湖书院和经心书院,月舸公遂入两湖书院为精舍生,专治汉四史(《史记》《汉书》《后汉书》及《三国志》);老先生后来的学力,实奠基于他少年时月舸公亲加课读的汉四史之功。

现代学术史上讲食货学派,视鞠清远、何兹全、武仙卿、沈巨尘、连士升等陶门弟子为干栋;其实"食货"更应分先后学派,后食货派广义上包括杨联陞、全汉昇及后起的史学新锐劳榦、沈刚伯、刘子健、陈盘、方豪等,以及更后起的许倬云、余英时、杜正胜、黄宽重等。他们皆为复刊后的《食货》的主力供稿者。前后食货学派的共同特点是都能够从非历史文本中看到经济生活之于社会的影响。汪荣祖先生尝语我:他与陶希圣也有过一面之缘,是在张朋园家晚餐;他也曾应邀给《食货》写过稿子。

我读了更多的师祖作品,不仅仅是学术写作,也读他的政治代笔,也读他的散文与回忆录。《骊珠之死》读来令人泪目,此篇的笔力,完全不亚于朱自清的《背影》,然而许多熟悉师祖学术成就的学者,却并不知道他有如此优美的文笔,也并不知道他有过微贱、贫困、痛丧掌珠、沦附敌伪的经历。他在我的阅读中变得立体了起来——甚至比在讲堂上的陶师更为立体;他之于我,不再是高文典册中的一个名字,也不再是近代史中蒋介石背后那支不具姓名的笔。他从经济角度看待社会历史发展的研究方法更使我赞叹,愿效辙轨。

我对陶师所专的宋金史缺乏强烈的兴趣,但由于师祖的引导,我对非历史文本中所呈现的经济现象却产生了一些想法,我大胆地去设想,那些现象背后应是有规律可循的。师门影响更为直接的结果,是对法律史和世界政治的关注。陶老先生在大陆时期就已任重庆《中央日报》主笔,去台后更是长期主持该报。我是否可以给台"《中央日报》"写一点世界政治的稿子呢?没有太多踌躇,就写了。台媒尚不提供邮箱收稿。因特网在当时的美国还是新生事物。我方入学,在图书馆查到报纸,有个收稿的传真号码。我的老式的Win3.1 PC,可以连拨电话号上网,又装有一个程序,可以拨传真——发国际传真,是要买国际电话卡的——总之很周折,但居然成功了。滴滴的传真接驳信号,继以笃笃的走纸声,结尾再报以传真成功的信号,我知道稿子过去了。没多久就收到台湾的航空信件,里面载着样稿,不久又来了一封稿酬,字数对应台币结算,再转换为美金,直接开一张美金支票,对留学生而言,丰厚到不能想象。

我开始大写特写。不久后《中央日报》开始有邮箱收稿了,我与编辑陈女士通了电话,听她提出版面要何国、何类的政经稿,我会去专门留意题目、查资料、有针对性地写。陈编辑吐苦水说我最早的传真稿令他们头疼:简体字,即使文化程度很高的台湾同胞,彼时也读不通,因此前台湾根本没有简体字读物流通;反不似改革开放后的大陆人,一般繁体字阅读是不成问题的。《中央日报》的排字工人要靠连蒙带猜,排出繁体版,里面错字连篇,编辑再带上繁简字转换手册去校对;及至可以收电子附件,他们找到一个转换繁体字的办法,仍然会有漏网之鱼,如"发"必然会转换为"發",但有时其实应是"头发"的"髮"。

硕士期间我没有打过一天工。偶尔一个学期断了助研金也不甚在意,因为知道用一支笔同样可以挣到衣食;我一直给《中央日报》撰稿,直到亚洲金融危机波及台湾、台币大幅贬值为止。我的视力是那段时间大幅坏下去的,整天对着像素粗糙的CRT显示器怎么可能不瞎。博士时期我继续复制这个模式,为澳门利氏学社供稿,不过主要是做翻译,中译英英译中皆做,润笔一字0.7至1.0港币,那时港币作值比人民币高,稿酬约在千字千元。

为何从中国史跑偏?为何不大干快上早点毕业?我不知道。如黄仁宇述其赴英后在苏格兰所见:

> 我开始熟悉苏格兰高地的景观,看到山丘上一望无际的羊齿植物在秋风中沙沙作响,这时才解到,风笛簧片的振动与发源地的自然节奏相呼应。说也奇怪,从此以后,我就因为风笛的感情特质而学会欣赏其音乐。①

---

① [美]黄仁宇:《黄河青山:黄仁宇回忆录》,张逸安译,生活·读书·新知三联书店2001年版,第305页。

在我的周边，就存在着那样一种"不以一科自限"的空气，从历史贯穿到我彼时的存在，在我来之前，在我去之后，氤氲弥漫。人人都以知识结构和语言结构的单向度为耻。我去旁听了一个学期的欧洲史，因为时间太紧没有跟续，转而课下读巴巴拉·塔奇曼的《远方之镜》与《骄傲之塔》。她的文笔是如此地扣人心弦，读她写作的已发生之历史，紧张处竟如读悬疑小说一般。

《八月炮火》的开章我百读不厌：在1910年伦敦的一个夏日，在爱德华七世的丧礼送殡队列里，行走着四年后萨拉热窝刺杀事件的被害者、奥地利的斐迪南大公，也行走着因那次刺杀事件而发动世界大战的两位表兄弟：威廉二世和乔治五世；队伍里还行走着俄国的皇太后，她是威廉二世和乔治五世的另外一位表兄弟、也是主要参战者的尼古拉二世的母亲，她在儿子全家被布尔什维克灭门后逃回母国丹麦；同一出殡队列里还行走着四年后因抵抗德军而成为悲情英雄的比利时国王阿尔伯特。这一段风云际会的世界史已经与中国史交切：送葬队伍里还走着一位穿长袍的"满大人"，他是来自大清国的贝勒载涛，他的帝国还有不到两年的寿命，业已日薄西山。

塔奇曼的履历本身就是传奇。她前半生是个家庭主妇，致力于料理夫君与三个女儿的衣食起居，五十岁忽然拿起笔写作，旋以《八月炮火》获普利策奖。当然，塔奇曼不是位一般的主妇，她出身犹太巨室，嫁与纽约名医，但她的发轫之晏，成就之峻，都可见积厚而乃有风鹏之举。读塔奇曼使我想明白两件事：一、根本就没有所谓太晚；二、事件、材料早就在那里，是否能摆布漂亮了全看语言。

我曾修过一门第二外语的教学法，是德文系一位德裔女教授开的，她严格要求的遗馈是，如今翻开我电脑上那门课的文件夹，我还能找得到大大小小70来份作业和小考的记录。第二外语教学法，训练的是未来的语言教师，而且这个语言教师教的，必须是目标学生母语以外的第二外语。德裔女教授的母语也非英语。用一个绕口令来表述此事，可曰："某教授以第二外语教授如何以第二外语来教授第二外语。"正是在这门课上，我第一次听到罗素的名言："对爱情的渴望，对知识的追求，对人类苦难不可遏制的同情心，这三种纯洁但无比强烈的激情支配着我的一生。"[1] 教授告诉我们说：这是

---

[1] ［英］伯特兰·罗素：《序言：我为什么而活着》，《罗素文集第13卷·罗素自传第一卷（1872—1914）》，胡作玄、赵慧琪译，商务印书馆2012年版，第1页。

人类最高尚的三种情感。中国的伦理哲学发达，这三种情操，不妨反诸中国框架观之。第三种显然有点高远，但据孟子的定义我们人人身上都有；第一种，告子将其归为"性"，孔子以为低于"德"，我们最容易与之共情，但有人肯定不同意西门庆和潘金莲之间属此类，高尚与否，不好置言。唯有第二种情感处在道德之外，反而最容易为己心所捕捉。我最终认同了这门曲折的课程所宣教的曲折的教学思维，有关语言的：如果你身上涌动着对知识的热爱，最起码，一个文科生对文史知识的渴望，你会同意，外文，正是通往这些知识的桥梁。你穿越这座桥梁是为了走向更远更广的天地，但你会欣喜地发现，这座桥梁本身也是美好的风景。

我一向喜欢了解社会生活中有关经济的细节，现实的及历史的。当年七旬的弗兰克和南希夫妇是我一位师兄的所谓"接待家庭"（host family），他们愿意与国际学生来往以拓宽文化经验及社交的地平线；师兄毕业后，他们仍经常约我一起过节、吃饭、看演出。弗兰克身上集合了本地教区牧师、越战老兵和铁杆共和党三重身份。他的一些政教高论我都是左耳朵进右耳朵出，但我是真喜欢听他"讲古"啊。"我是我们家的老儿子，"他这样开头，"我母亲生了十个子女，我是最小的那个，出生父亲就去世了。我们一共是兄弟八人，分别参加过二战、朝鲜战争和越战。我记事儿的时候，经济生活中是没有货币的。母亲需要一品脱牛奶，她要拿7个鸡蛋去邻居家交换。鸡蛋是我们自己养的鸡生的。"

二战、朝鲜战争和越战是采访得到的，生活中总会磕头碰脑遇到各色"白头宫女，谈说玄宗"，随便抓一个六十几岁的老修车工，都可以给你讲述密支那丛林里那不能区分的雨声与流弹声。唯有大萧条着实稀缺。弗兰克对童年的记忆也就那些了。我去读了剑桥名家皮尔斯·布兰登（Piers Brendon）的《黑暗之谷》和詹姆斯·凯恩（James Cain）的《米尔德·皮尔斯》——国内译作《幻世浮生》，还专门看了琼·克劳馥的电影版，对大萧条仍然缺乏感性认识。有次弗兰克夫妇问我，是否愿意跟他们一起去车程两个小时以外的南亚利桑那乡村，去看望前任的教区牧师及其太太，"他们有个大农场，雇着牛仔，可以教你骑马。有果园，可以摘水果带回来吃。牧师先生今年九十九岁了，脑子仍然十分清楚"。听到最后一句，我说我愿意去。

天气那般炎热，弱不禁风的牧师先生仍戴着一顶绒帽，容长脸沟壑纵横,右眉间有一块刀疤,十指里缺一指,未知是哪场战争或斗殴里失去的。虽然他的身体因为年老变得卷缩苍瘦,虽然他三句不离"我主",不知为什么,我总觉得他青年时代曾经是好勇斗狠过的。他与世纪同龄,大萧条发生的时候他是个方刚而立、养家糊口的青年汉子。牧师太太小他九岁,他们是半百以后才结缡的,前半生并不交切。在美式牛排和烤薯条的香气里,我永远记得牧师太太说到"饥饿,总是饥饿"时那惨伤淡白的眼神;她也非常非常之老了,寿斑点点的脸上仍依稀看得出年轻时候的美貌,"那时我中学刚刚毕业。上不起大学、不想嫁人、不想进工厂、又不想在故乡待着的姑娘还有什么选择?我到了底特律,兼职三份打字和前台的工作才能养活自己。每天涂了鲜亮的口红、身穿通勤装,在几个摩天大楼间进进出出。但胃里常常是空的。糖,咖啡……亲爱的,所有你所能想到的食物,每一样都要拿票券领。我没有足够的票券也没有足够的钱。有一次在电梯间里饿得昏了过去,人们拿冷水喷我的脸……"

老牧师补充道:"冬天,非常冷的冬天,你被允许采购炭火取暖,标准是房间不能暖于华氏68度。怎么计算你有权利买多少炭?算你房子的面积,再计算维持68度需要多少炭。啊,那时候的我,攒了一点点钱,是的,我要买辆车,属于我自己的车,第一辆车!可以带女人上街拉风的那种!但市面上没有车,有钱也买不到。你得先注册登记。忽然有那么一天,他们通知我,车有了,但牌子、型号,都没得可选,这我忍了,颜色也没得选,只有白的!配给我辆白车!你问问女人们,你问问她们!谁会愿意跳上一辆没颜色的车跟你出去浪?!可是那厮通知我,要领就今天,过了今天这配额就没了;我忍着气,跟老板请了假,让老铁送我去车店。天晓得,开出来,油箱竟是空的,加油站仍然要配给券!我竟然不能将那天杀的开回家去!"

那些年我把精力打得太散,最后发现时间不够用,不得不紧缩战线,但我还是不后悔看了那些闲书、听了那些闲课、见了那些闲人。我的纠结不光在史学与文学,更在语言与专业的对立:不想因专业界定在中国史而放弃更开阔的外国史,也不想因史学而放弃本行文学及对语言的兴趣。授课师中有古文献学家夏德安(Donald Harper,现为芝加哥大学东亚系主任)、明清佛学方向的吴疆、唐诗方向的师岱渭(David K. Schneider,现为马萨诸塞大学安姆斯特分校东亚系主任)和古文献学方向的纪安诺(Enno Giele,现为德国海德堡大学汉学系主任)等,他们的存在决定了即使我想,也无法紧缩战线。

我跟夏德安修习"古典哲学文本阅读",将汗漫的庄子韩非子淮南子等人的文章译为英文,这更多是一种语言训练,有益,但耗时实在是太多了。进入博士组,为了应对第二语言要求,我又修了10个学分的日文,高峰期可以配着字幕看《江:公主们的战国》和《东京爱情故事》。然语言是个用进废退的东西,没有语言环境施用,后来程度就退了很多,查日文资料,总得请懂的人先给验看一下才敢用。那经验使我警惕在研究中使用三种以上语言的人。我总有个愚见,以为,除非天才,国人真正能掌握的语言象限不会超过三个,包括古汉语在内。掌握,是说写作清通无讹(fluent and flawless),达到了能见刊发表的水平,并非会说会读而已。但清通无讹只是基本线,你总想在那之上还有点别的。

当年英文版《万历十五年》的两则封底书评,作评者之一为大卫·拉铁摩尔(David Lattimore),他说该书"怀着诗人或小说家的喜悦,将寻常的末端小节转变为揭示其意义闪现的观点"。另一评论者为小说家John Updike(约翰·厄普代克),他指出其书具备着"卡夫卡在《中国长城》这一优美而又令人深感挫折的故事中所表现出来的超现实的虚构特质"。因为博论题目在明物质史,我常与同门激辩黄仁宇作为历史学者的成就。我曾斩钉截铁地论道:"黄仁宇应该化身为蜈蚣,生一百多只脚,因为,所有那些柠檬精他的历史学家——能数上名姓的大概也有百人之多吧——给他提鞋都不配。"我的言论是如此著名,以至于同学中开始把黄仁宇称为"刘晓艺的黄蜈蚣"。

中文版《万历十五年》过于火爆,早在硕士期间,我们的明史课已使用 *1587, A Year of No Significance* 作辅助读物。流行性导致学术反弹,中美史学界都在酸黄氏是"历史学界的琼瑶"。我知道有成名史学家批评黄氏"忘了中文,文字很糟糕"。不读《十六世纪明代中国之财政与税收》及《黄河青山》就对黄仁宇的文字戳戳点点,是可悲的。我的认知刚好相反。这样天生有诗性的文字非神悟之笔不得:

> 在许多天的下午及黄昏时刻,我从第三方面军总部借出吉普车,停在她家门口,佣人会带我进到起居室,我就一直等,只听到走道中某处

有座老式座钟发出的滴答声。安很少让我只等二十分钟。①

就连他稍违中文句法的表述也是那样有味道,如:

"德尔菲,"他说到他妻子,"就我所知,是唯一看完我写的每个字的人。"这句话提醒我们,就丈夫的生产力而言,妻子的奉献程度值得激赏,尤其是想到李约瑟作品的厚度不是以英寸来计算,而是以英尺,甚至以码来衡量,所需要的家人支持和热心已超过普通的水准。②

当史学著作具有了"诗"性和"超现实"性,对它的评价往往就会出现分流。黄仁宇作品在华人阅读世界的流行和他在正统历史学界所受的争议,呈现出鲜明的对比,而争议很大程度上都是因为他的历史叙述具有文学性而起。我对黄仁宇的辩护,部分也是由于我自己的史学文字带有文学性。那是少小时在山大中文系获得的骨与血,再施加多少洋八股规矩都不可能剥离的。

硕士时任中文助教,博士起开始承担文化史及文明史的课程,四分之三的时间独立授课,对象为两个30人左右的小班。课程要求历史的要点不能走缺,文化的特色不能忽略,理论更须融通。师岱渭出自加州伯克利"文本解读派"代表人物罗伯特·阿什莫尔门下,对理论轻车驾熟;他负责150人的大课。一方面是自己备课所需,一方面也因确然悦慕教授的吐属典雅,我每次都将他的课录成mp3,带回来潜心琢磨。

讲《谏迎佛骨表》。我格外留意师教授如何处理"伏维睿圣文武皇帝陛下,神圣英武,数千百年以来,未有伦比"③这样的句子。所谓"章以谢恩,奏以按劾,表以陈请,议以执异"④,换作英文,如何译出那层"孤臣孽子,其操心也危"的意思?师教授讲了一番话,大略谓:表,是一种独特的

---

① 〔美〕黄仁宇:《黄河青山:黄仁宇回忆录》,第3页。
② 同上书,第324页。
③ 〔宋〕欧阳修、宋祁:《新唐书》卷一百七十六《韩愈传》,中华书局1975年版,第5259页。
④ 〔梁〕刘勰著,黄叔琳注,李详补注,杨明照校注拾遗:《增订文心雕龙校注》卷五《章表第二十二》,中华书局2012年版,第308页。

文体。它是皇权下悬着脑袋写就的哀怨抒情体；它是孤臣向天子小心翼翼地表达爱情；它不能悲愤，它要凄伤；它责备，但它更须感恩。他用了万百安（B.W. Van Norden）的译本，以上那句便译作"I submit that Your Most Royal Majesty's courage and sagacity is incomparable among rulers of the last thousand years."①。师教授特别指出译文里的"submit"用得好，我也觉得这动词用得贴切，有它打底，整句荡漾着孤臣的低回婉转。

师教授研究唐诗，曾出版一部有关杜甫的专著，对中国旧诗完全知赏。他读过我大学时的一些旧作，颇加谬赏，认为已得诗旨。他后来迁去马萨诸塞大学安姆斯特，临行前鼓励我在旧诗英译上多下功夫。他从他的老师、华盛顿大学的齐皎瀚（Jonathan Chaves）处学到关于治诗歌的心得。齐皎瀚为《哥伦比亚中国诗歌》元明清卷的主编，他的语言象限不限英、日、中，他的研究兴趣涉绘画、书法、禅宗、道教、日本文学等诸多领域，他最终将所有的元素都动员到对中国古诗的诠释上。师教授语我："以译诗者的资质而言，懂诗比懂语言更为重要。"但有关对语言完美的追求，他又诫我永远不要放弃："过分地热爱、敏感于语言，必然会与学术生产的诉求相抵牾。别人是写出来就可以了，你则一定要用优美的语言写出来，中英皆此，则你写得比别人慢是可预期的。但是不要懊悔。作品如果是织品，语言就是其经纬，没有细密美好的经纬的织品，很快会霉烂。"因为师教授的介绍，齐皎瀚也一直关注着我的译诗工作，2019年我梓出中英双语诗文集《昔在集》，他写了一首长五古相贺。

图桑城南有一条叫Xavier的大路，是为纪念耶稣会派往中国的传教士Xavier而取的，他的中文名叫方济各·沙勿略。其人死后被梵蒂冈封圣。我有时开车走在这条路上，思绪会飘到很远很远。沙勿略远途跋涉，行至东方，可惜出师未捷身先死，抱憾逝于广东的上川岛。临终之际，沙氏大喊："O, rock! O, rock! When wilt thou open?" Rock（石头）与Lock（锁）谐音，意指"闭关锁国"。沙氏逝世的当年，利玛窦生于意大利。

对于利玛窦，我是先识其文字再知其生平的：在山大念本科时，我曾与

---

① Han yu, "A Memorandum on a Bone of the Buddha", trans. Bryan W. Van Norden, in *READINGS IN LATER CHINESE PHILOSOPHY: Han Dynasty to the 20th Century*, eds. Justin Tiwald and Bryan W. Van Norden, Indianapolis/ Cambridge: Hackett Publishing Company, 2014, p.124.

朋友打赌,随手挑了本有关传教士的书,里面有封利玛窦写的古文尺牍——解释他来华的传教使命的——来比试记忆力。后来有没有赢我忘了;忘不掉的,是那外国和尚令人惊艳的一笔古文。那尺牍,我至今仍然背得出:

> 窦,西陬鄙人,弃家学道,泛海八万里而观光上国,于兹有年矣。承大君子不鄙,进而与言者,非一二数也。然窦于象纬之学,特是少时偶所涉猎;献上方物,亦所携成器,以当刍雉。其以技巧见奖借者,果非知窦之深者也。若止尔尔,则此等事,于敝国庠序中,见为微末。器物复是诸工人所造,八万里外,安知上国之无此?何用泛海三年,出万死而致之阙下哉?所以然者,为奉天主至道,欲相阐明,使人人为肖子,即于大父母得效涓埃之报,故弃家忘身不惜也。①

那封古文信,文字之外,内容也对我有很大的震动。原来世上有一种人,会不辞万死,前往陌生的异国,又不辞万难,掌握一种繁复的外国文字,并达到可与这一文明的精英人物交流思想的程度。多年来的训练,使我相信渊博比专学远为可贵、真会通比假理论远为可贵、语言象限比点击鼠标就能搜罗到的所谓知识远为可贵。我从不屑去看只有一个语言象限、只有一个知识象限的人做出来的东西,尤其是当其充斥着天花乱坠的概念。在历史研究中我更坚持此,因为所有局部史与断代史的最终指向都必须是世界史,不取得对一头象的整体理解休想仅谈一条象腿。同时我深信史学写作里是可以,甚至必须带有诗性的,即使在最称纷繁芜杂的经济史和最称冷冰冰的政治史中。诗性,不仅仅指文字的美好悦目,更是指对历史现象和历史原理的慧悟。著有《罗马帝国衰亡史》的伟大史家爱德华·吉本认为人类有一种"普遍的欲求",需要去了解过去。他谓,理想的历史家既不应是考古学家(antiquarians)或博学之士(erudites),也不应是编纂学家(compilers)或年鉴学者(annalists),而应是能够建构哲学式历史叙述的学者。

1930年,陈寅恪在《陈垣〈敦煌劫余录〉序》中提出了做学术要"预流"的观念:

---

① [意]利玛窦:《辨学遗牍》卷一,明刻天学初函本,第3页a—b。

> 一时代之学术,必有其新材料与新问题。取用此材料,以研求问题,则为此时代学术之新潮流。治学之士,得预于此潮流者,谓之预流(借用佛教初果之名)。其未得预者,谓之未入流。此古今学术史之通义,非彼闭门造车之徒,所能同喻者也。①

这段话从今日解读,可包含两层意思。一个是直接的,即材料和问题,两者都需要足够"新",需要跟得上时代学术的新风向,或跟得上经典学问中生发的新风向。另外一个是间接的,即具备什么条件才能做到"预流"?可以具化为知识储备、理论储备和语言储备三种。其中的硬条件是语言储备。一位学者的基本修养,是他必须通他所研究的目标文化的语言,达到与目标文化中最精英的文学、史学和思想人物进行古今对话的程度。陈氏在序言中并没有这样说,但他本人实在是语言储备最伟大的具身。

如今,由于网络的便利,秘珍资料可在网上一索可得;理论概念前涛后澜,永远层出不穷。知识和理论这两个象限当然都是极为珍贵的,但没有语言象限的背书,它们并不能独立存在。纯粹的中国古典学问需要古汉语的语言象限,将其学精,难度与学精一门外语相埒。当我们看到今日的成名人物并不具备语言储备而貌似具备相应的知识储备与理论储备,则很大概率,他的知识储备与理论储备都是中空的,尤其他治的还是某种唯精唯微之学。自古以来,在唯精唯微之学上最容易出"跳大神"的,比如治胡塞尔和海德格尔而不通一斗德文,这仿佛治《尚书》《易经》而不通古汉语一样使人生疑,不,确切说,他连"你好""吃了吗"还不会说,就已经在书、易二经上著书五车了。

理论与资料应取得什么样的平衡,方能做出"预流"的学术?第一代食货学派建有模式。陶希圣自承"思想方法接近唯物史观而不堕入唯物史观的公式主义圈套"②,他提倡在正史之外,解读方志、文集、账簿、笔记。黑格尔和兰克虽然对历史的看法有绝大的不同,却都曾表达过对中国史的类似看法,即认为中国人乐意收集史料、记载事实,但缺乏"反省"的态度,没有"精神"的贯穿,因此中国史学是一种"原始的史学"。那些汗牛充栋的史

---

① 陈寅恪:《陈垣〈敦煌劫余录〉序》,《陈寅恪集·金明馆丛稿二编》,生活·读书·新知三联书店2001年版,第266页。
② 陶晋生:《陶希圣论中国社会史》,《古今论衡》1999年第2期。

书,不过是一些文字记录的简单堆积而已。这种鄙视中国传统史学的态度,在18、19世纪的西方很常见(杜维运在《与西方史家论中国史学》一书、王晴佳在《中国文明有历史吗》一文中,都对此有过详尽的探讨)。第一代食货学人因具备理论自觉性,已极为注意与传统的治史方法进行区隔。

第二代食货学人的特色,在于重视社会科学。陶师台大时期所游,文崇一、张存武、李亦园、胡佛、杨国枢、丁邦新、袁颂西、于宗先、易君博、瞿海源诸先生,皆擅长以社会科学的观念和跨学科(台称"科际整合")方法来"启予"史学研究。他们重视科学技术变迁对社会经济的作用,重视中外比较,推崇图表、调查、计量等方法及西方的性别研究和心理学研究。不言而喻地,第二代大量以英文工作。

我接受的训练,首先存在于术的层面:看看前代都做过些什么,以及他们都在避免做些什么。从术的层面我渐渐悟到:缺乏阐释的材料堆积,哪怕被码成一列砖、砖再被码成一面墙、墙再被码成一条长城,由于缺乏哲理的宝光,也终必殄灭;隔着语言天河的理论强释,就算以"本体""知识论""存在"这种大词吓倒和催眠了读者、编辑与评委,他的著书五车在学过德语101的人眼里,亦不过为雾霾的载体罢了。在以文、史、哲为基本面的人文学科里,一切试图在语言上耍不老实的写作,都终会被反噬,因为人文学科的生命线是语言。反噬,也不是说会有多少人围观着他的作品倒后账,批判、谴责。不,没有人会有时间浪费在霉烂之物上。有人说忽略和遗忘是对著述最残酷的鞭尸,其实只有比较无害的霉烂才有此待遇,散发毒雾的霉烂遭人掩鼻而过。

食货学派在经济之外,最关注政治与法律,这既出自陶希圣本人毕生与时政的纠葛及其毕业于北大法律系的背景,又出自"食货"的概念源头。

中国早期的政治思想文献《尚书·洪范》篇里提出了"八政"的概念:"八政:一曰食,二曰货,三曰祀,四曰司空,五曰司徒,六曰司寇,七曰宾,八曰师。"[1]《汉书·叙传》将其发扬,明确提出:"厥初生民,食货惟先。"[2]唐人科举的试律题目,直指本质,将食货的首要性质阐明,仅问及食货与政治和

---

[1] 《尚书正义》卷十二《洪范》,〔清〕阮元校刻《十三经注疏》,中华书局2009年版,第401页。
[2] 《汉书》卷一百下《叙传第七十下》,中华书局1962年版,第4242页。

法律的关系：

> 问：八政所先，食货居首；万商之业，市井为利。菽粟稻粱，饥馑足以充口；布帛丝纩，寒暑足以蔽形。生灵所资，莫此为急。爰及室宇器械，同出五材，皆禀造化之功，取者得供其用。而龟贝之属，何故为宝？竞取而多，谁所创意？钱币之作，本以何施？亿兆赖其何功？政教得其何助？若夫九府之法，于何贸迁？三官所统，又何典掌？未知乘时趋利，济益深浅，起伪生奸，有何亏败？九府之名，欲知其九；三官之号，何等为三？宜各指陈，务令可晓。[1]

我以《醒世姻缘传》文本为底本探研明代物质生活，部分地接受了前两代的方法，也接受了本门重政治、重法律的观念；但我走向"小说证史"，却是较前两代更为激进的。理据是，小说，作为非正史中的一种，常有可能达到正史所不及的高度，因其对非政治性事件、俗文化、有关物质和社会生活的潜在细节和世俗生活中的隐蔽层面的关注，常常为正史之死角。而况，按照贤"六经皆史"的思路扩延开去，小说的创作缘起、刊印和传播过程——又何尝不可以为史？真正的世情文学作品，因多具描摹人生世态的劲笔，其所致力的细节的经纬和叙事的逻辑性，反而是其他的"稗"——如一向被视为"史学价值更高"的闲谈笔记类作品——所不具有的。

师祖去世于1988年6月底，彼时我正在火炉天气的济南备战高考。高考一结束就随家人去了北京游玩，参观了北大，去过西直门北沟沿大乘巷——多年后我方了解，大乘巷一号四合院就是陶希圣旧居，童年时期的陶晋生师曾居住在此。

鲍家麟师回台之初，曾在大家庭内暂栖，乃翁写作的方式、速度，文笔之腠理，她皆尝亲接于耳目。她尝谓我写作速度及质量皆"有祖风"，在研究方向和研究法的选取上，更是多有合于老先生处，故她又勉我"不坠门风"。

得鲍师肯定，我从心理上建构起一种认同感。这认同感，是要逼着自己去琢磨，我要做哪些领域的工作、以什么方法做，才能接续灯传，同时取得发

---

[1]《全唐文》卷一百四十七，清嘉庆十九年武英殿刻本，第11页a—b。

展。即使在另外的领域里做到极致，但方向或结论完全偏了，那不叫传承，那叫另立门户。韩非、李斯之于荀卿，梁任公之于康南海，孔皆如此。学派之成其为学派，要扣方法论，更要扣精神气质。这就是中国学术所谓的"家法"。"家法"的定义，原是窄的：汉初儒家传经都由口授，师所传授，弟子一字也不能改变，界限甚严，故有此称，至唐代实已消亡；但学术史仍以"家法"来指代学术的风格、传统或规范。

梁任公其实最喜谈"家法"。他在《清代学术概论》未尝不称述吴中惠栋能守"家法"，但他对清儒的求真原则又别进一解："所见不合，则相辩诘，虽弟子驳难本师，亦所不避，受之者从不以为忤。"①在汉儒和清儒的求真性原则上，我愿取任公所赞赏的清儒。然窃惟，好的学术，绝非仅由求真性一项元素构成；好的学术，应有自己的风格、传统或规范。以我的浅见，食货学派既不应为其研究对象——社会经济史——所简单圈定，也不应被其号为"唯物史观""社会史观"的研究方法所窄义界定。它从世界史去看中国史，从共时性去看历时性，从物质去看精神。它注重规范而不进入公式。它的内核实在于"预流"：讲求将时间的眼光放长、放远，将文史的畛域打破、打通，将语言的宝剑磨光、磨利。这，才是它的家法。

不待他人之提醒，我既已知道，这篇序中浸漫着某种精英主义的气息，其下的某些篇目恐怕也不免会给人以类似的观感。我想说我绝不认同任何阻塞社会流动性的精英主义，事实上，在考试大国的中国，精英主义的原始意义就是以公平的考试制度来遴选英才，可惜这个概念后来被塞入了太多权力意志的衍生物。其实本篇所论，仅涉人文学科中的窄义精英主义，它可以换个名称，称人文学科的门槛、必要条件，或防沙堤。你多少坚持一点这个，周边就可以少一些"跳大神"的，后浪一代就不会总哀嚎"世界就是个草台班子"。

以下这部集子，收有个人历年所作的有关政、经、法的十几篇小文及外篇三则；由于"食货"的经济面向从来不能与其政、法两个面向真正切割，故此副标题即取作"一位食货后学的政经法论稿"。

2023年4月12日

---

① 梁启超撰，朱维铮导读：《清代学术概论》，上海古籍出版社2011年版，第47页。

政 治
Politics

"西安事变"与"丢失大陆":
失败者怎样书写历史

——兼谈国民党文宣系统的"曲释"(Spin)操作

世人皆知,"西安事变"后,蒋介石令其文胆陈布雷为他撰写了一部《西安半月记》,又名《西安蒙难记》。这部《西安半月记》(以下称《半月记》)的写作形式,蒋氏已经在"引言"中承认,乃是"爰检取当时日记,就一身经历之状况与被难中之感想,略纪其概,以代口述"①。而捉刀人陈布雷也尝在他本人的日记中记录,《半月记》乃是他于1937年阴历元旦,在杭州"辟室新新旅馆",并且由其妹夫兼秘书翁祖望②来"助余缮写"方告完成③,这个写作过程对于陈布雷来说是无比痛苦的④。陈布雷为蒋氏打造的《半月记》不能被当作信史看,但我们不能说它是无价值的史料,其价值在于它折射出蒋本人对"西安事变"演进过程的视角、价值判断及国民党文宣系统对此一事件的重构重叙的需要。

---

① 蒋中正:《西安半月记——西安事变回忆录》,正中书局1937年版,第3页。
② 翁祖望的女儿翁郁文于1945年参加共产党,后嫁与乔石。陈布雷于1948年自杀前,受到的精神刺激之一就是发现自己的女儿陈琏、女婿袁永熙有"共党嫌疑"。陈布雷大殓之后,中共上海地下党组织派翁郁文专程去南京安慰表姐陈琏,其后,袁、陈夫妇更是通过乔石,转经上海去了苏北的解放区。郁文:《姐妹之情,革命之谊——忆琏姐》,西南联合大学北京校友会、西南联合大学上海校友会合编:《陈琏的道路》,光明日报出版社1989年版,第122—125页。
③ 见1937年2月2日之陈布雷日记。陈布雷:《陈布雷回忆录》,(台北)传记文学出版社1967年版,第120页。
④ 据陈布雷外甥、翁祖望的儿子翁泽永回忆:陈在写作《半月记》过程中,曾经拿着手中的狼毫笔,在墨盒中狠戳以泄怒,当陈夫人等家人劝慰他时,陈回答:"你们不懂,写文章当然有难易,但叫我全部说谎话,怎么不动肝火?"翁泽永:《我的舅父陈布雷》,浙江省政协文史资料委员会编:《从名记者到幕僚长:陈布雷》,浙江人民出版社1988年版,第67页。

"历史是胜利者书写的"(history is written by the victors)这一表述,一般认为出诸英国的"二战"首相温斯顿·丘吉尔之口,专门收集名人格言的"思在"(Thinkexist)网站就把它列为丘吉尔名言之一①。但是这个表述的出处之不明晰也是历史学界所共知的事实②。丘吉尔说此话的灵感被认为是来自纳粹"盖世太保"首领赫尔曼·戈林(Hermann)的"我们要么在历史上被当作世界最伟大的政治家,要么被当作最可耻的恶棍"③,如果这种说法是真的,那么该格言就以极为吊诡的方式自证其非了。失败者(the losers)当然参与历史书写,这是毋庸置疑的。有的时候,在一些极端的例子下,人类流传下来的历史,反而是以失败者的叙述为主流的,甚至是仅存的版本。如1453年君士坦丁堡陷落后,拜占庭帝国的一批希腊学者出逃到了西方,留下了大批有关奥托曼帝国残暴史的记录。"奥托曼残暴论"时至19世纪二三十年代希腊独立战争前,还被"希腊启蒙运动"(Greek Enlightenment)的知识分子用作推翻土耳其人统治的宣传工具④。

失败者的历史书写,分为个体的(individual)、集体的(collective)和政府的(governmental)三种。个体的如前面所提及的戈林,他在临自杀前曾写给丘吉尔一封信,但直到很久之后才被披露⑤;又如明清鼎革后大批反清汉族知识分子写下的回忆录《扬州十日录》《明季南略》《江阴城守纪》《扬州城守纪略》等,它们中的大部分直到清末排满运动兴起时才重见天日。集体的情况比较复杂。美国南北内战后,原属南部邦联(Confederacy)的南方白人——不仅仅是前奴隶主阶层——普遍感到一种失败情绪和对战前"旧日

---

① http://thinkexist.com/quotes/winston_churchill/.
② 除了丘吉尔之外,马基雅维利(Machiavelli)和威廉·华莱士(William Wallace)也被指为可能的原创人。Malcolm Pritchard, "Languages in competition and conflict: mechanisms of linguistic evolution", *The International Schools Journal*, 34, No.1, 2014, pp.33-44.
③ 戈林原话:"We will go down in history either as the world's greatest statesmen or its worst villains." 出自1937年他的一次讲话。引自 Gerry Simpson, *Great Powers and Outlaw States: Unequal Sovereigns in the International Legal Order,* Cambridge: Cambridge University Press, 2004, p.291。
④ Raphael Demos, "The Neo-Hellenic Enlightenment (1750-1821)", *Journal of the History of Ideas*, 19, no.4, 1958, pp.523-541; Paschalis M. Kitromilides, *Enlightenment and Revolution: The Making of Modern Greece*, Cambridge: Harvard University Press, 2013.
⑤ 维基说"Retrieved 28-07-2009",但其他的引用网站说此信最早发表在 *The American Mercury* 杂志的1977年秋季刊,但不幸该杂志已经停刊。http://www.vanguardnewsnetwork. com/2006/05/goerings-letter-to-churchill/。

南方"(ante-bellum South)世风和光景的怀念,这种广泛存在的社会心态被表达为"败局命定"(Lost Cause),它在南方人身上的具体外在表现为:对南方价值的固守,对南方精英人物的赞美,将蓄奴导致战争的起因尽量轻描淡写,希望其子孙后代能够阅读到与联邦版本不同的南方史和内战史等。在这样的集体社会心态下,美国南方兴起了一场"败局命定"内战史写作运动。"南方历史学会"(Southern Historical Society)由原南军少将达布尼·莫里(Dabney H. Maury)于1868年赞助成立,它的刊物专门发表从南方民众、士兵、政治家视角出发的历史回忆文章,事实上,就连"Lost Cause"这个名称,虽是由历史学家爱德华·波拉德(Edward A. Pollard)的研究南方战后社会的同名书籍最早提出的[①],却是被南军将军具伯·尔利(Jubal A. Early)的数篇发表在"南方历史学会"上的回忆文章叫响、最终被铸造成打动几代南方人集体心理的一个风行词汇的。而1889年成立的"邦联退伍老兵联合会"(United Confederate Veterans),也在几年后开始拥有自己的月刊《邦联退伍兵》(Confederate Veteran),刊物的发行量和质量都非常高。这两则例子可以代表失败者历史书写的"集体"模式。

失败政府的历史书写更为复杂,这是因为失败的政府可以存在多种形态和模式。粗略划分一下的话,它们可归为三种:一、失败后换届的政府,如在林登·约翰逊任上,越战败局已定,但彻底的停战和撤军要到尼克松任上才发生;中国历史上在不更替朝代的前提下产生的皇权易手,不管是由于皇族内部的杀戮如唐太宗之代唐高祖、朱棣之代建文,还是外族入侵如宋高宗之重续宋祚于临安、晋元帝之重续晋祚于建康,都可归入这一类。二、失败后更换政体/政权的政府,如普法战争导致法兰西第二帝国下台,法兰西第三共和国登场;如第一次世界大战的战败导致德皇威廉二世退位,魏玛共和国成立;如中国历史上绝大多数改朝换代的情形。三、失败后不更换国家首领和政体的政府,如英国在疯王乔治三世手里"失去美洲"[②],日本在昭和天

---

① Edward A. Pollard, *The Lost Cause: A New Southern History of the War of the Confederates*, New York: EB Treat & Co., Publishers, 1867.
②《乔治三世:美洲最后的国王》一书的作者认为,尽管乔治三世在美国饱受憎恨,尽管国内的辉格党和激进派都在努力抹黑他,但因为他的勤勉和虔诚,即使在他统治的后半段亦即"丢失美洲"之后,仍然是受到英国人民的广泛爱戴。Jeremy Black, *George III: America's last king,* New Haven & London: Yale University Press, 2006, pp.411-438.

皇手里打输了第二次世界大战,但英国、日本的君主立宪国体并未改变[①],国家首领也仍然为原来的君主。无论是换届还是更换政体/政权,新的当权者/胜利者/既得利益者不会、也不需要为过去政权的失败而背负历史包袱,通常的情况下,现政权正好可以借历史书写把此前造成本国积弱的大灾难或大失败都归罪于前政权。

在现实政治的运作中,政治家们总是需要使用职业公关人员来帮助他们推出自己的观点、政策,有时候,他们会求助于公关业为他们刻意打造亲民的形象[②]。在西方民主语境中所称为"公共关系"(public relations)者,在中国政治语境中往往被称为"宣传"(propaganda)。蒋介石无论在大陆阶段还是在台湾阶段,都一向会在宣传领域起用素有人文修养和文字能力的高级幕僚为他撰写重要的文告、自传、政治理论和国际关系论著。借用今天在人文体系内已经成为一门学科研究的"公共关系学"的专业术语,我们不妨说,蒋氏的代笔文胆们颇类于今日欧美政坛专门应对公关信息发布的一类政治顾问,贬义的英文叫法为Spin Doctors。Spin原义为"纺纱"或"旋转",但用作棒球术语时,专指投球手掷出意图骗过对方击球手的曲线球。在美国俚语中,Spin有欺骗的意思。用在以文字发布为主的政府公关领域上,Spin这个词的中文可翻译作"曲释"。

以一个长期政权的失败经历而言,它在致命失败之前往往还会有若干重大失败,这些重大失败又往往是导致它的致命失败的远因。对国民党政府来说,"丢失大陆"是它的致命失败,"西安事变"是它的重大失败之一,则它在进行历史书写的时候,这两大事件是无论如何不能绕开的。

那么,蒋介石可曾在《半月记》付梓之后,再次深刻反思过"西安事变"?在他的心目中,是谁挑起了这场举世震惊的事件?事件背后有无中国共产党或共产国际的精心策划?如蒋介石能够诿过的话,张学良的过错占

[①] 普利策奖得主、MIT教授约翰·道尔的《拥抱战败》一书,其第九到第十一章都是阐述天皇的角色定位和日本天皇制民主的营建的。作者总的观点认为,正是由于麦克·阿瑟的庇护和东条英机、重光葵、木户幸一等人甘当"盾牌",致使天皇在二战中侵略角色未被认真追究。John W. Dower, *Embracing defeat: Japan in the wake of World War II*, New York: W. W. Norton & Company, 2000.

[②] Laurie Oakes, *On the Record: Politics, Politicians and Power*, Sydney: Hachette Australia, 2010, p.191.

政治 | "西安事变"与"丢失大陆":失败者怎样书写历史

几分,其他人的过错又占几分?除了张学良、杨虎城与中共方面的力量,他是怎样看待其他卷入了这场事变的势力?他对"西安事变"的看法,是否曾随着时间的推移起过变化?

笔者因个人机缘,得见一份蒋介石写于20世纪50年代的有关"西安事变"问题的手稿,共8页。以其长度和周详程度论,这8页手稿可以相当全面地代表蒋介石在时隔多年后对"西安事变"的再思考。而这8页的内容,又经过国民党文宣系统的操作,被编入了以蒋介石名义写作的《苏俄在中国》一书。本文的目的,除了披露蒋氏这份原始手稿、给"西安事变"这个"罗生门"事件再添一块来自蒋氏个人视角的拼图板之外,更想借互参该手稿与成书后的《苏俄在中国》中"西安事变"部分来做具体的考量,当面对"西安事变""丢失大陆"这样的重大历史书写时,国民党文宣系统是怎样使用"曲释"的具体手段来做自我辩解(self-justification)的。

随着《蒋介石日记》(以下称《日记》)在斯坦福大学胡佛图书馆的解密,史学界迎来了一面可以用来检视中国近代史的新视窗。特别是2007年4月2日以后,蒋介石日记中1931年到1945年的手稿得到公开,由于学者们的传抄,我们得以看到"手稿本"中有关"西安事变"部分的全貌[1]。对照《半月记》来看,我们发现,"手稿本"中存有《半月记》中所没有的某些重要内容[2]。

胡佛图书馆所藏之《蒋介石日记》,学界称"手稿本"或"原稿本",其珍贵的历史价值,与"仿抄本"(抗战期间,蒋介石令秘书俞国华按原样抄录,目前大陆有少量保存)和"类抄本"(蒋介石的老师毛思诚按《曾文正公日记类抄》体例分十类摘抄而成,字句有润色、美化蒋介石之处,现存国内)自然

---

[1] 台湾学者刘维开2003年于《近代中国》杂志上发表了他所整理的蒋氏"西安事变"日记。中国社会科学院近代史研究所研究员周天度在斯坦福大学手抄之蒋"西安事变"日记1936年12月10日至12月31日段,共22天,与其同事整理后发表为周天度、孙彩霞:《蒋介石〈西安事变日记〉》,《百年潮》2007年第10期。但周之所见仍不是原件,而是从缩微胶片还原的复印件,有些字句被油墨遮盖,无法辨认,遂以"□"替代。中国社会科学院近代史研究所研究员曾景忠在编辑《蒋介石家书日记文墨选录》时,校核了两个版本并尽量补足了脱漏,本文所使用的蒋氏日记即来自曾景忠编注:《蒋介石家书日记文墨选录》,团结出版社2010年版。

[2] 例如,《半月记》中始终否认蒋曾对张、杨做出过任何允诺或让步,更无中共调停、介入的记录,但《日记》中有关于蒋介石与周恩来在西安会面晤谈情况,12月25日记有与周恩来的第二次会面,周提出希望要蒋表态"以后不剿共",又表示中共愿意答应蒋介石的要求,让红军接受指挥。蒋介石则明确表示,以后对红军不但不再进剿,且可与其他部队一视同仁等。

不可同日而语①。做个横向类比的话，蒋氏《日记》的"手稿本"，有类于《半月记》的底本，而"类抄本"则类于《半月记》。在此文中，笔者亦希望能够借互参蒋介石原始日记与《半月记》的文本，来解析探讨蒋介石取用第一人称书写历史时的心态问题。笔者提出，蒋氏在有关他本人的自传类写作中——无论是他自己亲自执笔还是令他人代笔——心理上都持有"彰道、明德"的理学圣贤诉求。接着，笔者将以陈布雷和陶希圣为例，来探讨文宣"曲释"生涯带给蒋氏高级文胆的思想、情感、人格方面的多重折磨，并分析他们之所以会产生弃世之举和严重精神衰弱的原因。最后，笔者打算对照德国文化历史学家沃尔夫冈·施伊费尔布什（Wolfgang Schivelbusch）在他的《失败文化：关于国家的重创、悲悼与复兴》②一书中所构建的有关失败文化的范式，来探讨蒋介石及国民党文宣人员作为历史的失败者，在书写"丢失大陆"时的复杂心理机制及更多的现实原因。

一、蒋介石有关"西安事变"意见的八页手稿

1955年冬，已经退守台湾的蒋介石嘱其御用文胆陶希圣再撰书，以辩明国民党在国共之争中失败的底因是苏俄共产主义在中国的侵染。这本原定名为"和平共存"的书稿，于1955年底开写，写到四万字时送呈蒋介石，蒋氏读后，心潮起伏澎湃，不断提出新的建议和指示，陶于是奉示补写，加入约三万字，蒋介石的其他文胆后又补入约三万字，这一稿遂扩充至十一万字。再后来，蒋介石自己亲自投入批阅增订的工作，凡四个月不舍昼夜，而陶氏与众文胆日夜随侍左右，每闻天听，即忙揣上意而做文字上的添改，故此书最后完稿时，已膨胀至十八万字。而此书于1956年底推出时，书名也改作《苏俄在中国》了。

---

① 蒋介石日记有手稿本、仿抄本、类抄本和引录本等几种类型。胡佛研究院开放的蒋介石日记绝大部分由蒋介石亲笔书写，可以称为手稿本或原稿本。蒋从早年起已陆续命手下照日记原样抄录副本。抗战时期，蒋介石离开重庆出巡，为了防止遗失，有部分日记由秘书俞国华抄存。由于这两种本子从内容到格式和手稿本都一模一样，因此可以称为仿抄本。这种仿抄本，中国大陆保存少数，胡佛研究院保存多数，自1920年至1970年，中缺1924年、1948年、1949年各年。杨天石：《蒋介石日记的现状及其真实性问题》，《找寻真实的蒋介石：蒋介石日记解读》，山西人民出版社2008年版。

② Wolfgang Schivelbusch, *The Culture of Defeat: On National Trauma, Mourning, and Recovery*, New York: Henry Holt, 2003.

以上就是陶希圣参与《苏俄在中国》一书写作的始末。业师陶晋生、鲍家麟教授是陶希圣诸多子媳中专治史学的两位，陶氏身后将他的很多资料留给了他们，因此笔者也有缘见到陶氏档案的一部分①。在陶氏档案中，有一种"极密"件，乃是一种打有红戳"极密"二字、来自20世纪50年代蒋介石幕僚机构的机要文件，它们是《苏俄在中国》成书过程中，由蒋幕僚机构秘书们综合蒋介石其他文胆有关此书二稿的意见，再添加上外事部门人员的建议，录下来以备陶希圣继续修改写作之用的。笔者作为鲍家麟教授的助手和博士生，曾帮她梳理过若干陶氏档案；鲍教授著《陶希圣与"极密"件》一文，发表于台湾2009年第95卷第4期的《传记文学》。

陶氏档案中有整整8页纸的蒋介石手稿，写在左下方印有"总统府"三个小字的竖格五行专用便条纸上，都是关于"西安事变"的意见，蒋介石之所以大费周章，亲自写作有关"西安事变"的意见，应该是由于在《苏俄在中国》的写作过程中，他感到无法满意于代笔人陶希圣隔靴搔痒式的文字，因此决定亲自下笔，从记忆深处再次发掘、追忆这场震惊世界的军事政变（Coup D'etat）。

我们都知道，蒋介石批阅公文，终生都使用毛笔，不以写作字数之长短而易；他的书法风格，一般情况下是清正、劲敛的，但他这8页手稿却有不少潦草涂抹处，尤以第二、第三页为多。蒋介石先成其文，凡有自视为措辞不妥处，则涂抹之，有时涂抹之后，又用三角形的"△"记号再标画回来，往往一句之中，同时有反复涂抹和恢复。其添加之文，则多写在稿纸右侧，那五行便笺纸的边格空白本已不裕，故他将字体缩小挤入，而有时，这些添加文字又需被添入内容，于是那些作为"添加的添加"的文字就写得更小、更草、更不可辨了。幸得业师鲍教授本擅书法，对草体极熟稔，经她的慧眼辨认，这份蒋氏手稿才得以不缺一字地被还原（见图1—图3）。

图1　蒋介石8页手稿前附录页"希圣谨注"

---

① 陶、鲍二师均为笔者在亚利桑那大学读书时的导师，遗憾的是他们的婚姻经过40年而仳离。

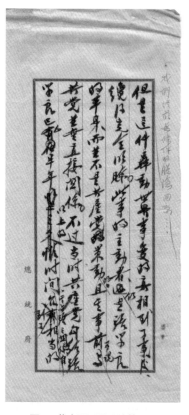 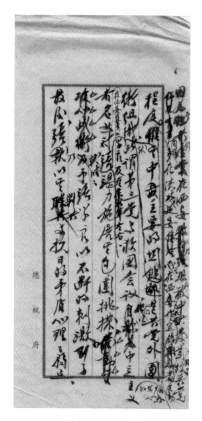

图2　蒋介石8页手稿第1页　　　图3　蒋介石8页手稿第3页

按页排列,这8页手稿的内容如下:

第一页

【不知何人的笔迹】我们终于无条件的脱险回京,【蒋介石毛笔笔迹开始】但是这件轰动世界事变的真相,到了事后才得完全明瞭。此事的主动者仍是张学良的本身,而并不是共产党策动的,且在事前可说与共党并无直接关系。不过当时共党勾结张学良已有半年以上的时间,其与张之关系自然到了相当的

第二页

程度。因为他们在西安勾搭,恐被中央发觉,故张与共党商谈,多在陕北的延安。而其在西安为共党作宣传、反动煽惑军心的,是共党外围组织,而其中最主要的关键,是所谓第三党与救国会议,他以中立主义者名义在西安对张学良及其左右竭力施展其包围挑拨,发动攻心战术,时时予张学良以不断的刺激。到了最后,张乃以其剿共与抗日的矛盾心理之弱点,

第三页

　　竟被其攻心战术所突破，就情不自禁的发动叛变了。据张自述，其当时处境，因为事变以及对我八项要求自知无法实现，而重新用胁制手段已无法得逞，又以南京下令讨伐，更觉情势一发不可收拾，乃於第三日接共产党来西安商讨合作，参加其所谓东北军、西北军杨虎城与共产军三位一体的委员会，于是至此，"西安事变"乃完全变质。而共产党至此亦才开始利用这个良机了。

第四页

　　我记得当时有一位记者张季鸾来华清池见我，谈及陕北共党与东北军勾结的消息，又谈到社会上"停止剿共，一致抗日"的空气，弥漫着整个西安，感觉这个问题甚为严重，问我意见如何。我对他说，一致抗日是中

第五页

　　央一贯的目的，但是大家应知，共党乃以"停止剿共"为其唯一目的，而其所谓"一致抗日"，不过是其过渡的手段而已。今日吾人不能不加以研究的就是如何乃可使共党真能一致抗日的问题。我又对他说，你是陕北人，又是记者，你亦必得到陕北消息，

第六页

　　张学良与共产党在延安，面商一致抗日、停止剿匪的消息。他突现惊骇之色，反问我，"你真已得到这个情报么？你们报馆主笔，应该将这个意思，彻底阐明给一般社会了解。"他说，"可否将你意思明告在西安

第七页

　　的一般将领呢？"我答道："当然是可以的。应该要使他们警觉才行。而且我亦就要在西安召集一般将领开会，来讨论这个问题了。"后来"西安事变"发生时候，《大公报》亦就将我上述的意思警告了张杨。这是在"西安事变"二星

第八页

　　期以前的事。现在回忆，更增感慨。至于事变以前，在西安作反动宣传，进行策反工作的，亦并不是共党，而完全是共党的外围组织。

　　在蒋介石的批注之上，又附有陶希圣的一则短注，写在一张短小的纸片上。陶注从内容看，似为他聆听了蒋氏关于改写"西安事变"的指示后写下的心得笔记。其内容为：

> 张之叛变乃受中立主义的影响及共党外围之渗透与攻心战术。此点极为重要。
>
> 唯共党采取两面作法,以胁取政府及委员长之诺言,此一意思,似须表达出来。两面作法亦中立战术之作法也。——希圣谨注

今日披露的这份蒋介石写作于1956年的有关"西安事变"的手稿(以下称"1956稿"),其珍贵之处在于:如做拼图游戏一般,多了这块拼图板,我们对"西安事变"的历史全貌就会看得更清楚了。当然,此意见是比《半月记》更为"后见"的一种"后见之明",又与《半月记》一样,同样有着为满足国民党文宣需求而生的性质。所不同者,蒋氏在心潮起伏的情况下——由手迹中的反复涂抹、修改可证——长篇写成此段指示,尚未经捉刀人的削伐增益,故其反映蒋氏思想和心态,应较成书后的《苏俄在中国》更具完整性(intactness)。此一写作,发生于"西安事变"20年之后的1956年,蒋氏对这一历史转折之于中国、国民党和他本人命运的思考,又应该比他托嘱陈布雷写作《半月记》时更为成熟[1]。

比较"1956稿"与《半月记》,我们发现如下要点:

第一,《半月记》中尚为张学良讳言,以"东北军痛心国难,处境特殊,悲愤所激""患在不明国策"[2]等言语来为张学良发动军事政变的责任卸肩,而"1956稿"则直说"西安事变"的罪魁祸首就是张学良,淡化了中共直接煽动张反叛的色彩。

第二,蒋明确说出了张学良是在八项主张受拒于蒋、南京方面下令讨伐的情势下,才决定软化态度、采取三方会议的。至于原来出自《半月记》的、

---

[1] 然则手稿虽云珍贵,过度强调其重要性则不必。写作《天下得失:蒋介石的人生》一书的汪朝光、王奇生、金以林三位治民国史学者,针对目前蒋介石研究中过度依赖胡佛图书馆馆藏的蒋介石日记手稿本的风气提出看法,认为"仅靠日记,远远不能还原一个真实的蒋介石","从1927年,蒋的地位巩固以后,他写日记很明确的一点是要给后人看的"。对于他们的一个表述——"只能说日记还原了蒋介石心目中的自己"——笔者不仅仅是赞同的,而且在此也要借用来说,"从陶希圣档案中发现的这部分有关'西安事变'的蒋介石手稿,只能说是它们还原了蒋介石心目中的'西安事变'"。参见对三位学者的采访。田波澜:《仅靠日记,远远不能还原一个真实的蒋介石》,《东方早报》2012年9月21日,B04版。

[2] 蒋中正:《西安半月记——西安事变回忆录》,第1页。

所谓张学良态度转变乃因看了蒋介石的日记的说法①，蒋本人已经不再提起。

第三，张发动"西安事变"，是"情不自禁"的，亦即不是老谋深算的。

第四，张受中立势力或"第三党"派别的攻心，甚于共产党本身的影响。

第五，张季鸾在"西安事变"中所担任的角色值得注意。

"西安事变"自有它的远因、近因、内因、外因，但它的爆发是突然的、意气的。一般的读者，看了唐德刚口述历史里的张学良回忆后，很多人甚至会认同"真实的'西安事变'是两个男人（张和蒋）情绪失控的产物"这个网络用语化的说法。目前史学界基本认可的是，"西安事变"最直接的导火索，应为蒋介石给邵力子密嘱，让其令《大公报》驻陕记者发布消息，意图在间接告诉张、杨：你不剿共，我换人来剿。

蒋氏的密嘱，是他于12月9日写给陕西省政府主席邵力子的，全文如下：

> 力子主席兄勋鉴：可密嘱驻陕《大公报》记者发表以下之消息：蒋鼎文、卫立煌先后皆到西安。闻蒋委员长已派蒋鼎文为西北剿匪军前敌总司令，卫立煌为晋、陕、绥、宁四省边区总指挥。陈诚亦来陕谒蒋，闻将以军政部次长名义指挥绥东中央军各部队云。但此消息不必交中央社及其他记者，西安各报亦不必发表为要。中正。十二月九日。②

此密嘱现藏于陕西省档案局馆的"陕甘宁边区革命历史档案史料"的馆藏中③。有关此密嘱究竟是发现于华清池的蒋氏卧室桌上，还是邵力子办公室，各处文献说法不同。有人认为此一密嘱始终未曾发出，这是不确的，因为"双十二"的当日，《大公报》以大字号发布了"蒋鼎文负责剿共"的消

---

① 《半月记》12月14日有如下内容。"张乃言：'委员长之日记及重要文件，我等均已阅读。今日始知委员长人格如此伟大。委员长对革命之忠诚与负责救国之苦心，实有非吾人想像所能及者。委员长不是在日记中骂我无人格乎？余今日自思实觉无人格。然委员长以前对部下亦太简默，如余以前获知日记中所言十分之一二，则此次决不有如此轻率卤莽之行动。现在深觉自己观察错误，既认识领袖人格之伟大，即觉非全力调护委员长，无以对国家……'"蒋中正：《西安半月记》，第26页。

② 引自蒋中正：《苏俄在中国：中国与俄共三十年经历纪要》，（台北）"中央"文物供应社1956年版。

③ 缪平均：《蒋介石密信是西安事变的导火索吗》，《名人传记》2012年第2期。蒋介石致邵力子密嘱及《大公报》1936年12月12日的图片则可参看阎愈新：《蒋介石的密嘱与西安事变》，《百年潮》2001年第11期。

息,显然在这三日之间,《大公报》已经将蒋给予他们的散布消息、制造舆论的任务承担了起来。蒋鼎文曾在非正式场合威胁张学良交出兵权的说法,亦见于张学良心腹谋士黎天才的自传未刊稿。

有关张季鸾在"西安事变"中所起的作用,《大公报》王芸生之子王芝琛以及很多学者如方汉奇、王鹏等均做过研究,王泽润写《报人时代:张季鸾与〈大公报〉》的时候做了一个综述①。以往蒋介石常约张季鸾会谈,通过《大公报》的社评把蒋的设想透露出去,借以探测民意,为其施行政策铺路。因此,不仅一般的读者,甚至连国民党的高级军政官员也常要从《大公报》的社评中探悉蒋介石的意向,以便预作准备。12月9日写给邵力子的密嘱,显然是蒋氏打算使用同一手法。9日,《大公报》驻陕西特派员李天炽②获悉密嘱内容,立即向已经返回上海的张季鸾告知,张季鸾本与张学良交谊匪浅,又早得蒋介石要他去向军政大员"放风"之微旨,于是晓谕李天炽可以"很委婉地"将密嘱大意告诉张学良,而密嘱内容将晚一两天见报——事实上也确实在"双十二"那天见报了。通常的看法,认为张学良就是在得知"密嘱"内容后召集各方人士开会,遂决定在12日晨动手,扣押蒋介石。

"西安事变"爆发之后,遂获得了它自行发展的动能,无论蒋、张、杨、共产党、苏联、舆论、宋氏兄妹,还是国民党中央,都只能在间中使力,起到部分作用,而其和平解决是多方运作达成的结果。说"多方"而不是"各方",是因为"和平解决"并非为每一方都愿意看到的结果。

二、国民党文宣系统的曲释手法

蒋介石的这些原始回忆,经由国民党文宣系统的打磨(polishing)之后,就成文为《苏俄在中国》的"西安事变"部分。笔者在此,将对这段文本的评注和分析逐一加在方括号里,以阐析蒋氏文宣的Spin手法之巧。

---

① 王泽润:《报人时代:张季鸾与〈大公报〉》,中华书局2008年版,第81—82页。
② 李天炽又名李天织,"西安事变"后曾写《西安一月记》,录其事甚详,载《国闻周报》。李天炽实为亲历"西安事变"的新闻业第一人,其时正在张季鸾麾下,而且与"西安事变"的最终发生有莫大的渊源,惜笔者尚未看到更为详尽的史料(参见西北大学历史系中国现代史教研室等编:《西安事变资料选辑》,八路军西安办事处纪念馆1979年版,第176—186页)。李天炽又曾被张季鸾派往新疆迪化,遭军阀盛世才关押一年。见周雨:《大公报史:1902—1949》,江苏古籍出版社1993年版,第281页。

但是这件震动世界的事变之真相，到了事后才得完全明瞭。此事最出人意料之外的一点，就是其主动者，实为张学良的本身【忠实表述蒋的观点】，而首先提出此一劫持主张者则为杨虎城【添加，但观点为国民党历史家所固有】。且其事前，并未与共党就此事有任何商量【忠实表述蒋的观点】。不过当时张学良与共党直接的接触，已有半年之久，故共党与张之关系，亦自到了相当程度，又因为他们在西安勾搭，恐易被我中央发觉，故张与共党的秘密接洽，乃在陕北的延安举行（当时延安守军还是张的所部）。

我记得当时有一位报馆主笔，亦是我们辛亥前的革命老同志张季鸾，来华清池见我【张季鸾见蒋发生于12月5日，这是广为人知的事实。蒋自云见张季鸾为"西安事变""两个星期以前的事"，这是他的记忆错误或故意混淆不得而知，但已为下文所纠正。张季鸾所代表的《大公报》在"西安事变"发生后所形成的舆论力量举世瞩目，已经毋庸赘言①】，谈及陕北共党勾结东北军的不稳消息，他认为这恐是共产党使用反间的一种手段，须加注意【有关"张学良与共产党在延安，面商一致抗日、停止剿匪的消息"，在蒋原手稿中是他本人先提请张季鸾注意的，在此处已经被置换为张季鸾先提请蒋注意。使用"他认为""恐"等文辞，则使信息传达的精确性减弱】。我就对他说："你是陕北人，关于你家乡问题，自必格外关切，请问你们在延安的记者，最近有什么重要消息么？"【蒋对于张、杨有叛相的凿说（statement），此处变成了一个提问（question）】他说，谣言很多，但是他不相信这些无稽之谈。其他就吞吐其辞，欲说复止，他只说这些谎言，不要说他，自然会止息的。我乃自动的问他说，"你所谓谣言，是否亦听到了张汉卿与共产党在延安面商拥护中央，一致抗日的消息么？"【将"一致抗日、停止剿匪"置换为"拥护中央，一致抗日"，从张学良的立场来表述，会让国共的对抗性显得减

---

① 事变发生后，张季鸾彻夜吸烟未眠，殚精竭虑写出了有关"西安事变"善后的意见，在"电讯不通，莫知详情"的情况下，张季鸾顶着来自左右两方的压力，本着避免分崩，维护国家统一的公心，首先提出："解决时局，避免分崩，恢复蒋委员长自由为第一义。"——因为蒋介石是经过十年风雨考验形成的领袖，故必须以恢复蒋之自由为第一义。可以说，"西安事变"得以和平解决，张季鸾与他属下的《大公报》的宣传之力，其功莫大焉。王泽润：《报人时代：张季鸾与〈大公报〉》，第82—88页。

弱】他忽现惊骇之色【忠实表述】，但是他很直率的答道："是的。"【张季鸾的反问句"你真已得到这个情报么？"被删除】接着他又说，他不相信这个消息会是真的，他且对我分析的说：如其他们是真是拥护中央，一致抗日的话，那张汉卿必会坦率的报告中央，决不会越过了中央，与共党私自勾结。所以他认为这个谣言，至少亦是共党的反间阴谋作用，然而最近谣言太多，亦不能不小心防范。我听到他这番话，更觉此事严重了。他乃又继续的谈下去说：目前倒是另有一种情势，不能不特别注意的。就是西安社会上弥漫着"停止剿共，一致抗日"的空气。他此次来西安视察已有十日，感觉这个问题严重，比其他一切问题更为紧要【添加的此段，意在让张季鸾自己提出西安谣言遍地、人心惶惶的前提，遂引发其后蒋对张季鸾提出的、由《大公报》向社会进行澄清阐明政府意图之请】。他就问我对于这个"停止剿共，一致抗日"的意见如何？我对他说："一致抗日，是中央一贯的政策，而且亦是去年江西剿共完成以后，既定的方针。但是大家应知共党的用意，其目的并不在'一致抗日'，而是以'停止剿共'为其唯一目的，而其所谓'一致抗日'，不过是其过渡的手段而已。所以今日吾人不能不加以研究的，就是如何乃可使共党真能一致抗日的问题。你们报馆主笔，应该将这个意思彻底阐明给一般社会了解。"他说可否将你的意思，先告诉他在西安的一般朋友呢？【蒋原稿中张季鸾问句中的"在西安的一般将领"被置换为"在西安的一般朋友"，置换虽仅两字，但意思就大为不同了。张季鸾并不是一位普通的民国新闻人，他曾于民国元年事孙中山为总统府秘书，蒋一向待之以"布衣国士"之礼。事实上，1936年10月底，蒋到北方避寿兼布置反共军事行动，张季鸾到西安采访时，就分别拜会过张学良、杨虎城、邵力子、蒋鼎文、晏道刚、胡宗南、关麟徵等军事要员[①]，而这些人均在两个星期后的"西安事变"中有重要角色上演】我答道："当然是可以的，而且我亦就要在本月中旬召开高级将领会议，来讨论这个问题。"【事实上，蒋需要通过《大公报》散布的，乃是"派蒋鼎文为西北剿匪军前敌总司令，卫立煌为晋、陕、绥、宁四省边区总指挥"的信息，此一

[①] 王泽润：《报人时代：张季鸾与〈大公报〉》，第80—81页。

密嘱的意图为对张、杨敲山震虎。】后来"西安事变"发生时候,大公报在西安上空所散发劝告张杨与东北军的传单,其大意就是当时我在华清池与张季鸾谈话的要领。【在西安上空被散发的,不是传单,而是载有《给西安军界的公开信》社论的12月18日《大公报》。散发者也不是《大公报》报社,而是南京政府。《给西安军界的公开信》是张季鸾"西安事变"后四篇社评中最著名的一篇,一面深切表达对东北军将士的同情,一面劝张、杨向蒋"谢罪"收场,"快快化乖戾之气而为祥和"。文章字字血泪,煽情感极强,表达的是"西安事变"后国情民心的激震强响,而不是事变前华清池晤谈中蒋、张间心领神会的那些内容。在西安上空对军民空投数万份《大公报》,这在中国报业史上也是一次奇观①。当时,张、杨并没有阻止空投或收缴报纸,应当说,大部分西安市民和东北军将士都看到了张季鸾的这篇公开信。但《大公报》本身并不掌握飞机空投的资源,以一家非官营的民间报纸,也不能在战事一触即发的地方做此动作,其理甚明也。国民党文宣以混淆主语的手段,将"南京政府散发《大公报》"改头换面为"《大公报》散发传单",真可谓既不惮民口之滔滔于前,又不避史笔之昭昭于后了。】这是在"西安事变"约一星期以前的事【订正蒋手稿中的"两个星期以前"之误】。现在回忆,更增感慨……至于其在事变以前,对张杨作反动宣传,进行策反工作的,亦并不是共党,而是其共党的外围组织,其中最主要的,就是所谓"第三党"与"救国会"以及所谓"学生联合会"等中立分子【忠实表述】。可是这些中立分子,确实不是共产党员,而共产党亦不要他们加入其组织,取得党籍,只要他们采取中立态度,或以第三党名义发言就够了。正因为他们不是共产党,所以都能够明目张胆的在西安散播谣诼,煽惑军民,并对张学良及其部下,竭力施展其包围挑拨的伎俩,发动其攻心战术,时时予张以不断的刺激,最后张学良卒以其"剿共"与"抗日"的矛盾心理弱点,竟被他们攻心战术所突破……【基本等同于国民党系统当时认为张学良是如何被"攻心"和"洗脑"的忠实表述,但真实的情

---

① 王泽润:《报人时代:张季鸾与〈大公报〉》,第85—88页。

况百倍复杂于此①。仅在被张学良称为"是一个好人,是一个老实人"②的晏道刚的回忆记录中,有关当时张学良的动向,就纵横着多条与共产党打交道的线索。而张学良既不是在消极被动地等待共产党或第三党去"攻心",更不是对蒋以行政、军事、特务、舆论对他形成的包围无所察觉。他也是没那么"老实"的。对于蒋往他的势力范围内"掺沙子"的做法,他也能亦刚亦柔地去对付,置换掉有敌意者,争取对他有同情者③】最后据张学良又自述其在事变期间的心境,最初发生事变之后二日内,与我数次谈话所得的结果,及见我的态度与决心,无法转移,自知其预定的计画已无实现希望,其内部亦发生问题,并不如其在事前所想像那样容易;而当时特别增加他刺激的,就是他接到南京下令讨伐的电报,更觉情势险恶,已成为不可收拾之局。乃于第三日决心派机接共党代表来西安,商讨合作,参加他们所谓东北军、西北军(杨虎城)与共产军三位一体的军事委员会【1955年,因为蒋介石有写作《苏俄在中国》的需要,张学良在看管他的刘光乙的授意下,以致蒋介石书信的形式写过一个千字左右的文本,外界称《西安事变反省录》,但其前半部分经由蒋经国改动,并于1964年7月以《西安事变忏悔录》的名目刊于台湾《希望》杂志,引起张学良抗议和蒋介石不满,该刊又很快被国民党收回,故流传不广④。张学良晚年对唐德刚作口述历史的时候已经对此进行澄清,但彼时张已经垂垂老矣,口齿缠绕不清,而唐又严恪口述历史

---

① 有关张学良与共产党及共产党外围的互动,可参见杨奎松近年的研究。杨奎松:《西安事变新探——张学良与中共关系之研究》,(台北)东大图书公司1995年版。

② 张学良认为晏道刚"并没事前发现我的事情,那事儿他没留心,他虽然在这儿也不知道,换句话说,他也没有那么注意,他没那么多心,就说,他是老实人么"。张学良口述,唐德刚撰写:《张学良口述历史》,中国档案出版社2007年版,第126页。

③ 张学良于7月20日致晏道刚亲笔函:"句樵我兄:弟自入关以后,对蒋委员长极端忠诚,弟曾替他解决许多困难,劳怨不辞。今日弟处此痛苦环境,这些特务人员对我严密监视,挑拨离间,令人气愤。譬如王曲军官训练团的学员对提起'蒋委员长'四字没有立正,岂是我教给他们的吗?前线官兵与共产党私有来往,这是秘密,我何可能知道?我又哪能管这许多?他们甚至说我与共产党亦有联系,真是无中生有。兄自动去电替我解释,爱我之情,不尽感激。弟张学良,7月20日于王曲军官训练团。"这是张氏懂得化敌为友的神功。见晏道刚:《张学良扣留蒋介石的前前后后》,《世纪行》1996年第12期。

④ 张学良口述,唐德刚撰写:《张学良口述历史》,第132—134页。

的规范,完全以录音记录来整理文字,且唐对张的采访受到多重因素干扰,会面时间根本不充足,故此留下的记录,偏于散漫的口语化叙述,读者也只能在其中看个大概而已。总之,张学良的所谓"西安事变忏悔",是一件复杂的公案①。】至此"西安事变"就完全变了质,而其中共本身的统一战线工作,与其外围组织的中立主义活动,互相策应,乃构成其所谓"一面联合,一面斗争"的作战方式,来达到其对张杨所预期的目的。

其实,在20世纪20年代的西方政治科学的词语构建中,"宣传"一词并不如后来的普通西方民众所诋恶之深者。精神分析学家弗洛伊德的外甥、奥地利裔美国学者爱德华·伯尼斯(Edward Bernays)被视为西方公共关系学的祖师爷,他又有个别名叫"曲释之父"(The Father of Spin)。他就认为,对公众意见的操纵是民主不可或缺的一部分②。伯尼斯对威尔逊总统很有影响力,他参与了威尔逊政府激发美国民众支持和参加一战的舆论制造过程。正是因为他深谙美国民众已经厌恶了"宣传"这一源出于一战时期的德国的词汇,才在战后推出使用"公共关系"一词作为其替代③。需要指出的是,新生代——特别是互联网兴起后——的西方政治科学理论家已经逐渐摒弃了"政治曲释"(Political Spin),他们不仅质疑其合理性,更质疑其可操作性,认为互联网的普及可以即时曝Spin Doctor的每一动作于日光之下,使做法者得不偿失,反噬其身④。

无论是西方民主的所谓"公关",还是东方政治的所谓"宣传",Spin的精髓在于处理信息时,对文本或信息的发布以"曲"力操作,其具体方式大略有如下:

---

① 研究者杨奎松认为,在"西安事变"过去若干年之后,我们可以看到的张学良表示悔过的文字只有一件,这就是《西安事变忏悔录》。但是,这毕竟是在张学良失去自由期间的文字,而且又是经过外人整理后的文字。从张恢复自由之后屡次发表谈话,强调自己对发动"西安事变""没什么后悔的"这一情况看,可知张学良当年的这次"忏悔"看来未必尽是由衷之言。见杨奎松:《西安事变新探——张学良与中共关系之研究》,第440页。

② Edward Bernays, *Propaganda*, New York: Routledge, 1928, p.9.

③ Stuart Ewen, *PR! A Social History of Spin*, New York: Basic Books, 1996.

④ Helen Wilkinson, "Spin is Dead! Long Live Spin", *Political Insight* 1, No.2, 2010, pp.45-47.

1. "捡拾樱桃"（Cherry Picking）：有选择性地推出事实，以支持己方的理想定位。伯尼斯尝言："很大程度上，真相就是被定义为在听众那里有销路的东西（Truth is largely defined as that which will sell to an audience）。"①

2. "不否认的否认"（Non-denial denial），在表述的时候，对不能证明的于对方不利的事实进行暗示假定，或于己方不利的事实语焉不详，用含混之词将民众注意力从真正要点上引开。

3. "非道歉的道歉"（Non-apology apology）：道歉，非因应道歉的事实，而仅因听众/受方显得受伤害、要求道歉，而给予道歉。

4. "反正错误已经铸成"（Mistakes were made）式的表述，使受众产生"堕甑不顾""遂事不谏""既往不咎"的慷慨感。

5. 使用非经证实的事实指向有利己方的结论，或干脆承认问题但不予回答。

6. 将坏消息埋起来。

伯尼斯生于1891年，比生于1887年的蒋介石仅仅小四岁。没有任何证据能说明蒋氏或他的资深文胆们受到过这位"曲释之父"的影响，但观乎蒋氏文宣系统半个多世纪的运作传统，我们不妨说，他们已经清水出芙蓉、天然去雕饰地得到了"曲释"之三昧。是否我们又可以进一步说，国民党文宣系统之所以能够如此熟稔于"曲释"的运作，很大程度是因为我们中国的政治，从古到今，从来就没有自外于过Spin的理论和操作呢？那些本来就深植于中国政治哲学中的"民可使由之，不可使知之"（《论语·泰伯》）、"国之利器不可以示人"（《老子·三十六章》）、"绝圣弃知，大盗乃止"（《庄子·外篇·胠箧》）、"古之善为道者，非以明民，将以愚之。民之难治，以其智多"（《老子·六十五章》）、"不识不知，顺帝之则"（《诗经·大雅·皇矣》）的治国之术——借用一句流行歌曲的表达——本就是我们的有国者"从来不需要想起，永远也不会忘记"的。

三、彰道、明德：蒋介石的理学圣贤诉求

蒋介石一生视晚清重臣曾国藩为道德楷模，钱穆谓"涤生为晚清中兴

---

① Stuart Ewen, *PR! A Social History of Spin*, p.26.

元勋,然其为人推敬,则不尽于勋绩,而尤在其学业与文章"①;曾国藩潜研性道,宗尚闽洛,他的秉自唐鉴、倭仁的"省身功夫",以日记为载体,以自我反省为日课②,而这些做法又被蒋介石忠实地继承了下来。从这层意义上说来,蒋氏的手稿应该具有一定的不吝自曝其短、不为自己文过饰非的价值。而与此同时,曾国藩的好诲后人、欲传万世圣贤师则的理学名家的心态,也被蒋氏继承了。

汪荣祖分析蒋介石的思想渊源,认为其"必然是一个大杂烩,其中包括他在日本留学时所感受到的一点武士道意识,在戴季陶、陈立夫灌输的一点儒家权威主义,在德国顾问影响下的一点普鲁士军国思想与法西斯主义,以及在妻子宋美龄叮咛下的一点基督教伦理。此一大杂烩思想渊源是浮浅的,不可能成为一种思想体系,也难以补救三民主义之不足"③。汪荣祖还批评女汉学家芮玛丽(Mary Wright)的看法,举为治史者诫。芮玛丽为汉学家亚瑟·怀特(Arthur Wright)之妻,治"同治中兴"则有专著《同治中兴:中国保守主义的最后抵抗,1862—1874》④,治国民党思想史则有长文《从革命到革新:国民党意识形态的变形》⑤,至少我们可以判断,她并不是一个会泛论中国近现代历史人物的西方学者。芮玛丽因见蒋介石钦慕曾国藩、胡林翼之为人,便将蒋与这些同治中兴的理学名臣相比,汪荣祖以为"失之于偏"⑥。

《半月记》中,以12月14日,即事变发生两日后,蒋、张二人的思想言论对峙活动记录为最密,其中有一段蒋介石为张学良上思想政治课的描写,与12月12日事变发生时蒋所自期的"必捍卫民族之人格,而求无愧为总理之信徒,无负于革命之先烈,亦必无负于生我之天地父母与全国国民"心理活动相呼应。蒋、张之辩,起源于张抱怨说蒋"满脑筋都是岳武穆、文天祥、史

---

① 钱穆:《中国近三百年学术史》,商务印书馆1997年版,第632页。
② 曾国藩尝至唐鉴处,蒙后者告知:"近时河南倭艮峰仁前辈用功最笃实,每日自朝至寝,一言一动,坐作饮食,皆有札记。或心有私欲不克,外有不及检者皆记出。"曾国藩:《曾国藩全集·日记(一)》,岳麓书社1987年版,第92页。
③ 汪荣祖、李敖:《蒋介石评传》,中国友谊出版公司2000年版,第267—268页。
④ Mary Wright, *The Last Stand of Chinese Conservatism: The T'ung-Chih Restoration, 1862–1874*, Stanford: Stanford University Press, 1957.
⑤ Mary Wright, "From Revolution to Restoration: The Transformation of Kuomintang Ideology", *The Far Eastern Quarterly* 14, No.4, 1955, pp.515–532.
⑥ 汪荣祖、李敖:《蒋介石评传》,第267页。

可法,总觉赶不上时代",蒋介石则旁征博引,解释何为"成功""成仁"及生死与国家的意义,内中不乏有孟夫子式的辩才、理学家式的意气和大英雄留取丹心照汗青的意图①。

而在《日记》"手稿本"中,只见这样短短的一段:

> 1936年12月14日。雪耻。明礼义,知廉耻,今日幸无自负。住新城。我迁住张宅。端纳来见,邀余移住张宅。学良表示悔悟之意,似甚诚。彼实恐余住新城与杨(虎城)接近,为杨操纵,故急求余离新城。及至其宅,彼乃提出八条件,并明言此时有共党参加其间。余痛斥而深恨其无耻无信一至于此。晚间,端纳为余言,南京对陕变已决议讨伐,余心乃安。端纳乃余妻托其来营救。而张于昨日自知此事不了,亦电彼与余妻来陕设法调处也。张上下午来见共三次,向余连泣三次,然余知其伪泣也。张持端纳电文示余,首见"蒋夫人转电已悉"句,余泪下如雨,泣不成声,而张亦假泣……知余二人在此对泣,其人之投机与无耻至此。其实彼亦明知余为见"蒋夫人"三字而泣,而非为彼泣,而余亦与之对泣也。②

汪荣祖曾经拿《半月记》与捉蒋经手人孙铭九所写的《西安事变亲历记》做了一番对比,发现孙的记录"朴实无华,口口声声委员长,并无故意贬污之处,读来生动真实"。反观陈布雷为蒋介石编写的《半月记》,"则刻意修饰,一心想在极为窘困的情况下,描述领袖之临危不惧与义正词严,以凸显蒋介石的尊严,不免言过其实,过度渲染"。汪教授总结出《半月记》与孙的记录的八点不同,限于篇幅,我们不能一一枚举,汪的结论是:"在蒋介石的笔下,他自己是威武不屈的、临危不乱的、视死如归的、神气活现的、大义凛然的;但在孙铭九的笔下,他却是藏头缩尾的、狼狈不堪的、贪生怕死的、张皇失措的、喜怒无常的、坐在地下耍赖要马骑的。"③

---

① 蒋中正:《西安半月记——西安事变回忆录》,第25—34页。
②《蒋介石西安事变日记》(1936年12月10日—31日),曾景忠编注:《蒋介石家书日记文墨选录》,第216—217页。
③ 汪荣祖、李敖:《蒋介石评传》,第324页。

《半月记》和"手稿本"无论有怎样的相异,有一点是相似的:领袖人物正气形象的构建。在写日记的当时,以蒋氏所身处的险境,他确实不能不考虑到这段日记就此成为他生前绝笔的可能,事起仓促,蒋氏最本能的反应是向中国古代的忠贞不屈之士形象上寻求自我塑造①。待事平之后,蒋氏已经对彼时彼刻自己所应持有的历史姿态有了进一步的"后见之明",就可令陈布雷以捉刀人之笔,从容刻画一位多层面的丰满形象了:他既是岳、文、史式的可为国家民族抛头断颈的悲情英雄,同时又是忠恕满怀的儒家君子,同时又是正气盈然的理学仁人,同时又是悯世爱民的基督圣徒。

研究中国现代政治制度的学者,都会注意到一个现实:诞生于1934年的南昌行营、最初应"剿匪"需要而生的蒋介石侍从室,至其1945年底抗战结束被撤销为止,虽然其侍一处的主任经历过晏道刚、钱大钧、林蔚、张治中、贺耀组、商震等人事变动②,但陈布雷的侍二处主任的位置却始终没有动过。从1935年蒋介石扩大侍从室的组织到全面抗战爆发前,侍从室已经从一个简单的秘书和侍卫性质的机构,演进成为蒋介石的个人内廷并凌驾于国民政府各部门之上③。侍从室第一处设"总务"(侍一)、"参谋"(侍二)、"警卫"(侍三)三组;第二处设秘书(侍四)、研究(侍五)组,陈布雷任主任兼第五组的组长。抗战全面爆发后,蒋又设侍六组和机要组,均隶属于侍二处。此外又设第三处管党务。侍二处的工作性质,除为蒋介石执掌政治、党务、外交、宣传等方面的文案机要的承启传达之外,还负责为蒋构建一个类似西方国家的思想库(think tank)模式的智囊组织并储备未来的行政人员,这些智囊人才都归入侍五组,该组在其极盛期曾拥有罗贡华、徐道邻等有外国留学背景的所谓"八大秘书"。原则上,侍四组不参与决策性事务,而侍五组的人员会在蒋的安排下参与研究法制、经济、国际时事等题目,并参与蒋

---

① 陈红民研究发现,蒋介石从1920年到1975年这55年中至少写过9个遗嘱,说明蒋并不避讳死与遗嘱这样的话题。陈红民:《蒋介石遗嘱知多少》,《近代史研究》2010年第3期。
② 高群服:《台湾秘密档案解读》,台海出版社2008年版,第153—154页。又见秋宗鼎:《蒋介石的侍从室纪实》,《文史资料选辑》1982年第81辑。
③ 虽然说侍从室的雏形"委员长侍从室"在1932年的南昌行营时代就已经建立,而1938年1月修订公布的《军事委员会组织大纲》也给予侍从室的存在以组织依据。《国民政府公报》,第24号(渝)。但严格来说,侍从室从来都不是一个国民党政府明令设置的机关,它的组织法也从未颁布过。张皓:《中国现代政治制度史》,北京师范大学出版社2004年版,第186—188页。

中枢的文宣运作①。以上是从蒋氏中枢的建制上来说的。

既然铁打的营盘流水的兵，蒋氏在不同时期的秘书们自然也会来来去去，但若排除时间因素，仅从他们所秉掌的文案性质来看，我们不妨做这样的粗略划分：邵力子主对共宣传，杨勇泰主决策，陈方主公文，陶希圣主理论建设，沈昌焕主对美方针，吴国桢主国际政治，王世杰主立法，俞国华主经济筹划等。但是，在蒋氏的政治生涯中，有一个出处取与、进退毁誉一直与蒋休戚相关的人物，自蒋崛起到中国政坛的"琼楼最高层"之后，此人始终地、全方位地参与了蒋中枢的文宣运作。这个人就是陈布雷。蒋氏企慕理学圣贤的风范而自身文字修养和思想深度有所不逮，势必外求于捉刀者。陈在20世纪20年代初已是扬名沪上的新闻记者和时评主笔，与北平《益世报》的主笔颜旨微齐名，在当时政评家中有"北颜南陈"②之称；他于1927年在武汉受知于蒋介石，从那时起至1934年，他一直以客卿的身份为蒋撰写文牍，到了1934年，他"感蒋公之意，遂允必来赣服务"③，始入南昌行营。从彼时到他生命终结的1948年，陈服务于蒋中枢，执掌秘书事宜和文案宣传。可以说，在陈布雷追随蒋介石的22年间，举凡蒋氏在抗日、国共合作、三次国内革命战争时期的重要文告、文章、自传等，几乎都是出自陈之手的。蒋政府的文宣事业，至1948年为止，可以说是陈布雷一手打造的。陈布雷低调、忠诚、勤勉、不营私不结党的为人做事风格，亘半个多世纪以来见诸海峡两岸、国共两党无数人士的回忆录中，他的人品，可以说是当得起周兴嗣《千字文》中的"劳谦谨敕""宠增抗极"之誉的。

陈布雷的新文言体取法梁启超，文字风格亦温亦厉，俗雅相间，极易辨认，原与蒋本人的不同，这一点在学界早有共识。然而梁启超式的新文言体看似浅易，实则模仿者须有扎实的国学根底与相当的新学学识才能得其真髓，蒋氏的文案，绝非随便找一个前清老秀才或留日政法科学生就能执掌得了的。陈布雷死后，他的文案体裁就成为绝响了。1942年冬，为了针对毛泽

---

① 张皓：《派系斗争与国民党政府运转关系研究》，商务印书馆2006年版，第337—338页。
② 陈氏日记载其友人叶恭绰对他的褒扬："沪上友人曰：全国报界中主持社论之人才寥寥不多得，其论议周匝，文字雅俊者，在北惟颜旨微，在南惟陈畏垒而已。"颜旨微为北平《益世报》主笔，"畏垒"则是陈布雷的笔名。参见陈布雷：《陈布雷回忆录》，东方出版社2009年版，第110页。
③ 陈布雷：《陈布雷回忆录》，第139页。

东《新民主主义论》单行本的出版,陶希圣受命写作、于1943年3月署名蒋中正发表的《中国之命运》,就已经完全是白话体。当然,时代在变,文言逐渐为白话所取代,大趋势也是一个原因。

为蒋介石秉笔的文胆们,无论是前期的陈布雷、后期的陶希圣或蒋氏老师毛思诚,在写作一般性的政府公牍时还好办,若是碰到需要矫用蒋氏第一人称来落笔,其工作性质就会变得高度繁复困难了。这固是由于代言本身的障碍所致,更是因为蒋氏心中,恒常驻扎着曾文正公规格的成贤作圣之道。闽洛之学,特重《大学》①,重"明明德"之教,"明"为"彰明"(manifest)之意,则已经与原始儒教所背书的"人不知而不愠"之旨相悖。曾国藩谓"古之知道者,未有不明于文字者也……所贵乎圣人者,谓其立行与万事万物相交错而曲当乎道,其文字可以教后世也"②。也就是说,"道"是需要通过文字而被彰显的,曾氏的家书、自传、日记,在他手中都成为随时剖白自己、明示后世以成贤作圣路径的工具。但曾国藩毕竟是自青年时代起就"接闻桐城诸老绪论,又亲与唐鉴、吴廷栋诸人交游"的嫡传理学后昆,他的文章造诣本已"通大体而致于用,故能融会群籍,采其精英"③,试诸日记书信小道,不过以举泰山之力而举一羽耳。蒋氏无此修为而端然欲圣④,是故蒋家文胆在为其作第一人称写作时,就需要很辛苦地将自己"代入"蒋氏思维,为蒋进行动机剖辩、行为解释、心态表白、前因后果申明等。陈布雷之常年失眠,陶希圣之心血忧竭,也就都不是出于无故了。

在理学的精神主干之外,蒋氏的思想系统中尚有基督教信仰的枝干及

---

① 蒋曾于1934年在庐山给受训军官将领专门讲解《大学》。他追忆少年时,"不知道背诵过多少遍",又谓《大学》一书,把个人的内在修省以及往外发扬的道理,发挥到了极致"。可见蒋是抓住了《大学》之道的"发扬"二字。
② 曾国藩:《致刘孟容》,李瀚章编:《曾国藩全集·曾文正公书札(一)》,辽宁民族出版社1997年版,第2页。
③ 钱穆:《中国近三百年学术史》,第639、655页。
④ 汪朝光、王奇生、金以林三位学者考证了蒋介石的阅读史,粗略统计为:"1919—1945年间,蒋日记所记的阅读(含请专家讲读)书目近200种,其中中国古籍(经、史、子、集)80多种,新书(清末民国时期所著译)100多种。"参见汪朝光、王奇生、金以林:《天下得失:蒋介石的人生》,山西人民出版社2012年版,第288页。这作为一个日理万机的政治家是很可观的。我们说蒋缺乏理学修养,是将他与曾国藩这样的从完整的旧式科举体系里走出来的文官官僚(civil bureaucrat)相比的,蒋的秉笔作文能力,毕竟未曾经历过系统的训练和三榜科考的磨砺。

其他枝蔓，这些也是研究者所不应忽视的。有学者提出，"西安事变"中的蒋氏心境与最终做出的决定，实则多出于他的基督教信仰，亦即在困境中，蒋氏毋宁将自己的命运托给上帝去主宰——以"从1937年起，每年的12月12日西安蒙难日，在日记中他几乎都会记下个人对事变的回忆，以及对上帝的感恩"这一事实进行佐证①。对于此点，笔者认为还是应该回到政治人物对自我形象塑造——包括对当世的和后世的不同营建——的诉求上去考量。

到目前为止，我们所探讨的，还都仅限于蒋介石对于自己"当世形象"的营建。其实，蒋氏对于自己"后世形象"的营建也是很下功夫的。台北"蒋档"中的《事略稿本》，起自民国16年，讫于民国38年，系由蒋的秘书参阅函电令告及蒋氏日记编撰而成，仿《春秋》体例以事系日，以日系月，以月系年，总计287册②。圣劳伦斯大学历史系的黄倩茹（Grace C. Huang）干脆把她对《事略稿本》的一篇研究文章命名为"为子孙后代生产出一张公众面孔"（creating a public face for posterity），这是个很诛心的说法。黄举了数个例子，证明《事略稿本》多处充满被涂抹（crossed out words）、被语境化（contextualized）、被转换视角（shifted view from a subjective to an objective one）的情况。当然，《事略稿本》也收录有许多"异常坦诚的材料"（exceptionally candid materials），黄甚至觉得"如此坦诚，会令人觉得此种材料是永远不会被出版的"③。比如1932年3月12日的记录：蒋面见汪精卫，蒋感到与汪谈话无比乏味。这一记录与胡佛馆所藏的日记比照来看，完全是吻合的。然而《事略稿本》纵然体量庞大，材料丰富，它的"阿喀琉斯脚后跟"却存在于它被诛心的地方。凡是"过度不宜的"（excessively inappropriate）、"非法的"（illegal），或"残忍的"（cruel）的蒋氏行为，《事略稿本》是根本不会记录的，而这些被存心省略的记录才是最有价值的。况且，中国的历史书写哲学从根子上说是鄙视矫笔和曲释的。"对纪录的任何润饰都是被谴责的"（any embellishment that tended to distort the records was

---

① 刘维开：《作为基督徒的蒋中正》，《史林》（上海）2011年第1期。
② 陈进金：《〈蒋中正总统档案〉的史料价值及其运用——以民国18年"事略稿本"为例》，乔万敏、俞祖华、李永璞编：《中国近现代史史料学国际学术讨论会论文集》，新华出版社2005年版，第235页。
③ Grace C. Huang, "Creating a Public Face for Posterity: The Making of Chiang Kai-shek's Shilue Manuscripts", *Modern China* 36, no.6, November 2010, p.628.

condemned），汉学家崔瑞德如是说①。

总之，在蒋氏身上我们能看到，他对自己的形象营造的诉求，不仅是强大的，而且是多重的。他在历史的镜子里所看到的自己（self perception）是这样的：政治上，他是先总理的嫡传接班人；军事上，他是完成北伐、统一中国的最高统帅，同时，由于绝大多数的中国将领系出黄埔，唯他这位前任校长才可以统御这些"天子门生"；在家庭和其他方面，他是孝子，慈父，里仁的长者，尊重文士的明君，优厚反对派的政治家。很重要地，他又必须是一个对妻子忠诚不贰、同样也得到他妻子的真诚爱情的丈夫——宋美龄的西化和基督教背景，使得蒋氏有机会通过其婚姻表达他与西方价值的接近②。这一点又与前现代社会中、具有儒学教养的中国男性亦在婚姻观中笃于关雎之伦不同。我们注意到12月23日的蒋氏西安日记原稿中的一段：

> 是日，妻谓余曰："吾夫不如总理之得人。昔总理蒙难时，尚有学生如吾夫者为之赴难。今吾夫遭难，无有学生前来侍护者。"余曰："夫妻共生死，岂不比师生共患难尤难得乎！"③

在《半月记》中，被保留了情节而填入了更为华美激扬的辞藻：

> 妻欲余达总理在广州蒙难之经过，余为追述之。妻谓余曰："昔日总理蒙难，尚有君间关相从于永丰舰中，相共朝夕，今安从更得此人？"余告之曰："此无足异，情势互不相同，来此均失自由，即赴难亦何益。且余知同志与门人中急难之情，无间遐迩，非不欲来也。余虽无赴难之友生，

---

① Denis C. Twitchett, "Problems of Chinese biography", in *Confucian Personalities*, eds. Arthur F. Wright and Dennis Twitchett, Stanford, California: Stanford University Press, 1962, pp.29-30.
② 1938年，宋美龄与蒋介石一起被评选为美国《时代》杂志年度风云人物。她在西方世界的形象是美丽与优雅的综合体，也是中国现代形象的代言人。"西安事变"不仅给蒋介石提供了塑造自身形象的机会，也给宋美龄提供了同样的平台，甚至对于西方媒体而言，宋的形象更为抢镜和出色。有关宋美龄在"西安事变"中的外媒形象，复旦大学金莹的硕士论文的切入点很新颖。金莹：《西安事变时期的宋美龄形象——对〈（东京）朝日新闻〉和〈纽约时报〉相关报道的研究》，复旦大学硕士学位论文，2004年。
③《蒋介石西安事变日记》（1936年12月10日—31日），曾景忠编注：《蒋介石家书日记文墨选录》，第222页。

而君数千里外冒险来此夫妻共生死,岂不比师生同患难更可宝贵乎?"①

这段文字的被美化与被披露,并不仅仅是简单地要公众去了解:最高统帅亦乐敦乎人伦之始并且有着不亚于画眉的闺房之乐。该段文字中有某种信息,其实是针对西方受众或亲近西方价值观的中国受众的。蒋介石想要说出的是:在中国的第一夫妇间,有着基于基督信仰的坚贞、忍耐、艰危共济的爱情。宋美龄所撰写的《西安事变回忆录》附于《半月记》之后,又是从妻子的角度再证上述。1937年5月,《半月记》的英文版出版,司徒雷登(John Leighton Stuart)为之作序,他颂扬蒋以心迹明示天下的做法:"这本质诚实的明证,这思想情感的坦诚,一个人只有对其所从事具有深刻坚定的信仰,才能做到。"②——这是蒋氏彰道、明德的中式做法得到西式背书的明证。

四、To Spin or Not？蒋氏文胆的两难选择

每一位为蒋介石操刀重要著作的代笔文胆,都有在他们所写的著作上栽跟头的经历。这不仅仅是指他们为写作本身所经历的磨难。理清文脉,落实事实,征引有据,雕饰辞章,遣选词汇,拈轻量重……这些,本都是写作者的本分。但是代笔人不同。代笔人承受写作者的一切磨难而且在间中泯灭了他自己的名字和声音;他的作品,文字的骨血是他自己的,而观点和署名权却是他人的。这就像代孕者一样承受十月怀胎和分娩的苦痛,而生下的却是不属于自己的孩子。专为好莱坞明星写自传的Sandford Dody,在自己的自传中,用痛苦到几乎诗意的语言说出了"做鬼"——英文的"鬼"(Ghost)字也有"代笔人"之意——这一职业与死亡的近似:"当鬼的工作结束后,他在半个世界中漂泊,不被注意也不被看到……这就是鬼这种中间体的性质。我迎着风写作,我迷失在星尘里。毕竟,当一个人成了鬼,他怎么可能不死掉一点点呢?"③

---

① 蒋中正:《西安半月记——西安事变回忆录》,第50页。
② John L. Stuart, "Preface", *Fortnight in Sian: Extracts from a Diary*, Shanghai: Kelly & Walsh, 1937, p.viii.
③ Sandford Dody, *Giving up the Ghost: A Writer's Life among the Stars*, New York: M. Evans & Company, 1980, p.15.

一位政治代笔人，如果他本人仍然保持独立思考的习惯——甚至如果他原本就来自以拥有批判精神和追求真相/真理为本分的职业，比如新闻从业者，比如历史学者——那么，他势必会在代笔过程中产生自己的良知应往何处安放的质疑。书成之后，代笔人有可能会在时评公议中受到非议，甚至可能背负历史骂名。《敌乎？友乎？》一文，出自蒋介石之授意、陈布雷之笔下而托名于徐道邻发表，引得鲁迅骂徐为"现代阔人的代言人""本国的狗"①。《中国之命运》的写作，陈布雷是以健康不佳为借口而刻意推脱的，因为他"听蒋介石讲述过该书的大意，已经洞察到该书的出版将会使捉刀者成为风口浪尖上的人物"，于是陶希圣接了过去。而成书之后、未梓之前，陈氏尝忧陶的文字"语气太犀利，不像是说理，简直是与人骂仗"，他欲在前两章字句上作些修改，而为蒋氏所拒，认为"还是那火辣辣点好，照陶组长原样印就是了"②。果然，《中国之命运》因为火药味太重，被左派势力骂为"希特勒《我的奋斗》在中国的翻版"。该书不仅引起英国与中共的负面抨击，令蒋介石大叹③，且在国民党高层和自由知识分子中都引起不满，陶希圣外孙沈宁印证陶因此书而在重庆全城背骂名的事实。沈宁文章亦大量记叙陶氏写作之苦，谓其战战兢兢、反复修改的做法，与其写学术文章的风格截然不同，又说陶在精神高度紧张下，需要借助安眠药才能睡觉④。但是陶希圣亦实因《中国之命运》而获悦蒋心，在陈布雷身后，陶希圣就自然跃居为蒋氏的第一文胆了。1949年12月去台湾后，陶出任国民党总裁办公室第五组组长，主管宣传和政治理论工作，这与他自汪精卫政府反水出来、重新回到重庆后所担任的侍从室第五组组长的工作性质是一脉相承的。

有关《苏俄在中国》的主要捉刀人陶希圣的写作和修改过程，鲍家麟教授的回忆如下：

---

① 鲁迅：《350209致萧军、萧红》，徐文斗、徐苗青选注：《鲁迅选集·书信卷》，山东文艺出版社1991年版，第371页。
② 陈冠任：《蒋介石的秘书陈布雷》，中国青年出版社2010年版，第238页。
③ 连振斌：《文人悲剧：理论秘书陶希圣》，沧浪云等编著：《中枢关钥：蒋介石和他的秘书》，团结出版社2011年版，第32页。
④ 沈宁：《我的外祖父为蒋介石执笔〈中国之命运〉》，江涌编：《蒋介石的文臣武将与对手》上册，中国文史出版社2013年版，第48—50页。

我嫁入陶家后,我婆婆万冰如说起,家翁陶希圣为写作此书所受的苦累,那才真叫春蚕吐丝,蜡炬成灰……由于此书被赋予的重要性质,在发行前其写作内容必须保持绝密状态,故陶希圣是被蒋公专门接到桃源县大溪、在封闭环境下进行写作的。现在的大溪虽已是士女风靡的游览胜地兼美味豆干的产地,但在五十年代中期还是个偏远而不见经传的小镇。陶希圣虽为主要执笔人,但这本书的修改、增删与核定,蒋介石本人及其高级幕僚黄少谷、张其昀、罗家伦、张厉生、唐纵、张群及蒋经国都参与了。书大致成稿后,写作和编辑地点又转到阳明山。①

陶希圣不仅完成了《苏俄在中国》的主要写作,而且还介绍了沈剑虹出任蒋幕僚机构英文秘书,将此书翻译成英文。沈剑虹以六周的时间,一周工作七天,昼夜打字,终于完成英文初稿的翻译。译稿的审核则在宋美龄的亲自率领下进行,当时的外事部门负责人叶公超本身也是英文高手,他将外事部门的工作撂给沈昌焕照管,自己拿出所有的时间与蒋夫人、沈剑虹全力工作,逐句定夺,整整干了四个月的校稿员②。

我们整理陶氏档案,发现《苏俄在中国》的初稿某处,有同僚某的批语:"按西方人士一般心理,对于钧座此种用心良苦之至意,或难了解。此段是否宜予删除,仍乞钧裁。"③这种情况多发生于陶的行文控诉到"苏俄共产主义侵染中国"而笔下的火药味和冤屈之意溢于言表时;这时他的团队就会出来提醒:既出于一党一"国"的元首之笔下,文字的风格要力求公正平和大气,又要兼顾到西方读者的阅读心理,许多来自中国传统观念的曲折幽微处,如写到在忠义的道德前提下,某某事"我"(蒋介石)若不做就是"对反共世界自由人类为不忠"等,国人或能理解,西人则未必,以第一人称阐述,谆谆多言,会致人茫然或厌烦。鲍教授形容其翁的写作之苦:"家翁陶希圣先生是体出了钧座的苦心,众文胆却又体出了钧座的苦心不能为西方人所理解的苦心,

---

① 鲍家麟:《陶希圣与"极密"件——〈苏俄在中国〉一书的写作与修改》,《传记文学》2009年第4期。

② 其后,沈剑虹足以深厚的英文功底为契机进入台湾外事部门,最终成为台湾的"驻美代表"。沈剑虹:《使美八年纪要:沈剑虹回忆录》,世界知识出版社1983年版,第22—43页。

③ 鲍家麟:《陶希圣与"极密"件——〈苏俄在中国〉一书的写作与修改》,《传记文学》2009年第4期。

并苦心谕导陶氏再体这份不能道出的苦心,则陶氏返工重写时,其苦可知。"①

陶档中收录有一份留底照片,乃1935年9月1日周恩来致陈立夫陈果夫兄弟之信的拷贝。此信为邀请二陈参加由国民党广东省政府委员曾养甫所策划的高级国共密谈而写,1993年9月陈立夫已将其公布给大陆赴台记者,它的内容本不是秘珍②。但此信本身确实是国共早在"西安事变"前一年就已背着张学良互通款曲的一个证据。这份留底照片会出现在《苏俄在中国》的档案中,还是意味深长的,因为众所周知,陈立夫在1950年被蒋放黜,黯然离台。陶希圣1955年至1956年间为蒋捉笔写作时,陈立夫应正在新泽西伺鸡扫粪,完全是国民党的一枚弃子。陈氏遭贬,是一场急风暴雨的事件。1950年8月4日,在国民党"改造会议"的前一天,陈立夫被要求在24小时内离开台湾,蒋陈交恶如许③。但陶希圣在写作时,居然能够拥有周恩来这封密信的照片拷贝,此事或者说明二陈在收到周信的1935年就已经向蒋氏汇报并备档,或者说明陈立夫在50年代中期曾为蒋的写作提供密件。如果是第二种情况,那就说明二人关系的破冰,比外界所知的要早得多,也说明陈立夫并未真正远离国民党中枢。

关于蒋家文胆在为蒋代笔的生涯中产生的严重人格矛盾,何大鹏（Dahpon D. Ho）的英文长文《一位饿鬼捉刀手的夜思:陈布雷及其服务于民国的人生》④分析得最是声情并茂。虽然这是一篇发表于学术期刊的专业论文,但作者采用了文学手法,代入了陈布雷的视角、用心灵独白的方式去摹写他临自杀前夜的痛苦挣扎。何大鹏将陈的悲剧命运,归结于一位有自觉意识去追求公正和真理的新闻人士在服务于国家的使命感和人格独立之间的摇摆。"饥饿"的定义乃是来自尼采的《查拉斯图拉如是说》:"你需在日间找到十个真理;否则你将会在夜晚寻求真理,你的灵魂会感饥饿。"⑤既然一

---

① 鲍家麟:《陶希圣与"极密"件——〈苏俄在中国〉一书的写作与修改》,《传记文学》2009年第4期。
② 《周恩来写给陈果夫、陈立夫的信》,《统一论坛》1995年第3期。
③ 林颖曾口述、李菁整理:《远离政治的陈立夫》,江涌主编:《蒋介石的文臣武将与对手》上册,第102页。
④ Dahpon D. Ho, "Night Thoughts of a Hungry Ghostwriter: Chen Bulei and the Life of Service in Republican China", *Modern Chinese Literature and Culture* 19, No.1, 2007, pp.1-59.
⑤ "Ten Truths must You Find during the Day; otherwise You will Seek Truth during the Night, and Your Soul will have been Hungry", Nietzsche Friedrich, *Thus Spake Zarathustra*, Amherst: Prometheus Books, 1993, p.53.

位良心知识分子对真理的饥饿感在白日里不得满足,则这饥饿感必然会在夜晚吞噬此人的灵魂,使他自省、自问,自挞本心以致无眠。何文里提到的小细节:陶因为睡不着觉,向陈借安眠药吃。陈拿出他的神秘药盒,陶惊讶地看到,陈的安眠药竟是各式各样的,光颜色就五六种之多。陶取了一瓶,果然药性够猛,陶终于睡上了好觉。陈的安眠药是如此名声在外,以致《"中央"日报》社长胡健中都跑来讨药吃。陈周围的同事中,许多人都是失眠者,但每个人都承认,唯有陈的安眠药盒是最厉害的[①]。

土耳其裔美国左派汉学家阿里夫·德里克(Arif Dirlik)对陶希圣产生兴趣,他研究了陶氏在法律、历史、新闻、政治之间的职业跳转和在早期共产党、蒋派、汪派之间的政治从属跳转之后,下结论说:陶永远都是一个"变革的支持者"(proponent of change),但是陶的"变革"并不意味他就打算与传统做决绝的斩断,他实际上反对让中国的社会结构经历激烈的革命式变革[②]。这一思维模式也许解释了陶希圣为什么在许多"主义"之间游荡了一番之后,最终又回到了国民党的怀抱,这是因为国民党所代表的传统主义和国家主义——虽然这两者必然意味着自由主义要为之摧眉折腰——最符合他本初的思想倾向。从这层意义上说,陶虽然也在国民党文宣体制内感到压抑,但毕竟这是他"过尽千帆"后的一个选择,从汪伪政府里九死一生出来后,他能够在失眠中继续写作、"竭心血而对青灯",在蒋政府中继续拼接自己的文胆人生,就已经是很万幸了。他不抱怨,因为他没有资格抱怨。他不会再发出"余今日言论思想,不能自作主张,躯壳灵魂,日渐成他人之一体。人生皆有本能,孰能甘于此哉?!"[③]的闷吼。

---

① 陈布雷收藏的安眠药多为烈性,且品种繁多,不时更换。友朋出国归来,送他别的礼物,他不会收,若送安眠药给他,陈则从不拒绝。此细节亦见于陶希圣:《记陈布雷先生》,《传记文学》1964年第5期。

② Arif Dirlik, "T'ao Hsi-sheng: The Social Limits of Change", in *The Limits of Change: Essays on Conservative Alternatives in Republican China,* ed. Charlotte Furth, Cambridge, Massachusetts, and London, England: Harvard University Press, 1976, p.305.

③ 翁泽永:《我的舅父陈布雷》,浙江省政协文史资料委员会编:《从名记者到幕僚长:陈布雷》,第68页。但是笔者要指出的是,这句话并不见诸陈布雷的日记,而是陈的外甥翁泽永在他的回忆文章中这般提及的:"一个陈的同邑知友,曾记述了陈亲口对他说的话。"有不少研究者将此语作为陈布雷的原话来引用,这是不对的。鉴于翁泽永留在了大陆且是乔石妻兄的事实,而且他文中并没有给出"同邑知友"的姓名,笔者认为对此句出处应该存谨慎的态度。

失眠或吃失眠药的现象不尽然就为政治代笔者所专有,政治代笔者不尽然一定就是 Spin Doctors, Spin Doctors 也不尽然会感到良心的痛苦。但是在陈布雷的身上,穿过了一系列的"不尽然",我们真切地感知到了这些元素之间的等号:他本不具有 Spin Doctor 的厚黑本质而投入了这个厚黑的行当,长期的文宣曲释生涯最终反噬了他。

1948年11月,陈布雷在风雨飘摇的南京仰药自杀。陶希圣的日记载:

> 上午十时半,陈修平(陈启天,时任经济部长,作者注)兄正在寓谈时局,蒋君章电话请立即往湖南路,余即搭修平车往,过经济部,易车送往,至湖南路508门口,见陈熊两医官匆卒进门,叔谅(陈布雷之弟陈训慈)含泪,知不妙,急入上楼,见布雷先生仰卧,面色黄,口张不闭,陶副官查安眠药瓶,知其已吞150粒以上。医注射强心剂无反应,已于三小时前逝世矣。惟果芷町续来见遗书致余等三人者,皆哭,遗君章书命注意发表消息,勿为反动派所利用,乃商发一新闻谓系心脏衰竭及失眠症,心脏突发致死。正午总裁接遗书,欲发表,余往述遗书云云,乃决仍余等所发新闻。①

陈布雷为蒋 Spin 文字半生,已经预知自己死亡的消息将会被人——什么人呢?难道仅仅是他遗书中所谕的"反动派"?——拿去做文章,因此先着一机,预为自我 Spin。他给机要秘书蒋君章的留言,指示同僚们不妨曲笔发布他死亡的消息:"此事可请芷町、希圣诸兄商量,我意不如直说'从八月以后,患神经极度衰弱症,白天亦常服安眠药,卒因服药过量,不救而逝'。"②一向受知于陈布雷且即将代之而起的陶希圣,身在局中,对这位挚友兼上司自杀的消息,想当然地选择继续 Spin,"商发一新闻,谓系心脏衰竭及失眠症,心脏突发致死"。这就是《中央日报》次日所载的大致内容。在闻知陈的死讯后,即使蒋介石都有至性冲动的一刹那,"总裁接遗书,欲发表",但是

---

① 陶希圣:"(1948年)十一月十三日星期六、十一月十四日星期四",陶晋生编:《陶希圣日记(上):1947—1956》,(台北)联经出版社2014年版,第183—184页。
② 陈布雷:《遗告处理身后事务十则,留交蒋、金两秘书函(民国三十七年十一月十二日)》,陈布雷著,张竞无编:《民国三大报人文集:陈布雷集》,东方出版社2011年版,第193页。

仍然被陶按住了。其后唯因若干国民党中常委特别是邵力子的反对，认为应该将陈氏死亡的全部事实向社会公布，用"布公之轻生"来"警醒党人"，把坏事变好事，这才有了11月18日《中央日报》重新发布消息，重述陈氏自杀的来龙去脉一事①。

真正的历史，愈在细枝末节处就愈是动人。笔者读有关陈布雷之死的记录，最感震撼的是一个无关的细节：陈布雷自杀后，尸体尚停放在湖南路寓所，他的夫人和女儿赶到时，适逢早年与他订交于《天铎报》时代的老朋友戴季陶"疯疯癫癫"地从外哭奔而来，扑到陈布雷床前大嚎："啊！布雷，布雷，我跟你去，我跟你去，人生总有一死，我的心已死了……"②

1949年2月12日，陈布雷死后3个月，戴季陶同样以过量服用安眠药的方式自杀于广州。戴为国民党政论理论家。他们死前都同样深受精神衰弱的折磨。

五、失败者书写历史的意义

"成功有一千个父亲，而失败是一个孤儿，至少，在沃尔夫冈·施伊费尔布什写出他的新书之前。"书评家兼作家桑德·吉尔曼（Sander L. Gilman）对德国文化历史学家施伊费尔布什的《失败文化：关于国家的重创、悲悼与复兴》一书取得的地位作出了如是肯定③。施伊费尔布什是一位走偏锋的学者，他致力的领域其实是从法国年鉴学派传承下来的心态史学（history of mentalities），在这本书里，施伊费尔布什以比较史学（comparative history）的方法，比较了美国内战后的美国南方、普法战争后的第三共和国法国和一战后的魏玛德国这三个战败者的人民心态、政府应对、世风民俗等——简言之，失败者的文化——并总结了它们的共性。施氏认为失败者的心态需要经历复杂的几个阶段：他们首先是震惊、愤怒；但当失败的大局已定，他们会如释重负般地接受现实。接着，他们会进入一个懊悔、痛苦时期，四处"寻找替罪羊"（Scapegoating），将失败推归于"背后捅刀"（Stab-in-the-back）的

---

① 陈冠任：《蒋介石的秘书陈布雷》，第320—325页。
② 同上书，第323页。
③ Sander L. Gilman, "Advance Praise for The Culture of Defeat", in Schivelbusch, *The Culture of Defeat*.

罪恶人物、集团、国内外邪恶势力、事件等①，在这段时期里，他们会忍不住制造各种迷思（Myth），如："我们""不是输在了战场上"（undefeated on the field of battle），"我们"比战胜者"拥有文化和道德上的优越性"（cultural and moral superiority），或干脆在心里对战胜者说："胜利是失败的诅咒"（curse of victory）——风水轮回转，下次就该轮到"你们"失败了，因为胜利使"你们"过于骄傲了。"迷思"之所以产生，"正如神经机能症之于个人一样，迷思是之于集体的"，但施氏认为它是一种保护机制，对战败者的心理修复是有建构性的，因此也被视为是有益的。再后，失败者会进入一种复仇心态。而复仇心态过后，失败者就会进入反省和自我拷问期，他们会总结自己的弱点，承认战胜者的优点，从而不断自新、进步。从这一点上说，施氏的"反省—进步"理论又契合着阿诺德·汤因比的"挑战—反应"导致文明进步的假说。

用施氏有关"失败文化"的心态史学来对照诠释蒋政府的文宣运作，我们可以看到相当多的契合之处。比如：归咎于"西安事变"类似于"寻找替罪羊"，第三党、张学良类似于"背后捅刀"者；"苏俄在中国"的外国意识形态流毒理论可用以构建"我们为何不是输在了战场上"的迷思；比之共产党，国民党又常常自认拥有"文化和道德上的优越性"；复仇心态则对应"反攻大陆"的豪言壮语。当然，施氏理论也不能被过多套用在这里，其理甚明也。施氏所举的三个例子，都是"彻底失败者"（The Vanquished），而蒋氏则在台湾立住了足，还未曾经历政府或政府领导人的任何一种改变，这也就决定了蒋氏的历史书写的诉求更为复杂，因此他的文宣压力也就会更大。

前已介绍过，《苏俄在中国》的写作，虽以陶希圣为主捉刀人，但其背后有一个庞大的文宣团队，甚至连宋美龄都参加了。台湾国民党文宣系统为

---

① 关于"背后捅刀"的出处，有不同的说法。一是认为来自兴登堡在停战一年后接受"国家质询委员会"有关战争的调查时，引用了英国将军 Frederick Barton Maurice 的话作为回答，见 William L. Shiver, *The Rise and Fall of the Third Reich*, New York: Simon and Schuster, 1960, p.31。二是认为这是鲁登道夫在1919年与英国将军 Neill Malcolm 一起吃饭时所说的。见 John W. Wheeler-Bennett, "Ludendorff: The Soldier and the Politician", *The Virginia Quarterly Review* 14, No.2, 1938, pp.187-202。不管来源为何，对于这两位德意志第二帝国的军事首领来说，这一刀就是来自求和派的社会民主党、中间党、进步党等左倾党派和唯利是图的犹太人。希特勒也喜欢使用喻体，但他用"背后捅刀"来指代国外的破坏因素（阳性的，进攻破坏型的），而他所憎恶的犹太人则是之于德国母体的具有传染性的细菌（阴性的，卑柔腐蚀型的）。见 Schivelbusch, *The Culture of Defeat*, pp.169-178。

什么要如此地大动干戈,以致捉刀团队要"肃肃宵征,夙夜在公"呢? 说到底,这部书的写作,不是简单去炮制一部回忆录而已。国民党到了20世纪50年代中期,终于从退踞台岛初期的兵荒马乱中缓过一口气来。军事上,1954年,美国与台湾当局签署的所谓的"共同防御协定",基本驱散了台湾民众对于大陆军事进攻台湾的可能性的恐惧[1]。经济上,朝鲜战争爆发带来的美援、商机和资本输入,已经很大程度上改善了国府退败初期的困窘[2]。"宵言永怀,良兼矜疚",国民党已经到了应该为"丢失大陆"的责任给出一个官方解释的历史关口了。而对己方的历史失败做出解释,是"以大局之糜烂,为一身之耻疚"好呢,还是找到一个可谴责对象、并在该对象的仇家中结到朋友好呢? 显然是后者。既自1946年3月英国前首相丘吉尔在美国密苏里州富尔顿的威斯敏斯特学院发表了著名的"铁幕"演说之后,在欧美世界的眼中,"从波罗的海的什切青到亚得里亚海边的里亚斯特,一幅横贯欧洲大陆的铁幕已经降落下来"[3],也就是说,由意识形态所决定的"自由世界"和"共产主义"的对抗,已经开始了。西方提出:要用除了直接武装以外的一切手段和行动来遏制共产主义。人类历史进入了"冷战"(Cold War)阶段。1947年,美国国务院高级幕僚乔治·凯南在《外交季刊》发文,提出"遏制理论",美国于其后出台的杜鲁门主义、马歇尔计划、北大西洋公约,以及对德、日政策和对华政策等,其实都是遏制理论的后续[4]。而在《苏俄在中国》的绪论中,蒋氏在谈到作此书的目的时,亦说:"我们中国这三十年来,所受的惨痛教训,我深望其能对今日同遭共产主义的威胁的国家及其领导者,有所裨益。"[5]——这正是台湾对"自由世界"的"嘤其鸣矣,求其友声"的诉求。虽然如此,国民党对自身做一定程度上的反省和自责又是不能省略的。否则的话,即使在对西方宣传的口径上,国民党也会落下"避重就轻""诿过他人"的名声。《苏俄在中国》一书的写作,切入的虽是蒋氏一人的视角,评述

---

[1] Hungdah Chiu, *China and the Question of Taiwan: Documents and Analysis*, New York: Praeger Publishers, 1973, pp.78-79, pp.250-252.

[2] Richard L. Walker, "Taiwan's Movement into Political Modernity, 1945-1972", in *Taiwan in Modern Times*, ed. K. T. Sih, New York: St. John's University Press, 1973, pp.364-365.

[3] 孙颖、黄光耀主编:《世界当代史(1945—2001)》,中国时代经济出版社2003年版,第19页。

[4] 同上书,第19—21页。

[5] 蒋中正:《苏俄在中国:中国与俄共三十年经历纪要》,第4页。

的却又是半个世纪以来国民党及其政府的千秋功过,于是轻重之间,雕文琢字,颇难把握。这不仅仅是蒋政府一家的文宣困境,自古到今,由中及外,多少有国者在失国、失政、失民心之后,在需要向民众、友邦和后世给出一个交代的时刻,都会面临类似的宣传困境。

综上所述,蒋氏的文宣运作,基本是他本人和他的代笔文胆共同参与的一个过程,这个团队的外延有时也会包括他的妻子宋美龄、理论幕僚、外文翻译及外事部门的官员。互参文本后的结果显示,有时蒋氏会指示他的代笔人"加工"他的手稿,有时是他的文胆主动改动他的手稿,更多时候则是由文胆根据他的意思先行搭构文本,然后再由蒋亲自进行修改。但无论是怎样的人员、形式和操作方式的组合,在蒋政府的文宣运作中,"曲释"这一手法是被广泛使用了的,因为蒋氏作为一个自青年时代起就深受理学思想影响的统治者,自身就有"彰道、明德"、从文字中营建形象的需要;但失败者心态的微妙和尴尬,失败文化中的"迷思"机理——如施氏的理论所诠释——以及诸多现实因素,也都导致国民党对于"丢失大陆"这一历史书写的诉求多重又复杂,其中包括:透过、诉冤、解释,借以奋发自新,稳定现政局,打击敌对,结交友邦等。而在书写"丢失大陆"的过程中,它一定会遇到重叙"西安事变"的需要——尽管在1937年推出的《西安半月记》已经代表了蒋氏对这一事件的个人视角的历史交代。

在阐述了所有这一切之后,笔者要补充的是:从历史的后篇上来看,国民党政府后来的确是——如施氏理论所言——走出了种种"迷思",通过反省自身、整顿腐败、土地改革、发展经济而走上自新与进步之路。而且,似乎与前述所有事实和逻辑都悖谬的一点:《苏俄在中国》本身其实也是国民党的一部自我反省之作。

[原刊于《文史哲》2017年第3期]

"西安事变"文附录：
与汪荣祖先生论二陈信

汪函一：

发送时间：2017年8月21日

晓艺教授，

　　谢谢回信并惠示新作，当仔细拜读也。昨晚读毕有关西安事变大作，不仅有新史料，内容充实，而且提出新议题，称之为罕见之佳作，绝非虚言。文中提到1935年9月1日周恩来致陈氏兄弟函，当时我与敖之（李敖）据陈立夫回忆与苏俄在中国所说，判断1935年不误，但大多数学者认为应是1936年。今欣见你认定是1935，不知照片或档案记录可以完全确定年代否？

荣祖

刘函：

发送时间：2017年8月21日

汪教授您好，

　　拙文过辱嘉许，且愧且惭，我因近水楼台，得见秘珍而成此，这是任何历史学科的研究者都梦寐以求的机会，我只是比较幸运而已。

　　您提到周恩来致二陈信的年代争议，非常重要的题目！这涉及到如何定性国共桌面下的交往的问题，早这一年或晚这一年，意义大不相同。我之所以未能在昨日收悉惠函后即刻奉复，主要也是在思考和搜索资料。

　　我在写作时已留意到历史学界对1935和1936的争议。取1935，是因为陈立夫自己坚持此说，且专门属文驳斥过1936说。但后来看到更多资料，我

的想法逐渐有变。兹列如下:

1. 1935年9月,周恩来尚在长征中,写此信的可能不大。①

2. 1935年12月24日,陈立夫有上海到马赛一行,其后滞留欧洲4个月,等待进入苏联,直至从柏林被蒋召回。同行者张冲、程天放均有回忆文章。陈自己也有详细回忆录。被紧急召回的缘故,因日本人已放出风声,谓陈被遣赴苏,陈的回忆录自谓"苏俄对此消息,极为害怕,恐怕轴心国家因此而早日联手制俄。蒋委员长乃不得不改变计划,命我返国与苏俄大使鲍可莫洛夫在南京交涉……"②这与周信中所谓"报载两先生有联俄之举,虽属道路传闻,然已可窥见两先生最近趋向"相符。

3. 前些日子看一份有关翦伯赞之死的资料。1968年12月18日夜,翦伯赞突然自杀,此事发生于1968年10月毛下指示放宽对其批斗政策、北大也已改善了其待遇之后,于情于理都很难解释。参与审讯翦伯赞的北大王渊涛披露,翦伯赞材料中有一位女性的来信,兹引原文:

> 信的内容要点是:她是江浙一带人,抗日战争爆发之前,她是个青年,出于对历史学家翦伯赞的仰慕,到南京向翦求教,住入翦家,翦指导她学历史,并告诉她,自己正在为国共两党代表的谈判牵线搭桥,国民党方面出面的是曾养甫,中共方面的代表是周小舟,还有吕振羽。她还在翦家见过参加谈判的周小舟,皮肤很黑很粗糙……

审讯组拿着此信向翦问讯,翦笔录承认年轻时与该女发生过关系,其人

---

① 笔者其后又查阅了更多相关资料。《统一论坛》1995年第3期第23—24页刊载此函,但"编者按"与文末注释之间颇有矛盾处。对函中"近者寇人益深,伪军侵绥"句,注释为"指一九三六年八月日本帝国主义指使伪蒙军进犯绥远东北地区",对函中"敝方现特致送贵党中央公函"句,注释为"指一九三六年八月二十五日《中国共产党致中国国民党书》",但"编者按"中却称"周恩来于1935年9月1日给身居国民党要职的陈果夫和陈立夫书写一信"。据中共中央统一战线工作部主编的《周恩来统一战线文选》,该信日期署为"一九三六年九月一日"。另据中共中央文献研究室编《周恩来年谱》,该信日期亦署为"1936年9月1日"。参见《周恩来写给陈果夫、陈立夫的信》,《统一论坛》1995年第3期;中共中央统一战线工作部、中共中央文献研究室:《周恩来统一战线文选》,人民出版社1984年版,第17—18页;中共中央文献研究室编:《周恩来年谱(1898—1949)》,中央文献出版社2020年版,第318页。

② 陈立夫:《成败之鉴:陈立夫回忆录》,(台北)正中书局1994年版,第199页。

所说为实。这是1968年12月16日之事，两天后翦即自杀了，显然是不能承受个人隐私被暴露后的羞辱。

与共产党进行接触的 initiative[倡议]，最初是CC系大将曾养甫提出的，曾养甫与宋子文关系也很好。曾养甫派他的属下谌小岑出头寻找机会。谌与曾为天津国立北洋大学同学，谌早年在"觉悟社"也交往过周恩来、邓颖超夫妇，但他没有马上使用这条线，而是找了翦伯赞，翦伯赞建议释放尚被国民党关押中的共产党员董维健（留美博士），但董维健虽答应联络中共，却拒绝为陈立夫翻译其书《唯生论》为英文，故最终未被释放。这条线索断了之后，翦伯赞才建议找吕振羽的，吕收信后则上报周小舟。中共方同意与国民党建立联系。谌小岑在《周恩来给我一封信的原委》中记录"吕振羽是南京政府改组前三天到南京的"，又谓"南京政府是一九三五年十一月二十三日宣布改组的"①，则吕振羽到南京的时间应为1935年11月20日，然其他文献也有说12月的。吕是辞掉北京的教职专门南下的，因收入无着，还接受了曾养甫的一点救济；周小舟来南京至少两次，第一次在1936年1月，第二次在1936年3月。他们的接洽方的上峰为宋子文，盖当时陈立夫已经赴欧。

这一个回合的接洽，为国共低层洽谈，时吕振羽、翦伯赞都非共产党员，若说是"第三党""左派势力"促成也可。周恩来致二陈之信，必然发生在此轮初始试探之后，而不可能发生此之前。初始试探的时间，最早不应谓早于1935年11月20日吕振羽抵南京。

以上是我的愚见，写出来请您指正。敬颂教安！

晓艺

汪函二
发送时间：2017年8月24日
晓艺：

谢谢费心回函，看来应是1936，但有时 more apparent than real[更多是表象，未必是事实]。因至今所有的证据都还是 circumstantial[依情况而定的]。再者，把相关的事情发生在周函之后，是把周函当果，故因不可能在果

---
① 中共中央统一战线工作部研究室、中共中央文献研究室周恩来研究组编：《统一战线的珍贵文献》，浙江人民出版社1985年版，第259—260页。

之后，但若将周函视为因，则后来发生的事，便顺理成章了。周函提到报载联俄乃"道路传闻"，若是1936年，则距所发生之事超过半年以上，仍是"道路传闻"？中共与共产国际真的毫无联系？陈立夫是当事人，应最权威，他固然有记错的可能，但并无坚持错误时间的理由。苏联在中国一书若非据陈说，必有档案依据，若有此依据，则可一锤定音，似已不可能。固妄言之，也许见面时再谈谈。

荣祖

论《苏俄在中国》"极密件"：
兼及陶希圣与中共早期人物往来

蒋介石文胆陶希圣曾为他捉刀写作过两部重要作品，一部为20世纪40年代大陆时期的《中国之命运》①，另一部为20世纪50年代台湾时期的《苏俄在中国：中国与俄共三十年经历纪要》②（以下简称《苏俄在中国》）。本文作者之一刘晓艺曾师事陶氏子、媳陶晋生与鲍家麟，得见蒋介石本人及其"侍从室"其他幕僚有关《苏俄在中国》二稿意见的机要文件，即本文所谓"极密件"。勾稽"极密件"的出处成因、解读其基本内容，有助于今人了解《苏俄在中国》成书过程的来龙去脉、国民党作为战败方对历史的婉饰手法以及蒋介石的自责与检讨。植根于此，又可知学者出身、早年曾与中共人物往来密切的国民党文宣大员陶希圣，实则对于早期共产党的运作模式并不熟悉；"极密件"中的一些误解，显示陶希圣诚如其子陶恒生所言，"书生论政而犹是书生"③。

一、"极密件"的出处成因

陶晋生与鲍家麟本为一对学者夫妇，退休前皆担任美国亚利桑那大学（University of Arizona）东亚系教授。陶晋生为陶希圣第四子，亦为陶家六子

---

① 蒋中正：《中国之命运（普及本）》，正中书局1943年版。
② 蒋中正：《苏俄在中国：中国与俄共三十年经历纪要》，中国台湾"中央"文物供应社1956年版。
③ [美]陶恒生：《序》，陶希圣：《潮流与点滴——陶希圣回忆录（第2版）》，中国大百科全书出版社2016年版，第1页。

中克绍箕裘、继业其父青箱之学的唯一一位①。陶、鲍既为陶希圣后人中的史学继业者,很自然地,他们接受了乃翁生前的部分资料。陶希圣的另外一些资料,原由其第三子陶恒生掌握。陶恒生退休前为一名成就卓然的机械工程师,退休后致力于有关其父生平重大事件的"高陶事件"的研究,著有《高陶事件始末》②,译有《高宗武回忆录》③。陶恒生去世后,他的家人将其所拥有的陶希圣资料捐献给了美国斯坦福大学(Stanford University)。2018年2月18日,斯坦福大学胡佛研究所正式为陶希圣资料建档④。众所周知,胡佛所是收集中国近代史原始资料的世界级殿堂,蒋介石、宋子文、孔祥熙身后留下的资料都收录其中,陶希圣资料得以入藏胡佛所,在一定程度上说明其珍稀性质。

在陶氏档案中,有一份打着"极密"红戳的文件。这份来自20世纪50年代蒋介石"侍从室"的机要文件,是《苏俄在中国》成书过程中,"侍从室"秘书综合蒋氏其他幕僚有关此书二稿的意见,再添加上外事部门人员的建议,抄录下来以备陶希圣继续修改写作之用的⑤。

有关这份文件的来历,鲍家麟曾介绍道,她与陶晋生1964年在美结婚,次年回台小住了一年,因为时间不长,就暂寓于公婆家中。当时她正在写作以汪精卫生平为主题的博士论文,涉及现代史上国民政府的宣传政策,不免向乃翁请教。这份文件,陶希圣之所以交给她看,就是由解答类似问题的情形而起的。

《苏俄在中国》,全称为《苏俄在中国:中国与俄共三十年经历纪要》,酝酿于1955年冬,首次印行面世在1956年底,但大量发行则始自1957年⑥。

---

① 陶晋生在美国印第安纳大学(Indiana University)完成学业后,在美东教书三年,其后与夫人鲍家麟一起回到母校台湾大学教书;这期间,陶晋生亦半职为"中研院"史语所工作,并与陶老先生一起复刊了《食货》期刊;1976年他们接受亚利桑那教职,又返回美国。1990年,陶晋生当选为台"中研院"院士。
② [美]陶恒生:《高陶事件始末》,中国大百科全书出版社2012年版。
③ [美]高宗武:《高宗武回忆录》,[美]陶恒生译,中国大百科全书出版社2009年版。
④ Hsiao-ting Lin, *Defectors In The Midst Of War,* Hoover Institute, Stanford: Stanford University, https://www.hoover.org/news/defectors-midst-war.
⑤ 刘晓艺:《"西安事变"与"丢失大陆":失败者怎样书写历史——兼谈国民党文宣系统的"曲释"操作》,《文史哲》2017年第3期。
⑥ 据鲍家麟回忆,1957年她恰在台北一女中念高三,正准备大学联考,忽然必考科目中的"三民主义"课程里,添入了大量《苏俄在中国》的内容,一时同学间叫苦不迭。鲍家麟原是以第一名成绩考入台大历史系的,学霸功底,并不怕记诵,但也深以为苦,因为对枯燥的政治说教没有兴趣。

此书既称"自传",以蒋介石第一人称口吻而作,则台湾当局的提法,自然仅认定蒋氏为作者。早在大陆时期,蒋介石的首席幕僚陈布雷已为其编著《蒋介石先生年表》;陈氏虽于1948年底在风雨飘摇的南京仰药自杀,但这部年表却继续编了下去,至1978年再版时,仍沿用陈布雷为著作人。据此年表,1956年12月1日,蒋介石"手著《苏俄在中国》一书告成"[①],绝无提及代笔人之事。

如今,两岸的国民党史研究者,皆知此书实为陶希圣代笔,但代笔写作的具体情由如何,却较少为研究者所了解。自陈布雷1948年底自杀后,陶希圣实已在国民党文宣系统中跃居为第一人,他为蒋氏写作的心路历程究竟如何?他写出的初稿会经历怎样的修订过程?蒋介石本人又会在他的文稿上作何补充?这些问题都值得我们加以探讨。

陶希圣在"高陶事件"中自汪政府虎口逃生,其后在香港卜居近两年,珍珠港事变后返回重庆,在挚友陈布雷的援引下重入蒋幕;此后半生,陶氏心血所沥,都用在为蒋氏撰写政论文章上。这固然一方面是为了报答蒋氏对他的不杀之恩,另一方面,陶希圣本人也不乏中国传统书生那种"致君尧舜上"的入世情怀。他本有严重的失眠症,又易头痛,但无一日不著文写作。写政论文章之苦,是因为修改繁多,无论怎样的"上体天意",总是有不到之处,同僚文胆间又众口难调,因此打回来重写的时候居多。陶氏前半生治学的写作,虽也是竭心血而对青灯,但没有那种压力极大的苦。

鲍家麟之所以了解《苏俄在中国》的写作状态,乃得自她的婆婆万冰如的回忆:陶希圣因需探研政情动态,每晚必看新闻,但不是如普通人看电视那般消遣娱情,他看电视总是很严肃专注的。通常,晚上十一点关掉电视之后,他就会开始在一灯荧照下笔耕不已。一般性质的政论文稿,陶希圣多在家中完成,但因《苏俄在中国》被赋予的重要性质,发行前它的内容必须保持绝密状态,故在1956年冬,陶氏被蒋介石专门接到桃园县大溪,在封闭环境下完成了最后一段写作。

陶希圣虽为主要执笔人,但这部"自传"的修改、增删与核定,蒋介石本人及其高级幕僚黄少谷、张其昀、罗家伦、张厉生、唐纵、张群及蒋经国均曾

[①] 陈布雷等编:《蒋介石先生年表》,(台北)传记文学出版社1978年版,第87页。

参与①。关于此著的成书过程，楚崧秋在《侍候蒋公撰写〈苏俄在中国〉》一文中已有清楚说明②。陶家外孙沈宁在美成为作家，他对外祖父写作生涯的不易也颇有过一些记录③。

蒋氏退至台湾之后，对于国共之争中的失败，仍欠世人一个交代。此"自传"的意义，除了要给军民、后世和所谓"友邦"一个"交代"之外，还有两层意义。据楚崧秋言，当时东西方"冷战"正酣，西方有所谓"和平共存"之议——对共产主义的存在予以默认，而蒋认为此议对"反攻复国"的立场不利，故要为文驳正，以起到"呼吁"全世界来"警醒共产主义"的作用；此外，蒋氏将至七十大寿，又兼临近他与宋美龄结婚三十周年纪念，故此书亦有自寿兼贺三十年伉俪之旅的意义④。

这份"极密件"共16页，为打印件，稿纸是极薄的有竖行排行的信笺，但无题头；其中三页，内中插有蒋介石的笔迹，为简短的修改意见，毛笔书写，笔意清隽，虽字迹潦草，但严整有度。文件中凡提到蒋介石处都用"钧座"，而空一格，以示尊敬。红戳"极密"二字打在右上文件题目之前，其题为：

附录
壹、拟请对第二次稿本再行斟酌之处

正如楚崧秋所言，陶希圣在接到写作任务之际，起初并不知该书日后会被扩充成一部煌煌近二十万言的巨著。虽然"自传"的写作目的就是要驳斥"和平共存"的提法，但不知为何，《苏俄在中国》的原底稿之名，正是"和平共存"四字——也可能就要是以所驳之论为题。

陶希圣所呈之初稿，只有四万多字，不料蒋介石睹此，心潮思绪万般起伏，决定将此书充实扩容，以广其意；陶氏奉示加以补写，增入约三万字篇幅。"第三次增定稿"和"第四次增定稿"的封页，前者显示补充了"（二十三）中

---

① 刘晓艺：《"西安事变"与"丢失大陆"：失败者怎样书写历史——兼谈国民党文宣系统的"曲释"操作》。
② 楚崧秋：《侍候蒋公撰写〈苏俄在中国〉》，https://nwen.net/history/13591.html。
③ 沈宁：《我的外祖父为蒋介石执笔〈中国之命运〉》，《文史博览》2009年第9期。
④ 楚崧秋：《侍候蒋公撰写〈苏俄在中国〉》。

央的军费与政治经费"一节(见图4),后者显示补充了"中立主义转变"一节(见图5)。

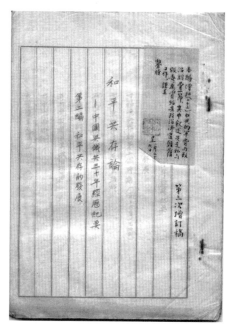
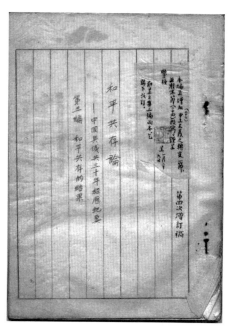

图4 "极密件"第三次增定稿封页　　图5 "极密件"第四次增定稿封页

众幕僚根据蒋氏的建议所成之稿,被纳入书中,又成三万余字,故而总篇幅涨到约十一万字。接下来,蒋氏亲自投身增删补订的工作之中,但凡看到他所认定的重点,便提笔伏案疾书一番,接连数月废寝忘食,以至于引得宋美龄担忧抱怨:"哒(Darling简称,两人数十年的昵称),你不能这样不离开书桌呀!"①——因蒋氏曾一度累昏在书桌前,也确实无怪他的洋派老妻如此娇嗔。至1956年底,此书完稿时"已膨胀至十八万字"②。

二、"极密件"的基本内容

这份"极密件"不着日期,由其内容看,应出于陶希圣受命进行扩充之

---

① 楚崧秋:《侍候蒋公撰写〈苏俄在中国〉》。
② 刘晓艺:《"西安事变"与"丢失大陆":失败者怎样书写历史——兼谈国民党文宣系统的"曲释"操作》。

际,也就是写作最为艰辛的阶段。凡参加过集体写作项目的人都知道,在众多合作者进行"头脑风暴"(brainstorming)之后,主执笔人再将大家七嘴八舌的意见添入自己一气呵成的文章中,不啻使文章置之死地而重生。更何况这位执笔人本身就是"鬼笔手"(ghost writer),所写既非自己的亲身经历,所感也并非自己的情绪思想。

蒋氏众文胆的修改意见,令人感觉是想婉饰掉陶氏原作中的某种"控诉腔"——因其对苏俄共产主义侵染中国、终致国民党"失去中国"这一过程的描写,带有过度的火药味和冤屈色彩。国共虽经历两次历史性合作,其主义之争却势同水火,国民党最终失去锦绣江山,退蹐一岛,军民心内不能无有怨怼。但这部书又毕竟是"元首"之"自传",文字必须显得雍容大气,同时,又要兼顾西方读者的阅读心理。陶希圣虽是北大毕业,独缺留洋经历,他长于写作来自中国传统伦理的曲折幽微,但并不擅长对西方的文宣策略。以第一人称摩述蒋介石在西安事变中的心态,他加入了很多儒家忠义原则的心理桥段,如某事"我"(蒋介石)若不做就是"对反共世界自有人类之不忠"等。外事部门的幕僚们坐不住了,批道:"按西方人士一般心理,对于钧座此种用心良苦之至意,或难了解。此段是否宜予删除,仍乞钧裁。"①

谈到国民党与俄国共产党的关系,更有一等难堪难言难分辨处。盖"联俄联共扶助农工"原是"先总理遗教",就连蒋介石当年之访俄,都是这个"遗教"的产物之一。若直书蒋介石——也就是"我"——在初至苏联时就如何如何"反感苏俄",则"恐人读后误解为由批评国父联俄容共政策之意",所以这一段又要"似宜再行斟酌"了。

"极密件"又责陶氏原文"对'西安事变'之叙述似过于简略。"这当然不会是普通幕僚的意见,必然得自蒋介石本人。西安事变发生于1936年12月12日,和平解决于12月25日,7天后的1937年元旦,陈布雷已受命开笔,为蒋氏撰写自传体的《西安半月记》(又名《西安蒙难记》)了。观乎陶希圣的经历,他虽于全面抗战爆发后即应召参加牯岭茶话会,并开始边缘性地承担侍从室第五组的宣传工作,但即使到了全面抗战之初,他仍不是正式"入

---

① 刘晓艺:《"西安事变"与"丢失大陆":失败者怎样书写历史——兼谈国民党文宣系统的"曲释"操作》。

幕"，聊可算作被战时政府征调服务，又可差拟于古时之客卿。"高陶事变"后，蒋氏对高、陶的处分不一，重惩高而放过陶，也是因为高宗武本属国府官员、而陶希圣尚无这层身份之故。西安事变发生的前后时段，距离陶希圣真正进入蒋政府的文宣核心圈尚远，有关这一事变及蒋氏在其间的复杂心态，他的认识自然不够翔实、准确。陈布雷的《西安半月记》，贴心贴腑地为蒋介石打造出一个在"变生肘腋"间"躬蹈其危"的英雄形象；要像他的上司和前任那样，以第一人称塑造出蒋介石所认可的岳飞、文天祥、史可法式的悲情，实在是个挑战。

而况，到了50年代，在西安事变的写作问题上，蒋政府的文宣需要变得更为复杂了。此处不光需凸显出蒋介石"此身属于党国，安危更不容计"的悲壮，又要剖别出其并不怨天尤人、宁将危难成因归于"朕躬不德"的气度，且应诠释出何以西安事变导致了第二次国共合作的情势，并伏下日后输给中共的远笔。这样高难度的写作，虽陶希圣的倚马可待之笔亦不能胜，故他去繁就简了，于是他受到批评，被指责去繁就简的不当。

但蒋氏的亲笔所批，又并不总以众幕僚的意见为是、以陶氏的原文为非。有一处陶氏原文作"苏俄以实力支持各国共党'革命'，与其利用共党'革命'活动以支持苏俄政权，原为一事之两面"，幕僚们认为其有不妥处，但蒋氏则坚持"此意可采取"。

陶希圣原文剖析国民党"反共斗争"失败的原因，归为三条，一是"世界没有反共斗争的先例对我们提供佐证"，二是"我们缺乏反共斗争的经验"，三是"国际社会亦没有经历过这样一个大阴谋的外交先例……所以只要国际对华政策之间有了矛盾，立即为苏俄、中共所乘……"。这一段写得很不高明，文笔上也太多诿过语。"极密件"因判道：

> 良以所举原因，仅指出我本身及某些民主国家之弱点（如言缺乏先例经验、认识等），而对我本身之错误则并未同时坦白予以检讨。

以上也应是蒋介石自己的声音。这个反省在他，也是要有很大的勇气的。陶文中分析"二五减租"政策未能充分执行，是国民党在大陆时失去人民支持的原因之一，但陶氏对此并未着以长文阐述，也没能写出"共产党的破坏"。世人皆知,国民党退败来台后,鉴于这方面的失败,痛定思痛,于1949年到1953年间切实地实行了"三七五减租""公地放领"和"耕者有其田"等土地改革政策,做得有声有色,深受底层农民拥戴①。实则土地改革也正是中国共产党在国共内战时期迅速致获人心的重要方法。何以这一政策国民党在大陆时不用,非要等到败退台湾后才开始洗心革面、放手施用?这背后涉及复杂的社会、经济、历史的机理和原因,已经远非本文所能阐论。

虽然《苏俄在中国》一书的写作原是要为"失去大陆"的历史责任找到一个可谴责对象,但在一定程度上,自传的主人蒋介石也不能不进行自我检讨和反省;若无此,光是在对西方宣传的口径上,就根本交代不过去。这样一来,陶文处理"二五减租"政策时的苟简,就被视作不合格的写作了。对此,外事部门的意见如下:

> 即以二五减租一事而论,本党于北伐军兴之初,即已对全国农民发出庄严之许诺,然直至我政府撤退大陆,除陈副总统(注:陈诚)于其主鄂时期曾于鄂省之未沦陷部分一度予以试办外,竟未予兑现。待"播迁"来台,痛定思痛,始决心实施。我以农立国,农民占人口之大半,政府对此一问题措施之得失,关乎我国家之成败者甚巨,其理至明,毋庸赘述。此种教训对大部分欧非国家,尤具极大意义。此节是否宜在书中引述,似宜斟酌。

蒋氏看到这段,不由有感而发,亲自批注道:"二五减租政策,此种政策要实行,而共产党从中造谣破坏,使政府无法实行之事实,应可补述。"这又是非常典型的蒋氏心态:既要反省,但一念及当年共产党对国民政府政策的多方阻梗,又不能没有怨怒迁过之心。因此,他的反省,说到底又是非常不彻底的。

三、"极密件"笔误反映出的问题

"极密件"订正了陶希圣原文中的一些史实错误,而这些笔误,皆与共产

---
① 金德群:《民国时期农村土地问题》,红旗出版社1994年版,第211页。

党早期的组织形式与人事相关。如他曾写道"二十五年五月五日……随即由周恩来代表中共,潘汉年代表共产国际",被批为:

> 查潘汉年在共党内绰号"小开"。担任共党在上海特务工作多年,不可能代表共产国际。盖共产国际派来中国指导者,向不暴露其身分,亦从不用中国共产党,任其驻中国之代表也。

陶文中还有几处谬误:如将"托洛斯基派"误为"国际派";又如称李立三路线时期"李立三执行莫斯科的命令",实则李因未执行共产国际命令而被招至莫斯科受训——这些地方均被其他幕僚一一指出、纠正。照理说,陶氏这样一位学者背景、半路出家的"国府大秘",对共产党组织人事不甚了解,也不足为奇;但研究者多已注意到,陶氏在入蒋幕之前,其所交游多有共产党的早期要人。那么,如何解释"极密件"中竟会出现这些笔误呢?

陶希圣的治学领域,集中于社会学、法律、史学等,他在中国学术史上一战成名,盖因引领了以中国社会性质为争论焦点的社会史论战。1928年10月,陶希圣首发《中国社会到底是什么社会》一文;其所依托的《新生命》月刊,聚合了周佛海、梅思平等右派论战者,后发展为新生命书局,由樊仲云主持,陈宝骅任经理。梅思平继陶希圣之后,提出异议,与其争论。周佛海曾表示《新生命》的特色之一在于探究中国社会①。"新生命派"虽最早出场且声势最盛,但论战的核心两方则是代表中共的"新思潮派"与具有托派背景的"动力派",他们都被视为左派论战方。真正意义上的社会史论战,以1931年8月《读书杂志》出版的《中国社会史的论战》四个专辑为起始,以1933年10月《读书杂志》停刊后各方人马的纷纷离场为终点。1934年12月,陶希圣依托他所就职的北京大学法学院创办了《食货》半月刊,仍由上海新生命书局发行。早期的左派社会史论战者郭沫若、吕振羽、翦伯赞等人,在退出论战场后,也开始致力于加强理论构建。中国社会史论战遂转变成为一种相对平静、扎实的研究活动。这一研究阶段随着1937年"七七事

---

① 第一个特色是"三民主义的本体和方案的检讨",第二个特色是"五权宪法的理论和实际的研求",第三个特色是"中国社会的探究",第四个特色是"国际政治与经济的解剖"。参见周佛海:《三年来之本刊》,《新生命》第三卷第十二号,1930年12月1日。

变"的发生而落下帷幕。

由上观之，陶希圣的前半生，虽系学者，但并非一直生活在书斋中，其学术活动已与早期中共人物密切交关。事实上，他在从政前，与国共两党之政治人物均已有较深的渊源。众所周知，陶氏卷入汪政权的一个重要契机，乃加入"低调俱乐部"①，而"低调俱乐部"之灵魂人物周佛海，早年既与陶希圣同托"新生命派"，又曾参加过中共一大。同样履历的陈公博，早期虽游离于"低调俱乐部"之外，但却也渐与这个奉汪精卫为精神领袖的小团体同流。观"低调俱乐部"骨干成员陈布雷、梅思平、陈立夫、高宗武、顾祝同、胡适、罗君强、陶希圣、张君劢、周佛海、朱绍良诸人的生平，无论在学、在野、在官，皆具精英知识分子的教育背景，他们会倾心于汪精卫这样一位气质、文采、器宇，甚至革命经历都比蒋介石更为优胜的"党国元老"及"先总理政治哲嗣"，是有其必然性的。他们既不满于全面抗战初期"歇斯底里的风气"，在政府主导的主流舆论里又找不到寄托，故此会围聚在汪的周围，唱着"战必败""和比战难百倍"的"低调"②。陶希圣的研究者李杨、范泓分析道：

> 若从一个人的文采流韵、器宇见识、气质修养来讲，像陶希圣这样的书生很容易对汪产生好感，并不是一件奇怪的事情。但不可否认的是，此时陶对战争情势亦不甚乐观，与汪等人的看法如出一辙，这就使得他们在政治上能够同声相应、同气相求，再加上先前"改组派"这一层关系，陶随汪而出走，虽在意料之外，又在情理之中。③

而陶希圣大弟子何兹全对乃师的政治取向分析得更为透彻："陶先生和

---

① "低调俱乐部"是全面抗战之前及初期南京国民政府的一批党政军学高官组成的小集团，最初的形成，因周佛海在南京西流湾八号的私宅设有地下室，恰可作为躲避日本飞机轰炸的防空洞，参见蔡德金：《汪精卫评传》，四川人民出版社1988年版，第255页。"低调俱乐部"之名一说来自胡适的调侃，一说则源于高宗武所言"我虽然姓高，但我只会唱低调"，参见贺渊：《"和平运动"中的陶希圣》，《抗日战争研究》2014年第3期，第119页注1。

② 刘春阳：《简析低调俱乐部》，《黑龙江史志》2014年第21期。方秋苇认为，20世纪30年代，在中日关系上主张妥协、协调、和缓中日矛盾关系的言论和主张，谓之低调，而所谓低调言论，是从北方开始的，到了南京政界就具体化了，参见方秋苇：《陶希圣与"低调俱乐部"、"艺文研究会"》，《民国档案》1992年第3期。

③ 李杨、范泓：《重说陶希圣》，(台北)秀威资讯科技2008年版，第73—74页。

汪精卫的关系在1928年前后就建立起来了。揆诸30年代国内政治情况，国民党内部的派系斗争和陶先生的思想情况，那时他靠近汪就比靠近蒋的可能性大。"①

关于陶希圣复杂多变、精于权谋、犹豫纠结、反复无常诸特点在政治上的表现，先行研究已有分析，但聚讼纷纭、莫衷一是。余文祥指出陶希圣在大是大非问题面前曾误入歧途、盲从汪（精卫）周（佛海），后又幡然醒悟，最终反戈一击，肯定其为民族救亡、抗战胜利作出的贡献②；何华东通过回顾史料讨论"究竟陶希圣是否汉奸"的问题，确证其曾"沦为汉奸"的经历③。李杨、范泓曾讨论过陶希圣加入中共的可能性，强调"陶希圣是左派同情者"④的立场。陈峰认为陶希圣不仅"具有曲折的人生经历"，思想亦"复杂多变，几度徘徊"⑤。贺渊最新的研究成果综合了各方观点，她特别看到陶希圣为参与所谓"和平运动"而做的自我辩护，谓"为了国家，为了民族，'主和无罪'"，虽"'一直是汪派'"，但实则是汪政府中的"孤独者"，以致后来走到"汪、陶结仇"的地步，及时"悬崖勒马，保住了自己的民族气节"⑥。

汪伪特工头子、臭名昭著的76号创办人和主事者李士群也曾经是共产党员，潘汉年潜入汪伪政府时期曾住在李士群位于苏州的家里⑦。李士群是汪伪政府的后起之秀，他出道的时候陶希圣已经离开汪氏的政治圈了。陶希圣如此不了解潘汉年，又对共产党的人事认识有误，说明他"毕竟是书生"，他并未从与早期中共要人的密切交游中获得对中共组织结构的全面了解。

美籍土耳其裔学者、前共产党员出身的汉学家阿里夫·德里克（Arif

---

① 何兹全：《序一》，[美]陶恒生：《高陶事件始末》，第2页。
② 余文祥：《陶希圣随汪反汪的前前后后》，《武汉文史资料》1995年第3辑（"纪念抗日战争胜利五十周年专辑"（上））。
③ 何华东：《半截子汉奸——陶希圣》，《文史天地》2006年第1期。
④ 李杨、范泓：《重说陶希圣》，第149页。
⑤ 陈峰：《导言》，陈峰编：《中国近代思想家文库·陶希圣卷》，中国人民大学出版社2014年版，第1页。
⑥ 参见贺渊：《陶希圣的前半生》，新星出版社2017年版，第110—134页。
⑦ 尹骐：《潘汉年的情报生涯》，人民出版社1996年版，第158页。

Dirlik, 1940—2017)评价陶氏,曾说"乍看上去,陶希圣不可能是一个讨论中国保守主义的合适人选",亦即他拥有"右派"属性是相当不可思议的①。德里克自身政治立场跳转的类似经历,也许使得他能够感同身受,更加理解陶希圣。接续德里克的评论,作者之一刘晓艺曾这般评诠过陶希圣与陈布雷在蒋幕中不同的人生择向:

> 这一思维模式也许解释了陶希圣为什么在许多"主义"之间游荡了一番之后,最终又回到了国民党的怀抱,这是因为国民党所代表的传统主义和国家主义最符合他本初的思想倾向,虽然这两者必然意味着自由主义要为之摧眉折腰。从这层意义上说,陶虽然也在国民党文宣体制内感到压抑,但毕竟这是他"过尽千帆"后的一个选择,从汪伪政府里九死一生出来后,他能够在失眠中继续写作,"竭心血而对青灯",在蒋政府中继续拼接自己的文胆人生,就已经是很万幸了。他不抱怨,因为他没有资格抱怨。他不会再发出"余今日言论思想,不能自作主张,躯壳灵魂,日渐成他人之一体。人生皆有本能,孰能甘于此哉?!"的闷吼。②

四、陶希圣与陈独秀等早期中共人物的交游

陶希圣与陈独秀的交谊,在民国史研究中已受到注意,然有若干传讹,颇需一澄。1927年5月底,在两湖农民运动的大浪潮头上,中共上层针对农运的过激问题已出现内部分裂,总书记陈独秀坚决主张纠正幼稚、过火的"左"倾行为。其时任中央军校武汉分校政治教官的陶希圣在咸宁县处理农民协会的讼案时,因阻拦当地农会书记逢开大会就要枪毙农民以立威之劣行,被控为"反动军阀"。以上史实,可以为包括陶希圣自传在内的多种参考

---

① [美]阿里夫·德里克:《陶希圣:变革的社会限制》,翁贺凯译,《政治思想史》2011年第2期。亦见同文献的英文版 Arif Dirlik, "T'ao Hsi-sheng: The Social Limits of Change", in Guy Alitto, Charlotte Furth eds., *The limits of change: essays on conservative alternatives in Republican China,* Cambridge, Mass: Harvard University Press, 1976, pp.305-331.
② 刘晓艺:《"西安事变"与"丢失大陆":失败者怎样书写历史——兼谈国民党文宣系统的"曲释"操作》。

资料所证明。

然而部分先行研究却在此一史实之后演绎出了更多的情节,谓"反动军阀"当时是死罪,故陶希圣被"五花大绑"解回武汉,预备被砍头;幸得陈独秀之同情,视其为"善良的绅士",将他开释,且任命其为分校的政治部秘书——故陶希圣由此对陈独秀终生感激云。演绎部分又常将陶希圣"保护农民"的做法误为"保护地主"①。考演绎部分之参考资料,皆出一源,即陶泰来与陶晋生合撰之《陶希圣年表》。

陶泰来为陶希圣长子,在此一未刊稿中,该内容或诚有之,但绝无可能为两岸众多研究者所共同经眼。经查询,《陶希圣年表》已于2017年由台北联经出版社正式刊出,涉陶希圣1927年武汉生平的部分,隶属该书的第二编"中国社会史的奠基者(1920—1937)",写到咸宁事件,诚有陶希圣因保护农民而被控为"反动军阀"一节,但并无"五花大绑""预备砍头"及被陈独秀所营救之内容。相反,有关杀人的狠话,正是陶希圣本人说的,为了制止农会书记的杀人立威,陶希圣对他喝道:"你听着!我现在是中央独立师军法处长对你说话。我决定废止大会杀人的惯例。农民大会如要杀人我就要先枪毙你!"此节引自陶希圣自传《潮流与点滴》②,该书的大陆简体字版,于武汉部分有所删节,但陶家二子所见,当属原版,应无讹误。咸宁事件的处理,实则相当之平静:

> 咸宁县城的共产党工作人员们到武昌去控诉。他们指控希圣,说他是"反动的军阀",于是恽代英召希圣回武昌。并派郑摩汉教官到咸宁来接替他的工作。希圣上火车之前,告诉郑教官,无论如何,已放的人们,不可再行逮捕。
>
> 希圣搭敞车回武昌,未曾受到何等处分。③

又,中国大百科全书出版社2016年第2版的《潮流与点滴——陶希圣回

---

① 李杨、范泓:《重说陶希圣》,第220—221页。
② 陶希圣称以"潮流与点滴"命名自传包括三重含义:"潮流中之点滴""从潮流看点滴"与"从点滴看潮流"。陶希圣:《自序》,陶希圣:《潮流与点滴——陶希圣回忆录(第2版)》。
③ [美]陶泰来、[美]陶晋生:《陶希圣年表》,(台北)联经出版社2017年版,第92页。

忆录》，后附陶希圣夫人万冰如的回忆录《逃难与思归》①。写到1927年的武汉一节，万冰如将"咸宁"误为"成宁"，她提到"希圣昨天从成宁带信回来，他在前方做政治工作，平安无事"，述及"希圣从成宁回武昌，又做了军校政治部秘书，他还是那样写文和演讲办公"②，但回忆录中没有写到陶希圣曾遭遇差点被杀头的凶险。

《陶希圣年表》曾提及陈独秀"（出狱后）由南京迁居武昌，由艺文研究会补助他的生活费"，但并未说明补助之金额、频次③。据陶希圣自己的回忆："我那时主持艺文研究会，筹得一笔钱，许多学术文化界人士要逃离战区到后方去，而缺乏路费的，就接济一下。我那时指定一个职员跟他的女工联络……每周或每月补助一些买菜钱。这个女工有一天把腿摔伤了，我们还找外科医生看，帮助她一点医药费。"④而这一"女工"实则为陈独秀最后一任妻子潘兰珍。若咸宁事件中陈独秀果然曾搭救过陶氏的性命，则陶的做法符合"惟有感恩并积恨，千年万载不生尘"的中式传统伦理思维，行得甚有道理。其实陈独秀所受，并不完全是"接济"，因他曾为"艺文研究会"的刊物《政论》写过多篇引起巨大反响的文章，最著名的两篇为《抗战与建国》和《我们断然有救》⑤。

1938年1月28日和2月8日，根据王明指示，康生发表《铲除日寇侦探民族公敌的托洛茨基匪徒》，分刊于《解放》周报第一卷第29、30两期。康文公开污蔑陈独秀为"托派"，其证据就是所谓"每月三百元的津贴"：

> 一九三一年，"九一八"事变，日本帝国主义占领了我们的东三省，同时，上海的日本侦探机关，经过亲日派唐有壬的介绍，与由陈独秀、彭

---

① 此本附于《潮流与点滴——陶希圣回忆录》一书卷末，源自陶恒生之建议，见《出版说明》，陶希圣：《潮流与点滴——陶希圣回忆录（第2版）》。此本相较刘晓艺得自鲍家麟所赠中国台湾版自印本《逃难与思归》，除"骊珠之死"题后多出长注外，将台版原题"针钳子与约箱"改为"针钳子与药箱"，整体而言未见出入；台版唯多了最后两部分，一为万氏所撰《后编：思归集》，一为出自其后人的《附篇：家庆录》。
② 万冰如：《逃难与思归》，陶希圣：《潮流与点滴——陶希圣回忆录（第2版）》，第332页。
③ ［美］陶泰来、［美］陶晋生：《陶希圣年表》，第150—151页。
④ 陶希圣：《关于独秀的三段事》，《传记文学》（台北）1977年第5期。
⑤ 陈独秀：《抗战与建国》，《政论》1938年第9期；《我们断然有救》，《政论》1938年第13期。

述之、罗汉等所组织的托匪中央进行了共同合作的谈判。当时唐有壬代表日本侦探机关，陈独秀、罗汉代表托匪的组织。谈判的结果是：托洛茨基匪徒"不阻碍日本侵略中国"，而日本给陈独秀的托匪中央每月三百元的津贴，待有成效后再增加之。这一卖国的谈判确定了，日本津贴由陈独秀托匪中央的组织部长罗汉领取了，于是中国的托匪和托洛茨基匪首，在日寇的指示下在各方面扮演着不同的角色，就大唱其帮助日本侵略中国的双簧戏。[1]

康文出台后，王明所主的《新华日报》于3月17日发表了题为《陈独秀是否托派汉奸问题？——要由陈独秀是否公开声明脱离托派汉奸组织和反对托派汉奸行动为断》的短评，一再敦促陈独秀做出"公开正式声明"和"公开坦白地宣言"[2]。陈独秀在中共党史上的"毁名"，竟与陶希圣发给他的这笔津贴不无干系。

陈独秀"托派"事件引发了国共双方及非党派人士的论辩，攻陈与保陈的两派，除在《新华日报》外，也在《大公报》《武汉日报》《扫荡报》等处发表文章。陶希圣当然属于为陈独秀"辩诬"的一派[3]。据其晚年回忆，在"辩诬"文发表之后的次日，即有《新华日报》记者来到位于"汉口天津街四号"的陶希圣"办事室"，"气势汹汹"地与他争辩了一个多小时，质问其"有什么凭据证明独秀未曾接受日本之津贴"；同日夜间，在其"正卫街寓所"，又有穿着"灰色军用大衣"、戴着"灰色军帽"的神秘客人来访，当面询问"为什么他们说独秀是托派汉奸"，后因中华大学的陈叔澄校长来访，神秘客人遂告辞而去[4]。

包惠僧亦曾有过陶希圣补贴陈独秀的记录。包氏为中共一大的13名代表之一，但他又是唯一一个由陈独秀个人指定、而并非由共产主义小组推

---

[1] 康生：《铲除日寇侦探民族公敌的托洛茨基匪徒（续）》，《解放》1938年第30期。
[2] 《陈独秀是否托派汉奸问题？——要由陈独秀是否公开声明脱离托派汉奸组织和反对托派汉奸行动为断》，《新华日报》1938年3月17日第1版。
[3] 保陈派九人为王星拱、傅汝霖、高一涵、段锡朋、梁寒操、周佛海、张西曼、陶希圣与林庚白，他们的声明发于1938年3月16日《大公报》《武汉日报》。参见朱洪：《从领袖到平民——陈独秀沉浮录》，中国档案出版社1994年版，第364—365页。
[4] 陶希圣：《记独秀（下）》，《传记文学》（台北）1964年第4期。

选参会的代表。包惠僧早年作记者时曾采访过陈独秀,因与之结缘,虽无学脉师承,但他对陈氏是终生"师事"的①。1921年10月陈独秀第一次被捕,包惠僧正与他一起,同时被捕者还有杨明斋、柯庆施及陈独秀的第二任妻子高君曼(第一任陈妻高晓岚之妹),后经共产国际代表马林(Hendricus Josephus Franciscus Marie Sneevliet,1883—1942)之营救,诸人方得出狱。包惠僧于大革命失败后徘徊在左与右的边缘,渐向国民党系统靠拢;1936年,他正式进入国民党政府内政部。据包氏的回忆,全面抗战爆发后,张伯苓(包文中作"张柏龄")和胡适将第二次入狱后已经坐了5年牢的陈独秀保了出来,两个月后陈独秀自南京去了武汉,不久后,包惠僧亦奔赴武汉:

> 临行前在南京周佛海家里,陶希圣托我带给陈独秀两百块钱。陶希圣是陈独秀的学生,陶说钱是北大的几个同学凑的。当我把钱交给陈独秀时,他先犹豫了一下,后来说是北大学生给我的,不好不收。②

"在南京周佛海家里"说明包惠僧也与"低调俱乐部"有过交游;陶希圣托其带钱给陈独秀,则说明陶、包二人之间的交谊也不错。陶希圣与陈独秀之间,不管是否有过活命之恩,关系是较为紧密的。陶氏在武汉期间,"每星期总要去看陈独秀先生一两次",某次还与李公朴前后脚进出陈宅③。

陶希圣除曾贴补陈独秀外,还以同样方式帮助过刘仁静。刘属早期共产党员,曾参加中共一大,后转为托派,曾亲往土耳其拜见托洛茨基。在20世纪30年代的"社会史论战中",陶与刘分属"新生命派"和"动力派",为交过手、互知分量的论敌兼友人。陶对刘的理论水平评价非常之高,他认为早期共产党人中"真正读过马克思全集,至少读过资本论三大本者",刘仁静当为其中之一。武汉时期陶向刘致送津贴,同样也是借为"艺文研究会"刊物《政论》约稿的名义,"一见面先送150元",稿酬固然比陈低了一等,然刘后来发现,他虽未写稿而陶仍送钱;刘的愿望是做一个"不亲共、不反共、只

---

① 徐光寿:《包惠僧与陈独秀的终身友谊》,《党史纵览》2013年第4期。
② 包惠僧:《我所知道的陈独秀(三)》,中国革命博物馆党史研究室编:《党史研究资料》(第一集),四川人民出版社1980年版,第121—122页。
③ [美]陶泰来、[美]陶晋生:《陶希圣年表》,第151页。

抗日的自由撰稿人",当他获知此津贴来自蒋氏特批,用以笼络东南沦陷区投奔后方的文人,遂产生戒心,急忙写了一篇《苏联为什么不出兵》的长文,给《政论》还了文债①。陶希圣亲承"刘仁静在抗战胜利后,常与我见面",这说明他与刘仁静虽不属同道,但在武汉时期后仍常相过从;陶知晓托洛茨基在信中昵称刘为"列尔士"的轶事②,足见二人交往之密厚。

晚唐五代诗僧贯休有诗云:"支公放鹤情相似,范泰论交趣不同。"(《山居诗二十四首》其二十四)陶希圣在武汉时期以"艺文研究会"名义给陈独秀、刘仁静等人致送津贴,陈、刘也的确给《政论》撰写了稿件,这收受之间,并非外界所传的"领干薪"云然。陶希圣办《政论》,手里的经费多撒向他内心所认同的书生——学者型理论家。当"艺文研究会"的"干薪"问题给陈独秀造成了"托派"之祸,他也曾努力参与澄清。陶希圣所肯定的另外两位高水平理论家彭述之、李季,亦为早期中共党员及马克思主义的重要传播者,后皆加入托派。

从20世纪20年代末至抗战结束,在近二十年的时间里,陶希圣与多位中国共产党早期要人深度纠葛,他们的交情,多数可以推到中国社会史论战时期。进入内战后,他们就渐行渐远了。以与中共党人如此之早、如此之多、如此之深、如此之久的交谊,陶希圣对中共的早期组织形式和人事仍存在诸多误解,而这些误解反映在"极密件"写作中,显示出陶氏并非一名真正的政客;本文篇首所引其子陶恒生的"书生论政而犹是书生"之评,可为陶希圣的文胆生涯作结。

五、结语

"青箱有意终须续,断简遗编一半通。"唐德刚尝云,他50年代承黄郛夫人沈亦云之托,帮她将《亦云回忆》翻译成英文,因此曾得以察看民初北京政府总理、外交部长黄郛的几箱私档,中有数百件"绝密"电稿,看过之后,他对民国史上若干问题的疑惑,立即就如拂开云端见月明一般清楚明了了;故此,他甚至雅不欲其书稿"为小文采所掩蔽"③。"极密件"虽还不至于有这

---

① 刘威立:《刘仁静》,河北人民出版社1997年版,第372页。
② 陶希圣:《记独秀(上)》,《传记文学》(台北)1964年第3期,第10—11页。
③ [美]唐德刚:《胡适杂忆》,华文出版社1990年版,第227页。

般"开云见月"的作用,但至少也有令人借以窥豹之功,我们亦可自其中探研20世纪50年代台湾地区的政情、文宣立场,蒋氏在写作此书前后的心态及执笔者陶希圣的处境和认识。

先行研究探讨陶希圣入蒋幕后的文胆生涯,常憾"权威性的涉及陶希圣的第一手资料相对较少"①。陶氏的学术之笔,自1937年起封缄了;但他那支未具名的政论之笔,却托具蒋介石之名、自彼时起开始持续影响中国历史。侧跻在苍黄的历史文件的边缘和角落、在上司同僚删正修改的无数涂抹间,我们仍可窥见他真实的笔,带着他所特有的书生意气及对政治实操的无知。"机密件"的发现与揭橥,有助于丰富和拓展我们对陶希圣其人及其所寄身的蒋政府文宣系统的认知:作为其重要理论幕僚,陶氏曾反水出入于这个体系,他既具化为其肝腑,又曾结好于其仇雠。"极密件"的成因,显示出国民党在台站稳脚跟后的外宣需求;"极密件"经由众手、调和众口的写作模式,反映了国民党文宣系统的运作形式;"极密件"中蒋介石的亲笔批注,折射出蒋氏对"失去大陆"的自我反省;陶希圣与陈独秀的关系颇为密厚。"极密件"里的笔误,又从侧面显示了,陶希圣这位与多位早期中共人物渊源颇深的学者型国民党幕僚,对中共的组织形式及人事关系,在认识理解上尚有不少疏漏。"我贵我荣君莫羡,十年前是一书生",陶希圣一生浮沉政海,但他本质上仍旧不过是一介书生。

[原刊于《东岳论丛》2024年第7期,叶杨曦一作,刘晓艺二作]

---

① 贺渊:《"和平运动"中的陶希圣》,第117页。

市民社会伦理已渗入历史书写：
论近年来秋瑾研究中的历史修正主义倾向

在当前对近代史人物的评价和讨论中，有一种新的历史修正主义倾向令人担忧。这种修正不立足于新的研究方法与视野，也不立足于真正能够改变事件或人物性质的原始资料，仅依赖少量不可资为信史之用的资料，且不经与既有史料交互参验就率而使用。尤为可忧者，此种修正放弃了对历史人物所处的历史环境的考量，将其嵌入当下流行的狭窄伦理规范中去指戳、评价。这种将历史和历史人物非历史化、以时下流行语贴标签、进行狭窄的道德判断的做法并不是一个偶然现象。它的出现，反映了兴起中的中国市民社会伦理对严肃历史书写的干预。在近代史研究和妇女研究领域，辛亥革命女杰秋瑾的形象目前就正蒙受着这样的曲释。本文从近年来秋瑾研究中出现的修正主义倾向切入，结合端木赐香《哥是吓死的：可怜秋瑾小丈夫》一文中反映出来的不当观点及其对新史料的错误使用，揭橥市民社会伦理之于历史书写的干预，旨在探讨以下问题：市民社会伦理与中国女性实用思想的交点在哪里？为何严肃的历史书写应警惕市民社会伦理的渗透？

一、市民社会理论的发展及其对历史书写的修正倾向

在一切民族的历史书写中，历史修正主义的发生并非罕见。历史书写归根到底是一个民族有关自己历史的记录，而如何去记录和反映历史，与该民族不断发展变化的集体心态、伦理和社会风气有关，也与新史料的发现和补充有关。西晋时期《汲冢纪年》（又称《竹书纪年》）的发掘既颠覆了《史记》中记载的中国历史上第一位贤相伊尹的形象，又颠覆了尧舜禅让的记

录,给儒家史学体系带来了不啻大地震般的价值观动摇。中国近现代还有一例著名的历史修正主义,虽未倚赖石破天惊的新材料,却使用了前所未有的新研究方法和新思辨方式,这就是顾颉刚以"疑古"精神和中西结合的"历史演进法"考辨夏以前的古史传说及古帝系的研究,他从中得出了"层累地造成的中国古史"[①]的观点。推而衍之,顾氏及其弟子门人将这一考辨方法施及对儒、墨、道、法诸家和上古重要经书的研究,形成了中国近现代史学上赫赫有名的"古史辨"学派。历史修正主义发生在近代史领域,基本都是针对比较重要的政治人物与事件。它会挑战权威历史研究或官方对历史人物的定论,极大程度上打破普通阅史者对历史的基本认知。这种修正若是伴随着政治格局和意识形态的巨变而到来,反而并不那么令人困扰,因为阅史者的视角与发生修正的时代是同步变化的。

在亚里士多德、西塞罗等古典西方哲学家那里,"市民社会"是指在古希腊和古罗马的共和政体基础上产生的公民社会。但是,这个词语在欧洲中世纪及以后获得了其他含义。17、18世纪欧洲的政治自由主义者和经济自由主义者为现代市民社会概念的形成做了理论准备,霍布斯、洛克、卢梭等契约论思想家都曾以政治社会与自然社会的二元对立模式诠释过市民社会。黑格尔在其1818年出版的《法哲学原理》中,第一次将市民社会与政治国家进行了学理区分,在此基础上,马克思在《黑格尔法哲学批判》《论犹太人问题》和《德意志意识形态》等作品中,又进一步强调了政治国家与市民社会的二元分离。

在黑格尔的定义中,市民社会是一个"个人私利的战场,是一切人反对一切人的战场,同样,市民社会也是私人利益跟特殊公共事务冲突的舞台,并且是它们二者共同跟国家的最高观点和制度冲突的舞台"[②]。马克思始终很明确地看到市民社会成员"把他人看作工具,把自己也降为工具"[③]的特点,在他的语境中,市民社会的产生与发展始终与商品经济和资本主义私有

---

① 钱玄同:《答顾颉刚先生书》,顾颉刚编著:《古史辨》第一册上编,上海古籍出版社1982年版,第67页。
② [德]黑格尔:《法哲学原理》,范扬、张企泰译,商务印书馆1961年版,第309页。
③ [德]马克思:《论犹太人问题》,中共中央马克思恩格斯列宁斯大林著作编译局编译:《马克思恩格斯全集》第三卷,人民出版社2002年版,第173页。

财产息息相关。对他来说,某种意义上,市民社会就是资本主义社会。

在意大利革命家和西方马克思主义者葛兰西看来,市民社会所包含的却"不是'整个物质关系',而是整个思想文化关系,不是'整个商业和工业关系',而是整个知识和精神生活"①。它的外延是生成和传播意识形态的各种私人或民间机构的总和。它既指非正式的、非暴力的、民间的各种组织和精神力量,也指直接或间接影响政治的各种辅助力量。葛兰西极大地强调了知识分子会代替市民社会行使文化霸权的特色,而哈贝马斯则更进一步,将市民社会分解为公共领域和生活世界两个主要范畴。他的基本观点是:市民社会是随着资本主义市场经济的发展而形成的、独立于政治国家的私人自主领域。它由两个部分构成:一是以资本主义私人占有制为基础的市场体系,包括劳动市场、资本市场和商品市场及其控制机制;二是由私人所组成的、独立于政治国家的公共领域。它是一个社会文化体系,也是一个由话语交往建构的空间②。

现代市民社会的文化属性决定了它一定会行使文化权力,在历史书写上表达自己的价值观、打下自己的烙印。由于市民社会的形成比较晚近,很有可能当它崛起并形成话语权时,它的对立面即国家已经完成了主流的历史书写;在这种情况下,市民社会则会通过个案逐一攻击历史书写的既有存在。这种对历史的修正并不是漫无目的地下手,而是常以新出现的历史材料为契机,操弄着这些新材料、借用时下流行的话语,将自身的观点楔入既有的历史定论体系。它不仅要修订具体历史人物与事件的面貌,而且想对历史书写的范式和价值判断进行干预。

历史书写应不应该被修正?毫无疑问!史料的发掘、证据的呈现、人类道德伦理的不断演进都清晰地指向这个必要性。以提出"范式"概念而名世的科学哲学家托马斯·库恩(Thomas Samuel Kuhn)认为,相对于可量化的、范式单一的自然科学,人文科学的不可量化决定了它不能只有单一范式,人文科学的范式因产生自对许多基本问题的反复争议,从传统上来说就

---

① [法]朱塞佩·瓦卡:《第二次世界大战后对〈狱中札记〉的解释》,[意]萨尔沃·马斯泰罗内主编:《一个未完成的政治思索:葛兰西的〈狱中札记〉》,黄华光、徐力源译,社会科学文献出版社2000年版,第49页。
② 李佃来:《公共领域与生活世界——哈贝马斯市民社会理论研究》,人民出版社2006年版,第73—75页。

必须是多样的,因此也必然是会不断受到修订的①。

为什么历史学界既承认修正是史学的本质之一,又对修正一事深怀戒惧呢?答案是,修正这一历史书写活动若被特定的政治意识形态所裹挟,或被狭隘的道德伦理所壅塞,就会与历史研究的求真方向背道而驰。对于市民社会在中国的形成和崛起,学界有不同的定义和看法。提出"唐宋近世说"的日本汉学家内藤湖南认为,早在唐宋时期,中国就已经出现市民力量的抬头,在政治、文化、经济等诸方面都打上了自身的烙印②。这一观点当然不能为大多数中国史学者所接受。明末、康乾时期、清末、民国时期都曾分别被界定为市民社会,但每一种界定都伴随着学术异议。唯一无可争议的是,20世纪80年代至今,中国的经济成就世所共见,市民社会的产生和发展已经成为一股不容置疑的历史洪流③。凭借网络和媒体力量,市民社会伦理已经蔓延到中国社会的方方面面,其根茎之深、覆盖之广,使之有足够的势能向史学领域发起冲击。我们在此只采用最后一种对市民社会的断代界定,且只关注它在公共领域中行使文化权力的特点。

西方汉学家中,黄宗智(Philip C. C. Huang)、罗威廉(William T. Rowe)和魏斐德(Frederic Evans Wakeman Jr.)等人都非常注重用公共领域和市民社会理论来梳理中国问题。但他们的共同特点是对近现代史的关注力度大,而对当代社会中具有史学意义的现象解析不力,且他们的考察很少从伦理的角度特别是与女性伦理相关的角度入手。本文限于篇幅,亦只能将对历史修正主义这一现象的解析定位在秋瑾研究的个案上。

二、端木赐香对秋瑾历史形象的修正

秋瑾字璿卿,浙江绍兴人,1904年至1906年在日本留学期间,参加反清会党与革命组织,倡言女权。1906年回国后,创《中国女报》,主持绍兴大通学堂,联络会党,准备皖浙武装暴动。1907年7月6日,徐锡麟在安庆起义失

---

① Kuhn T. S., "Logic of discovery or psychology of research", in *Criticism and the Growth of Knowledge*, eds. Lakatos I. and Musgrave A., Cambridge: Cambridge University Press, 1970, p.6.
② [日]内藤湖南:《中国史通论》(上),夏应元、刘文柱、徐世虹等译,社会科学文献出版社2004年版,第328—334页。
③ 邓正来、景跃进:《建构中国的市民社会》,邓正来主编:《国家与市民社会:中国视角》,上海人民出版社、格致出版社2011年版,第11页。

败,事泄而牵连出绍兴的起义计划;秋瑾遣散革命组织,留守大通学堂,被捕后坚不吐供,于15日凌晨就义于绍兴轩亭口。秋瑾少女时代即慕朱家、郭解之为人,她好剑侠,骑马善酒,同时又明媚倜傥,工诗能词。因其父宦湘,遂许婚湘潭富绅王黻臣之子王廷钧(字子芳),生男女各一。王廷钧小秋瑾4岁,按照秋瑾庶弟秋宗章的说法,他"美丰姿,状貌如妇人女子。第质美弗学,论其造诣,远不及吾姊"①。由于针对秋瑾的历史修正主义言论主要集中于她与王廷钧的夫妇关系上,而主要证明材料为日本女性服部繁子的回忆录中有关她与秋瑾夫妇在北京的交往,故下文将先着重介绍秋瑾的北京岁月。

1903年春,王廷钧捐官户部主事,携眷至京,秋瑾因得识廷钧同官廉泉之妻吴芝瑛,结为金兰之好。芝瑛为桐城派学者吴汝纶之侄女,文采昭曜,尤以书法闻名京师。吴芝瑛与秋瑾的倾盖相交不同于宦场宝眷之间的逢场敷衍,而是出自精神气质方面的同气相求。经吴芝瑛的介绍,秋瑾又结识了几位女性朋友,如京师大学堂副教授欧阳牟元夫人、陶大均妾陶荻子②、陶在东妻宋湘妩。其中陶大均本来就与秋瑾家庭有通家之好③。

与白鸟库吉齐名的日本汉学家服部宇之吉受总教习吴汝纶之聘,于1902年9月赴任京师大学堂日籍教习④,其夫人服部繁子既先与吴芝瑛相熟,又在一次妇女聚会中与秋瑾结识⑤。服部繁子的回忆录原分上、中、下三篇,上篇发表在1951年的日本《中国语杂志》上⑥,中、下两篇的原稿原存日本"中国研究会",直到20世纪80年代初才被该会的仓石武四郎发现,遂于1982年9月发表于《季刊东西交涉》第一卷第3号。服部繁子的回忆录被介绍到我国的时间为1985年,由郑云山译注,刊于《国外中国近代史研究》第

---

① 秋宗章:《秋瑾和〈六月霜〉》,《我的姐姐秋瑾》,黄山书社2019年版,第128页。
② 据郭延礼教授考证,秋瑾是首先以通家之好(秋瑾有一堂房姑母曾嫁给陶家堰人陶在仪,陶大均与此人是同宗)认识陶荻子,然后通过陶荻子结识吴芝瑛的。参见郭延礼:《秋瑾新传》,《时代文学(上半月)》2011年第9期。
③ 晨朵:《秋瑾与陶荻子》,郭延礼编著:《解读秋瑾》(上册),山东教育出版社2013年版,第208—209页。
④ 孙丽青:《服部宇之吉与近代中国教育》,《齐鲁学刊》2009年第3期。
⑤ 根据夏晓虹教授的考证,此聚会应为中国妇女启明社聚会。参见夏晓虹:《秋瑾北京时期思想研究》,《浙江社会科学》2000年第4期。
⑥ 服部繁子:「婦人革命家王秋瑾女士の思い出」,『中國語雜誌』1951年第6卷1・2・3合并号,28—34页。

8辑①。与此同时，在20世纪80年代末，秋瑾研究中也出现了一些新资料；在对秋瑾夫家历史的考察中，以1989年王去病、陈德和主编的《秋瑾史集》中首次收录的《秋瑾夫家——湖南王氏家世调查》一篇最为重要②。需要指出的是，虽然秋瑾研究在20世纪80年代末90年代初达到了高潮，产生了"绍兴秋瑾研究会""杭州秋瑾研究会"等组织，召开过几次全国性的研讨会，但对秋瑾生平资料的补充工作基本就到此为止了③。主要原因是：在秋瑾就义80年后，已经不大可能再找到见证过她真实生活的历史人物了。

有关秋瑾生平的资料虽然在20世纪90年代初期就已经出齐，完全可以为秋瑾研究者采而用之，但有关秋瑾婚姻关系的修正主义话语却是2013年左右才陆续出现的。这方面的代表作为端木赐香④《哥是吓死的：可怜秋瑾小丈夫》（以下简称《小丈夫》）。《小丈夫》于2013年前后在网络上不胫而走，被天涯、腾讯等多家网站转载，它虽以网络文章的形式面世，但在"戏说"的表象下表达了鲜明的历史观点；此文后被收录于作者的论史文集《暗香袭人：历史的吊诡与幽昧》⑤，亦被收入《中外书摘：经典版》2015年第3期⑥。无论是从作者的职业、教育背景和文章的收录情况来看，此文都应被视为历史论文。

《小丈夫》以"王子芳果真如此不堪吗"的问题开始，从王秋两家的银钱合作交易、秋瑾与王廷钧的经济纠葛、王家在秋瑾死后的情况、服部繁子对秋瑾夫妇的印象与评述等方面，反复嘲笑、抨击秋瑾作为子媳、妻子和母亲

---

① ［日］服部繁子：《回忆秋瑾女士》，郑云山译，李廷善校，中国社会科学院近代史研究所《国外中国近代史研究》编辑部编：《国外中国近代史研究》第八辑，中国社会科学出版社1985年版，第22—40页。
② 陈德和：《秋瑾夫家——湖南王氏家世调查》，王去病、陈德和主编：《秋瑾史集》，华文出版社1989年版，第185—192页。
③ 郑云山、陈德和：《1949年以来我国秋瑾研究述评》，王去病、江湄、朱馥生主编：《秋瑾革命史研究》，团结出版社1997年版，第94—108页。
④ 端木赐香，本名李桂枝，女，有一网名为"三糊涂"，1968年生人，1990年毕业于河南大学历史系，现任河南安阳师范学院历史系副教授。研究方向为中国传统文化及中国近代史，自称其"业务"为"拆历史的墙角，探文化的陷阱"，著有《中国传统文化的陷阱》《糊涂读史：明清的帝国偏执与盛世张皇》《那一次，我们挨打了：中英第一次鸦片战争全景解读》等作品。
⑤ 端木赐香：《哥是吓死的：可怜秋瑾小丈夫》，端木赐香：《暗香袭人：历史的吊诡与幽昧》，中国发展出版社2014年版，第11—22页。
⑥ 端木赐香：《可怜秋瑾小丈夫》，《中外书摘：经典版》2015年第3期。

等女性角色的失败与不称职,以下将一一论述。因服部繁子对秋瑾夫妇的评述本身也属于历史修正主义的范畴,故下文专列一节进行讨论。

《小丈夫》首先将秋瑾之夫王廷钧定义为一个"普通的富二代",认为秋瑾嫁到这样一个"门当户对"的家庭,人家"要的就是相夫教子的普通妻子",故秋瑾婚后成为"职业革命家"一事就违反了"契约"精神①。文章首先将王秋两家的商业合作失败描述为一则阔气善良的婆家被不成器儿媳娘家拖累的事件。这种感性的、抽离历史语境的比类,最容易击中社会转型期底层女性的内心,因为她们对通过婚姻而获得阶级和财富的跃升是最充满艳羡的,也往往会最义愤于已通过结婚获得了阶级和财富跃迁的女性竟然"不珍惜"其婚姻。在端木赐香的笔下,秋瑾嫁得这么高、这么好,婆家又这样帮衬她娘家,是他们秋家兄妹自己"纨绔",败了王家的生意,此事秋瑾难辞其咎。但秋王两家经济合作的真相如何,真的如端木赐香所云吗?

秋父死后,秋瑾长兄秋誉章举家迁至湘潭,与王家合资开办"和济钱肆",因经理陈玉萱监守自盗,钱庄遭挤兑而倒闭。秋宗章为兄姊辩护,谓长兄"未烛其(陈玉萱)奸",长姊"日处深闺,为旧礼教所束缚,不能躬往稽核,且待人接物,胸无城府,亦不虞有他"②。针对这一提法,《小丈夫》文简直要为王家义愤填膺了:"不懂商业开什么钱庄呢?至于秋瑾,搞革命不计男女之嫌,开个钱庄倒足不出户成贞女烈妇了?……你说子芳摊上这么一个无能的大舅哥能帮衬得起吗?更帮衬不起的,是老婆……你说秋家兄妹败自己的家也罢,王家能由着他们败吗?"③

光绪二十一年(1895年)春,秋父寿南先是签分湖南常德厘金局总办,后又迁任湘潭厘金局总办,至1898年署桂阳为止,他已经在厘金局总办的职位上干了近四年④。就连端木赐香也不得不承认"秋父的厘金局总办相当于现在的税务局局长,这意味着秋家官风钱风都不弱"⑤。

---

① 端木赐香:《暗香袭人:历史的吊诡与幽昧》,第14页。
② 秋宗章:《六六私乘》,郭延礼编:《秋瑾研究资料》,山东教育出版社1987年版,第114页。
③ 端木赐香:《暗香袭人:历史的吊诡与幽昧》,第15页。
④ 郭延礼:《秋瑾年谱》,齐鲁书社1983年版,第23页。
⑤ 端木赐香:《暗香袭人:历史的吊诡与幽昧》,第13页。

1901年冬,秋寿南死于湖南桂阳知州任上①,一门老幼,要扶柩回浙谈何容易?而从桂阳到湘潭,则不过是省内搬迁。秋寿南死时,秋瑾生女儿灿芝才刚出满月,未能奔父丧。将母兄幼弟安置在身边,恐怕也是她对未能服侍老父终天的一种情感补救。湘潭本来就是秋家在湖南的宦居,秋寿南在厘金局任上多年,岂能没有积蓄与人脉?更何况清末湘潭乃全国的金融重镇,钱庄达百余家,风头远盖长沙,晋商汇兑秘诀有"常纹通在湘潭县"之句,湘潭实为异地户卜居湖南的首选②。王黻臣已经在湘潭十八总由义巷开办"义源典当",业有根基。秋誉章处理完桂阳家产,携资卜居此城,与王家合股经商,于情于理有什么说不通呢?和济钱肆设于1902年初,年末即告倒闭,誉章用人不善固是实情,但秋瑾在这一年间,是个身边有未满周岁幼婴和未满五岁幼儿的母亲;王家虽在湘潭有产业,秋瑾与王廷钧也不时在湘潭居住,但实际上,秋瑾也常需回到王氏湘乡老宅居住。秋瑾婆家侄女王蕴琏回忆说:"我家原住湘乡荷叶神冲。我四、五岁时,看见秋瑾婶母来我家,她每天在我母亲房里看书,不出大门。"③荷叶神冲在今湖南娄底市双峰县荷叶镇神冲村,距和济钱肆所在的湘潭十三总(今湘潭市第十六中学附近)90多公里,即使现在开车走高速也需一个多小时到达。试问,以这样的地理距离和两儿要照顾的情况,秋瑾有无可能常去"躬往稽核"?即使是秋瑾居湘潭期间,以一位与父系大家庭共居的富家少奶奶的身份,她有无可能被允许去抛头露面?端木赐香欲罪秋瑾,乃至抛出了"搞革命抛头露面,开个钱庄倒足不出户了"之凌厉拷问。

考秋瑾年谱,她真正开始拥有独立的社会生活,是在离开婆母屈氏以后。1903年春,王廷钧携眷到京,屈氏随行,但因不惯北居,两个月之后由秋瑾携子女陪侍其南旋,因屈氏溺爱孙子,遂将沅德留在祖母身边,秋瑾复携女北上④。从1903年夏至次年7月秋瑾赴日,秋瑾在婚姻中始能过上小家庭生活,当然这段时间也是秋王夫妇关系的恶化期。此前她与王廷钧的矛盾

---

① 郭延礼:《秋瑾年谱》,第32页。
② 周磊:《湘潭老城故事》,湖南大学出版社2008年版,第91—92页。
③ 王蕴琏:《回忆婶母秋瑾》,湖南省湘潭市委员会文史资料研究委员会编:《湘潭文史资料》(第一辑),内部发行,1983年,第43页。
④ 郭延礼:《秋瑾年谱》,第35页。

未曾爆发,自然与大家庭的屈抑有关。

《小丈夫》复以大量笔墨叙述了秋瑾与王廷钧的经济纠葛,其意直指秋瑾的"败家"及秋家的"一家子为了钱":

> 事实上,秋瑾1903年随夫上京后,就跟丈夫闹分家了(公婆觉得他们上京生活需要花费,所以给他们一笔巨款),王子芳闹不过她,分给她一万余元,她交给亲戚合伙做生意,结果跟前面所说开钱庄一样,等1904年想东渡日本时才发现连本钱都收不回来了——我倒很想知道秋家这亲戚是谁,怎么秋瑾跟谁合作,就让谁把钱全给弄走了,有猫腻否?总不会是秋瑾娘家人吧?①

其实,秋王之间经济纠葛并不复杂,现有大量证据可以还原历史真相。夫妇感情破裂,近于离异,女方远游求学,因求析产,无论揆于当时之情,还是诉诸今日之理,都没有任何过分之处。即使秋瑾并非先烈、女侠,只是一名普通的失婚妇人,千古之下,亦大可不必用"不是丈夫不给她钱,而是不但给她钱,还分了产的,可惜眨眼之间她就给玩完了。玩完了再跟丈夫要,当然不好要了。人家不是央行印钞机,你不变卖首饰又待如何"②这样的语言刻薄之。

在京期间与秋瑾过从的友人陶在东、吴芝瑛等人的记录,皆能证明秋瑾赴日前经济拮据,靠典当首饰方始成行。他们的记录亦都能证明秋瑾虽与维新党人王照素不相识、却在王照入狱后慷慨分金营救之事。秋瑾夫妇意趣不合、王廷钧分钱给秋瑾、秋瑾经营不善之事,最早见于陶成章1908年发表于缅甸《光华时报》的《浙案纪略》里的《秋瑾传》,其记录简要至极:

> 廷钧入资为部郎,需次京师,瑾与之俱。生有子女,旋与廷钧定约分家产,瑾得万金,即以之经商,所托非人,尽耗其资。又与廷钧不睦,同乡咸属陶大钧(会稽人)、陈静斋(山阴人)等为之和解不得,乃尽以其

---

① 端木赐香:《暗香袭人:历史的吊诡与幽昧》,第16页。
② 同上。

所有首饰,托大均妾获意为变卖,集资东渡日本留学。①

《浙案纪略》由于历史原因,写作比较仓促,包括《秋瑾传》在内,多处有"枝节性的文字误差",其初稿的问题后来由修改者魏兰订正②。辛亥革命后晚出的冯自由《革命逸史》中,凡浙人在辛亥前的革命活动事迹多采《浙案纪略》之纪事,冯自由在秋瑾的事迹上,若他自己亲历,则会在陶说之上添加文字,此事已为郑云山所考证③。在其同性质的秋瑾传记文章《鉴湖女侠秋瑾》中,在相同的位置,冯自由虽沿陶说,但改动了分金一事发生的时间顺序,使之成为"约分家产"之后的一个步骤。冯自由还对王廷钧的人品做出了不利的判语,这是陶成章文所没有的:

> 廷钧赋性顽固,醉心利禄,纳资为部郎,需次北京。瑾笃信新学,鄙薄官邪,渐与王意见不合,经同乡咸友陶大钧、陈静斋为之和解,不得。乃相与定约分家产,各自为谋,瑾得万金,所托非人,尽耗其资,乃尽以所有首饰托大钧妾获意代为变卖,得资后东渡日本留学。④

再其后,多数民国秋瑾传记,如林逸《清鉴湖女侠秋瑾年谱》等书都承认分一万元的说法乃是采冯自由之说⑤。此处反映出几个问题。陶在东、吴芝瑛才是1903年至1904年间秋瑾在京的真正交游者,但他们的回忆中都未有秋瑾分钱的记录,虽然确有为失和后的秋瑾夫妇调解、调解不果后又助其协议分手(秋瑾夫妇未明确使用离婚一词)的记录。陶成章与冯自由则是秋瑾到日本后才结识的革命人物,他们都同样不可能亲见秋瑾在北京的生活情形。秋瑾与其夫分手的经过,他们二人或是得之于他人所云,或是得之于

---

① 陶成章:《秋瑾传》,汤志钧编:《陶成章集》,中华书局1986年版,第376页。
② 晨朵:《评陶成章〈浙案纪略·秋瑾〉》,王去病、江涓、朱馥生主编:《秋瑾革命史研究》,第212页。
③ 郑云山:《秋瑾史事散论》,郑云山:《近代中国史事与人物——郑云山学术论文集》,浙江大学出版社2009年版,第131页。
④ 冯自由:《鉴湖女侠秋瑾》,冯自由:《冯自由回忆录:革命逸史》(上),东方出版社2011年版,第263页。
⑤ 林逸:《清鉴湖女侠秋瑾年谱》,(台北)台湾商务印书馆1985年版,第50页。

秋瑾自己所云。考二人与秋瑾的关系，显然是冯自由与之更为近密，冯接触秋瑾是在她留学早期，冯也是秋瑾加入洪门天地会和同盟会的介绍人，无论是进入会党组织还是革命组织，介绍人对未来会员都应该先有必要的考察。秋瑾与陶成章相识已在1904年冬，且在匆匆旅次间。其后的数次接触，从陶成章自己的表述看，都非常短暂。冯、陶二人中更有可能了解秋瑾私人生活的是冯。冯对陶又相当尊重，若不涉及他自己切实了解的事实，他没有道理随便改动陶说。

秋瑾与王廷钧分钱盖有其事，但这笔钱应是二人婚姻生变后终结关系的分手费。以秋王两家原来的经济实力论，以秋瑾为王家育有子女的资格论，以二人共同置产的椿树胡同住宅也归为王廷钧所有论，秋瑾分这一万元实为应得。从中推衍出"其中有猫腻"，说这笔钱为娘家人昧掉了，逻辑何在？1903年夏初，誉章已率全家返归绍兴和畅堂定居，秋瑾并无娘家人居京。与之勉强算得上姻亲者为陶大钧和陶玉东，然秋瑾赴日后在1905年9月12日致其兄的信中，因陶大钧忽略自己的去函而发世态炎凉之叹①，又在11月6日信中叹陶大钧之无学②，11月28日信中谈到需要自陶家取回寄卖未果的衣服，谓"陶处之衣箱，但差一下人向其东院太太取之可也，不必再向陶老说话也。我兄妹二人毫无戚友堪依傍者，万事非靠自己不行"③。可见秋瑾与陶家叔侄从未真正厚密过，又何从营之于密室、托之以昧金？即使这笔钱确实分于秋王进京之初，则小家庭初立，女性往往有"筑巢本能"，拿出一部分夫妇共同财产，以女方的私房钱名义进行投资，以谋经济上的进益，又有什么可以非难的呢？和济钱肆倒闭后，秋家破产，秋宗章记全家擗挡返浙的惨状："罗掘所有，得数百金。扶先君灵榇，于癸卯五月旋里。犹忆成行之先日。予偕侄辈往王宅谒姊辞行。姊虽不作儿女之态，顾骨肉远离，相逢无日，亦不禁黯然。临歧，丁宁频数。予俙惟含泪应之。归途道经湘潭厘局，追惟先人宦辙，以及儿时游钓之所，益为怅触。"④以其娘家在绍兴、一门老幼

---

① 秋瑾：《致秋誉章书其三：一九〇五年九月十二日》，见《秋瑾集》，中华书局1960年版，第35页。
② 秋瑾：《致秋誉章书其五：一九〇五年十一月六日》，《秋瑾集》，第39页。
③ 秋瑾：《致秋誉章书其七：一九〇五年十一月二十八日》，《秋瑾集》，第42页。
④ 郭延礼：《秋瑾研究资料》，第115页。

无固定收入、长兄事业不顺四处求人的窘况,秋瑾产生经济上的不安全感,实在正常不过。

秋瑾赴日后,屡在家书中道及夫家当年的势利白眼和对王廷钧不能释然的恨意,"如后有人问及妹之夫婿,但答之'死'可也""目我秋家以为无人"[①],"彼家之形景,狼暴残忍无信义,兼而有之"[②],"彼从前之暴状及对我父母之无礼种种荒谬之行为……"[③]。即使我们努力以客观的眼光看待夫妇勃豀、各执一词的现象,也不能不说,秋瑾确实是被伤透了心的。对于王廷钧篡取、扣留她的珠花首饰之事,秋瑾在家信中屡屡提及,不仅仅是申其怨毒,更关键的是需要请二妹秋珵向其讨要。不幸的是,由于秋珵与秋瑾感情疏离,对王廷钧的看法不同,加之通信不便,显然她们之间出现了对银项处理的误会。

端木赐香反复拿秋瑾让秋珵向王廷钧"讨取百金"然后"决裂"之事做文章,认为秋瑾要在经济上有诈于王廷钧。这完全是恶意曲解秋瑾家书。秋之第一信原文如此:

> 即妹之珠帽及珠花亦为彼篡取,此等人岂可以人格待之哉?彼以待妹为无物,妹此等景况,尚思截取此银及物,是欲绝我命也;况在彼家相待之情形,直奴仆不如!怨毒中人者深,以国士待我,以国士报之;以常人待我,以常人报之,非妹不情也。一闻此人,令人怒发冲冠;是可忍,孰不可忍!嘱二妹讨取此银时,不妨决裂。[④]

此信中云"此银及物",就是说王之截留秋瑾资财是银物两桩同时下手的。此信中既嘱取银,未再嘱取首饰,致秋誉章第二信中又涉此一百元之事,而不再索首饰。这里有三个可能。一是秋瑾已经放弃索要首饰,只想把银子要回。二是秋瑾在日经济困窘艰苦,需银款最急,首饰到手也不易脱手(此时她还有镯子等物放在陶家寄卖未果),干脆以首饰抵银款。三是首饰

---

① 秋瑾:《致秋誉章书其二:一九〇五年,无发信月日》,《秋瑾集》,第34页。
② 秋瑾:《致秋誉章书其三:一九〇五年九月十二日》,《秋瑾集》,第37页。
③ 同上。
④ 秋瑾:《致秋誉章书其一:一九〇五年六月十九日》,《秋瑾集》,第33页。

加银子共作价一百元。一百元对秋瑾这样长于富贵、嫁与富贵的少奶奶而言,实在不应是什么大数目。秋瑾多封家信焦急讨款,就为这一百元反复费笔墨,说明的是什么?试想,若秋瑾在王家仅仅攒下这点体己,是为可怜;若秋瑾出于不得已,将更大数额的钱物折抵为这一百元向王廷钧讨要,是为可悲;若王廷钧连这一百元的妻财都要窃取,且赖着不还,是为可耻。

观其9月12日第三信,秋瑾谈到一笔款子:"此银在彼已年余,未见一提及,又不寄与妹,此何居心,岂不能明见彼肺肠耶?"①这笔钱若非王廷钧始终拒绝归还的一百元,就是早先那一万元分手费始终未付清的部分甚或全部。无论是哪一种可能,王廷钧坐视秋瑾在日本如此困窘——"学费十六元(余具在外)。须买书参考,其价格之昂甚贵。衣服、零用、纸笔等每月须三十元之谱,尚不敢奢侈一点,出门行路,并未坐过人力车也"②,而不肯将此款还与秋瑾,其人品之卑就不必再争议了。

秋瑾气恼于其妹,道理在此:"二妹无推托者,明知理亏,而自己出有收条,恐起争端,设如二妹处决裂,岂随(遂)不可由汇票号理论乎?"③针对此言及其后秋珵处理这一百元款项不善而引发的秋瑾的牢骚,端木赐香不惜詈秋瑾为"女光棍",骂秋瑾"怀疑二妹想图谋那百金。总之,一家子为了钱,转着圈儿地考虑合适人选与下手方法"④。

致秋誉章第三信有很多前因后果,其先,王廷钧或其家有信致秋母问候,而秋瑾闻之,甚不以为然:

> 无非其父母或因其二位媳妇不善,或子芳新娶者不佳,故偶欲思妹归耳;归后则无非一如前车之辙,岂能一悔其阴鸷之心乎?或因湘乡留学者回,言及妹之名誉尚佳,彼偶一启其好虚名心,故有此言耳……不然,妹赴东将年半,未见彼有片字达妹及我家,此一时何忽然函达吾母耶?⑤

---

① 秋瑾:《致秋誉章书其三:一九〇五年九月十二日》,《秋瑾集》,第36—37页。
② 秋瑾:《致秋誉章书其五:一九〇五年十一月六日》,《秋瑾集》,第40页。
③ 秋瑾:《致秋誉章书其三:一九〇五年九月十二日》,《秋瑾集》,第36页。
④ 端木赐香:《暗香袭人:历史的吊诡与幽昧》,第19页。
⑤ 秋瑾:《致秋誉章书其三:一九〇五年九月十二日》,《秋瑾集》,第36页。

对于此信里秋瑾的反应,端木赐香不但极尽嘲讽之能事,且主动代入夫权思维,使用如"这小娘们"等父权话语,对秋瑾的失婚妇人身份进行羞辱:

> 估计是王家致秋母一函,想让秋瑾回家什么的。所以秋瑾在信中告诫兄长,王家不会变好的,放心吧。她还猜测王子芳要么新娶的媳妇儿不好(端木注:人家王子芳终身未再娶,够贞男了),要么王家听说我名声还不错,想沾我的名气之光(端木注:这个就有些自恋了,人家不过觉得你是孩子的亲娘罢了),但我不会和王子芳和好的,免得"妹后日之名誉有损"……这小娘们儿,居然也不牵挂孩子,确实是特殊材料制成的。她一门心思在身后万世名,但目前主要是弄钱……①

走笔至王家在秋瑾死后的情况,《小丈夫》终于出来点题之笔:

> 据秋瑾女儿回忆,王家当时逃到乡间僻野,秋瑾晚上还去吓王家一家,导致她的婆婆屈氏哭叫,四嫂四嫂,不要吓坏了你的儿女啦。秋瑾连来三个晚上,婆婆无奈,只好让下人放鞭炮,总算把秋瑾的鬼魂吓跑了。秋瑾女儿解释曰,俺娘生而为英,死而为雄,魂兮归来,也不是啥稀罕事!
> 王家虽然公开宣布与秋瑾断绝关系了,但1909年秋还是顶着政治风险,把秋瑾与王子芳合葬了。可怜小丈夫王子芳,死后继续受惊吓,一是阴间继续受老婆的气,二是秋瑾坟墓屡迁屡毁……②

王灿芝转述屈氏之事,自己并未信之。作为一名历史学者,端木赐香是否应将认知拉低到与1909年的乡妪见识同水准、相信秋瑾鬼魂显灵之事?至于秋瑾之骨屡遭迁葬,情形复杂,说来令人泪下,因为它简直就是中国动荡苦难历史的缩影。

秋瑾第一次下葬是在其就义后,其遗骨由绍兴同善局草草成殓,稿葬于

---

① 端木赐香:《暗香袭人:历史的吊诡与幽昧》,第18—19页。
② 同上书,第21页。

绍兴府城卧龙山西北麓。当时其家人正在清廷的追捕下流亡，但仍为她不得入土为安而深深自责，尤其是秋誉章，自幼与秋瑾同胞情深，他曾写诗哭道："骨殖任暴露，谁复为心紫。聂政乃有姐，秋瑾独无兄。"①两个月后，江浙舆情倒向秋瑾，风声变松，誉章乃秘密雇人，将秋瑾遗体挖出，放入棺木，迁往绍兴常禧门外严家潭丙舍暂放，无奈殡舍主人得知此棺内为"女匪"秋瑾，便令秋誉章迁走。秋誉章只好将棺木移至附近一荒地，以草扇盖其上，掩遮日晒雨淋。秋瑾的生死至交徐自华、吴芝瑛从没忘怀她们死去的英烈姐妹。1907年，在秋瑾死后数月，徐自华新经丧女之痛，抱病孤身赴杭，在西湖边买了一块地。她写信告诉吴芝瑛，此地居"苏小墓左近，与郑节妇墓相连"，"美人、节妇、侠女，三坟鼎足，真令千古西湖生色"②。随后她又赴绍兴，至秋瑾家，安排迁葬。1908年2月，秋瑾棺柩正式落葬于杭州西泠桥西侧。同年10月，清廷御史常徽即上折奏请平秋瑾墓、严惩营葬发起人吴芝瑛与徐自华等人，吴、徐毫无惧色，吴芝瑛发电给两江总督端方，声言"因葬秋获谴，心本无他，死亦何憾"，"彭越头下，尚有哭人；李固尸身，犹闻收葬"，要求"一身当之"，只求不再把秋瑾遗骸抛于荒野③。其后清廷虽没有惩治任何人，但强令秋墓迁葬。于是1908年12月，秋瑾家人被迫将西湖畔的棺梓迁回绍兴城外严家潭暂放。次年秋，因秋瑾夫王廷钧已亡故，其夫家遣来二仆，将秋瑾之棺远迁至湖南湘潭昭山与王廷钧合葬。辛亥革命成功后，秋瑾尸骨被转迁到岳麓山烈士陵园，黄兴、蔡锷都葬于此；但应浙江革命党人的要求、在徐自华的奔走和孙中山的批准下，1913年秋，秋瑾遗骨又被迎接回浙，还葬于杭州西湖西泠桥西侧原葬处原墓地，民国政府并修建了风雨亭和秋瑾祠堂。"文革"开始前的1964年，为响应一些人的"不能再让死人占据美丽的西湖"④的意见，包括秋瑾、徐锡麟墓在内的许多西湖坟茔都被迁至冷清的鸡笼山，这当然引起社会反弹，于是第二年，政府又将秋墓悄悄恢复。一年

---

① 秋誉章：《悼璇卿长歌并序》，郭延礼编著：《解读秋瑾》（上册），第388页。
② 徐寄尘：《徐寄尘致吴芝瑛书（二）》，郭长海、秋经武主编：《秋瑾研究资料·文献集》（上册），宁夏人民出版社2007年版，第230页。
③ 孙俊：《鉴湖女侠秋瑾史料》，陈红彦主编：《名家手稿暨革命文献善本掌故》，上海远东出版社2017年版，第45页。
④ 金满楼：《侠女竞雄：秋瑾的生前与身后》，金满楼：《晚清原来是这样》，现代出版社2012年版，第145页。

后，随着"文革"的来临，秋瑾墓在劫难逃，墓被平掉，尸骨草草处理。直到"文革"后才又被重新安葬①。

秋瑾尸骨迁葬湖南，我们既不否认王家所承受的风险，也要看到如下事实：王与秋有子沅德，沅德是王家唁一的男性香火；秋瑾既未另适，王廷钧也未另娶，王既死，死后"佳城既卜"，按照当时的世情风俗，夫妻合葬为应该。王家遣二仆来浙迁骨时，秋家已经将秋骨安置好了，而且平墓的风声已寝。王家所承担的风险与吴、徐和秋誉章是不能比的。秋家对迁墓一事"本无成见"，且方有其议而誉章病逝于天津，秋家"骤丧家督，哀恸不胜，料量丧务，无暇旁及"②，秋骨遂由王家迁去安置。无论如何，端木赐香以轻佻到几乎幸灾乐祸的语气去讥评烈士死后的遭遇和尸骨屡被迁毁的苦难史，用以证明王家因葬秋而倒霉，是极不适切的。

三、服部繁子对秋瑾夫妇的印象与评述

服部繁子之父岛田重礼、夫服部宇之吉、兄岛田钧、弟岛田翰固然都是日本著名的汉学家，但服部繁子这部回忆录却漏洞百出。稍举两例：繁子陪秋瑾去国时，王廷钧携子女去永定门车站送行，"五岁的女儿很象妈妈……四岁的儿子则胖胖的脸"③。这根本是错误的。秋瑾第一次赴日时，儿子沅德7岁，女儿灿芝3岁，能把年龄差别这么明显的兄妹俩错当成姐弟俩，还真不容易。日本学者樽本照雄考证出秋瑾与服部繁子、高桥勇（京师大学堂教员）一行抵达神户的日期，也与繁子的记录有出入④。而繁子最令人不可理解的错误，是子虚乌有地记录了她在北京时期的朋友吴芝瑛为营葬秋瑾而入狱事：

> 清政府下令追查建墓人，结果查出是吴芝瑛干的。不用说，吴夫人作为同情革命者被投入监狱。她的所做大概出于对秋瑾的友谊，但吴夫人蔑视国法的心地是很明朗的。吴夫人在狱中一年余，丈夫廉泉先

---

① 金满楼：《侠女竞雄：秋瑾的生前与身后》，金满楼：《晚清原来是这样》，现代出版社2012年版，第145页。
② 秋宗章：《六六私乘补遗（节录）》，郭延礼编：《秋瑾研究资料》，第151页。
③ ［日］服部繁子：《回忆秋瑾女士》，高岩译，金中校，郭延礼编：《秋瑾研究资料》，第181页。
④ ［日］樽本照雄：《秋瑾东渡小考》，《光明日报》1984年3月13日第3版"文学遗产"专刊。

生多方奔走托情，最后终于保释出狱。我和丈夫回国后，廉泉先生也来东京小住，见过二三面，当问起夫人如何，回答总是"还好"，不提细节。她真的"还好"吗？①

此处翻译不切，"明朗"应为"清楚"。上文反映出服部一家并不了解吴芝瑛卷入秋瑾案的实情，有关吴芝瑛入狱的消息，她一定是道听途说来的。服部繁子在思想上既不认可秋瑾与吴芝瑛的英烈之举，在感情上也不以吴芝瑛的牺牲为然。她对吴"蔑视国法的心地"的鄙薄之情完全是溢出纸面的。观其语气，廉泉对服部一家也是怀有戒心的——下面将会论及，廉泉有这层戒心也不为无因。

服部繁子费了相当的篇幅说明，秋瑾原来的计划是想去美国留学的。为什么要考察秋瑾留美还是留日的选择呢？因为这里涉及我们要怎样去判断王廷钧对秋瑾的态度问题。

端木赐香说："要感谢日本女人服部繁子，好歹给可怜的王子芳三次记载，得以让我们瞅见革命话语系统背后，秋瑾丈夫的另一面。"②《小丈夫》对秋瑾夫妇关系的修正很大程度上来自服部繁子笔下王廷钧那"白脸皮，很少相。一看就是那种可怜巴巴的、温顺的青年"③的暖男形象，而这暖男形象又是因为王代秋瑾求情、恳请繁子携带妻子去日本而树立起来的。以下文字描写了王廷钧向服部繁子苦求的情景：

"夫人，听我妻子说她想随你去日本，你同意吗？""若是去美国，我同意和她同行到横滨。""不，不，我妻子现在更热望去日本。今天我就是来求夫人的，请答应我吧！"我感到意外，此人大概是管不住妻子了吧？妻子去美国是早就打算，而且秋瑾的思想去美国也更为合适，所以我仍劝她去美国。秋瑾的丈夫还是热切地说："可是，夫人，我妻子非常希望去日本，我阻止不了，如果夫人不答应带她去日本，她不知如何苦

---

① ［日］服部繁子：《回忆秋瑾女士》，郭延礼编：《秋瑾研究资料》，第192页。
② 端木赐香：《暗香袭人：历史的吊诡与幽昧》，第22页。
③ ［日］服部繁子：《回忆秋瑾女士》，郭延礼编：《秋瑾研究资料》，第175页。

我呢，尽管她一去撇下两个幼儿，我还是请求你带她去吧！留学也好，观光也好，任她去吧。要是留学，在日本我还有三、四个朋友，可以托他们照顾，不会给夫人添麻烦的，她是无论如何都要去的。与其让她跟别人去，不如拜托给夫人更使我放心。我知道服部先生在日本是大学者，我感谢他帮助中国办新教育，我也钦佩夫人的仁慈，为中国的女子教育竭尽自己的力量。带她去吧！请夫人考虑。"①

秋瑾到底是否原有去美国留学的计划？若有之，实施的可行性有多大？其他的秋瑾回忆文章与书信都未显示出她有过这个打算。服部繁子的回忆只能算是孤证。孤证未必不能被采信，但总要考察其成因和逻辑。

服部繁子的美国留学说可疑处甚多。文中谈到，1904年4月服部家已有返日打算，因"秋瑾的美国之行是从横滨转程前往，所以我们能同行到横滨"②。假如秋瑾在4月连赴美行程都定好了，那就说明，她计划留学美国的时间应该更早，应该知道确切的学校、专业，至少应该有落脚城市的名字。但服部繁子根本说不出秋瑾要去美国的哪里、上什么学校、学什么专业。

事实上，秋瑾所有的在京交游都指向她留日的可能。陶大钧曾任驻日公使黎庶昌任下的横滨领事馆馆员，秋瑾的另外一位绍兴同乡陈静斋是横滨正金银行北京分行买办。当时，他的两个儿子正在日本留学。江亢虎与日本渊源也极深，且在京师大学堂任日文教习。吴芝瑛的回忆文章自谓"芝瑛甲辰正月为烈士筹划学费，以便东游"③。"甲辰正月"是1904年2月，吴与秋结拜姊妹、秋见繁子都发生在此月，而3月1日《大公报》则刊出秋瑾"极意游东瀛"④的计划。服部繁子说秋瑾到6月才告知她，决定不去美国了，要去日本留学。这使秋瑾研究者们感到困惑，于是出现了为服部繁子善意开脱的解释：

此种情况说明要么繁子的回忆有误，要么秋瑾之前对繁子隐瞒了

---

① ［日］服部繁子：《回忆秋瑾女士》，郭延礼编：《秋瑾研究资料》，第179—180页。
② 同上书，第176—177页。
③ 吴芝瑛：《吴芝瑛集》，黄山书社2018年版，第91页。
④ 佚名：《女士壮志》，《广益丛报》1904年第34期。

留学的目的地。但是,既然《大公报》在3月1日就公开报道了秋瑾东渡留学,是"与大学堂教习服部君之夫人相订偕行",秋瑾也不可能再向繁子隐瞒了。所以,这里应该是繁子回忆秋瑾决定东渡留学的时间有误。①

其实,这种开脱根本没有必要。秋瑾留学美国的意图根本就是服部繁子强加给她的。中国人赴美留学真正成为一种潮流,是在美国国会于1908年通过退还中国部分庚子赔款决议案之后②,但总人数仍远少于赴日留学的人数,官费以外的私人留学更是凤毛麟角。1905年,中国的留美学生仅二三十名而已。而1904年正是留日的黄金时期,是年年初已有三四千人在日本,1906年是留日学生人数最多的一年,达一万三四千至两万之众③。美日留学人数的差异只有两个字可以解释——费用。以秋瑾当时经济的艰窘,留日尚难以支撑,遑论留美?退一步讲,即使秋瑾此前有留美计划,后来改为留日,而王廷钧又找到服部繁子说项从而助之成行,原因也仍只有两个字——费用。他们并未离婚,经济仍然一体,费用低廉的留学计划当然是首选。在日有朋友照顾是王的便利说辞,但秋瑾本人并非没有其他人脉关系在日。秋瑾抵日当天就有朋友接往神田,根本没有跟随繁子回永田町的家,她们再次见面已经是一个月以后的事,秋瑾"正和朋友一块儿学习呢"。这些都出自繁子自己的记录④。既然1904年赴日留学生已如过江之鲫,秋瑾只要筹到钱,就完全没有必要与服部繁子同行,王廷钧更无必要苦苦哀求繁子带秋瑾走,其理甚明也。基于此,日本学者永田圭介在使用服部繁子这份材料时,除了对史实错误进行订正外,还特别指出其叙述中有自视过高之处,永田认为,在看待秋瑾需要与她同行这件事上,服部繁子未免太自高身价了⑤。

综上,服部繁子创出留美说,一为自抬身价,说明她对秋瑾的吸引力;

---

① 易惠莉:《秋瑾首次东渡日本留学原因再探析》,杨国荣主编:《生活世界与思想世界》,华东师范大学出版社2011年版,第164页。
② 元青:《民国时期的留美学生与中美文化交流》,《南开学报》2000年第5期。
③ [日]实藤惠秀:《中国人留学日本史》,谭汝谦、林启彦译,生活·读书·新知三联书店1983年版,第36页。
④ [日]服部繁子:《回忆秋瑾女士》,郭延礼编:《秋瑾研究资料》,第187页。
⑤ [日]永田圭介:《秋瑾——竞雄女侠传》,闻立鼎译,群言出版社2007年版,第132—134页。

"太太和我见解不同,可太太喜欢我,我也喜欢太太……平时,我甚至有些瞧不起日本,然而和太太交朋友以来就产生了到日本留学的念头。太太,带我去东京留学吧。"①二为说明秋瑾"思想危险","是我们日本所不容的",而她本人则持身甚正。若没有王秋夫妇反复恳求,怎能显得出她正气凛然、目光如炬、早就看透秋瑾去了日本会给大清国种出一个未来的乱党来呢?

服部繁子对发生在中国的事件的描述与认识,以及其对自我形象的过度揄扬,都不符合一位素有家学且行万里路的大家女眷的见识。但这些仍不是本文真正的关注点。郭延礼在《秋瑾研究资料》中收录服部繁子的这篇文章时,除了特别加编者按指出其史实错误之外,又提出"这篇回忆录更值得注意的是,由于当时作者立场和思想认识的关系,她对于秋瑾的革命思想和她所从事的革命活动并不理解,故回忆录中难免有歪曲的记述"②。这才是切中要害的地方。

为什么在服部繁子笔下,阅史者感受到的秋瑾人物形象是鲁莽的、破坏规矩的、不顾别人感受的,而非英勇的、革命的、嫉恶如仇的? 只要稍稍了解人性之复杂与文字之皮里阳秋,阅史者不难看出,这些品质有时可以是一个硬币的两面。如何去诠释他人的品质,端在于执笔者自身所持的视角与立场。仅仅认识到服部繁子是一位学者之妻,具有内敛性的日本内家宅眷性格,认同儒教的女德观,因此会看不惯性格飞扬的秋瑾的某些作为,仍然不足以解释问题的根本。

阅史者需要看到服部繁子背后的服部宇之吉。宇之吉是近代日本宣扬"孔子教"的代表人物,更是侵略主义思想愈益膨胀的昭和初期日本军国主义的一面旗帜。他倡言"扩张孔子之道即是为了扩张我皇道,拥护孔子之教即是为了拥护我国体"③。宇之吉于1917年至1922年6年间,每年1月担任"御讲书始汉书进讲挖"给天皇讲汉书。1921年起作为东宫御用挂,每周一次给皇太子(后来的昭和天皇)讲中国文学④。1922年1月担任帝室制度史

---

① [日]服部繁子:《回忆秋瑾女士》,郭延礼编:《秋瑾研究资料》,第178页。
② 同上书,第166页。
③ 刘岳兵:《中日近现代思想与儒学》,生活·读书·新知三联书店2007年版,第131页。
④ 严绍璗:《追踪井上哲次郎、服部宇之吉、宇野哲人的"儒学观":文化传递中"不正确理解"的个案解析》,张西平主编:《国际汉学》第23辑,大象出版社2012年版,第463页。

的研究员。"九一八事变"后,服部宇之吉成为军国主义鹰犬刊物《斯文》主力撰稿者,尤其是为1932年第14编第5号"满洲国建国特辑"贡献了题为《"满洲国"与王道》的文章①。1934年10月,宇之吉受外务省委托,参与"满日文化协会"的设立,"伪满洲国"的郑孝胥即为该会的"会长"。他在"卢沟桥事变"之后称:"中华民国如悔悟其从来对我国为确立东亚和平所施行的所有作为的反对和妨碍,以衷心至诚归依于我至公无私大中至正的皇道,我用兵之目的即可达到。"②

在清廷的余晖岁月里,经济上,服部宇之吉每月自清廷受薪俸600元,待遇之高,不逊于京师同文馆的丁韪良③;政治上,服部宇之吉于1909年获清廷赏赐文科进士头衔④。有了这些历史的注脚,再回头看服部繁子对秋瑾的记录,当然就不会奇怪她笔端的贬抑之情了。事实上繁子与秋瑾初遇时,已经发生过有关"孔子的信徒"的争辩,她将秋瑾称为"惑星"⑤。再看她对秋瑾的其他种种贬抑记录:

> "革命"是中国时常出现的一种流行病,秋瑾也正患着这种病。⑥
>
> 她那身不合体的蓝西服,松垮垮垂下的领带,提一根细手杖,装模作样的让人讨厌,就是这样一个人,我对她却感到由衷的怜悯。⑦
>
> "你的思想是一种病态,因为有了这种病,你才是冥顽不灵呢。"⑧

不必否认,服部繁子对秋瑾北京时期和日本求学阶段的记录自有其史料价值。她所记录的秋瑾与实践女校校长下田歌子之间的矛盾,更能解释

---

① 服部宇之吉:「滿洲國と王道」,『斯文』1932年第14编第5号,1—2页。
② 刘岳兵:《日本近代儒学研究》,商务印书馆2003年版,第209页。
③ 清朝当时聘请日本教习的一个重大原因就是花费比较少,但服部的工资却是个例外。参见孙丽青:《服部宇之吉与近代中国教育》,《齐鲁学刊》2009年第3期。
④ 王晓秋:《京师大学堂与日本》,王晓秋:《改良与革命:晚清民初史事新探》,北京大学出版社2012年版,第274页。
⑤ [日]服部繁子:《回忆秋瑾女士》,郭延礼编:《秋瑾研究资料》,第170页。
⑥ 同上书,第175页。
⑦ 同上书,第176页。
⑧ 同上书,第190页。

秋瑾从该校退学又复申请入学的求学史①，修正了原来秋瑾研究所认为的"秋瑾身边钱用完了，回国筹措学费"的观点。今人崇扬秋瑾，但不必将她神圣化。秋瑾心志高远，精英意识强烈，在革命过程中有以目的合理化手段的倾向，这一点在其向湘潭婆家索款以为革命之捐输中表现最甚。然而我们不妨反向一问：辛亥革命人物或任何国家任何时期的民族革命人物——也许甘地除外——又有几人非此而然？应该如何对待一位异民族立场、异政治立场、异意识形态立场、异女权本位立场的外国女性对秋瑾生平的记录？我们认为，对待这篇文献，阅史者应该抱以最大程度的谨慎和怀疑的态度。

四、当今中国市民社会伦理的关切

市民社会的本质是它与国家（state）的对立。它只关注非政治化的私域，认为所有具有外在价值的东西都可以通过契约性规则进行交换。黑格尔这样解释其缘由：在市民社会中，人们不仅有追求私利的自由，而且有追求私利的可能，因为现代世界造就了古代世界所不知道的市场，即一种受其自身规律调整的经济领域。在市场上，人们虽说关心的是自己的得失，但其结果却是满足了彼此相互的需求，由此产生了一种新的社会纽带。因纯真的利他之爱而丰富起来的和谐，本是宗法家庭的一个基本特征，而以契约性攫取为标志的市民社会则不然。因此，黑格尔说，市民社会是一个私欲间无休止冲突的场所②。

市民社会伦理与中国式女性实用主义思想的结合，催生出一种以契约性攫取为标志的当代女性婚恋观。它的思想基础是：男性通过遵守婚恋契约可以实现其对婚姻私利的追求，获得性、孩子以及妻子的美貌、贞洁、谦卑和家务上的操持等；同时，女性通过遵守婚恋契约也可以实现其对婚姻私利的追求，获得金钱和受夫家及社会认可的正妻身份，运气好一点的女性甚至可以获得男性的性忠诚和温柔的情感对待。由于把"契约性交换"视为黄金律，任何一种违反交换规则的活动，哪怕是出于为国牺牲这样高尚的理由，都会被市民社会的婚恋伦理所厌恶和唾弃。

---

① ［日］服部繁子：《回忆秋瑾女士》，郭延礼编：《秋瑾研究资料》，第188—191页。
② 邓正来：《市民社会理论的研究》，中国政法大学出版社2002年版，第38—39页。

为什么服部繁子的回忆在20世纪80年代中期就已经被介绍到我国，而且有关秋瑾婚姻和夫家的资料在90年代初期就已经出齐，但对秋瑾的历史进行修正的话语却是近年来才出现的呢？我们认为，这一现象与近年来中国市民社会发展到了一个新阶段有关，与网络平台的发达有关，也与市民社会伦理和中国式女性实用主义思想产生了密切结合有关。这些条件在20世纪80、90年代还是不完备的。

中国当今社会的最大特色是网络公共领域的发达。公共领域的精髓在于它的批判性。网络，造就了一个无垄断、无权威的"意见自由市场"，网络公众的匿名性使讨论者超越现实中的羁绊，使其能够以理性或非理性的批判形式表达诉求，挑战已结盟的知识精英、权力精英和财富精英。它的巨大势能已经可以使其对历史书写领域进行渗透。然而，中国的网络公共领域缺乏哈贝马斯所建言的理想公共领域的特色：主体是具有独立人格的社会公众，公众舆论的主要功能是对国家权力的批评[①]。客观地说，这个理想之域目前在任何国家都没有实现。诚然，不同阶段的市民社会的公共领域有成熟度的区别。

我国的市民社会虽然已经获得强劲发展，但其公共领域的话语建设仍处于非常初级的阶段。公众话语目前最急于表达的，是对契约性攫取原则的张扬，即保护个人的人身安全、财产安全、家庭稳固等利益，反对偶然因素和意外事件的侵害。表现在婚恋市场的价值表达上，就是金钱、外貌、性、年龄这些物理属性标签的大肆流通。

在直观的财富、外貌和身份的物理标签之外，中国婚恋市场上又产生了用以表达非物理特色的标签，但主要贴在男性身上：经济适用男、暖男、新好男人、居家男人。这些标签反映出女性群体在婚姻的价值交换本质之外的情感焦虑。当下女性婚恋市场的论调是：能够实现"你负责挣钱养家、我负责貌美如花"就已经是很公平的了，如果碰巧男方还具有性格温暖和性忠诚的优点，那无疑是女方"赚到了"，应该加倍珍惜这桩好"买卖"才是。由于王廷钧未曾再婚，性格——据服部繁子的描述——又相当温和，这样一位多金而痴情的富二代居然被革命女杰无情抛弃和贬斥，此事的性质就违反了

[①] 刘波亚、郭燕来：《提升与强化：网络公共领域与中国当代市民社会》，《理论月刊》2012年第8期。

市民社会婚姻伦理的契约式交换原则，因而引发了对秋瑾婚姻的历史修正主义评述。

端木赐香对秋瑾的贬评毫无掩抑地以父权式的、"荡妇羞辱"的语言表达出来。在《小丈夫》之外，端木赐香还写有一篇稍短的文章《1903：女汉子秋瑾的背影》。对于造成秋王婚姻破裂的中秋看戏事件，端木赐香兼评兼述如下：

> 这一年的中秋，王子芳说好要在家宴客，让秋瑾在家准备，但到傍晚就被哥们儿拉出去吃花酒了。众所周知，中国的小姐一般都挺有职业精神与专业水准的，伺候得男人流连忘返，女权意识大觉醒的秋瑾自然等得不耐烦，就穿着男装偕小厮去戏园看戏了——其实这不是健全的女权主义，如果是健全的女权主义，当是着女装，偕小丫，去逛鸭店才是。问题是，就这种不完全的女性解放，秋瑾的丈夫都大光其火，回来就把秋瑾痛打了一顿。①

一位女性历史学者竟会对一位革命女杰使用"荡妇羞辱"的语言，这表象下掩藏着当今社会一些人对"契约性交换"这一黄金律不容打破的执念。这既是端木赐香的声音，也是市民社会中一部分人的声音：

> 我一直认为，婚姻是一种契约，里面有些默认的前提的，比如，不管男方女方，结婚不想要孩子，必须婚前向对方声明，不能结完婚了才跟人交代我坚决不要孩子，否则涉嫌欺诈性交易嘛；再比如，秋瑾结婚后要做革命党，也是对于家庭的背叛，第一背叛丈夫，第二背叛子女，一句话，想做职业革命家，可以，但不要连累妻夫儿女。你完全可以不结婚不生子女嘛！不管做啥，除了职业精神，还得有负责精神。②

针对秋瑾的着男装，作者评价道："我估摸着，若条件许可，小娘们儿都

---

① 端木赐香：《1903：女汉子秋瑾的背影》，端木赐香：《暗香袭人：历史的吊诡与幽昧》，第3页。
② 端木赐香：《暗香袭人：历史的吊诡与幽昧》，第14页。

敢去做变性手术呢。在她的观念里,着男服至少可算是男女平等的一个标志吧。这跟如今的某些女权主义者希望学着男人的小样儿站着小便,应该是一个心理状态。"① 与端木赐香文章出现的同时期稍晚,网络上还流传一篇"雪姨开门"的题为《秋瑾丈夫王廷钧,其实是个暖男》的文章,经多家转载,影响也非常大②。其文大意为:在秋瑾这个成功女人的背后,离不开默默付出的暖男王廷钧的金钱和爱情,秋瑾是何其眼瞎啊。

在市民社会伦理与中国式女性实用主义思想的交点上,我们看到部分女性对配偶的物化和自我物化,看到其对所谓契约式公平的偏执追求。一切破坏婚姻契约的人都不应被原谅,无论是出轨者还是爱国者;小三是可恶的,伤害了暖男、强势出走温暖家庭的娜拉同样可恶。

五、结语

以《小丈夫》为代表的历史修正主义话语代表了兴起中的中国式市民社会伦理的主张:它仅关注非政治化的私域,不承认有高于个人私利的为国为民的行为,反对一切非契约性交换的活动。市民社会伦理既然会通过公共领域来行使文化权力,它的强劲风力就会、并已经开始干预到历史书写。这种"修正"的特点是,它会将未经考证为信史的新材料截取使用,并不与既有史料进行参验;它对人物的评价脱离了历史的上下文,贴上了一堆时下流行的标签,使其为不善独立思考的读者所乐于接受;它挑战它的对立面——国家——所树立的史学话语,特别热衷于抹黑这套系统中具有神圣光辉的、为了某种理想(爱国仅仅是其一)而牺牲的人物的形象,但并非因为国家史学话语中有偏误待其纠正,而仅仅是因为其中有它所不能容忍的神圣性。这神圣性的底蕴是无条件利他,而市民社会伦理是不承认无条件利他的。这种"修正"不能反映人类社会真正深广的道德演进,亦不能引入开创性的新研究方法,它仅致力于宣扬自认为公平的狭隘伦理价值,努力将其楔入既有的历史评价体系中去。

---

① 端木赐香:《1903:女汉子秋瑾的背影》,端木赐香:《暗香袭人:历史的吊诡与幽昧》,第3页。
② 雪姨开门:《秋瑾丈夫王廷钧,其实是个暖男》(2016年3月30日),http://www.toutiao.com/i6267817379141517825/,最后浏览日期:2022年10月10日。

今人应警惕市民社会伦理的修正主义话语对历史书写的渗透和干预。历史研究可以因史实的发现、研究方法的更新和人类伦理道德的演化而被修正，但不能为偏执和狭隘所裹挟。

［原刊于《浙江大学学报（人文社会科学版）》2023年第1期］

两代英伦首相的与时相悖：
索尔斯伯利侯爵与贝尔福舅甥素描

Anachronism 一词，我国多译作"时代错误"，其实它更明确的意思是"与时相悖"。政治人物本应是时代的弄潮儿，但世界政坛上也颇不乏逆世界大潮而行的人物。与晚清权相李鸿章同时而并称的国际政治强人中，国人多知经1870年战争统一德意志的"铁血宰相"俾斯麦，而较少了解分别于1885年、1886年和1895年三次组阁的英国首相、第三代索尔斯伯利侯爵罗伯特·盖斯科因-塞西尔。这位英伦首相就是一位典型的"与时相悖"者。

塞西尔家族与英国王室远不止一两辈子的交情。英国人把显赫的塞西尔家族叫作"塞西尔王朝"①，因为它先后曾与都铎、斯图亚特、汉诺威、萨克森-科堡-哥达（亦即一战以后的温莎）等数代王朝共起落。塞西尔家的第一代远祖威廉·塞西尔，以中枢重臣之位为伊丽莎白一世服务了40年，以伊丽莎白之权变、多疑、刚愎，这是一项伟大的记录。他的一位研究者迈克尔·格瑞夫说，"我们今日所称颂或谴责的伊丽莎白的事功或错误，多为他和她所共享"②。威廉·塞西尔生有不同母的二子，托马斯与罗伯特，在同一日被伊丽莎白封爵，分别成为埃克塞特伯爵和索尔斯伯利侯爵两大爵位的一世祖。

伊丽莎白末期，都铎的嗣续问题浮出水面，老女王身后，新教还是天主教的继承人的选择，势必将决定帝国的未来。在一片波涛暗涌中，倚靠着罗

---

① 戚国淦：《灌园集：中世纪史探研及其他》，商务印书馆2007年版，第142页。
② Graves, Michael A. R., *Burghley: William Cecil, Lord Burghley*, London: Longman Pub Group, 1998, p.239.

伯特的支持和操作，被砍了头的苏格兰女王玛丽的儿子、新教国王詹姆斯从苏格兰入继大统，是为詹姆斯一世。詹姆斯一世终生感怀罗伯特的拥立之功。他与这位第一代索尔斯伯利侯爵的密切关系，有存世的二人之间的大量书信为证。詹姆斯一世曾看中罗伯特的一处宅邸，拿他手中的一处王宫与后者做了交换，这就是后来成为塞西尔家族三百年老宅的赫特福德郡大宅。这处大宅里重重叠叠交错堆积着英国历史的影子：伊丽莎白一世在此度过她的童年，亦在此听到她异母姐姐血腥玛丽归天的消息；这宅子里存有西班牙无敌舰队战败者的盔甲，藏有人头落地的查理一世婴儿时期的摇篮，挂有惠灵顿公爵自滑铁卢虏获的拿破仑法军的旗帜——惠灵顿公爵既是这所宅邸的常客，又是罗伯特·盖斯科因－塞西尔的母亲、第二代索尔斯伯利侯爵夫人的仰慕者。①

事实上，自威廉·塞西尔及其二子以下，塞西尔王朝已经有些式微，王谢家的燕子虽然未散佚民间，可在其后的两个世纪中，芝兰玉树不再立于高堂。重振家风的第二代索尔斯伯利侯爵罗伯特于19世纪中期曾服务于数任托利党内阁，而直到他的次子罗伯特·盖斯科因－塞西尔那里，这个家族长久潜伏的政治才能才得到全面焕发。

第三代索尔斯伯利侯爵前两次组阁，都有点捡漏之嫌。1885年那次是因为"伟大的老人"（GOM，Grand Old Man）、自由党首相威廉·格莱斯顿失于救护戈登将军，致使那位曾经在中国平太平天国之乱时叱咤风云、"手提两京还天子"的洋枪队长惨死在喀土穆，英国人民不仅将石头掷到唐宁街相邸窗子上②，且愤怒地将"伟大的老人"重新改写成为"戈登谋杀者"（MOG，Murderer of Gordon），格莱斯顿因之罢相③。索尔斯伯利侯爵暂时组阁，但格莱斯顿待民意稍平，半年后又赢回局面。又半年后，格莱斯顿因为引入"爱

---

① Tuchman, Barbara, *The Proud Tower: A Portrait of the World Before the War, 1890-1914*, New York: Ballantine Books, 1996, pp.6-7. 此书已经有中译本，巴巴拉·塔奇曼：《骄傲之塔：战前世界的肖像，1890—1914》，陈丹丹译，中信出版社2016年版。但本书所引，都来自英文原版。

② Judd, Denis, *The Victorian Empire, 1837-1901: A Pictorial History*, Santa Barbara: Praeger Publishers, 1970, p.197.

③ Seaman, Lewis Charles Bernard, *Victorian England: Aspects of English and Imperial History 1837-1901*, London: Routledge, 1973, p.229.

尔兰自治法案",导致自由党分裂,索尔斯伯利侯爵的保守党遂于1886年以微弱优势卷土重来。① 这一次他在相位上一直待到1892年,直到格莱斯顿借爱尔兰民族主义政党之势,一个回马枪又杀了回来。②

1895年第三次组阁的索尔斯伯利侯爵彻底站稳了脚跟,从内政到外交都达到了托利党贵族执政的辉煌顶点。在19世纪的尾巴上,大英帝国的辉煌也达到了极盛,国内一片歌舞升平,帝国将地中海圈成自家门前的一片湖。

对于下层困苦阶层、小资白领阶层和中产地主阶层不满现状的改革呼求之声,侯爵厌恶地堵起耳朵。他漠然看待着争取扩大参政选举权的平民运动。政治没有平等可言——斯为他的信仰。"财富是永恒的标准;在某些国家出身也是一种考量,而在所有国家,永远都是智识的力量和文化的教养形成一类人,如众星拱之,他的国家和社会赖之为治。"如果不幸,教育与财产俱欠奉的普通公民要"民主"地参与到治理国家的过程中来,那么,"与参政者的财富的递减成正比的,乱权的危险就会递增",侯爵如是说。

侯爵看待他的人民,目光是自上而下,而非自下而上的;他自认为是英国人民的保护者和指引者,而非对英国人民负责。他仅仅对一个人负责,那就是已经垂垂老矣的女王。她是侯爵一生中仅有的谦恭所针对的唯一方向,这既因她是他的君主,也因她深具女性气质——约年少于女王十岁左右的侯爵仍然持有中世纪的骑士心态。女王身材矮小,侯爵身材高大又足不良于行,他是唯一经女王特别赐座的维多利亚重臣。两个人在一起的画面很有对照的喜感,也颇和谐,尽管并不是大部分时候,侯爵都不会感到与一位思想欠乏深度的女性君主相处的乏味。女王死于1901年。垂垂老矣的侯爵已经疲倦,想尽快下台退休,但他必须坚持到波尔战争的结束。这一天终于在不久后的1902年中到来了。索尔斯伯利侯爵下台,首相之位由他的外甥阿瑟·贝尔福接替。

索尔斯伯利侯爵的简傲,与他的怪诞、博学、嘲讽及他的政治才能同样出名。他高度近视,腿脚不灵便,绝少主动社交或接受社交界的邀请,对英

---

① John, Ian St., *Gladstone and the Logic of Victorian Politics*, London: Anthem Press, 2010, pp.365-367.

② Steele, E. David, *Lord Salisbury*, London: Routledge, 2001, pp.274-277;又见 *Gladstone and the Logic of Victorian Politics*, p.375。

国贵族所热衷的骑马狩猎一概敬谢不敏，对非同侪说话永远带有一种轻侮的态度。

侯爵说话口无择言，也从不感到有择言的必要。他瞧不起大众，连下院也囊括在内。彼时风气，演讲术是政治家睿智与风度的试金石。侯爵年轻时，于其父死后循例进入下院，然而他在下院的演讲并无可圈可点之处，原因在于，在一群他难以同等级视之的人群中"鹤立鸡群"，让他感到不自在；待他日后擢升上院，对手与友人都是侪辈，他才开始放松自如。他的演说庄谐并举，时而出现对下等人士的轻侮之辞。同时代的政治家约翰·莫利说，听索尔斯伯利侯爵的演说实为一种享受，因为越是其言辞的轻犯不谨处，往往越使人能够愉快地铭记不忘。一位新晋爵位的辉格党人在上院演讲，一堂听众济济，大厅里酝酿着强烈的辉格党情绪，侯爵却转头向他的邻座发问："演讲人是谁？"被告知答案后，侯爵困惑地、以每个人都能听见的音量说道："我还以为他早已死了。"听着别人的发言，他总是显得那么地不耐烦。坐在位子上，他不是晃腿就是晃膝盖，晃得周围桌椅一片响，邻座们抱怨他们好像在害晕船。

侯爵也偶有他愿意敷衍的场合。只要他愿意，他也可以做到令人如沐春风。有一次，他决定放弃自己的社交孤僻症，去参加一个本党召集的托利拥护者晚宴。他事先默记了每位客人的专长，在一片觥筹交错中，他与农业专家谈轮作，与畜牧专家谈放牧，但最后还是遗憾地告诉主办人："搞定了每一位。除了一位种芥末的——我没能找着他。"就连他终生的政敌格莱斯顿都承认，在私人场合中，他是位很不错的绅士。

侯爵的简傲，部分是由于他对小事的粗疏而造成的。他就连自己的衣着也漫不经心，总是穿得破破烂烂的。坎特伯雷大主教有次向他推荐一个重要教区的主教人选，提名人有两位，姓名相同，大主教显然属意其中的某甲，而侯爵却稀里糊涂地任命了另外的某乙。人们向他示意坎特伯雷大主教的不满，侯爵回道："我敢说某乙在这差事上一定干得也不比某甲差。"他的高度近视又加重了这一问题。这位从不肯降尊纡贵的老爵爷，有次被人看到与一位小吏站在一处进行长久的倾心之谈，原来他误将对方看作罗伯茨大元帅。还有一次，英国对南非的波尔战争快结束时，他举起一张带有本人签名的国王爱德华七世的照片，无比痛心疾首地叹道："可怜的布勒（波尔战争的首任总司令）！你这个家伙啊！你搞了多大的乱子出来！"①

　　侯爵的傲慢不仅施之国内，且行之域外。在英国政治圈中，"索尔斯伯利"成为"政治上欠谨慎"的同义词。②最著名的例子莫过于英美于克利夫兰任上发生的第一次委内瑞拉冲突。对于领土占地球陆地总面积四分之一的日不落帝国来说，新生的美利坚合众国时至19世纪末都不过是一"完全可被忽视的存在"。美国诸国父立国时，初愿乃是建立一个与欧洲殖民列强不同的国家。这个国家应致力于发展、建设、保护自己本土民众的福祉，而不应去穷兵黩武地掠夺域外殖民地的土地、事倍功半地去试图教化无法被吸收入基督教清教文明的域外士人。应该说，这一理念时至今日，都在美国的外交理念里有所体现。克利夫兰总统并不像他之前的门罗、他之后的西奥多·罗斯福，其人并无强硬的扩张主义的主张，也并不是"敢犯强美者，虽远必诛"理念的代言人。他的拒绝兼并夏威夷，正是这一理念的体现。但到了1895年，在多重内外因素——民主党自身竞选的需要、美国修筑巴拿马运河的需要、英国派兵强占尼亚加拉港口并控制海关事件、1893年经济危机的徘徊不去，等等——的诱导下，克利夫兰终于决定要祭起"美洲是美国人的美洲"这面门罗大旗了。6月20日，克利夫兰总统的国务卿理查·奥尼向英国政府提交照会，提出：英人对门罗主义的漠视，将被视为对美国的不友好行为。

　　索尔斯伯利侯爵当时兼任自己内阁的外交部长，对奥尼的照会，他采取的态度是：置之不理，冷处理四个月。侯爵吝爱自己的外交才能，认为用在美国这个轻量级国家身上太可惜了，"是不为也，非不能也"。早在二十年前，他已在柏林和巴黎的外交圈中纵横捭阖，自视吃的盐比克利夫兰吃的饭都多。那些高级的权变、妥协、韬晦、交易……一言以蔽之，外交世界里至为高等的艺术，是唯一心领神会地存在于欧洲几大列强间的一个上流精英小圈子中的，在侯爵看来，也是仅应被施用于欧洲几大列强间的。这一外交圈中之人不论来自俄、法、英、奥、德、意，均会讲法语，而且几乎每个人都认识每个人；一般来说，他们或来自外交世家，或以其父与本国大使的私人关系

---

① *The Proud Tower: A Portrait of the World Before the War, 1890-1914*, pp.5-9.
② Ibid, p.7.

而得入门,因为当时即使在欧洲,也并不存在专门用以培养外交官的大学和院系。这一精英阶层,用英国的战争历史学家约翰·基根的定义就是:"一战前欧洲大陆的一个真材实料的国际化阶层,基于熟人关系彼此相识,以法语为通用语。尽管都致力于各自的国家利益,但他们共同享有一个信仰:他们的角色就是要避免战争的发生。"① 出身于这一精英阶层并成为其领袖的英国首相无以表达他对奥尼照会的不屑之情,遂决定将后者当成空气。

与侯爵的傲慢相呼应的,是他所领导的托利党的"光荣孤立"的外交精神。不屑结盟、关起门来单过的态度,其背后是对自身实力的绝对自视。老托利党人经常说:"英国人不开口,任何一个共和国的狗都不敢叫唤。"问题是,业已完成了统一、国力正扶摇直上的德国也渐渐有了同样的自视。德皇威廉二世之于英王室,正如《左传·吕相绝秦》里被晋国大使吕相(本名叫魏相,因食邑在吕,所以又称吕相)所痛骂的秦康公一样:"康公,我之自出,又欲阙剪我公室,倾覆我社稷,帅我蟊贼,以来荡摇我边疆。"② 康公母穆姬原是晋献公之女、文公之妹,他曾留下著名的"我送舅氏,曰到渭阳"诗句表达舅甥之情,但重耳死后,秦晋关系实则也就是在康公手中交恶的。威廉二世之母乃维多利亚与其夫阿尔伯特亲王最钟爱的长女,也是温莎王朝册封的首位长公主。英国人起初看待这位幼时在其外祖母宫中盘桓长大的德国外甥,未始没有渭阳之情。但那位被巴巴拉·塔奇曼称为"全欧洲最不受管制的舌头的拥有者"的德皇,本以四处抢话筒和镜头著称。早在英德关系的蜜月期——他外祖母维多利亚新丧、他前往英国参加葬礼时,他已敢向母舅英王爱德华七世大言不惭:"要是英德两家不同意(某件事),欧洲没有一只耗子敢翻身动弹。"大英帝国从独自震狗变为与德国合力才能震住耗子,实力霎时减了一半,刚登基的渭阳公艴然不悦。

也多亏这莽外甥四处乱讲话,才鬼使神差化解了英美间剑拔弩张的第一次委内瑞拉危机。其时英国人在南非与波尔人激战正酣,这本来与德皇不相关,但他竟向波尔共和国的总统公开发电致意。电报的意思可演绎为:

---

① Keegan, John, *The First World War,* New York: Random House, Vintage Canada Edition, 2000, p.26.
② 〔清〕曾国藩编,熊宪光、蓝锡麟等注:《经史百家杂钞今注》(中),上海书店出版社2015年版,第816页。

"干得好啊！朋友！没有动用友军的力量你们就打赢了侵略者。"——英国人警觉地皱起了眉头。说谁呢你？谁是我们敌人的友军哪？虽没读过毛主席语录，约翰黄牛一样很知道"敌人的朋友就是我们的敌人！"——爱德华七世的阶级斗争之弦立即就绷紧了。英国人重新定向靶心，将"我之自出"的"康公"锁定为首仇，同时对美国松口，殖民大臣张伯伦满口软话，"我们不贪图美洲的一英寸领土"。贝尔福则隔洋倡言，"欢迎某些比门罗更为幸运的政府领导人来奠定讲英语的各国人民永远不打仗的这样一种原则"①。索尔斯伯利侯爵的外交简慢虽然没有酿成大患，但"光荣孤立"亦从此破产。

阿瑟·贝尔福是维多利亚时代贵族精英的样板人物。如果说他的母舅毕竟还有怪癖和身体残疾，贝尔福则是集英俊、才智、财富和教养于一身。他的父亲是位苏格兰的下院员，但贝尔福家的财富实则来自他那位自东印度公司发家的祖父——18世纪末他们家族在苏格兰购置了一万公顷的土地。贝尔福家与英国高门大姓三代联姻，大有"我家的（贵族）表叔数不清"的意思，甚至与女王维多利亚也扯得上点远亲。他的名字阿瑟取自他的教父惠灵顿公爵，亦为他外祖母的老情人。

他的父亲青年去世，他母亲三十多岁就开始守寡，抚育三女五子长大成人。这位塞西尔家的姑奶奶牢记着娘家的光辉历史，发誓将长子培养为政坛名流。舅爷索尔斯伯利侯爵自己虽有五个儿子也都成为社会精英，但在政治上，他还是着力培养了贝尔福这个外甥作为他的接班人。侯爵一生唯对《基督山伯爵》一书推崇备至，塞西尔姑奶奶如法照搬灌输。贝尔福读着《基督山伯爵》长大，循着他母舅的脚印进伊顿、进剑桥。在圣三一，这位好思的青年对哲学产生了深厚的兴趣，一度想把长子继承权转让给他弟弟，自己投入青灯著书的生涯中去，这就惹恼了他的母亲——塞西尔家族强烈的责任和荣誉感不允许这样的事情发生。贝尔福虽然服从了母亲，但他对哲学的爱好却持续了终生。他的四部哲学著述——《哲学疑问答疑》(1879)、《信仰的基石》(1895)、《有神论与人文主义》(1915)和《有神论与思想》(1923)，在那个哲学几乎等同于不可知论的时代里，重论了以基督教理念为基石的精

---

① 赵学功：《第一次委内瑞拉危机与美英关系》，《历史教学》2003年第7期。

神信仰,但又带有着强烈怀疑的笔调,几乎可被视为不可知论的作品。

贝尔福口才卓越却并不咄咄逼人,见识深远而又为人亲和,酷爱社交与运动;几乎没有一日他不在宴饮、舞会、高尔夫和狩猎中。这样的人不成为伦敦社交界的宠儿是不可能的。格莱斯顿一向在演讲中将"我们尊贵的朋友"这一称呼保留给他自己阵线内的自由党人士,唯对保守党的贝尔福,不吝以此称呼冠之①。这里面也许有一点私人感情。贝尔福因青年时代所爱慕的一位女郎过早去世而终身未婚,而那女郎恰是格莱斯顿的甥女。

彼时的英伦社交界中,特别是在人称"灵魂"的上流知识界小圈子中,有着风头甚健的男爵特纳家三姐妹:劳拉、夏略特和玛戈。前两位特纳小姐分别嫁给了殖民部部长阿尔弗雷德·赖特顿和雷博斯代尔男爵托马斯·李斯特,小妹玛戈嫁给了赫伯特·阿斯奎斯。玛戈的婚礼注册仪式上出现了四位英国首相:两位过去时——格莱斯顿和第五代罗斯伯里伯爵阿奇博尔德·普里姆罗斯,以及两位将来时——伴郎贝尔福和新郎本人②。后来成为首相夫人的玛戈,深爱的人不是新郎而是伴郎。她曾"感天动地"(同时代人的原话"moved heaven and earth")地想嫁给后者而未果③。贝尔福的爱情后来转到一位罗敷有夫的"灵魂"圈内的贵妇Lady Elcho身上,即使通过传世的厚厚一本尺素,这段持续十二年之久的关系为柏拉图抑或非柏拉图,世人亦不能解读出来④。

贝尔福是懒惰与勤奋、亲切与冷漠、信仰与变通、犹疑与勇敢的奇妙的综合体。他爱书成癖,手不释卷,无时无刻不在读书。为了节省精力,他往往把政事公牍弄到床上处理,人们很少会看到他在正午之前升帐起床。他在下院主政时,按规矩是不能走开的,可是一到晚饭时间他必定溜号,几个小时后又神不知鬼不觉地溜回来,身上穿着来自某处衣香鬓影宴会的晚装。为了打高尔夫球方便,贝尔福生生地将下院每周三的例行短会挪到周五,因为周五连着周末,他可以尽早撤人,尽情投入这项他所挚爱的苏格兰运动中

---

① Lucy, Henry William, *Memories of Eight Parliaments*, New York: GP Putnam's sons, 1908, p.162.
② Shannon, Richard, *Gladstone: 1865–1898*, Chapel Hill: UNC Press Books, 1999, p.569.
③ Martin, Ralph G., *The Life of Lady Randolph Churchill, The Dramatic Years 1895–1921*, Vol.2. No.2. West Bengal, India: Signet, 1972, p.386.
④ Ridley, Jane and Clayre Percy, *The Letters of Arthur Balfour and Lady Elcho, 1885–1917*, London: Hamish Hamilton, 1992.

去。高尔夫之在英国风行，很大程度上是拜贝尔福这个社交宠儿的影响之赐。他长袖善舞，在社交圈中无往不利，然而无论他为人怎样的亲切和蔼，人们始终觉得走不进他的内心，愈是亲近他的人，愈是能感到他心灵的遥远与漠然。

贝尔福所领导的下院，也并非全都出身自如他本人那样的大贵族阶级。中产地主的代表人亨利·卓别林常常慷慨激昂地谈论不公正的法律、市政建设、公共卫生、住房等中产阶级关心的问题。声音洪亮、姿态庄严、语言用词无懈可击的亨利·卓别林，刚刚完成一场两个小时的重大演讲，斜欠过身子去问他的邻座贝尔福：

"我刚才讲得如何？"

"精彩之至！亨利。精彩之至！"

"听懂我说的是什么了？阿瑟？"

"一字儿不懂，亨利，一字儿不懂。"

对反对派的攻击，他很少感到愤怒，相反，他感到趣味——某种在显微镜下研究昆虫般的兴趣，因为任何有点深度的言论都给他以思辨的快乐。他很容易从两个方面去看问题。他是保守党的时代精神所开出的最精致的花朵；他对自由党的平民参政主张，也并非不能予以理解和同情，但他又不真正能起而行之地去做任何背叛他的阶级、有损于他自己政党利益的事情。他看待事物的眼光是如此的独特与辩证，以至于女王认为他的公正精神无与伦比，公正到"她都有点怕他"。其实贝尔福不过是思辨过头了，有时，他会从自己的观点出发，转180度后，再走到自己的对立面去。塔奇曼认为他舅舅索尔斯伯利侯爵是英国政治的哈姆雷特，这个称呼毋宁赋予其甥更为恰当。贝尔福的犹疑在于，他很难在同等或相近的两个选项间作出选择。有一次，他去参加一处晚宴，主人家的楼层，自一楼通往二楼处分别建有左右两个楼梯。贝尔福被深深地困惑了。有人见到他立于楼下，整整二十分钟，他不能决定走左楼梯还是右楼梯。

然而贝尔福绝不是一位温室里养大、见不得风雨的公子哥儿。1887年，索尔斯伯利侯爵任命他出任时局动荡的爱尔兰地区总督。就在五年前，他的前任、弗雷德里克·卡文迪希勋爵在其就任当天被爱尔兰民族主义者刺杀于都柏林的凤凰公园①。卡文迪希勋爵的曾祖父就是电影《公爵夫人》里面那位拥有两女同侍一夫艳福的第五代德文郡公爵；他的哥哥、第八代德文郡公爵乃是维多利亚时代英国的肱骨重臣，因为弟弟遇刺，公爵下半辈子手不离枪，偏他又老而健忘，于是手枪弄丢一把再买一把，直到他去世时，德文郡公爵府四处散乱着二十多把手枪。

贝尔福却不带枪而走马上任，誓言"我会像克伦威尔一样冷酷无情"。他在爱尔兰所施行的一系列铁血镇压措施，为他在当地赢得了"血腥的贝尔福"之名，也为他在英国本土赢得了巨大的声望，这颇有点似我国的曾国藩以书生起家治长毛之乱、获赠花名"曾剃头"的味道。同时代而略晚的丘吉尔看法不同：他虽承认贝尔福的勇敢令人敬畏，却认为这种勇敢更多是出于他的冷漠天性。冷漠的人没有神经，即使是害怕和胆怯的神经。当然，贝尔福对丘吉尔这个后辈小生也同样不客气。他对后者的著名讽刺之语是："我以为他是个前程远大的青年，谁知道他不过是个满口承诺的青年。"（I thought he was a young man of promise, but it appears he is a young man of promises.）②

贝尔福在私人场合谦和温厚，其实他的辩才惊人，如果他真正要去攻击某个人，他的词锋一点不输于他那位以辛辣嘲讽而名世的舅舅。可是有个问题：典型的剑桥文科生贝尔福并不长于记忆数字和事实。他在下院的工作性质却要求他经常做叙述性的报告，报告中要陈述数字——这实在是个令他苦恼不已的职责。于是，每当作这类工作报告的时候，贝尔福就会安排一位长于数据的部长或议员坐在自己身侧，假如他说错了一个数据，对方就会在一旁低语纠正，这时候，贝尔福会将他亲切友好的目光投向这位同僚，同意道："啊！正是如此！"假如他又错一次，上述情况就会再发生一遍，只不过这次，他的语调和目光就都会变得严厉起来，仿佛在告诉同僚："只此一次，下不为例啊老兄！"下议员们坐听这样的一场至少两次被打断的报告，谁也不会去留意贝尔福忘记数据的事实，却都会不由自主地想道，那同僚可真

---

① O'Day, Alan, *Irish Home Rule, 1867–1921*, Manchester: Manchester University Press, 1998, p.xxiii.

② Addison, Paul, *Churchill: The Unexpected Hero*, Oxford: Oxford University Press, 2006, p.22.

够鸡婆多嘴的①。

贝尔福的一位评传者罗素·柯尔克将他称为"英国历史上最有趣、也最失败的政党领袖之一"②。他认为贝尔福拥有作为哲学家的原创性、却没有政治家的原创性。这当然不是说他缺乏政治才能。不是的。贝尔福吃透了英国政治的精髓：模棱两可与妥协合作。犹如行于雪地而不留足辙，这门精湛的艺术多个世纪以来并无几人知机。贝尔福毫不天真，或者说他总能轻易看透身边人的私心与动机，他却又能在此基础上成功地取悦几乎每一个人；然而他天性中的思辨倾向磨掉了原则的锋棱，他对哲学、音乐、科学和运动的过多热情耗损了他的时间与精力。面对吁求巨变的社会大潮，他所做的只不过是拖衍与羁縻人民的要求。但即使贝尔福更勤政、更能干又如何？

贝尔福在相位上坐到1905年，因关税法案引发的自由贸易与关税贸易之争而下台。他一直在两者之间寻求平衡、妥协，寻求英国人的黄金律：模棱两可。然而这模棱两可并非来自他对事态的真正坚定不移的中庸立场，而是因为他将哲学式的思辨代入问题的解决过程中。整整两年间，贝尔福施展出高明的拖延术，带领下院走过一场又一场的辩论而始终拒绝表态。有时候，他辞旨精远的发言不光催眠了同志，也几乎催眠了敌手。然而模棱两可伤害了他的国家，也分裂了他的政党。他的同志叛出托利党，他的内阁成员挂冠而去，他的下院吵成了一锅粥，然而贝尔福始终无动于衷，维持酷而平静，坐在火山口上侃侃而谈"我不能在一个不存在立场的地方表态立场"。人们不得不怀疑，贝尔福"在鸡蛋上跳舞"，如此艰难而如此得乐，是否因为他将这一过程享用为一场马拉松式的哲学辩论赛了？保守党在失去了大选的同时，也失去了下院。他的对手、自由党人亨利·甘贝尔-班纳曼以压倒性胜利随后登上相位。

贝尔福仅仅在失去大选的那天早上被朋友看到面有沮色，当天晚上，他带着本书上了床，次日午饭时分已经"十分平和快乐"，下午他打了高尔夫，次日又接着打了一场，其后的大选结果他连问都不再过问，甚至连报纸都不看一眼。但这并不代表他从此要远离政治了。输掉了大选后，他仍然作为

---

① *The Proud Tower: A Portrait of the World Before the War, 1890–1914*, pp.52–53.
② Kirk, Russell, *The Conservative Mind: From Burke to Eliot*, Nevada City: Gateway Books, 1978, p.337.

少数党领袖回到下院，仍旧带着他的永不略减的"历史性魅力"，举院非之而不加沮，任由政敌嘲讽谩骂——有一次，班纳曼甚至直接一声吼断他的发言："你这些蠢话可以休矣！"——而神意不变[①]。

贝尔福馈给这个世界的，除了他的哲学思想以外，最著名的当属在他罢相以后的岁月里、于1917年担任大卫·劳合·乔治内阁的外相时所发布的《贝尔福宣言》。《贝尔福宣言》本是他写给犹太领袖、金融家、第二代罗斯柴尔德男爵的一封信里的一段话，共三句，掐头去尾算来只有英文125字，却在近东、在整个世界、在当日和今天，都产生了无与伦比的深远影响。该宣言支持锡安主义者在巴勒斯坦建立犹太人"民族之家"，条件是不伤害当地已有民族的权利[②]。贝尔福成了犹太复国主义的一面旗帜。

贝尔福去世于1930年3月19日，终年82岁。以今天的眼光公道而言，贝尔福政府至少在外交上是极为成功的。在英王爱德华七世的配合下，英国与它的百年老敌法国缔交，形成了20世纪最重要的联盟之一、一战前的协约国集团的雏形[③]。

在20世纪初的英国政坛，倒下的不是索尔斯伯利侯爵与贝尔福舅甥，而是他们所代表的世界。英国历史学家索麦维尔将贝尔福与同样被时代大潮所淘汰的前辈首相墨尔本相提并论，在承认两人都具有绚烂的个人和政治才华之余，论道："贝尔福……也像是一朵晚秋的玫瑰，虽然芳香鲜妍，但绽放得太晚，因为危险的秋霜已经侵入。"两代英伦首相的与时相悖，虽延滞历史潮流于一时，但最终亦使他们为其后更为汹涌的大潮所浸没。

---

① *The Proud Tower: A Portrait of the World Before the War, 1890-1914*, pp.367-369.
② Schneer, Jonathan, *The Balfour Declaration: The Origins of the Arab-Israeli Conflict*, New York: Random House, 2010, p.341.
③ Del Testa and David W., *Government Leaders, Military Rulers and Political Activists*, London: Routledge, 2001, p.18.

珍珠港前夜的胡适与霍恩贝克

2007年,我在台大的老师吴相湘以九十五岁高龄在美去世。博士生刘晓艺来我办公室谈及,以为衡以吴先生之高寿,可以见证"五四"以来的整个近代学术史,未能写出一本全面的回忆录实在可惜;话题从学术史又转到吴相湘与胡适的关系。晓艺以前读过吴相湘写胡适的文章,也读到过胡适发犟牛脾气、不肯给吴相湘看日记的轶事,于是问我,当年是否曾有缘见到过胡适。

——咦,这么说起来,的确是有一面之缘,而且是相湘老师安排的。

1958年,我在台大历史系念二年级,吴相湘老师时为我们开一门近代史书目课程,暇时表示愿意为几位他的学生别示快捷方式,带我们去造访一下去年刚刚结束寓公生活、自美返台、出任"中研院"院长的胡适之。念历史的学生自然不肯错过这样的好机会,于是我们全班同学在吴相湘带领下,浩浩荡荡来到南港"中研院"的胡适寓所(见图6)。具体的日子,因本人并非胡适之那样"有恒心的日记作者",兼岁月相隔太久,已经淡忘了。如今同学中的汪荣祖、龚忠武、刘显叔等人都成为历史学者,他们必然记着(1957级学生合影见图7)。

我们在一间简朴洁净的会客厅落座,有工作人员上来待茶。老实说,在我们与胡适之先生短短的一个半钟头面晤过程中,相湘老师谈兴最高,吹牛的时间居多,以致大家有话题都没怎么能够展开叙谈。

当时台大历史系教授中英才济济,近代史部分,除了吴相湘教的课我们喜欢上之外,李定一先生的课也大受欢迎。李先生为人和蔼可亲,他的太太是我在初中时的历史老师,夫妇两人都对我照拂有加。李先生教一门"中美

图6　台大历史系1957级学生访问胡适,照片中有"中研院"的工作人员(汪荣祖先生提供)

图7　台大历史系1957级学生毕业照(汪荣祖先生提供)

关系史",内中有关胡适于抗战中争取美援、在华府折冲樽俎的故事,最为精彩。我本来有意想在这方面向"我的朋友"提几个问题,可惜会谈结束的时间匆匆已至,我们只有告辞而去。

这样地去了解一个人自然是肤浅的。因此我从未对人谈及这次亲聆"胡适礼拜"的经历,若不是晓艺问及,自己几乎已经忘记。我台大毕业后来美,在印第安纳大学历史系就读,博士毕业论文是关于汪精卫的;这个论文的选题多少与家翁陶希圣先生的经历有关——这是本话题以外的故事,在此不及详述。我的研究领域后来转向明清史和妇女史,但从事历史教学和研究半生,我对近现代史始终怀有强烈的兴趣。习近现代史不能绕过胡适这个关键词,诸多当年的同学好友,如周质平、李又宁等,都成为胡适研究方面的领军人物,我的师长、胡门弟子唐德刚更是胡学的创始人之一,我特意在此叙述这样一件与胡适相关的微不足征的小事,是因为岁月流转,人物星散,如今尚在人世而以成年的身份见过胡适的人,都已在望七的高龄了。

话说20世纪60年代初我在印第安纳读博士时,有位罗伯特·斐罗先生(Robert H. Ferrell),教授"美国外交史"课程,他开出的参考书目里,有一本查尔斯·毕尔德(Charles Beard)的《罗斯福总统与大战之序幕》①最有意思。斐教授本人对罗斯福颇有研究,课堂每当讲到这位总统必冠之以"老狐狸"的称呼,令人忍俊不禁。他有本专著研究罗斯福在白宫濒死的最后岁月,但他本人对珍珠港的态度是比较随众的。同样研究美国外交史的毕教授的看法却很不"随众"。他认为罗斯福表面与美国朝野的孤立主义附和有声,暗中却希望早日开战,于是不惜耍了一系列阴谋与阳谋以激怒轴心国"打出第一枪"。希特勒聪明地躲开了这个陷阱,日本却上了钩;毕教授的看法,离确说罗斯福事先已知"珍珠港事变"的阴谋论假说只差一步之遥,里面使我格外感兴趣的是,他对当时的驻美大使胡适的叙述和评价。

在毕教授嘲讽的笔下,胡适被写成一个"圆熟的自由主义者,在东方和西方社会都游刃有余。他一度被蒋政府的特务机关列入黑名单,如今他挟'自由主义者'的身价资本来到美国,舍身而服务于同一个蒋政府。日复一日,那些中国人和他们的代理人们一个小时都不歇气地狂轰滥炸着国务卿赫尔,抗议着任何与日本达成妥协的可能性——华盛顿在此情形下已经变得歇斯底里了"。

---

① Charles A. Beard, *President Roosevelt and the Coming of the War 1941: A Study in Appearances and Realities*, New Haven: Yale University Press, 1948.

毕教授显然喜欢"歇斯底里"这个词。他这里说的"华盛顿"实际上是指赫尔，而赫尔又把他"歇斯底里"的原因归结为"蒋介石发送了大量'歇斯底里'的电报给各位阁员和高官，独独绕过国务院，有时甚至绕过总统"。赫尔并且以怨诽的口气提及，"蒋介石将他的舅子弄到华府来坐镇，每当有可怕的报告（指与日方的紧张关系）出来，这位舅爷就有办法在媒体面前将其消解化去"。

我想毕教授的意思是，美国人民根本无意跟日本作战，日本方面的"和平努力"也是相当有诚意的；但罗斯福既先有了这个心，胡适、宋子文等又终日"轰炸"着原本也反战的国务卿赫尔的脑袋，直到搞得他身心俱"歇斯底里"为止——于是郎有心妾有意，狡猾的美国总统和狡猾的中国政客联手在一起，终于成功地绑架了美国人民，从此美国走上了参加二战的不归路。

从反语里面读历史是很有意思的一件事。我自行文里想象胡适拿着铁棍敲击赫尔脑袋、直到把对方敲昏的样子，不觉连声失笑。

需要指出的是，毕教授的一家之言，并非为一种独立的声音。关于珍珠港事变是或几乎是罗斯福政府阴谋论的说法，从对日抗战胜利日（Victory over Japan Day）之后就一直甚嚣尘上，对它们的统称是"珍珠港修正主义"。修正主义者虽然各自表述，但一般有两个共同的看法，一是美国本来可以避免对日作战；二是"目的不能合理化手段"。修正主义论江山代有才人出，在美国史学界至今余波未休，在此就不一一详述了。

1990年，我受邀在亚利桑那图桑南部的小城"绿谷"做一场演讲，题目为"基督教在中国"。此前，我曾应台湾王成勉教授之约参加过他主办的"宗教与中国"国际会议，自觉对此类题目可以胜任，所以欣然驱车前往。演讲结束之后，接待我的一位约翰·霍恩贝克先生请我去喝咖啡。霍恩贝克先生年约六十岁，身量不高，谈吐之间，安静谦抑如英国绅士，令人感到他一定来自颇具修养的家庭。因为他名字并非日常可见的通俗姓氏，如英谚所言，这个姓氏在我耳边"响了一声铃"。

我试探问道："30年代美国国务院有位远东司司长，名叫斯坦利·霍恩贝克（Stanley Kuhl Hornbeck, 1883–1966），二战期间此人是国务卿赫尔的资深政治顾问，与阁下可有关系？"

约翰·霍恩贝克欣然道："他是我的一位堂叔。"

原来霍恩贝克家族的祖上是来自荷兰与德国的新教徒,传至斯坦利·霍恩贝克已经七代。霍恩贝克一生际遇,得自于获罗兹奖学金而入读牛津,否则他很可能籍籍无名地在科罗拉多教一辈子中学的拉丁文了事(当年科罗拉多的那家中学征求教师,要求兼通拉丁文和化学,霍恩贝克只懂拉丁文不懂化学,还险些遭到淘汰呢)。

我说:"中国的战时驻美大使胡适,与令叔为至交,两人曾在华府亲密合作,为促成一系列美援政策作出贡献。"

斯坦利·霍恩贝克是二战期间美国国务院专家里最炙手可热的"红人儿",也是国务院第三号人物。他的顶头上司、国务卿赫尔其实并不太精通东亚事务,许多方针的制定都赖霍恩贝克辅佐。霍恩贝克一生致力于推行美国的"门户开放"政策,最痛恨日本入侵中国于美国远东利益的损害;虽然在他漫长的一生中,他对中国的态度有过浮动,但整个二战期间,他是铁杆的亲华反日派,且私交与胡适甚厚。在制定一系列亲华政策、推动美援发放的过程中,霍恩贝克多次绕过赫尔,直接与罗斯福站到一条线上。可以想见,如果当年华府内部没有霍恩贝克这个人,则中国寻求美援、与美国结成反法西斯同盟的道路还要走得更艰困、更久长。

回应着我说的史实,约翰点头道:"非特有此。珍珠港事变将要发生的前夜,即美国东部时间的十二月六日,晚间,胡适就在我堂叔的家中密谈。"

我不觉大为惊奇,"阁下又何以得知?"

"因为那晚是星期六,本来是我家与堂叔一家约好的家庭晚餐聚会。那时我才不过十岁左右,只记得晚饭迟迟不开,肚子饥饿难忍,可是斯坦利叔叔在书房与一位中国客人关门密谈,久久不出来。我父母告诉我,这位中国客人,就是当时的驻美大使胡适。隔了很久之后,胡适终于告辞,我们开始吃饭。但是在用餐间,斯坦利叔叔一直忧形于色,一言不发,看去心事重重。次日,珍珠港事件就爆发了。"

写到这里,才算千呼万唤出本文的正题:胡适与美国远东事务资深顾问霍恩贝克的关系。不是笔者故意藏虚,实在是有太多前因后果需要交代。

"他们二人密谈什么呢?"

"这我如何能够知道?"约翰笑道:"他们会事先知道珍珠港吗?"

"阴谋论假说是这么认为的。"我也笑道。

"有件事我觉得奇怪。斯坦利叔叔去世于1966年,但战争后期的1944年,他忽然受命外放为荷兰大使。他临行前,留下文件数箱,并嘱咐家人,如万一他遭遇不测,这些文件一定要烧掉,并且家人也不可以查看。"

"啊,霍恩贝克档案不是都收录在斯坦福的胡佛档案馆吗?"

"那想必并不是全部。"

我记得胡适日记的1941年部分,独缺八月至珍珠港一段,不知是遗失了还是刻意未曾收录。本着"大胆假设"的精神,我愿意与约翰·霍恩贝克先生探讨一下他的堂叔、当年美国国务院第三号人物斯坦利·霍恩贝克是否提前知道珍珠港异动的可能,但他说,他当年只是一名少年,以上所言,即为那次晚餐的全部记忆。我也只好作罢。

"令叔可曾在家人面前提及胡适?"

"在我父母面前一定谈得更多。他与胡适的友谊维持了终生。我记得的是,有一次,他曾提起,他与胡博士在三件事上有着'奇怪的相似命运'。"

"哪三件事?"

"他考取罗兹奖学金留英,胡适考取庚款留美,从此各自改变人生路途,此其一;其二,他二人在考取改变人生的奖学金之前,都曾任中学教师;其三,两人都是学者从政。"

约翰说的确实为事实。胡适考取庚款前在上海的中国新公学教英文,又在华童公学教国文,大约与斯坦利·霍恩贝克屈就在科罗拉多教中学拉丁文的情形很堪一比吧;霍恩贝克于1928年离开哈佛的教职赴国务院就公职,得到哈佛校长洛厄尔的特别首肯,其后接替他教远东史的就是费正清;胡适则是1938年自北京大学文学院院长的位子上出任中国战时的驻美大使。所不同的是前者再也没有返回学术界,后者则成功地回去了。也许,两人的惺惺相惜,正缘于此。

"令叔晚年对红色中国异常敌视……"

"意料之事吧。但那时他已经垂垂老矣,做不了什么事了。真正祸害朝野的是麦氏。"

"呵呵,如今提到麦卡锡,在中国人人耳熟能详;提到霍恩贝克,知者却很少,我都觉得不公平呐。"

"鲍教授以后如有机会,希望能以中文撰文,向你的国人宣传一下。"

"有机会一定尽力。"

一晃十七年过去了,不知那位约翰·霍恩贝克先生是否尚在人间。他告诉我的有关胡适和斯坦利·霍恩贝克的故事我却从未忘怀。

之所以提笔写下这个故事,是因为觉得我国史学界对胡适和霍恩贝克在华府时期的交谊关系介绍无多;两位同样为书生从政的中美人物,在中华民族的危急时刻,在美利坚合众国的转折关头,曾经联手参与促成中美反法西斯同盟的这段往事,值得我们今日做历史的人予以昭扬。让我们不妨兼蓄着他们不过是"各为其主""各为其母国利益"的成见心态,看看这两位政治人物之所为吧!

中国全面抗战八年,前四年都是在绝境中独自苦苦支撑,淞沪、武汉会战既毕,国民党军菁华伤亡大半,东南膏腴之地尽失;有人问,西迁入重庆的蒋氏,与偏安于杭州的南宋赵氏相比如何?我的答案是:时局之艰,不能同日而语。赵宋虽然失却北方平原,仍然据有肥沃的长江下游和湖广,而蒋政府除了西南一隅已经别无所有(虽有未被日军侵占之省地,也在别路诸侯军阀的辖下)。直到美国因"珍珠港事变"被拖入我方阵营,战局才出现柳暗花明的变化。今日的史家,常因看到美国参战后给本国带来的巨大利益而忽略美国战前孤立主义盛行的情势,以为参战既为美国长期利益之所趋,则美日之间必有一战;殊不知,即在"珍珠港事变"的前夜,民意调查显示,反战的人民仍高居八成之多。一位民选出来的总统,一位在竞选中曾经允诺选民、绝不会将他们的子弟送上战场打仗的总统,无论他作为政治家的另一面是高瞻远瞩还是老奸巨猾,他总不可能违拂人民的意愿而行吧?

我们不难想象,1938年"受命于败军之际"的"过河卒子"胡大使,在孤立主义盛行的华府,曾艰难熬过怎样的三年。他是当时世界各国驻美大使中行旅最频、演讲最多的一位。为了给穷困危难中的祖国节省差旅费,他乘坐火车跨越美国大陆,从东岸一气行至波特兰,沿途演讲,住最简陋的旅馆;累出了心脏病,住院七十七天,一张重病的医药费单据耗掉其一年的薪水,他宁向朋友借款,也不肯接受孔祥熙送来的三千美金支票;每一个觥筹交错的微笑后面,都有他为国家留住青山的苦心;在李国钦、陈光甫的帮助下,1938年12月,胡适促成了著名的"桐油贷款",等于他上任后的"开门红";随后,"滇锡贷款"相继而来;1940年7月,美国对日禁运废钢铁和汽油,这如一把宝剑,堵在日本法西斯军事扩张的命门上。禁运固然是美国的国家利益所在,但与胡适、宋子文等在华府的活动也是分不开的(两人的矛盾则是另外一回事)。须知战前中国的对美贸易,只占美国对外贸易的百分之三份额;而日本却是美国的第三大客户、买家。美国此举,无疑有在道义上援助中国的成分。无怪美国驻日本大使约瑟夫·格鲁(Joseph C. Grew)后来在谈及珍珠港时痛心疾首地说:"外交的失败,是因为外交手段并未用于制止战争,而是用于促其发生。"胡适驻节的后期,近受"太上大使"宋子文的牵制,远遭蒋氏的猜疑和国内浮议的批评,可以说是在黯然中下台。如今我们审视先贤的行迹,不能不将应属的荣光归还其人。

再说霍恩贝克。他上头是一位内心不希望美国参战、不希望激怒日方、只愿意给中国提供有限援助的上司,再顶头的上司是一位谨言慎行、处处需要顾及连选利益和政声、处处受制于民调的滑头总统,可以想见其日子难过。根据财长摩根索的日记,为针对日本的钢铁禁运事,摩根索在国务院与赫尔争执不下,他们二人将霍恩贝克召入后,霍恩贝克说了一番话,摩根索几乎从椅子上跳起来,因为霍恩贝克同意此事理当遵行。那么,霍恩贝克说的是什么话呢?原来他说的是:"事实上我方正从几方面对日本人施压,我们完全应该如此。"据胡适1940年7月25日的日记,"午后两点,得馆中电话,知白宫宣布,把废铁,废金属,汽油,汽油产品列入禁运物品之列!我大高兴。此即S. K. H.[霍恩贝克]所谓'好消息',吾友果不欺我!"①——其欣慰之情溢于言表。胡适日记中,自1938年起,至1943年止,凡与霍恩贝克一起吃饭、深谈、探病、写信、茶会、公宴之处,多至不能枚举,胡适多半就亲昵地简称他为"S.K.H.",霍恩贝克实在为胡适战时大使任内及其卸任后两年内日记中,出现最频的美国政界人物的名字。

说了半天,霍恩贝克与珍珠港最深切的关系在何处呢?我认为其端有二。一是,霍恩贝克参与摧毁了一个已在酝酿中的日美双方最高级别领导人峰会(summit)的可能;二是,霍恩贝克在已经忍怒待发的日方情绪的火苗上添加了最后的一桶催化剂。"珍珠港事变"前十日,他参与撰写的一份备忘录中提出:若要解除对日本的石油禁运,日方需要先从中国完全、彻底

---

① 胡适:《胡适日记全编》第七册,安徽教育出版社2001年版,第399页。

地撤军——这当然是已经吞下中国这块肥肉的日本万万不肯答应吐出的。次日，霍恩贝克又提出了一个估算，即日本有多大可能、会胆敢在1942年3月1日之前对美发动战争，他认为这个可能性不足五分之一。因为这个错误的估算，霍恩贝克多年来已经为历史学家所讪笑，修正主义论者自然视他为故意导向珍珠港事件的祸水，即使正史专家也认为他有失职之嫌。然而他晚年为珍珠港事件听证作证时，虽然承认自己曾低估日本的实力，却坚持认为，美国应"关注涉及自由、独立、公正和安全的原则与实务，甚于任何其他国家"，他并未对珍珠港事件之后的历史进程感到抱歉。

我想，凡我华夏子孙，都应记得这位斯坦利·霍恩贝克先生在二战中的历史地位——对中国，他是一位可恃可亲的友人，对日本，他是一位可怕强硬的鹰派。虽然主观上讲，他的政治作为不乏有保护美国远东利益的考虑，但我们不能完全否认霍恩贝克和以他为代表的华盛顿亲华政治势力在中国问题上所展现出来的道德力量和理想主义色彩。霍恩贝克与胡适的交谊，正是为这样的正义精神添写了美丽动人的一章。

［鲍家麟回忆，刘晓艺撰写，原刊于《中华读书报》2016年10月26日］

被塑造的后瞻性：
《卡尔·马克思：一个19世纪的人》评介

一、斯珀伯的著史范式

2013年，密苏里大学一位不太有名的历史教授乔纳森·斯珀伯（Jonathan Sperber）出版了一部新的马克思传记《卡尔·马克思：一个19世纪的人》[①]，甫问世就被《纽约时报》的书评栏目称为"重塑了一个能从书页里跳出来的传主"。当马克思还在世的1869年，恩格斯已经为他立有一篇小传，而在马克思身后，有关他的传记和评传在过去的一个半世纪中产生了不知凡几。西方出版界对马克思生平的研究记叙之详，甚至导致近30年的马克思传记写作脱离了"从摇篮到坟墓"的基本传记套路，如弗朗西斯·维恩初版于2001年的《卡尔·马克思》[②]只偏重其流亡生涯和逸事，玛丽·加布里埃尔2011年的《爱与资本：卡尔和燕妮·马克思与革命的诞生》[③]只偏重其家庭生活，它们都不再深谈马克思早期的人生轨迹。斯珀伯的马克思传记再次返回到"从摇篮到坟墓"模式，但作者有信心说此书不会是另外的一本老生常谈，因为有新材料的使用和新视角的切入。

先说有关马克思生平的新材料。1989年东欧剧变后，柏林勃兰登堡科

[①] 本文参考使用的是英文原版的Jonathan Sperber, *Karl Marx: A Nineteenth-Century Life*, New York: Liveright, 2013。本书已经有中译版，见乔纳森·斯珀伯：《卡尔·马克思：一个19世纪的人》，邓峰译，中信出版社2014年版。

[②] Francis Wheen, *Karl Marx: A Life,* New York: WW Norton & Company, 2001.

[③] Mary Gabriel, *Love and Capital: Karl and Jenny Marx and the Birth of a Revolution,* London, UK: Hachette, 2011.

学院接管了原属东柏林和莫斯科共有的一个人文项目：编纂与马克思和恩格斯相关的所有文字。该项目不仅仅收录马恩二人的成形作品及他们之间的通信，而且收录他们二人曾付诸文字的任何片言只语——哪怕小到随便涂写的一张便笺。此外，马恩二人与亲友、与社会交游的一切往来信札，以及一切马恩在世之日所产生的账单、文书、合同和他人对于他们的记录，也都在收录之列。

实际上，这个项目早在20世纪20年代的苏联就已经开始了，但它的主管达维德·勒杰赞诺夫（David Rjazanov，一译大卫·列切诺夫）没能躲过斯大林肃反的枪口，遂使它在30年代陷于停顿，直到1975年被民主德国的马克思主义学院接了过去。东欧剧变后，该项目被联邦德国接管，开始以其德文简称MEGA著称于世。在"历史的终结"（弗朗西斯·福山语）后的后冷战岁月里，这样的一个与时势和时事都不甚交关的人文项目能够进行下去，主要是出于那位极富历史感的前德国总理科尔的支持——他本人拥有海德堡大学的历史学博士学位，阅读和写作历史是他的终生嗜好。

2008年，随着美国次贷危机和"华尔街海啸"的爆发，新一轮经济危机如暴风雪般突临资本主义世界。伦敦《泰晤士报》的头条刊出了法国右翼总统尼古拉·萨科齐翻阅《资本论》的照片，配以文字标题："他回来了！"——这个"他"当然指的就是资本主义的老掘墓人卡尔·马克思。纯正的西方马克思主义者甚至不能同意"他回来了"这一结论，那个滋养了卢卡奇、葛兰西、马尔库塞、萨特和伊格尔顿的文化传统认为，马克思从未自资本主义世界走远过。2010年，左翼学者霍布斯鲍姆以93岁高龄出版了《如何改变世界：马克思和马克思主义的故事》。在与《卫报》访谈中，霍布斯鲍姆在马克思的已盖之棺上又钉上两颗熠熠发光的新钉子，即马克思的前瞻性——"他在1848年对现代世界所作的预言远远超过其他任何人"，和马克思主义理论的仍然适用性——"工人阶级仍然有可能成为更广阔的社会变动的骨干力量"[①]。

而斯珀伯的马克思传记的最大特点，正在于否认霍布斯鲍姆、伊格尔顿等当代西马学者所津津乐道的马克思的前瞻性。由于得到MEGA所提供的有关马克思父辈、马克思青少年时代和流亡时代的丰富史料，斯珀伯认为他可以从中构建出"一个过去历史时代的人物"（a figure of a past historical

---

① 张晶：《马克思主义如何改变世界？——霍布斯鲍姆访谈》，《国外理论动态》2012年第1期。

epoch);他的观念必定是落伍的;他的知识系统必定是不完备的;他所理解的资本主义、他所理解的现代科学(德语Wissenschaft),与现代学者所理解和试图构建的他的理解之间必定是有出入的;这样一个扎扎实实的落伍者、一个19世纪的生命存在,他的历史视域非但并不"前瞻",而且根本就是"后瞻"(backward-looking)的。斯珀伯开门见山地奉告读者:马克思根本就不是什么步履稳健、眼光长远的历史预测者,他不过将其得自19世纪的狭窄生活经验投影到了未来。斯珀伯亦不惮于承认,他的贯穿始终的写作目的,就是要去证明马克思的历史落伍性这一假说。从这一点上来讲,斯珀伯传记的主旨有点像是伊格尔顿名著《马克思为什么是对的》的反说,但他并非直接进行180度逆转,阐论"马克思为什么是错的",而是先矫了个90度,告诉读者"马克思为什么是落伍的";如果读者能够继续转向90度、自行去追问"马克思为什么是错的"固然最佳,如果不能,则"马克思为什么是落伍的"已经足以击破马克思之于当代资本主义的预言神话。

斯珀伯的做法,就广义的历史书写方法而言,属于历史修正主义。历史修正主义的盛时风头,莫过于20世纪五六十年代对二战史的修正。查尔斯·毕尔德(Charles Beard)和A.J.P.泰勒(A.J.P. Taylor)等英美学院派大史家重新定义二战的性质,将二战诠释为由一小撮阴谋家挑起的、本不必打、也不应打的一场战争。他们否定二战的正义性,认为这场"不洁的战争"逼得西方民主走向了两极化选择——要么必须与专制暴政为伍,要么必须在自己国家实行多方面的极权统治——从而导致了民主的堕落。其实,历史修正主义在学院派史学中的发生,很多时候是由于历史教授为出版压力所驱——研究计划必须具有新观点方能申请到经费;观点新颖的作品在大众阅读市场上会更抓眼球。为求一个"新"字,学院派史家不惜挖空心思,很多学者但求耸人听闻,在立论的时候已经夹带私货。

新颖的观点不能凭空生出。在老题目上做研究,必须倚赖新颖的素材或别开生面的研究方法。在新素材上,斯珀伯称有MEGA的宝山可恃;在研究方法上,斯珀伯亦找到了两部心仪的范式作品。一部是海柯·奥伯曼(Heiko Obermann)的《路德传》①,另一部是伊恩·克肖(Ian Kershaw)的《希

---

① Heiko A. Oberman, *Luther: Man Between God and the Devil*, New Haven: Yale University Press, 1989.

特勒传》[1]。奥伯曼的写作意图很明确：他要将他的传主树立为一个落后于时代的人物，而非新时代的开启者。《路德传》极为强调路德的中世纪气质与原生家庭对他的影响，亦注重梳理路德开启宗教改革的一系列偶然性，这与斯珀伯的著作强调马克思的19世纪气质、强调他与父母的关系、强调马克思未能如期从柏林大学毕业从而走上新闻道路的一系列偶然性完全一脉相承。奥伯曼指出，路德对魔鬼的敬畏、惧怕，构成他宗教观的主面向。他那中世纪式的虔诚、畏惧、土气，实远甚于其渎神、反叛与领导气质。克肖则是长于以心理分析来关联这位纳粹独裁者的动机和行为，他重笔描写了当时的社会气质——如维也纳这座希特勒曾经长期客居的城市里所弥漫的反犹氛围等——对传主性格的塑造。希特勒的一些个人特质也被着重提及，如他超常的记忆力、他的行事之诡秘等。这些写作特色，在斯珀伯对其传主马克思的处理中，也都一一呈现。

二、马克思被塑造的"后瞻性"

尽管斯珀伯的确掌握若干新材料，亦十分努力地模仿了他的范式二书对传主"职业、政治生涯以及私人生活间的相互作用"的关照，但由于观念先行，他的以论带史终归流入了逻辑的不严密及结论的想当然。

斯珀伯详细阐述了马克思与其原生家庭的关系和马克思故乡特里尔小城的人文环境，在这一过程中，他极重阐发经济逆境在传主成长过程中起到的作用。斯珀伯考证提出，马克思对其父亨利希·马克思敬爱有加，从未——如后世某些成见所认为的——因亨利希背叛犹太教、改信新教而鄙夷他，更从未鄙夷亨利希由于经营法律业务而形成的干练而世俗的中产阶级气质。相反，他在其父死前，一直舒适地躺在其财富上不忧生计地花钱、求学，在波恩大学的第一年甚至过得颇为放浪。马克思转学去柏林大学后不久，亨利希死于肺结核，马克思顿失财路，不得不与他那市侩的母亲罕利达争抢家产，从此见识世路的风霜和资产阶级家庭的薄情。马克思家的财产有两重来源：一是亨利希的遗产，由于莱茵河西岸的特里尔仍旧使用由法国大革命带来的拿破仑法典，而法典并不承认寡妇的继承权，故马克思认为

---

[1] Ian Kershaw, *Hitler: A Biography*, New York: W. W. Norton & Company, 2008.

他有理由得到他那一份长子财产。另外一份是罕利达得自她那富有的荷兰犹太家庭的嫁妆，马克思急于在他母亲生前就提现。但是罕利达只分给马克思一点点父方财产，其余的钱只算是她出借给他、供他读完柏林大学的，至于那份母方财产，她明确表示在她有生之年他不能染指。马克思的经济焦虑，由于与比他年长四岁的燕妮的过早订婚，以及不得及时毕业、毕业后又谋职不顺、长期婚娶无望的形势而加重了。斯珀伯提醒读者注意如下事实：马克思在18岁赴波恩上大学之前与燕妮订婚，其过程是相当顺当的，并不像后世研究者所认为的那样，一开始就遭到举世非议。原因主要在于，燕妮并没有更好的选择。这对恋人真正面对的，不是所谓世袭男爵小姐与叛教犹太人家长子的社会等级鸿沟，而是两个人都没有钱的问题。马克思的未来岳父没有财产，只有一个得自上代的空爵，燕妮并不可能得到丰厚的嫁妆。更为精明的犹太青年一早认识到这种问题，都会在事业起步之前不承诺婚娶，很多向上爬的男人即使在事业有成之后，仍会选择年龄比自己小得多而娘家富饶的女继承人，因为一笔良好的妻财可使其人生爬坡省力无数。亨利希与罕利达的婚姻就是这种模式。亨利希虽然并非不赞同这青梅竹马的一对，但他以一位从微贱爬到中产阶层的成功律师的个人经历不断敲击马克思：无产的年轻人是不能养家的。这些，斯珀伯认为，都给年轻的马克思留下了伤害性的心理烙印。

以经济困境来分析一个人的性格形成并非不可，以经济行为来分析一个人的行为可以大有合理之处，但斯珀伯的问题在于，他太急于以19世纪市民阶级的气息来圈牢马克思了，简直像个手持绳索的猎手。他汲汲于立论：马克思并不能自外于他那窄小庸俗的环境及道德规范；他要通过大量的琐细来证明：马克思日后对市民社会及犹太人金钱态度的深刻批判——如他在《德意志意识形态》《论犹太人问题》等著名论文中所展示出的——都不外乎是他对自己早年遭遇的一种逆反。

斯珀伯的分析，夹杂着自己的臆断，将偶然事件的作用无限夸大。谈到马克思与其母的不和，他"大胆假设"：罕利达婚后十一年内怀孕生育九次，马克思作为较早的一个孩子（他有一兄一姐，但哥哥幼年早夭），很可能在幼时就因母亲生育过密、无暇照料他而与她感情疏远了。谈到马克思毕业时提交的论文不被柏林大学承认、只有转往耶拿大学才拿到博士学位一事，斯珀伯过分强调青年黑格尔派在柏林大学的失势，说是因为赏识马克思的导师爱德华·甘斯早死、布鲁诺·鲍威尔转去了波恩大学所致[①]。谈到马克思在波恩大学的谋职不顺，则又归于鲍威尔自波恩大学被逐，而鲍威尔被逐的前因又被设定在1840年，此年亲黑格尔派的普鲁士教育部部长卡尔·阿尔坦施泰因与老国王威廉三世双双去世了，新王威廉四世上台后，普鲁士高校原来的自由风气收紧。斯珀伯给出的人事与世事的发展脉络，若用以诠释哲学家思想的形成，自有其合理之处，然而用以诠释人物的命运则不甚妥当。以鲍威尔而论，他自波恩大学被逐，很大程度上是由于他刻意激怒当局，用意在于要来验看政府是否真的敢于将以无神论者和理性主义者著称于世的他公然拿下教席，若然，则普鲁士政府的反启蒙立场就会被标识出来了。在这种情形下，鲍威尔的下场其实是他的主观选择，而非一系列客观事件的巧合促成[②]。马克思之所以成长为马克思，亦不会是一个普通德国青年的读书、恋爱、分财产和求职不顺等一系列人生际遇的集合的后果。斯珀伯未免太过轻看了马克思得自于黑格尔哲学的主观精神的作用。

MEGA档案里收录有燕妮婚前与马克思的信件，其中某封约写于她与马克思在1841年的一次私会之后，当时二人订婚已经5年，绝大部分时间在分离中度过。斯珀伯一方面承认燕妮信中的修辞委婉旖旎，除了表达对未婚夫的爱意外似乎无可指摘，另一方面又迫不及待地逐字破解隐语，试图从中解读出二人发生了婚前性关系。诠释婚前性关系仍然是为了服务于诠释马克思的经济焦虑——马克思与燕妮发生了婚前性关系而不能娶她，肯定会愈发感到找份稳定职业的迫切——从而去终极地诠释：马克思对"经济"的敏感，以及他对市民阶级道德的深刻反感，都是因为他早年当娶不起老婆的穷小子当得太久了。

斯珀伯在对以马克思为代表的一系列哲学家和社会学家的分析中，常将某人写出了某作品归因于其个人际遇，有时，他亦会走到这个思路的反

[①] 有关鲍威尔对马克思的影响，见这方面的专门研究 Zvi Rosen, *Bruno Bauer and Karl Marx: The Influence of Bruno Bauer on Marx's Thought*, Berlin, Germany: Springer Science & Business Media, 2012。

[②] 关于鲍威尔在波恩大学的特立独行的行为，可以参看 Douglas Moggach, *The Philosophy and Politics of Bruno Bauer*, Cambridge, UK: Cambridge University Press, 2003。尤其是此书的"批判旧秩序"（Judging the Old Order）一章。

政治 | 被塑造的后瞻性：《卡尔·马克思：一个19世纪的人》评介

面，将某作品问世之淹蹇归因于作者际遇之淹蹇，从而反向证明他的逻辑。斯珀伯认为，1806年黑格尔未能如期完成《精神现象学》，原因在于他与女房东的偷情导致对方怀孕、私生子将要出生给他带来了焦头烂额的压力。然而这样一位稔熟黑格尔八卦的历史学者，居然在对比黑格尔和康德时将二者的共同点总结为"这两位德国唯心主义的伟大人物都终生未婚，他们都似与那超凡的哲学世界结了婚"。且不说将"终生未婚"说成是取得哲学成就的一个条件是否合理，斯珀伯对黑格尔后来的婚姻状态并没有基本的了解。1811年，黑格尔与纽伦堡世家的一位贵族小姐玛丽·冯·图赫尔结婚，对方比他小20多岁。他们婚姻和睦，也育有子女。黑格尔的妻子对他的后半生有着重要的影响①。

斯珀伯写马克思夫妇的伦敦家庭生活，大段内容涉及他们与欧洲一般中产阶级无异的"富养女"做派：他们送女儿们上精英学校，学习多种语言、体操和钢琴，安排她们参加舞会，务使她们在婚姻选择的起点上不输于同龄的中产阶级闺秀。斯珀伯举出马克思写给恩格斯的一封解释他为何不能稍减家庭开销的信，"一种纯粹的无产阶级的家庭生活……如果只是我与我妻子的话，或者如果我的女儿们都是男孩儿的话，是可以接受的"，来证明马克思的儿女情长；他坚持他的家庭得有个女佣，这又说明他很在乎他的生活小环境的舒适度。他女儿中姿色最美的二女儿劳拉结交了个穷小子保尔·拉法格，马克思给他那位未来的女婿兼法国工运领袖写信警告道：

> 在最后落实安排你与劳拉的关系之前，我必须获得有关你的经济情况的严肃信息。你知道，我在革命斗争中放弃了我的全部财富。我并不后悔这样做。恰恰相反，如果我要重新开始一遍我的职业生涯，我还会做同样的事。唯一不同的是我不会结婚。只要在我的权限之内，我会竭尽全力阻止我女儿去攀走那令她母亲的生命攀得粉身碎骨的悬崖。②

斯珀伯将这封信里的意见诠释为马克思对金钱的犹太式崇拜。

---

① [澳] 彼得·辛格：《黑格尔》，张迅译，中国社会科学出版社1992年版，第16页。
② Karl Marx, "Marx to Paul Lafargue", *Marx-Engels Werke (MEW)*, Berlin: Dietz-Verlag, 1975, Vol. XXXI, pp.518-519.

三、小结

斯珀伯笔下的青年马克思，对金钱斤斤计较，不停地为孔方兄而苦恼，完全符合马克思本人所批评的金钱对犹太人的异化形象。意思在言外：马克思提出"钱"是犹太人的货币拜物教，而斯珀伯正要以马克思原生家庭的琐碎的掌故——琐碎到连罕利达的嫁妆里包含了多少条亚麻餐巾都记叙无误——来证明，尽管亨利希·马克思和卡尔·马克思父子两代已经脱离了犹太教，但他们仍然全身心地、从每一个毛孔中崇拜着犹太人的圣牛——金钱。

斯珀伯认为，马克思在他自己的家庭生活中，确然是慈父和爱孩子的外公，也是深情的丈夫。但他又意味深长地提起以下事实：马克思同时也是使他家里的唯一女佣致孕的偷情者，是私生子的父亲，也是使恩格斯为他背黑锅的朋友。斯珀伯强调马克思家庭生活的浓厚布尔乔亚气息以及他在婚姻关系上的不忠诚，无非是为了显示他的传主并没有超越那礼教重重而人心虚伪的维多利亚时代。在社会生活上，斯珀伯亦从交友、女性观、对男性性能力的自豪感等多方面，穷举多例，证明马克思亦不过泯然众人。他要把"十九世纪的后瞻性"这一标签牢牢地贴在马克思身上，以抵消西马学者所肯定的马克思对人类社会的前瞻性。

马克思终生都生活在经济困窘中，但他没有成为穿长衫饮酒的孔乙己，而是成为令当时的资本主义体系震颤发抖、令其后的资本主义体系惕息反思、令今日的资本主义体系一经风雨仍会拜倒在其脚下的伟大人物。斯珀伯的著作，未能从逻辑上严密阐明为何马克思琐碎的物质和家庭生活必然会注定他不过为十九世纪的一个庸常人物。他所引用的MAGA资料，比之我们过去所知的马克思生平，也实在没有什么石破天惊之处。试想一下，若有机会近观任何一位伟人的具体物质生活，查看他的账单、便笺与私信，我们恐怕都能得出"真实的伟人"与"历史上的伟人"两者不吻合的印象。但马克思的伟大，既由以《资本论》为代表的皇皇巨著及其对人类社会所产生的巨大影响所建立，并不会被账单、便笺与私信的细节所推翻。斯珀伯重描他的传主生平脉络中近于八卦的部分，并且多处加以大胆的心理分析，他那种往下看及无节制弗洛伊德式的著史取径，终会注定这一史传格调不高，不会成为一部名山之作。

[原刊于《读书》2017年第4期]

谎话连篇胡兰成

张爱玲遗著《小团圆》的出土已有些年头了，张爱玲、胡兰成的恋情也不再是热炒饭。如今，声讨胡兰成的声音很多，一般都是从世俗性道德出发，谴责"渣男对女性的辜负"，拆其谎言、控其滥情，警醒女性"不要恋爱脑"。由于《小团圆》提供了一组文学人物为坐标，熟悉张爱玲每一个字的张迷们，以严谨、有据、雄辩的"二重证据法"，在《今生今世》（胡兰成著）与《小团圆》文本间出之入之，写出了多篇"对照记"——怪也怪胡兰成的风流债实在太多，这么多人揭发他、揭了这么久，到现在还没揭完，简直可以作成语"罄竹难书"的当代释例。笔者就不去加入这项热闹的"罄竹"工程了，但窃惟，针对胡兰成的"掰谎记"还是值得做做的。这方面比较重要的先行研究是秦贤次先生2011年发表于《新文学史料》的《谎言与真相——胡兰成生平考释》。秦先生开篇表示，对胡兰成如何追女人"不予置评"，这就立意很高。男女之事，两相情愿，且不同时代有不同的道德标准，如果一定要讨论，还是应还原到历史语境中去讨论。学学秦先生的思路，何妨将胡兰成的男欢女爱之谎放在一边、专究他的政治或生平之谎呢？本文非学术论文，掰谎仅重事理推衍，不重考据，故此，对事实出处、资料援引，就不再格外进行注释了。

《今生今世》有料有看头，文学水准存在争议，但这么大的争议本身也可以一定程度上说明水准。张迷称张爱玲为"祖师奶奶"、称胡兰成为"祖师爷爷"，这并非完全戏谑；豆瓣评语"胡是有才气的，不过他的才气是'撒盐空中差可拟'，远不及爱玲天人资质"可大致代表张迷心目中的品鉴。

一部《今生今世》，基本上是"韶华盛极"写发妻玉凤，"民国女子"写张爱玲，"汉皋解珮"写小周，"天涯道路"和"永嘉佳日"写范秀美，"瀛海三浅"写佘爱珍，其余如继妻全慧文、下堂妾应英娣、日本女人一枝等不过点缀其间。即使刨除掉写情爱的部分，《今生今世》仍然可作汪伪史之补余来看。只不过，对这个补余，我们阅读时须保持警醒，因胡兰成惯有一种本事：即便他不过只有"跳梁小丑"的斤两，也要将自己拔到"魑魅魍魉"的吨位。

胡兰成称，"卢沟桥事变"前三个月，他被聘为《中华日报》的"主笔"。他又言，因他的文章"让《中华日报》大有面子"，"本来是当总主笔"，但因他本人"不想加入汪派"，故此"谢绝林柏生，将总主笔让给了古泳今"。这番话，处处不实。"主笔"者，旧时报界实行的一种撰稿人制度也，可以指主要撰稿人，也可以指报刊编辑部的负责人；而所谓"总主笔"，则类似我们今日说的报刊总编。胡兰成还远远够不上获得其中的任何一种——除非将"主笔"等同于"撰稿人"。

"卢沟桥事变"前一年，胡兰成仍是广西的一名普通中学教员。他短暂参与过《柳州日报》的编辑，自称因"鼓吹对日抗战需与民间起兵开创新朝的气运结合"而遭到桂林第四集团军总司令部军法审判，监禁三十三日，后得白崇禧干预才予释放。军法审判的真正原因是胡鼓吹两广分裂，因无关，就不展开说了。被释后，胡兰成在广西待不下去，只得挈妻带子返回浙江嵊县老家。经过上海，他见到昔在广西时交好的老同事古泳今（古咏今），古怜他末路穷极，推荐他向《中华日报》投稿。胡正是这样跟《中华日报》搭上线的。

《中华日报》是林柏生在1932年办的。林柏生，世称"汪伪的戈培尔"，有留学莫斯科中山大学的背景，理论功底不差，在汪精卫心目中大略比陶希圣次一等；论信任则更胜，因林氏早在1925年就已出任汪氏秘书，为其心腹班底；他在1938年底追随汪至香港，还曾吃过戴笠手下人警告的斧头，真实地为汪伪付出过皮肉伤。至于古泳今，他本是林柏生早年的中学老同学，也是林氏给汪系带来的嫡系人马。胡本就是古荐的，古已在《中华日报》隶事，胡新来，他又有何资格反荐古为"总主笔"呢？事实是，《中华日报》创刊时的总主笔为朱朴，他向与林柏生合作无间，故此1937年春，当形势需要，他就"复奉汪（精卫）命为中央政治委员会土地专门委员再兼襄上海《中华日报》笔政"了，"再襄笔政"也者，即再次出任总编。朱朴才是胡兰成的业务上司。

那位没有一兵一卒又想闹分裂的储贰人物汪精卫,格外重视《中华日报》这个政治文化阵地,所以才会派出嫡系心腹去坐镇执掌。《中华日报》作为一份初始即具有汪系背景的报刊,其后确然成为了汪记的机关报。但今人须了解,即使汪精卫本人,他之从"先总理政治哲嗣"、执政党第二号人物转变为卖国投日的汉奸,其思想与行动,也不是一步到位的。胡兰成初与《中华日报》发生关系时写作的两篇文章都是经济稿,一篇论中国的手工业,一篇分析该年的关税数字,与实际政治并不交关。全面抗战前的《中华日报》,也还没有表达出对激进倾日政治理论的需求。在1937年4月,彼时离全面抗战发生还有3个月,低调俱乐部尚还不知道在哪里,世上非但没有汪伪政府这一政治实体,就连早期的舆情联盟也还未形成。试想,一个刚从广西丢了工作、失业回乡孵豆芽的穷途中学教员,怎会因发了两篇经济稿,就被执政党第二号领导人属为其主理论阵地的"总主笔"呢?

胡兰成在上海的生活,随着"八一三"沪战变得更加潦倒起来。《中华日报》自开战停止发薪,老婆全慧文生孩子,胡兰成每日自己点煤球、买小菜、照顾产妇。新生婴儿生病,因无钱医治而夭殇;胡向林柏生借钱买棺材,两次才得到15块——试问,以这样的吝刻,又怎可能是办报人对总主笔之所为?《中华日报》因缺乏资金停刊,原社部分人马南迁入港,办《南华日报》、蔚蓝书店,继续延续汪系的政治宣传。"艳电"发表后、在林柏生被砍伤的情形下,1939年初,胡兰成写出了《战难,和亦不易》等系列政论,从此开始被汪精卫注意、擢用。《战难,和亦不易》系列不仅是他的投名状,且说明他具有写作政论的能力。也只有在彼时、彼境下,这个没有高级学历和光鲜履历的末路文人,发现他竟可以靠豁出脸去和拿起笔来,平地崛起;于是他豁出脸去,拿起笔来。

胡兰成入港时,与他前在上海时一样,就是个挣扎在生存线上的穷书生,他却硬要说,"和平运动初起时,从汪先生夫妇数起连我不过十一人",又曾对陈璧君发牢骚道:"和平运动初起时我位居第五六,现在名落孙山之外又之外了。"可见在他自己心目中,他是排汪记凌烟阁的前六名的。

问题是,汪记政府纵然篡伪不嫡,它在香港酝酿时,也还不至于要"在蔚蓝书店兼事"才能养家、月薪60元港币、"穿蓝布长衫"的胡兰成来作它的"开国"大佬吧?汪精卫手里没有兵权,他是靠辛亥前"引刀成一块"的革命资格、孙中山留下的法统和自己的风度气质来聚合人心的。他能够以自己的文采、器宇和革命经历,从蒋介石座下直接拐跑陶希圣这种理论大僚;全面抗战之初,"风偃众草"的他,吸引了胡适、陈布雷、陈立夫、顾祝同、罗君强、张君劢、朱绍良诸人不自觉地向他倾倒,其中多位本为蒋之干城。汪记成立,上层几乎清一色精英背景。秦贤次先生评胡兰成"自卑感变成夸大狂"的心态发生学,观察准确:"尽管胡兰成政论文章写得好,但在汪伪政府高官中,胡兰成无疑系学历最低的,这一点可说是他的心底之痛。"

即使一家小小的蔚蓝书店,也有其称"四大金刚"的笔杆子,分别为林柏生、梅思平、樊仲云、朱朴;胡兰成仅与张百高、薛典曾、龙大均、连士升、杜衡等人同列"助编者"而已。胡特意点出汪精卫"对周佛海他们是带名称先生,对公馆派的人则只称名,惟对我称兰成先生",仿佛他是汪精卫"以国士待之"的第一人;而陈璧君待他,直比亲弟还要亲密,乃至他要经常对她耍耍性子撒撒娇!他可未免太抬举自己了。那陈璧君是少女时期就敢入京城取摄政王项上人头的烈女子,中年后变为丑而爆的河东狮,其眼珠唯盯着她老公那张民国第一英俊的脸是转,这个男人婆如果能接收到胡兰成撒娇弄痴的电波就作怪了!

胡兰成对在汪记"失宠"耿耿于怀,其实,从头来说,他又何曾"承恩"过?汪记人马中,旧交、心腹有顾孟余、林柏生、陈公博、周佛海、梅思平、罗君强、曾仲鸣;笔杆子和理论强人有陶希圣、樊仲云、李圣五、穆时英、刘呐鸥;跳槽高管有高宗武;老牌华北汉奸有任援道、梁鸿志和王揖唐;打手有李士群(特务头子)、丁默邨(美女郑苹如因刺杀此人未果身亡)、吴四宝(上海白相人,佘爱珍前夫);三亲六戚有褚民谊(连襟),汪孟晋(儿子),汪宗准(侄子),陈耀祖、陈昌祖(妻弟),陈春圃、陈国琦、陈国强、陈国丰(内侄),王敏中(梅思平连襟)。这些骄兵悍将,谁不比胡兰成天然排行更前?

"高陶事件"发生,高宗武、陶希圣出走,将汪逆密约昭之于世,此时陶氏家眷万冰如及三个子女仍滞留上海。胡兰成说他以宋太祖与赵普的典故劝谕汪氏,使他放弃对妇孺的加害之心。而汪竟答应道:"我亦是这个意思,所以刚才我报告仅到此为止,即是不许他们轻薄。希圣的家眷可派他的学生送到香港。"——这更是一派谬说。陶氏家眷当时是如何冒万死从上海出逃的,感兴趣的读者可以去找陶家第三子陶恒生先生穷十年之功写作的《"高陶事件"始末》来读一读,那陶家的弱妻幼子,是杜月笙运筹、万墨林指挥,派了十几名枪手从日汪魔掌下抢出来的人命,这胡兰成上下牙一磕,那几条人命倒成了蒙他恩庇而保下来的了!

胡兰成称"兼任汪先生的机密秘书凡四年",更是天大的瞎话。连他自己也承认,他从来没有进入过秘书室。"汪先生有事叫我去,总在客厅里见。"汪的秘书编制,起初都在"侍从室"的第二室,主要由"夫人派"把持,掌之者为汪之侄孙婿周恭生,次为汪之侄孙汪翔辉、汪之外甥张恩麟和陈常煮等;即使"侍从一室"的总务,也早被陈璧君操纵,执掌者就是她的娘家亲侄陈国琦。而"先生派"虽有浸润,如"宣传部长"林柏生、"法制局长"陈允文、"参事厅长"陈君慧等,也不得不看"夫人派"的脸色行事。这个水泼不入、针扎不进、连林柏生都插不进脚去的地方,他胡兰成又是怎样进去"机密"的?他难道是孙悟空变的飞虫不成?

后来汪公馆正式设置机要秘书,共五人:"夫人派"的陈春圃、陈昌祖,"先生派"的林柏生、陈君慧、陈允文。胡兰成于1943年12月,因越过主子交钩日本人而得罪了汪氏,罹遘牢狱之灾,将他下狱的正是林柏生和陈春圃。这就足以说明,他无论是在汪派还是陈派那里,都是没有根基的缺斤乏两之人。要不是忌惮汪伪太上主子日本人的干涉,胡早就死在七十六号的乱枪之下,也就不会在其出狱后祸乱张爱玲的感情世界了。

胡兰成的"老鼠上秤台,自称自",莫过于以李士群之死向佘爱珍表功那次。李士群杀了吴四宝,胡兰成旧对吴太太佘爱珍有意,慷慨大言"将来我会报仇"。他号称借旧友熊剑东之手除掉了李士群,洋洋向佘爱珍报功道"吴先生的仇我已报了",不意佘全不搭腔,他自己后来也觉得甚是惭愧。其实李士群之死,完全是他取祸三方的结果:重庆戴笠处,他已是被挂了号非杀不可的;周佛海及其手下,恨不能将其啖之而后快;而东京方面也已决定让上海的日本宪兵干掉他。熊剑东固然是经手人不错,但他是因听了日本方面的指令才下手的——当时李士群正是汪的心腹红人,没有太上主子的指令,熊怎敢动手?胡兰成至多是在其中得知了一点先机——如果他的记叙还可信的话,至于说他起到了哪根葱的作用,这是连后来成为他老婆的佘爱珍也不肯相信的。

日本战败,胡兰成出亡,跑到杭州旧同学斯颂德家,由斯母收留;斯君时已故世,斯弟与斯家姨奶奶范秀美带他求遍五亲六眷,到处寻找藏身之地。他在逃亡路上与范秀美配作夫妇,从此更多了一层保护色。因范秀美多年失散的娘家在温州,胡索性就躲到温州去了,与范秀美老母一起住在九山湖窦妇桥边徐宅大屋的一间陋室里,附近就是温州籀园图书馆。胡兰成经常跑到馆里阅览报纸,同时思谋在当地攀附一些人脉。他先是结交了图书馆的梅馆长及一个姓陈的图书管理员,在后者的鼓励下开始向当地报刊投稿;但姓陈的带有跛脚的残疾,据胡兰成云:

> 但是带残疾的人多有一种隐忍狠僻,顾己不顾人,这姓陈的更决不做无益无聊之事,我到底不能希望他介绍朋友,连想把我的通信处由他转,和他亦没有得可以商量。我惟在他那里认识了陈中日报总编辑姓黄的,是谍报工作者,陈中日报就在附近,我反为要小心。

胡文中所说的"陈中日报总编辑姓黄的",真名为王沉。有温州地方史的研究者已指出,这番话"全是胡兰成自己杯弓蛇影的杜撰之词",因为"陈中日报社正在籀园边,总编叫王沉,是郁达夫的朋友,是个生肺病的文人"。笔者治郁达夫旧诗,知郁氏确作有《赠王沉》一首:"鸢肩火色长如此,我马玄黄又日曛。黯尽轮蹄霜尽鬓,满山风雪最怜君。"

胡兰成约在1947年春刻意结识了当地的文化耆宿刘景晨(贞晦),通过谈诗论学取得其好感,冒了张爱玲的家世,自称"张嘉仪",本贯河北丰润人,先祖张佩纶。刘先生于是道,"这是家学有传了"。通过刘的推介,胡得以进温州中学教书,不但解决了生计问题,且结识了当地的两位学人:吴天五和夏承焘。夏承焘,字瞿禅,近代著名词学家,时在浙江大学任教。夏承焘著的《天风阁学词日记》,记有他与胡兰成——他所认为的"张嘉仪"——的一些往还之事。

夏最初知张嘉仪,是出于刘景晨的介绍。1947年7月9日,夏"与天五诣刘贞晦翁。小病初起,以绍兴张君嘉仪所著《中国之前身现身》稿本二册嘱看。天五携归读一过,甚为叹佩。"7月10日,夏与吴天五两人至胡所居的窦妇桥访之,"颇直率谦下,谓曾肄业北京大学,从梁漱溟、鲁迅游,与漱溟时时通信。"

在当小邮递员被开除后的1926年，胡兰成曾跑到北京，由同学推荐，进入燕大副校长室抄写文书，每日三小时，剩下的时间，据他谓曾在燕大"旁听"了一些课程。他在1927年9月就离开北京了，头尾待了一年。据武汉时期与胡兰成同编《大楚报》的沈启无回忆，胡如此对他自道学历出处："由梁启超介绍在燕京大学做过旁听生，在谢冰心班上听过一个学期的课。"燕大并没有旁听生制度，谢冰心更是著名地不允许旁听生进教室，据季羡林回忆，他在清华时曾试图蹭冰心一节课，当场被著名女作家识破、赶出了教室，实不知胡兰成是如何在冰心如炬的目光下坚挺存在一个学期的？更奇的是，他"旁听"的明明是燕大，倒拿了北大的肄业证？

对沈启无所云的"由梁启超介绍"，到了夏承焘处，就弹性变为"从梁漱溟游"了——反正都姓梁，也差不了多少吧。"从梁漱溟游"甚至马马虎虎也说得过去，因为胡当时正在与梁漱溟通信；但如果我们细究"从游"这个词的意义，它意味着师友间的朝夕相处、切磋，这是不符合终生未曾谋面的胡、梁二人的情形的。据秦贤次先生查询，胡兰成在日本，用的个人介绍是"北京燕京大学卒业、广西大学教授、上海《中华日报》总主笔、香港《中(南)华日报》主笔"，学历职位皆有点影子但皆夸大一格，可见由来有自。胡兰成在广西南宁教书时，出过一本散文集《西江上》。鲁迅1933年4月1日的日记中，有一则收到胡兰成自南宁寄赠《西江上》的记载。此外别无。这是他"从鲁迅游"的一段。

这位张嘉仪先生格外喜欢八卦鲁迅家事。《天风阁学词日记》1947年7月29日："嘉仪来，谈鲁迅遗事，谓其与作人失和，由踏死其弟妇家小鸡。作人日妇甚不满鲁迅，谓其不洁，又生活起居无度，且虚构鲁迅相戏之辞告作人，致兄弟不能相见。"鲁迅兄弟失和事由羽太信子调拨而起，本是文坛尽知的掌故，但这个"小鸡事件"倒是新鲜，却不知张嘉仪先生何所见而云然？

胡兰成于1947年8月31日求夏承焘画一幅荷花，实诚的夏先生9月1日即完成、送去了。这幅荷花是给谁的呢？说来吓死个人。"嘉仪悼其聘室黄女士死于法国飞机，嘱写此为纪念，以黄女士平生最爱此花。为题放翁句云：若教具眼高人见，雨折霜摧或更奇。"胡兰成原配唐玉凤、继室全慧文、哪怕是下堂妾应英娣，没一个姓黄的，更没一个死于"法国飞机"的！要说与"姓黄""法国"这些关键字匹配的，倒是张爱玲的母亲黄逸梵。黄逸梵是旅行家,周游世界,坐坐飞机是有的,但在胡兰成的意淫中,张爱玲这位当时还活着的阿母不但成了他"爱荷花"的"聘室",而且还坐"法国飞机"摔死了!

1948年12月27日,"张嘉仪寄来新印之中国文明之前身与现身,改名张玉川,不知何故。"张嘉仪摇身一变成了"张玉川",这不过是胡兰成这个百变虫的一变罢了,夏先生却被弄糊涂了。

1950年10月16日,"晨接张嘉仪九月二十九东京书,由香港唐君毅转来。嘉仪过杭北上,数月无消息。云中秋到日本,过文字生活,每月写六千字,可维持一家三四口。有时亦去大学作学术演讲,不知所写所讲是何种学术也。"此时胡兰成的确是跑到了日本卖文为生,但他本是单身一人出亡的,家眷儿女全丢在大陆,由侄女青芸代为照料。

《今生今世》里,温州部分最详述者为刘景晨和徐步奎,盖刘景晨是胡兰成的恩人,徐步奎是他的好友。通过徐步奎,胡兰成又结识了莫洛。莫洛在多年后得知他当年认识的"张嘉仪"的真正身份后,曾写过一篇回忆文章,既肯定了他们交往中的一些互动事实,也补充了一些新信息。一是,莫洛夫人林绵对胡很反感:胡有时会趁莫洛不在家时去造访,林绵给孩子洗澡时,他"胡言乱语,显得过分随便"。二是,徐步奎夫人杨笑梅"也对张嘉仪印象不好"。三是,莫洛后来见到刘景晨的女儿刘莱,荐《今生今世》给她阅读后,刘莱与同班女生张素轩共同回忆道:"我们女同学都很讨厌他,给他起了个绰号,背后便叫他'红头苍蝇'。"——而胡兰成自谓同时是温中学生的刘家二女刘莱和刘芷都对他执礼甚恭,而女学生们又是如何如何崇拜他。莫洛这篇发表于《温州晚报》2005年11月23日副刊的文章,用词克制,态度中肯,并不带"打落水狗"声势,即对太太林绵被胡兰成轻薄一事也不过一笔带过,应被视为较可信的史料。

胡兰成能够从内地跑到香港,继而跑到日本,全在他成功地撒了一个弥天大谎。1950年3月,一直与胡兰成通信谈佛学的梁漱溟邀他北上,胡兰成先到上海,住旧友熊剑东家,见形势不妙,遂有去国之意。但此时他一文不名,盘川何在、如何上路?幸而巧舌就是他生成的银行。靠着煌煌大言,他说他与蒋介石现任大秘陶希圣为知心旧友,可以谋求陶的帮助,从香港转去台湾。这番话居然骗得了另一位老汉奸邹平凡的相信,邹替他出了一部分钱,又联系了另外两位商人给他凑路费,条件当然是他要带三人入台。这样四人一起到了香港。胡兰成即使到了这个时候,为了给自己留条后路,还是没舍得不去忽悠梁漱溟——他写信告诉梁,他要先去香港接家眷,随后即来北京。陶希圣的拒信彻底杜绝了胡兰成去台湾的幻想,他随后就靠在佘爱珍处软蹭到的两百港币、熊太太给他的六百港币和另一位旧人给的四百港币,偷渡去了日本。

  胡兰成谎话连篇处还有许多,将他的《今生今世》与夏先生的《天风阁学词日记》或与卢礼阳的《刘景晨年谱简编》对照来看,自然还能找出一些。这方面的先行研究还有楼培的《夏承焘胡兰成"对照记"》。限于篇幅,此文仅简单枚举这些。

[原刊于《中华读书报》2017年5月17日]

迈克尔·肯尼迪之死：
一个晚期资本主义文化角度的释读

1963年11月22日，在美国总统约翰·肯尼迪遇刺后的那个夜晚，他的弟弟、时任司法部长的罗伯特·肯尼迪在白宫的林肯套房彻夜未眠，有人从他的门前经过，听到罗伯特在喃喃发问："为什么啊，上帝啊？"

罗伯特·肯尼迪在兄长遇刺后，开始转向大量阅读希腊古典悲剧。他特别喜欢的剧作家是埃斯库罗斯和索福克勒斯，他最钟爱的悲剧人物是勇者阿伽门农。从那时起，他对自己其后的人生，就有了一种悲剧的宿命感。熟悉美国政治史的读者都知道，约翰·肯尼迪遇刺前的青年罗伯特，傲慢、无情、高效，他带着天主教的善恶教条，使用摩尼教二分法的霹雳手段。在任司法部部长期间，他曾力推打击犯罪组织和黑手党的一系列活动，使得犯罪组织头目的定罪数量在他任内激增了8倍。罗伯特为约翰·肯尼迪的遇刺感到负疚无已，因为他认识到，他的激进政治措施，很可能强化了各路敌对势力的仇恨，导致他们联合起来，"擒贼先擒王"地对他哥哥进行了捕杀。阅读希腊悲剧为他提供了一条走出痛苦的路径，他在其中找到"善源于恶，美德源于苦难，智慧诞生于苦难"信念的同时，也为悲剧中的奇特厄运所感染。他时常与人分享他对宿命的认知，尤其是埃斯库罗斯所描述的"阿特柔斯家族诅咒"（the curse of the House of Atreus）概念。阿特柔斯即阿伽门农和墨涅拉俄斯兄弟的父亲，墨涅拉俄斯美貌的妻子海伦被特洛伊王子拐跑，引发了那场著名的战争。

1968年，时任参议员的罗伯特参加总统竞选；就在赢得加利福尼亚州民主党初选后的6月5日，他在洛杉矶大使酒店遇刺，次日凌晨因伤重去世。

政治 | 迈克尔·肯尼迪之死：一个晚期资本主义文化角度的释读

肯尼迪，这个新大陆最耀眼的姓氏，这个出产过总统、参议员、战斗英雄、华尔街大亨、社会活动家的高门巨氏，在共和政体的美国，本已激起王冠崇拜；两位肯尼迪的接连倒下，又在美国社会中激起了英雄崇拜。罗伯特的遇刺，将"肯尼迪神话"（Kennedy Mythology）托举到了历史最高点。一时间，举国的目光都投向了罗伯特仅存的弟弟、肯尼迪家的幼子：泰德·肯尼迪参议员。

泰德已经两度死里逃生：1964年，他搭乘的一架小型飞机坠毁，他的助手与飞行员遇难；加州初选的那晚，他本是应与罗伯特在一起的，因临时有事没有去洛杉矶。大难不死，应有后福，兄长们的荣光搭就了一条通往总统宝座的天梯，泰德只需稳稳当当，攀爬上去。

一年后，泰德却因"查帕奎迪克"事件，从那条天梯上跌落了下来，永远失去了问鼎的可能：某日深夜，这位已婚参议员带着一名年轻女郎从查帕奎迪克岛的派对上双双离开，他驾驶的车辆坠了河，他成功逃生，女郎死在了车里。泰德直到次日才向警方报案。"查帕奎迪克"事件后，泰德将罗伯特生前多次言说过的神秘不祥感表达了出来，媒体随即称之为"肯尼迪诅咒"（Kennedy Curse）。

1998年1月1日，美国民众在新年的第一个清晨醒来，听到广播中播报的新闻：罗伯特·肯尼迪第四子迈克尔·肯尼迪在1997年12月31日下午因滑雪事故不幸丧生；那一刻，有关"肯尼迪诅咒"的记忆被再度激活。

肯尼迪家族形象在美国文化中的根植和发展，经历了早、中、晚三期的变迁。早期的"肯尼迪神话"将肯尼迪们描绘为美国梦的象征，其果敢的子弟是美利坚的英雄；自罗伯特和泰德以降，中期的"肯尼迪神话"加入了"肯尼迪诅咒"这一貌似负面的因素；晚期的"肯尼迪神话"则产生了荒诞的变异。迈克尔·肯尼迪之死即为晚期"肯尼迪神话"的荒诞变异之一例，特宜以美国文化评论家和马克思主义理论家詹明信（Fredric Jameson，一译弗雷德里克·詹姆逊）的晚期资本主义文化生产逻辑来进行诠释。

肯尼迪家族信仰天主教，他们的根在爱尔兰。历史学家多承认，美国的移民史可以非常公允地由肯尼迪的家族史所代表。生育了九名子女的约瑟夫·肯尼迪和罗斯·肯尼迪夫妇被公认是肯尼迪家族的大家长，但家族的奋斗史早在他们的前代就开始了。波士顿人至今仍常听闻有关罗斯的父亲约翰·F·菲茨杰拉德的传说。这位肯家老外祖也来自爱尔兰,他从赤贫中摸爬滚打起家,最终当上了波士顿市长。奇异的是,爱尔兰人菲茨杰拉德的政治发家史,却更经常地为黑人参政者所推崇和援引:他那出身底层而不甘居政治末流的顽强劲头,激励着取得了经济成功的今日黑人中产阶级取法乎上,也到上层政治里来分杯羹。

在那个几家欢笑几家愁的"淘金时代",约瑟夫·肯尼迪崛起于华尔街。大萧条时期,他加大了对地产的投机,个人财富翻了数倍。他在罗斯福任期内出任美国驻英大使。20世纪30年代初期,孤立主义在美国朝野盛行,约瑟夫成为其著名的代言人;他带着本国的孤立主义出使英国,很好地结合了当地的精神土特产,又成为欧洲大陆上的著名绥靖主义者。1940年不列颠之战后,他公开表态"民主已在英国终结"。英美正在为了对付共同的敌人加强合作,约瑟夫个人的政治生涯,伴随这段有争议的"低调俱乐部"言论而终结;他儿子们的则方兴未艾。

约瑟夫的崛起有一重特殊的意义:他代表着非WASP(盎格鲁撒克逊后裔的白人,宗教信仰为基督教者)移民对WASP主流在教育、经济诸领域所设无形藩篱的突破。及至约瑟夫和罗斯的儿子们登上时代舞台,人们发现,他们的初亮相即带有英雄气概,远胜乃祖乃父。一个绥靖主义的父亲居然培养出来三名参战的儿子:长子烈士;次子战斗英雄;三子也赶上了二战的尾巴,进入海军预备役服役。

肯尼迪三子以二战英雄的形象出道,完成了肯尼迪神话的初步铸型。新闻、传记,甚至文学艺术作品都在书写肯尼迪家族,将其塑造为美国史的传奇。初代肯尼迪因财富的成功被视为美国梦的象征;次代肯尼迪不满足于此,他们与大众媒体共舞,自觉自知地化为权力意志与政治才能的具身。约翰·肯尼迪与杰奎琳的联姻,又将女性的美貌、风度等要素纳入了家族特色。优秀的男女肯尼迪们的群像,经由美国大众媒体的无限传达与放大,即形成了所谓"肯尼迪神话"。

次代肯尼迪们皆为时代的骄子。小约瑟夫·肯尼迪开着一架载满炸药的轰炸机去攻打纳粹据点,不幸在英吉利海峡上空因飞机爆炸身亡,他被描绘为20世纪40年代美国青年人捍卫家国、殉身不恤的楷模;约翰·肯尼迪入主白宫后,敏锐地捕捉到了冷战时代起于青蘋之末的政治动向,实施了大

政治 | 迈克尔·肯尼迪之死：一个晚期资本主义文化角度的释读

量的变革措施，他以个人的影响永远地改写了美国政治史，成为60年代转型期美国政治的化身；罗伯特·肯尼迪为反越战和反贫困大声疾呼，呼应着他的反越战演说的，是常春藤校园里铺天盖地的反战声浪，他被具化为动荡不安、要求变革的60年代社会的影子；泰德·肯尼迪在"查帕奎迪克"事件后幡然改辙，继承两位亡兄的前志，顶着死亡威胁，后半生致力于反战、捍卫自由主义和改革，老而弥笃。

约翰和罗伯特身后，媒体爆出有关他们兄弟二人私生活不检的大量劲料，甚至包括罗伯特与嫂嫂杰奎琳私通的绯闻；但在美国民众心目中，那些劲料并未影响他们在历史上的定位。泰德与三位兄长不同，他晚出且形象不佳，但就连他年轻时的那段不光彩的经历也被媒体诠释为"麻木的70年代人"的代表。民众理解他、原谅他，致敬他后半生的勇为。

肯尼迪的家族史已不复光彩、其记录已不复无瑕，"肯尼迪诅咒"更是一种深具神秘主义色彩的悲剧宿命论，按理说，它的出现，本应消解"肯尼迪神话"，但事实上正相反，在"肯尼迪诅咒"被发明后，美国民众对肯尼迪们的一举一动，只有更加举国若狂，"肯尼迪诅咒"非但没有覆灭"肯尼迪神话"，反而使其在美国大众文化中得到了更广泛的流传。这又当作何解呢？

"肯尼迪诅咒"本质上是家族意志与特定环境结合产生的结果，然而，美国民众却选择无视肯尼迪们在政治动荡和社会冲突中从事公众职业的天然风险，将"肯尼迪诅咒"并入原神话并持续跟进大众媒体的疯魔。每当有肯尼迪家族成员死亡，美国的大报小报一定会出现如下嗜血论述："肯尼迪家族的故事就是一长串讣告……身为肯尼迪家族一员，你就不要指望躺在床上静静地死去。"这番高论，不仅深刻楔入了美国的大众心理，而且为肯尼迪家族成员所缺省默认。其实，"肯尼迪诅咒"完全可以用理性解释：在公众职业的自身风险之外，肯尼迪们甘冒风险的"家族精神"，才是构成肯尼迪死亡率的一大主因。

顶着"肯尼迪"这一姓氏出生的男人女人，在成长过程中常会感到其光荣不及其压力的万分之一。他们只知一事：必须不计代价地取得成功。老约瑟夫在儿子们摇篮时代就开始对他们灌输"物竞天择、适者生存"的思想，同时把深刻的政治兴趣传给了每个儿子。迈克尔上一辈的伯父、在二战中为国捐躯的小约瑟夫，其从戎的真正动机是为了超越弟弟约翰·肯尼迪的光荣作战纪录：约翰的鱼雷快艇在太平洋上与日军军舰交火，被斩成两截，全艇官兵死伤惨重，约翰幸运得到搭救而生还，回国后被誉为"太平洋的英雄"。迈克尔的姑母、次代肯尼迪中最出色的姑娘凯瑟琳，于1948年在法国乘坐一架小飞机时罹难身亡。那场灾祸本来是可以避免的：天气不好，起了风暴，飞行员本来不想飞，但凯瑟琳本着肯家家教中"敢与天斗"的好胜思维，非要劝说飞行员顶风起飞，结果殒命，还搭上同机他人的三条命。

以詹明信的理论观之，美国文化在晚期资本主义框架下呈现出明显的消费主义和娱乐化特征，这是因为，资本与资本逻辑已经深入渗透到了文化生产的各个领域。消费主义和娱乐化，最终需落实到名流、明星身上进行代言。名流、明星的身世、隐私、轶事，不断生产出新闻、广告、节目，在被商业化和娱乐化处理后，复被用以推动相关商业和娱乐商品的销售。

肯尼迪们并非明星，但他们是美国东部世代精英大族中的精英——"波士顿婆罗门"。从表象上看，他们属于老钱、懂品位；他们的子弟帅气聪明，他们的女儿、媳妇美貌而有头脑。有人争议说这些不是实情，只不过肯尼迪们懂得推出子弟帅气聪明、女儿媳妇美貌而有头脑的表象。事情并非那样简单。与新贵家族第一代发迹、第二代从政的规划不尽相同，从次代肯尼迪起，他们已脱离了"商而优则仕"的简单阶级跃迁轨迹；在对子弟的培养及对自身的要求中，在外相的美貌与体能的优秀外，他们对智力、文化、共情心和公共责任感诸方面皆具极高的标准。

在男帅女靓的表象之外，次代肯尼迪兄弟、夫妇、叔嫂、妯娌间的互相维护、精诚团结更是世间罕见。罗伯特为其兄两肋插刀，为保护总统而做下不少违反黑白两道规则之事；反之，他哥哥对他亦然。以罗伯特当司法部部长期间自立的标准，他所做的某些恶行，包括对马丁·路德·金的监听，完全够得上使他本尊被逮捕和量刑。在约翰·肯尼迪遇刺身亡后，罗伯特成为家族中心，泰德迅速顶了上去，他对罗伯特的政治生涯所给予的支撑，与罗伯特对约翰的同出一辙。同样，罗伯特又对泰德进行了政治提携。从另外的视角诠释，次代肯尼迪兄弟间的"互相维护、精诚团结"，亦可被视作某种意义上的狼狈为奸。

政治 | 迈克尔·肯尼迪之死：一个晚期资本主义文化角度的释读

但次代肯尼迪们是如此上镜、如此光鲜，他们简直就像是为电视政治时代而生的。约翰·肯尼迪的研究者、西班牙教授萨尔瓦多·鲁斯说："我看过数百张约翰·肯尼迪的照片，没有一张是领带没打好或戴着近视眼镜的。肯尼迪总是以无可挑剔的魅力形象出现。"总统顾问西奥多·索伦森说："他年轻、英俊、迷人、富有，是战争英雄，哈佛毕业生。他比他的传奇更加伟大。"即使历史学家已在质疑肯尼迪是否为美国历史上被严重过誉的总统，他在公众认知中的高评却长年不倒。

自由知识分子以赛亚·伯林高度称誉肯尼迪的人文气质，谓其散发着一种"照亮四周的智力和高度的理性"的气息，这使他深得幕僚、记者、传记作家等文人群体的喜爱。肯尼迪自幼痼疾缠身，更因参战落下一身伤病，他在死亡阴影的笼罩下，仍不断进行猎艳——后世的传记家们甚至将此归为他对生命活力的诉求。其实，好色本为肯尼迪的家族门风；在猎艳一事上，他们父子、兄弟间，向来就有一种深刻的"你懂的"之互相关照。父亲约瑟夫常年红旗不倒彩旗飘飘，拥有上至好莱坞女星、下至邻人之妻的多名情妇。在他任驻英大使期间，少年肯尼迪曾"解事"地与来到使馆的女客调笑："一定要锁好卧室的门，大使（指其父）有半夜闲逛的习惯。"尽管肯尼迪兄弟都同情和尊重母亲，但他们陪约瑟夫外出时，还是会体贴地让当地官员为父亲寻找陪伴女郎。

直到肯尼迪遇刺，有关他猎艳及健康不佳的新闻并无一条曝出，这部分是由于他的兄弟动用黑白道手段给压了下去，部分是由于拿到他黑料的新闻记者自主地选择不曝光。不曝光，也并非完全出于对肯尼迪个人魅力的倾倒——直到60年代，美国政治新闻记者还都具有从国家利益出发、为领导人和名流掩盖过失和缺陷的思维。

杰奎琳是肯尼迪的军旗。达拉斯刺杀现场，丈夫的脑浆血溅她的粉红套装，杰奎琳的表现唯有"无畏"二字堪表。杰奎琳通四种语言、家世高华，她本由《时尚》记者出道，对衣饰、装修深具品位。但所有这些，还都不是她成为风华清靡的一代女性偶像的必然。媒体往往过誉她的美貌、风度而忽略她的智力、意志和忍耐力。她初识肯尼迪的时候，他仅仅是一名崭露头角的众议员，她陪他走向公众生活，从参议员竞选到副总统竞选再到总统竞选，常年与上万人握手，闭起嘴巴，始终微笑，忍耐他的不忠，照料他的健康，艰辛熬过流产与丧子。任何时刻出镜，她都保持着无懈可击的身材、姿容、言语和表情管理。她与小叔罗伯特的不伦之恋，发生于他们同悼亲人的情感基础上，在发生的彼时，已得到罗伯特妻子的谅解，在事败的异代，又获得民众代入同理心的同情。

肯尼迪的演说口才、上镜感、他身上那种"能够使人们对美好未来充满希望"的感召力，在他死后，皆由罗伯特继承并焕发。兄弟二人皆拥有一种能够被电视传媒捕捉、进行符号化处理后立即引发大众崇拜的魅力特质。这种特质，并非完全由他们精英出身所赐，也并非效仿者可以习得。泰德后期也具有这种特质，但就弱了一些。刨除掉兄弟二人身上所有的黑暗面与马基雅维利主义，你得承认，他们的确全身心地投入了他们所属的那个动荡时代，他们明知有被大风大浪吞噬的危险而仍自主地选择站立到时代的潮头上去。

次代肯尼迪们所有的优秀特质，都必须基于社会文化的某些阶段性前提，即：大众和精英共同需要真实性和中心性；精英具有"深度模式"下的历史意识；大众承认与精英的区别并同意被精英领导。但以上条件在晚期资本主义阶段已不复存在。詹明信的《后现代主义，或晚期资本主义的文化逻辑》(*Postmodernism, Or, The Cultural Logic of Late Capitalism*)探讨了晚期资本主义的文化生产机制。这部初梓于1991年的著作，实基于作者1984年在《新左派评论》上刊发的一篇论文。詹明信的基本观点是，在晚期资本主义阶段，资本，已通过大众文化解构了人类内心对真实性、历史性、中心性的认知，因此，晚期资本主义的社会结构和权力关系已经发生了本质的变化。

第三代肯尼迪中，唯有约翰与杰奎琳的儿子小约翰·肯尼迪得其真传，余者并不具备次代肯尼迪神授般的个人魅力。雏凤不及老凤声，新一代缺少了老一代应对媒体的天然魅力，与此同时，媒体对他们，也失去了早年的含蓄与温情。晚期资本主义阶段高度商业化的媒体，已完全兀鹰化了。为了满足大众、追求利润，媒体对能够提供娱乐消费内容的名流、明星追逐若狂，已不再给予一丝一毫的隐私空间；从窥私娱乐出发，媒体已走向荒诞与嗜血。迈克尔·肯尼迪短暂的一生，正是被肯尼迪的"家族精神"与媒体娱乐消费联手摧毁和吞噬的一生。

在"新企业主义"风行美国市朝的80年代，迈克尔与他的哥哥约瑟夫

政治 | 迈克尔·肯尼迪之死：一个晚期资本主义文化角度的释读

二世甫一出道，即被视为肯尼迪家族第三代的中流砥柱。在尚无势能冲击高层政治的条件下，他们经营了一种"经济成功与公益服务并驾齐驱"的良好形象。迈克尔建立了一家规模可观的能源公司，他曾帮助成千上万的贫困民众获取供暖资助，与此同时，他又保持着每月六位数的收入。年纪轻轻，他已拥有一位漂亮的妻子及三名可爱的孩子，外人看去，谁不谓其人生赢家？

罗伯特·肯尼迪遇刺时，迈克尔年仅10岁。罗伯特身后留下从0岁到17岁不等的11名子女，皆由遗孀埃赛尔一手抚养成人。四子迈克尔是母亲的最爱，因为他长相最肖亡父，精神气质上也最称克家之子。在希克瑞山上的罗伯特故邸，摆挂着已故参议员的无数肖像、照片；孩子们在这所"罗伯特圣殿"内长大，会不期然地模仿父亲的举手投足、一颦一笑。所有孩子中，谁也比不上迈克尔学得像，因为他是最有心和最用力去学的一个。

按照詹明信的定义，晚期资本主义文化同时也是一种审美民粹主义（aesthetic populism）。其形成机制是，在享乐主义的狂欢中，大众更倾向于追求以震撼为核心的片段化体验，于是，深刻的意义与代代相传的珍贵经验都必须后退、让位。高雅文化必须走向大众化，有着"历史意识"的"深度模式"必须被消解，因为审美已走向平面化、去中心化、碎片化。此前的精英圈层——如"波士顿婆罗门"——的生活状貌，原本是并不开放给大众认知的，换言之，精英圈层仍有隐私空间去打造家族符号，将其神秘化、完美化、圣洁化。但拜娱乐产业的发达所赐，这一条件在晚期资本主义社会已经不复存在。大众娱乐产业——而非正规、严肃的新闻传媒，已成为塑造公众意识形态和价值观的重要渠道。文化的生产，本不尽为消费品；但后现代文化的生产则很少不是消费品。在晚期资本主义社会，几乎所有的文化输出都会被商品化和市场化。

迈克尔深谙"肯尼迪"符号系统在美国文化中的价值。在他尚无瑕疵的人生初程中，他未尝不想将"肯尼迪"这一符号系统完美化、圣洁化。他做了大量的努力，拒绝将"肯尼迪"交给庸俗的大众文化，至少，他坚持这套系统中的"罗伯特"符号必须保持着老肯尼迪的特色：勇敢、坚忍、积极参政、关切民生。他以个人的多种行动践行着这些特色。70年代中期，迈克尔在哈佛大学念本科，主修的专业就是"罗伯特的时代和生平"，他对家族史的熟悉,使他成为肯尼迪家族事务的新一代发言人和代理人。任何学术和新闻机构要得到有关肯尼迪家族的文件,或要进入并不对外开放的波士顿肯尼迪图书馆,都必须得到他的同意。1996年,小约翰·肯尼迪与其姐拍卖母亲杰奎琳的遗物,迈克尔以肯家发言人的身份对堂弟的商业化行为进行了谴责。

在波士顿的上流社会,迈克尔是位很有作为的慈善家,他孜孜不倦地开展改善贫民生活的项目,泽及不少贫困人家。他开办的能源公司为付不起冬日取暖费的鳏寡孤独、老弱病残承担账单,在新英格兰的寒天中,这无异于雪中送炭。1994年,迈克尔为其叔叔泰德·肯尼迪参议员的连任出谋策划、组织宣传,取得了很大成功。他的照片登上了《时代》杂志,记者称他的精明强干一点也不亚于在1960年为哥哥约翰策划总统竞选的罗伯特。

迈克尔非但"三年无改于父之道",且自期事事都追随父亲的辙轨。他着迷地模仿着罗伯特生前的一切作派,好的和坏的、有特色的和无厘头的:他喜欢像父亲一样大声地朗诵诗歌;他也喜欢像父亲一样把狗牵到办公室,让它们狂吠以寻下属的开心。罗伯特活着的时候,一直向儿子们宣教"要勇敢,要大无畏"。他引用埃斯库罗斯的名句:"男人不是为安逸的天堂而设的。生命的充实丰满就在于生命的危险性。"肯家二十多个生龙活虎的亲、表、堂兄弟姐妹们个个是人尖子;迈克尔常年害怕,他若活成个普通人的样子会辱没门楣。

为了致敬父亲在极限运动上的勇气,迈克尔把罗伯特生前爱玩的每项运动都钻研到了精透。他曾手持父亲在激流中乘木筏漂流的照片对新闻记者说:"这是世上最勇敢的人!"为了向家族成员证明他是个"肖父之子",他专门跑去怀俄明州的蛇河玩漂流;激流倾覆了他所划的小舟,那次他就差点送命。

迈克尔更热爱父亲生前常玩的"滑雪足球"。"滑雪足球"的打法,要求两队人马一边从山顶往下滑、一边抢球传球,直至到达山脚下的球门。拿到球的人必须在10秒钟内把球传给同伙,否则就要交给对手。罗伯特曾言,他喜欢此项运动正是因为其"危险",他总要"滑到危险的边缘才停住"。肯尼迪家的第三代个个都是滑雪高手——由于带有危险性,"滑雪足球"特别符合肯家年轻人好胜要强、喜欢挑战的个性——但谁都没有迈克尔滑得好。

政治 | 迈克尔·肯尼迪之死：一个晚期资本主义文化角度的释读

每年冬季，年轻的家族成员都要在科罗拉多的埃斯本山聚会，痛痛快快玩上几场。肯家人在埃斯本镇的声誉并不怎么好：他们有时在酒吧喝酒、闹事，弄坏东西不赔偿，也不付账单。埃斯本镇的士绅都不太乐意把家中场地和房屋租给这帮自视不凡、眉眼高高的贵胄子弟。

出事的那天，雪地格外滑，在太阳光照射下，视野也很不清楚；迈克尔抢到了球，大叫一声"好极了！"就往山下冲——他最小的孩子正举着录像机给他录像，迈克尔努力表现出娴熟的技术。他的速度过快，立足不稳，滑冲下去的时候，迎头正撞在一棵冷杉树上，当场脑骨碎裂。妹妹饶蕊上前给他做人工呼吸，三个孩子——分别为14、13和10岁——跪倒在地哭道："天啊，不要让我爸爸死去！"但一切已无济于事。

迈克尔之死从现象上说是一起普通的运动事故，从宿命论上说是"肯尼迪诅咒"的又一次作祟，但从肯尼迪家训出发来看，迈克尔的悲剧又自有其原因和必然性。悲剧发生的前后，美国大众媒体对迈克尔人生的诠释，又构成另外的悲/闹剧。

按照詹明信的文化理论，现代主义与后现代主义的一个核心区别，在于前者尚能"表达"（express），后者则只有"凑泊"（pastiche，一译"恣仿"）。"表达"是具有历史意义和主体性的，"凑泊"则丧失了历史性与个人意志，只剩下拟象的机械复制和拼凑。迈克尔对父亲人生辙轨的趋从、对"肯尼迪"符号系统意义的坚守，本是出于他富于主体性的"表达"，然而，从结果上讲，却沦为了无意义的、饱受众人嘲笑的"恣仿"。他一生的"无改于父之道"成了个笑话。

在事故发生之前，迈克尔的名誉已经完结。肯尼迪家的天主教传统要求其成员忠实于婚姻关系，不可通奸、更不可离婚。然而肯家男性是出了名的好色风流，肯家女性也是出了名的情史丰富。上一代与再上一代的肯尼迪们，哪个没有艳史流传海内？迈克尔同辈的堂、表兄弟们个个英俊，所到之处一片蜂狂蝶乱。堂弟小约翰·肯尼迪1997年结婚之前，被全球媒体誉为"美国第一钻石王老五"。迈克尔低估了娱乐文化对新一代肯尼迪绯闻的嗜血消费力——他的祖父幸免于此，他的伯、父、叔一代幸免于此，那些风流韵事甚至一定程度上加持了他们的个人魅力。但时代变了。

1994年，有妻有子、事业优秀、人生赢家的迈克尔忽然对三十多年以来背负的人生光环感到厌倦。他的肯家基因发作了：他开始酗酒，并与孩子们的小保姆睡了觉——那小女孩当时才只有14岁，是肯家朋友或邻居的女儿。酗酒又兼沉迷情欲，迈克尔的头脑失去了理智。他太肆无忌惮了，竟带着小女孩出现在一些公开的社交场合，波士顿郊区的肯尼迪朋友圈渐渐都知道了这事，只瞒着妻子维多利亚一人。但次年2月，维多利亚还是当场把两人给"捉双"了。

此事被媒体迅速炒开，迈克尔的照片天天出现在花边小报上。由于女方当事人年龄过小，波士顿法院打算以诱奸罪起诉他，后因女孩拒绝作证而作罢。迈克尔虔诚忏悔，作出种种努力：他进了禁酒诊所，又去看治疗性放纵的心理医生，然而妻子还是带着三个孩子搬了出去、与他分居了。迈克尔在上流社会及肯尼迪家族中的声名算是毁了，这惨重的代价是他始料未及的。祸不单行的是，大哥约瑟夫二世的离异妻子又出了一本畅销书，揭露约瑟夫二世对婚姻生活的欺骗和对天主教信仰的不忠。一时间，这哥俩儿双双成了"浪荡子"的代名词。一向不睦的堂弟小约翰·肯尼迪加入到口诛笔伐他俩的队伍里来，在1997年9月的《乔治》杂志上嘲讽这对难兄难弟是"坏男孩的范本"。

当年，在罗伯特陷于兄长遇刺的悲痛中不能自拔的时候，人们劝他到国外去旅行，让异域的风光和人情来冲淡创伤。他去了，在南美和东欧，他得到当地民众的欢呼和对英雄一般的接待。多年后，当迈克尔纠缠于绯闻中不能自拔的时候，他也学着父亲走出国门。他去了厄瓜多尔和安哥拉，在那些地方，人们久仰肯尼迪这个灿烂的名字而很少知道他新近的风流史，他得以踏踏实实地做了几桩公益事业。回到国内，他的心灵有所平复，但他发现人们看他的眼光依然如故。上班的路上，摩托车手骑车经过他身边就会发出"嘘"声；如果他在哪间电话亭小立打个电话，来往的行人都会对他嗤之以鼻；小报记者不放过任何机会围追堵截他；著名的《波士顿先驱报》编造过一则谣言，说迈克尔在录像店里对年轻女人讲下流话；许多肯尼迪亲戚抱怨他坏了家族的招牌；有的至亲兄妹也与他疏远。只有母亲、经历过无数人生沧桑的埃赛尔一如既往地关照他，每日打好几个电话给他，拖他去高尔夫球场散心。迈克尔从极度消沉的边缘恢复了过来，然而他的进取心已经不再。

政治 | 迈克尔·肯尼迪之死：一个晚期资本主义文化角度的释读

39岁的迈克尔的英年早逝已不是肯尼迪第三代的第一场悲剧——不，"悲剧"的提法已不准确，确切说应该叫"闹剧"。在罗伯特身后的漫长岁月里，光是他家儿子们的种种负面记录，就足够养活好几张花边小报。拣重要的说：1973年，长子约瑟夫二世违规驾驶一辆吉普翻车，造成车内一位女性乘客半身瘫痪，媒体一片挞伐之声；1983年，次子小罗伯特（勃比）被查出拥有海洛因，遭警察逮捕下狱；1984年，三子戴维因服用超剂量的毒品而死亡。从此，罗伯特遗孀埃赛尔一直生活在舆论对她的双重态度中：人们既同情她独立抚养11个子女的不易，又指责她过于纵溺儿子，致使名门之子教不成器。

娱乐文化无止境地消费着"肯尼迪诅咒"。迈克尔死了，媒体和报刊咀嚼着历史，发出貌似发人深省的悲叹：啊，这个家族在一代代式微！从太平洋海面的快艇和英吉利上空的铁鹰，到达拉斯的枪声，再到洛杉矶的枪声，一连串名叫肯尼迪的人倒下了，国家以至高的荣誉铭记他们的捐躯，把他们称为英雄；然而，在恶劣的天气里强飞、坠机而亡的肯尼迪，在可卡因的致幻感中长眠不醒的肯尼迪，在滑雪场的冷杉树旁撞碎脑壳的肯尼迪，国人应该如何称呼他们呢？

迈克尔活着的时候，曾希望国人以"帮助穷人""乐善好施""富有政治才干和社会责任感""新企业主义的中流砥柱"这样的字眼来评价和看待自己，希望为父亲的名字和家族的姓氏增添光彩，但到头来，国人记住的只是"小保姆""通奸""滑雪身亡"这种不体面的字眼。迈克尔没能成为英雄，或像英雄一样死去；他甚至没得到机会成为他父亲热爱的希腊古典文本中的"失败的英雄"。

肯尼迪家族成员聚集在一起，按照爱尔兰的传统为迈克尔守灵。灵堂的外面，摇摇晃晃着一大片探头探脑的小报记者的身影。偷拍的镁光灯时闪时灭。家人忍无可忍，在玄关处以床单拉起一副幔帐，抵挡那些贪婪的镜头。出灵的时刻到了，肯尼迪家族黑压压一片丧服，全体步出教堂，在灵柩旁边哀哀哭泣。素服的唱诗班哼唱起送别死者的灵歌，歌声美丽飘渺，充满着对亡者的安慰。那灵歌渐渐被一个更强大的声音压下去了——那是电视台派来取镜的直升飞机，在低空盘旋着、盘旋着，发出隆隆的声响，仿佛在说：

当肯尼迪家族成为无聊的花边新闻谈资的时候，我们的国家也变成一个无聊的花边新闻国家。看呐！虽然你已经死了，可是你仍然有义务为我们的小报最后一次提供素材。因为你是肯尼迪，你是我们这个花边新闻国家的王子。

［补记：一年半后，一向与迈克尔不睦的堂弟、约翰·肯尼迪总统之子小约翰在一次自驾飞行中坠机身亡，飞机上还有他的妻子与妻姐。在报道小约翰·肯尼迪死亡的1999年夏，美国媒体经历了更大一轮的狂欢。］

经济
Economics

《醒世姻缘传》及其他明清小说中的白银与制钱问题

《醒世姻缘传》是一部反映中国17世纪社会生活的世情小说①。此书虽主要致力于描写婚姻制度里的惧内现象，但因笔致翔实、于社会人情与经济生活着墨甚多，遂成为研究17世纪社会经济史的重要宝藏②。结合其他明清小说，我们考量白银与另外两种货币——黄金和铜币——在铸造形式、被使用的广泛性和频繁程度上的差异，从而深入探讨白银在流通领域中称王的情形。上至成书于明中叶的《水浒传》，下至成书于清末光绪年间的《老残游记》，这些时间跨度长达三百多年的文学作品，都可被拿来与《醒世姻缘传》互参使用，以验看经济和金融生活中是否出现了变化。使我们感兴趣的，首先是中晚明社会是否存在异地汇兑的问题。此外，明代嘉靖年间的制钱铸造发生了一次重要的改革，形成了颇受民间推重的黄边钱，我们将阐述此钱的几种形态及明代文学中反映出的劣钱现象；天启年间的政治风潮影响了该朝制钱的流通，我们将分析政治、经济因素对人民心理的两重影响，并考证《醒世姻缘传》中的当十折子钱为何。

---

① 有关此书作者西周生的真实身份，学界仍不能认定，对其成书时间，也只取得一个成于明末而付梓于清初的大致共识。本文引文所使用的此书版本为〔清〕西周生著，翟冰校点：《醒世姻缘传》，齐鲁书社1993年版。

② 1931年12月，胡适完成《〈醒世姻缘传〉考证》一文，在结尾处，他第一次以超越文学的眼光评价《醒世姻缘传》之于社会经济史、政治制度史和风俗研究的重要性，称此书可以作"十七世纪中国社会风俗史"和"十七世纪中国经济史"的资料源。胡适：《〈醒世姻缘传〉考证》，《胡适文存》第四集第三卷，（台北）远流出版事业股份有限公司1986年版，第71页。

一、白银的流通和汇兑

白银成为16—18世纪中国市场上的主币,是明清史学者都注意到的一个现象。中国货币史的研究者彭信威认为,白银的使用,在洪武末年已经盛行,但直到明英宗弛银禁之后,白银才获得了价值尺度和流通手段这两种基本的货币职能[1]。明中叶以后,海外白银大量输入,主要是来自日本以及西属美洲的墨西哥和秘鲁的产出,其总量为中国本土产量的10倍;输入途径复杂,有经菲律宾、日本和中国澳门等多种方式,输入者则有葡萄牙人、西班牙人、日本人和中国商人各种不等。海外白银输入明代中国的机理和数量的问题,引起了全球东亚经济史专家的兴趣。有关输入机理,学界产生了主流的"生产力恢复说"、刘志伟等的"贡赋体制说"、万明的"国家赋役制度与民间市场共同作用说"和刘光临的"需求稳定通货说"等论点[2]。有关输入数量,国内外多位知名学者参加了这场从20世纪30年代至今仍方兴未艾的讨论[3],由于统计年代和统计单位的不一,各家得出的结论差别很大,若是取均的话,约在3亿两左右[4]。

从《金瓶梅》这部约成书于嘉靖至万历年间的明代小说可知,至明中晚期,白银已经在经济生活领域广为流通。《醒世姻缘传》中,描写白银的转手处不可胜数,举凡人们的社会经济行为,大到捐官、行贿、购房、买卖人口,小到日常生计消费和社交馈赠,无处不见白银的影子,铜钱的使用只能算是第二位的,而实物交易即使在农村,发生也不频繁。黄金,则除非用于行贿和高档送礼,在流通市场上十分鲜见。

在《醒世姻缘传》及其他明清小说中,我们又常见大宗白银被携带出门的描写。为什么白银这一便携性并非最佳的硬通货,反而比黄金还更常见

---

[1] 彭信威:《中国货币史》,上海人民出版社1958年版,第452—453页。
[2] 邱永志:《明代货币白银化与银钱并行格局的形成》,清华大学博士学位论文,2016年。
[3] 我们无法一一枚举所有参与讨论者,仅择要列举数位:以《白银资本》一书蜚声国内外同时也引发了诸多争议的安德烈·贡德·弗兰克,从1933年就开始研究此问题的傅镜冰,老一辈学者全汉昇、庄吉土、万志英(Richard Von Glahn)、山村耕造(Kozo Yamamura)与神木哲男(Tetsuo Kamiki)。
[4] 李隆生:《明末白银存量的估计》,《中国钱币》2005年第1期。又可参见邱永志:《"白银时代"的落地:明代货币白银化与银钱并行格局的形成》,社会科学文献出版社2018年版,第29—30页。

于远程转徙和交易呢？中国在明中叶以后，是否存在或曾经存在过可以使人避免不安全携银旅行的异地汇兑？有关中晚明社会是否存在异地汇兑机制的问题，某种意义上就像是一个小型的"明末资本主义萌芽"论题一样，一直引起明代经济史学者和中国金融史专家的兴趣。我们姑且将认为存在异地汇兑活动的一方称为"有派"，将认为不存在的一方称为"无派"。从来历史考证都是"证其有易，证其无难"的，我们不能从《醒世姻缘传》及其他资料中推导出异地汇兑活动之必无，但至少可以证明，"有派"目前所使用的资料不足引为信史。

"有派"和"无派"都注意到，由明入清的黄宗羲、顾炎武都曾提出，晚明确存在一种与唐代的"飞钱"相类似的民间"会票"，它与我们近代的"汇票"音同形似。黄氏谓："钞起于唐之飞钱，犹今民间之会票也，至宋而始官制行之。"① 顾氏谓："钞法之兴，因于前代未以银为币，而患钱之重，乃立此法。唐宪宗之飞钱，即如今之会票也。"② 何炼成将黄宗羲的"会票"理论看作对南宋的"称提钞法"——纸币的发行和管理方法——的一种阐述，并不将其与汇兑挂钩③。老一代经济史家谷霁光比较持中，他一方面承认票号乃为汇兑而生，一方面将山西票号产生的时间尽力往下压，认为万历朝沈思孝有《晋录》一书，详于山西的经济生活但未录山西票号，这说明山西票号产生的时间不会比沈思孝更早，应在明末清初④。

对黄、顾所言的"会票"，叶世昌在几部明清经济史专著中的态度不一。有时他仅肯定其兑换券性质⑤。放在清代语境里，他会很肯定地说"会票即汇票"⑥。叶世昌与另外二人合著的《中国货币理论史》承认在明语境中"会票，

---

① 〔明〕黄宗羲：《财计二》，季学源、桂兴沅编：《明夷待访录》，中国国际广播出版社2011年版，第161页。
② 〔清〕顾炎武著，〔清〕黄汝成集释，栾保群、吕宗力校点：《日知录集释》（中），上海古籍出版社2006年版，第684页。
③ 何炼成主编：《中国经济管理思想史》，西北大学出版社1988年版，第410—411页。
④ 谷霁光：《明清时代之山西与山西票号》，谷霁光：《中国古代经济史论文集》，江西人民出版社1980年版，第306—307页。
⑤ 叶世昌、潘连贵：《中国古近代金融史》，复旦大学出版社2001年版，第119页。
⑥ 叶世昌：《中国金融通史·第一卷：先秦至清鸦片战争时期》，中国金融出版社2002年版，第599页。

也就是汇票"①,但我们不能确认这就一定是叶世昌本人的意见。

"有派"的典型代表,要算近年来研究晚明金融史的年轻学者孙强,他在探讨了"会票"一词在明经济语境中的意义后,得出结论:晚明确实存在相当规模的民间异地汇兑;黄、顾所谓"会票",与近代意义上的"汇票"具有同样的功能②。孙强认为,晚明民间社会中存在的异地汇兑,可在明末清初由钱荒严重而引发的钱法讨论中得到证明。他举了明季学者陆世仪和陈子龙的例子。陆世仪称:"今人家多有移重赀至京师者,以道路不便,委钱于京师富商之家,取票至京师取值,谓之会票,此即飞钱之遗意。"于是,陆世仪主张发行银券代替白银,"于各处布政司或大府去处,设立银券司,朝廷发官本造号券,令客商往来者纳银取券,合券取银,出入之间量取路费微息,则客商无道路之虞"③。陈子龙是明末文人中少有的兼具文采、经济眼光和组织才干者,他曾以反诘法提出建言:"今民间子钱家多用券,商贾轻赀往来则用会,此即前人用钞之初意也。岂有可以私行,反不可以公行者?"④

我们认为,陆文中的"京师富商之家",明确指向私人性质。而在陈文中,"会"的功能是对应"轻赀往来"的,以文气的对立论,则前面"券"的功能就不是为了"轻赀往来",与异地、旅行无关,是在当地储蓄生利息——"子钱"——过程中产生的储蓄券。陈文中的"会"是商贾间小规模的商业合伙组织,在资金周转方面互通有无,这在当今社会中仍然很多见。商贾们既然往来无定,这种资金周转当然也可以是跨地区的。"会"的特点是不具有面向大众服务并盈利的性质。我们认为,若谓明中后期在"会票"和"会"的实物和行为中包含了某些金融信用的元素,则诚有之。这里可分为三种情况:一是长途贩运商或零售商从行店购货,因资金不够,书立票据,作为异时异地将会付款的凭证;二是货币资金的贷款行为;三是以实物质押为

---

① 叶世昌、李宝金、钟祥财:《中国货币理论史》,厦门大学出版社2003年版,第174页。
② 孙强:《晚明商业资本的筹集方式、经营机制及信用关系研究》,吉林大学出版社2007年版,第246—251页。
③ 〔明〕陆世仪:《论钱币》,〔清〕贺长龄辑:《皇朝经世文编》卷五十二《户政二十七·钱币上》,清光绪十二年武进盛氏思补楼重校本,第11页a。
④ 〔明〕陈子龙:《钞币论》,〔清〕王鎏原著,马陵合校注:《〈钱币刍言〉整理与研究》,东华大学出版社2010年版,第41页。

现款的行为,质押方可在商家获得本地取款,或在商家的异地商号取款。最后一种情形,与前所提及的"会"内部的异地资金周转,最容易被误为是异地汇兑。若谓陆、陈据零星的民间货币周转活动而欲建言明政府实行一种以官府为主导的异地汇兑制度,则亦诚有之;但以他们二人所生的时代而言,那建言完全是空中楼阁。陆氏年方33岁而明清已经鼎革,就连他这番高论,都被收录到清末贺长龄的《清经世文编》里;而陈子龙在入清后就殉节而死,更没有可能实施这一金融理念。陆、陈文中所举的民间金融活动,与孙强书中后来所举的徐光启家书的内容及《豆棚闲话》里的一则故事,都属私人间或小集团内的货币周转活动,与面向大众经营的汇兑业务有着本质的区别。事实上,在明中叶,中国的经济生活中还完全谈不上拥有远程汇兑机制,一直要到晚明,我们才能从某一假说中隐约看到这个萌芽起于晋商集团,而且这个萌芽在当时也只是晋商丝绸生意的一个伴生品而已。王守义据笔名为"花村看行侍者"的明遗民所著《谈往》中崇祯十五年户部向"江米巷绸店各商"告贷、令商人"执票与本州县官库兑银"事,猜测"政府利用了绸商内部资金流通的办法把各州县的库银汇兑到北京"。基于北京前门内外有很多与东南纺织基地有密切联系的山西绸商的史实,他推断"在资金的划汇上采取汇票制度是有可能的",其逻辑不能称严密,所取史料也很难称信史,这一极具"大胆假设"精神的"汇兑萌芽说",也不过勉强将汇兑发生的时间上限推到了崇祯年间而已[①]。

相形之下,欧洲确实比我国早了一大步。早在元代中叶的13世纪末和14世纪初,意大利以家族为依托的大商业公司已经把分号开到了地中海沿岸的巴塞罗那、马赛、突尼斯,近东口岸和伦敦、巴黎等西欧大都市。佩鲁齐家族开有16处分号,雇佣着150名代理人;阿奇亚约利家族则开有12个办事处,雇佣着41名经营者[②]。它们处理资本的方式、簿记的做法和各种形态的信用因而也得以传遍欧洲。在14世纪中期,意大利资本雄厚的银行和大商家已经在欧洲所有的重要经济中心都开设了永久性分支机构。与此同时,

---

① 王守义:《明代会(汇)票制度和山西票号的关系》,山西大学中国古代史教研组编:《山西地方史研究(第二辑)》,山西人民出版社1962年版,第103页。

② H. M. Robertson and M. Weber, *Aspects of the Rise of Economic Individualism: A Criticism of Max Weber and His School*, Cambridge: Cambridge University Press, 1933, p.40.

一轮信用革新如火炬传递般横扫欧洲，举凡社团组织、代理、通信、保险、付款方法、汇兑、信贷等都采用了源自意大利的新制度。汇票的广泛使用使商业活动更为安全。这种信用手段又很快发展成债券证书[①]。利率的降低，有力地促进了欧洲资本主义萌芽的发展。

有关意大利城邦国家和美第奇等家族银行在金融制度方面的领先与革新，拉里·尼尔（Larry Neal）在其《国际金融简史》中专列一章《意大利人发明了现代金融》，他对意大利银行如何为位于罗马或法国亚维农（一译阿维尼翁）的教皇汇去自西欧地区敛收的教区税金所叙甚详[②]。"教皇汇款"（Papal Remittance）被认为是在文艺复兴早期极大促进了欧洲金融发展的一个需求。另一有关文艺复兴早期金融活动的经济研究，则非常强调比利时西北部城市布鲁日（Bruges）在汇兑及其他金融业务上的先进角色，作者将布鲁日称为"资本主义的摇篮"（Cradle of Capitalism）[③]。

很多治中国古代金融史的学者，大约是遗憾于我国金融信用的起步瞠于欧洲之后，带着一种补偿性的心理，总想为中国金融史寻找一位"汇兑制度的始祖"，愈早愈好。找来找去，他们发现嘉靖后期的"华亭宰相"徐阶可以当得起这个名号。华亭在明代为南直隶下的一个县治，属松江府。于慎行在一则笔记中提及：徐阶居相位时，依托松江地区原本就发达的制造业，"多蓄织妇……松江赋皆入里第，吏以空牒入都，取金于相邸，相公召工倾金，以七铢为一两，司农不能辨也"[④]。

治经济史的学者又多喜从范濂的《云间据目抄》翻检出一则有关嘉隆时期北京一马姓商人被骗的故事，来证明徐阶已经开设民营式的汇兑企业。记载中，骗人者苏克温对马姓商人说：

"闻君将以某日归，而孤身涉数千里，得无患盗乎？我当为君寄资

[①] ［美］詹姆斯·W.汤普逊：《中世纪晚期欧洲经济社会史》，徐家玲译，商务印书馆1992年版，第567页。

[②] Larry Neal, *A Concise History of International Finance: From Babylon to Bernanke*, Cambridge: Cambridge University Press, 2015, pp.28-50.

[③] James M. Murray, *Bruges, Cradle of Capitalism, 1280-1390*, Cambridge: Cambridge University Press, 2005, pp.144-146.

[④] 〔明〕于慎行：《元明史料笔记丛刊：谷山笔麈》卷四《相鉴》，中华书局1984年版，第39页。

徐氏官肆中，索会票若券者，持归示徐人，徐人必偿如数，是君以空囊而贵实资也，长途可帖然矣。"马姓乃深德克温，即以一百五十金投之，克温佯入徐肆，若为其人谋者，出持赝票示之曰："资在是矣。"其人亟持归，付徐人。徐人以为赝，不与。乃奔赴京，语克温曰："若给我，我将无生，为之奈何？"克温已料其必反，预计以待，复作赝票如前，且佯索徐家书付之，状种种可据。其人复亟持归，示徐，徐不与，复如前。①

我们认为，无论是于慎行笔记中所载松江收税官把当地税款直接划到松江徐家、遣吏人以"牒"为支兑票据到北京相府去取现钱的做法，还是范濂文中所谓可以在北京"寄资"、在松江取出的"徐氏官肆"，都不能构成明代之有异地汇兑的证明。这两则故事都充满着"特例"（exception）和"特权"（privilege）的气息。于慎行的故事其实只是说明了徐阶如何利用权柄而中饱私囊。徐阶之致富，在于他使用特权雁过拔毛、又强制与地方政府进行不公平兑换。于慎行记录此事，也是为了从道义上表达对这位"华亭宰相"成为"聚敛之臣"的愤慨："以大臣之义处之，谓何如哉！"②他并不同意时人所谓"人以相君家巨万，非有所取，直善俯仰居积，工计然之策耳"③的说法，亦即并不认为徐阶发家符合经商致富的公平原则。

苏克温骗150两银子的故事，几乎在每一部有关中国金融信贷史的专书中都被提及，论者以为其中至少反映出两点：一、徐家金融信用企业已经民营化（针对老百姓做生意了）；二、徐家金融信用企业已经专业化（"徐人以为赝"，能两次识别假汇票）。其实，在这个故事中，我们既不能推论出徐家的汇兑业务——如果真有的话——走向民营了，也不能仅因一张赝票的辨别就推断它已专业化。

要看明白范濂这个故事，我们首先应了解《云间据目抄》这本书的性质。此书与《谷山笔麈》一样同为笔记小说性质，颇劾吴中地方官吏与乡绅之劣行，有"孔子作《春秋》而乱臣贼子惧，范君作《云间据目抄》而贪官污吏惧"之誉。范濂写苏克温骗人，重在交代这一背景："先是，苏克温听选，以

---

① 〔明〕范濂：《云间据目抄》卷三《记祥异》，民国十七年奉贤褚氏重刊铅印本，第12页。
② 〔明〕于慎行：《元明史料笔记丛刊：谷山笔麈》卷四《相鉴》，第39页。
③ 同上。

父恩善文贞公,故客其门。"①苏克温是个小人物,在明史中无录,唯隆庆五年辽阳白塔塔刹重修广佑寺,在叶巽撰文、李镇撰书的铜碑的碑文中列有他的名字,当时他身为山东济南府驻扎辽东岫岩地区的副断事②,属于都司下设的断事司,为正七品吏目。历史上的苏克温直到隆庆五年仍挣扎于明代官僚集团的最外缘,其际遇淹蹇可知。假定我们认可范濂对苏克温的身份设定,那么,他作为如日中天时期的徐阶的门客兼通家子弟,会为区区150两银子对同乡进行经济诈骗,两番造赝、试炼东家所开的银号的业务水平吗?他又造徐氏家书,难道就不怕在徐家穿帮吗?这等营苟,不像是拥有远大前程的首辅门客之所为。

"徐肆"之能识别赝票,也未必就说明"徐肆"的专业化,因为这赝票的仿真程度的参数并没有给出。从逻辑上说,马姓商人仆仆从上海松江赶回北京,就为索取这150两银子,已经很说不通了——其路费消耗恐怕都不止此数;而他在第二次拿到赝票后,为何不在北京"徐肆"兑换、至少先检查一下能兑与否再说,而又要仆仆道途间"亟持归",再到松江"徐肆"去碰一鼻子灰呢?考范濂此文,其意图主要在于丑诋徐阶及其门客,是不折不扣的小说家言。《云间据目抄》并非没有对社会风俗和经济生活的记录——有些部分还相当翔实,但主要针对"云间"(松江府别称)的本地事务,特别是丝织业的情形。"徐肆"究竟如何进行异地汇兑运作,范濂是根本就语焉不详的。用这样一份缺乏具体经营细节、写作上带有政治攻击性目的的私人笔记来证明中国之有汇兑自徐氏始,是很不严谨的。

我们这些讨论异地汇兑的笔墨,都是为了导向《醒世姻缘传》中的一处细节。该细节刚好可以反向证明,明代中后期的松江地区并没有汇兑业务——至少是没有针对普通官民可用的。在《醒世姻缘传》第五回"明府行贿典方州,戏子恃权驱吏部"中,晁思孝在南直隶华亭县官任上,欲通过苏、刘二锦衣上达九千岁王振,干谋北通州的知州。他派两名心腹家人携带1 000两银子进京行贿,与戏子胡旦一起,雇了三个长骡,起早到京城,足足走了28日。三人盘费,又额外耗去200两。试想,若汇兑业务果然存在,那么,

---

① 〔明〕范濂:《去间据目抄》卷三《记祥异》。
② 《重修广佑寺宝塔题名记》,辽宁省地方志编纂委员会编:《辽宁省志·宗教志》,辽宁人民出版社2002年版,第353页。

以晁思孝的现任县太爷之尊,他为何不使用这一便捷的资源呢?即便他确实需要打发奴仆家人与胡旦上京运作,大可以令他们空身走,因为带银上路终归是有种种不安全因素的。《水浒传》中,由一身武功的杨志押送、送给蔡太师的生辰纲还可以被晁盖劫掉,谁能保证送给九千岁的银子就能无恙抵达?胡旦与二仆因携银而行、干系重大,每人都表现出明显的焦虑,且看他们进了京城、投宿住下后的表现:

> 风餐雨宿,走了二十八个日头。正月十四日,进了顺城门,在河漕边一个小庵内住了,安顿了行李……胡旦(去了外公苏锦衣家后)因还有晁书、晁凤在下处,那一千两银子也未免是大家干系,要辞了到庵中同寓。苏锦衣道:"外孙不在外公家歇,去到庙角,不成道理,叫人去将他两个一发搬了来家同住。"胡旦吃了饭,也将掌灯的时候,胡旦领了两个虞候,同往庵中搬取行李。晁书二人说道:"这个庵倒也干净,厨灶又都方便,住也罢了。不然,你自己往亲眷家住去,我们自在此间,却也方便。"那两个虞候那里肯依,一边收拾,一边叫了两匹马,将行李驮在马上,两个虞候跟的先行去了。晁书二人因有那一千两银在内,狠命追跟。①

《金瓶梅》一书中,写西门庆及其门下生意人携大宗银两旅行者——如韩道国携四千金下杭州——处处可见,已无烦多絮。而晚出的诸多明末、清初乃至清中叶的文学作品,如《三言二拍》《儒林外史》《歧路灯》等,在描写携银旅行的方式上,仍与明中叶的作品没有大的不同。

汇兑银庄之大盛,实是清朝道光之后的事情。在此之前,大宗银两的长途转徙,主要是靠镖局保护的。文康著《儿女英雄传》,托言康末雍初间事,作品实成书于道光中叶,其社会图景其实已反映后者。小说一开头就是安老爷在河工任上失职、流落在淮安待罪,急需五千两金银补赔。安公子在京闻知,努力兑了部分银子,"雇了四头长行骡子,他主仆三个人骑了三头,一头驮载行李银两。连诸亲友帮的盘费,也凑了有二千四五百金。那公子也

---

① 〔清〕西周生著,翟冰校点:《醒世姻缘传》,第33—34页。

不及各处辞行,也不等选择吉日,忙忙的把行李弄妥,他主仆三人便从庄园上起路。两个骡夫跟着,顺着西南大路奔长新店而来。"①

明清小说中大量文本记载人们携大宗银子外出经商或旅行,只说明了一件事:在汇兑业务尚未兴盛起来的明中叶至清中叶,资金的大宗、异地转徙,使用银子仍是最普遍的。这时间跨度虽漫及三百年,但人们的金融生活方式并没有大的改变!当然,行远路,带金子也是选项之一。《儿女英雄传》中,何玉凤欲帮衬安公子三千两银子,向邓九公暂借,邓九公认为"东西狼犺,路上走着,也未免触眼",遂赠了"二百两同泰号朱印上色叶金"。值得注意的是邓九公在赠金前先发表看法:"还是本地用,远地用?如本地用,有现成的县城里字号票子;远路用,有现成的黄金,带着岂不简便些?"② "县城里字号票子"是本地使用的银行票据,远行则不能用于汇兑,甚明也。这则故事又可证前所谓"会票"并非"汇票"。邓九公本人就是镖师出身,倘若异地汇兑业果真发达,也早就没有他的饭碗了。

我们再看成书于晚清的《老残游记》,那里面对汇票的描写就十分明确了。第三回"金线东来寻黑虎,布帆西去访苍鹰"的开篇就写道,老残到了济南府,随身尚带着在古千乘(山东博兴)为黄大户治病而得的一千两银子酬金:

老残到了次日,想起一千两银子放在寓中,总不放心,即到院前大街上找了一家汇票庄,叫个日昇昌字号,汇了八百两寄回江南徐州老家里去,自己却留了一百多两银子。③

后来在第十四回"大县若蛙半浮水面,小船如蚁分送馒头"中老残又写道,他与黄人瑞在齐河旅馆里计议为妓女翠环赎身,老残表示说,他在济南省城有容堂还存放着四百两银子,可以取出来使用④。我们认为,日昇昌汇银的性质是远程汇兑,而有容堂存银的性质则是储蓄。

---

① 〔清〕文康著,泽润校注:《儿女英雄传》,凤凰出版社2008年版,第34页。
② 同上书,第103页。
③ 〔清〕刘鹗著,陈翔鹤校:《老残游记》,人民文学出版社1982年版,第23页。
④ 同上书,第162页。

金子毕竟还需再次被兑换为银两才能在商品市场上发挥购买力，因此除了行贿、高档人情、宗教捐馈如给佛像贴金等场合外，金子其实是很少在日常生活中出现的。金子被用于送礼的场合，明清小说中倒是处处可见。《红楼梦》第七回"送宫花贾琏戏熙凤，赴宁府宝玉会秦钟"，王熙凤初会秦钟，"平儿知道凤姐与秦氏厚密，虽是小后生家，亦不可太俭，遂自作主意，拿了一匹尺头、两个'状元及第'的小金锞子"①。第五十三回"宁国府除夕祭宗祠，荣国府元宵开夜宴"，宁府用了"一包碎金子共是一百五十三两六钱七分，里头成色不等，共总倾了二百二十个锞子"②。这被称为"押岁锞子"的金锞子，每锞均重六钱九分八厘五毫。"押岁"就是"压岁"，"押岁锞子"正如我们今日之压岁钱，重在外观要拿得出手。《醒世姻缘传》第八回中，在通州任上的晁夫人让女仆给儿媳计氏捎礼物回家，除银两外，还有"二两叶子金"③，这是婆媳间的体己授受，与其他的珠宝丝帛馈赠同属于高档人情。这叶子金的来源，不消说自然是晁思孝任内受贿所得。计氏自尽后，计晁两家打官司，武城县的县官暗中勒索，在一折拜帖纸上以朱笔写道："再换叶子赤金六十两妆修圣像，即日送进领价。"④晁家果然领命，派出仆人晁住"满城里寻金子"，一时还寻不到。叶子金一说为用于贴饰佛像及器物的金箔片，一说为一种金子成色非常高的熟金，形状如叶子，以云南产量为著，南宋时已经用作硬通货⑤。无论《醒世姻缘传》中的叶子金为哪一种，其不易得、缺乏市场流通性是显然的。

银子之被铸成银锭，是为了便于携带和算值。五十两的银锭称"元宝"，小银锭称"银锞""小锞""锞儿"等，零碎的白银称"碎银"。⑥但是，明代并未曾将白银铸银元，使其以计量货币、而非称量货币的形式流通。换言之，白银虽为主流货币，但本身不具备计价标准的职能，需要称量后才能计价交换。"元宝"已经最大限度上保证计量准确了，但实际上还是会出现有关

---

① 〔清〕曹雪芹、〔清〕高鹗：《红楼梦》，人民文学出版社2005年版，第110—111页。
② 同上书，第718页。
③ 〔清〕西周生著，翟冰校点：《醒世姻缘传》，第54页。
④ 同上书，第82页。
⑤ 屠燕治：《南宋金叶子考述——兼论南宋黄金的货币性》，《钱币博览》2002年第1期。
⑥ 孙光慧编著：《中国金融简史》，甘肃科学技术出版社2010年版，第56页。

成色、重量的纠纷。《醒世姻缘传》第六回"小珍哥在寓私奴,晁大舍赴京纳粟",晁大舍去集上为爱妾珍哥买珠宝,结果看中一只据称可以"念经""辟狐精"的神猫,他饶是拿出"一锭大银"来,买家还不确信:"这银虽是一锭元宝,不知够五十两不够?咱们寻个去处兑兑去。"①第三十四回"狄义士掘金还主,贪乡约婪物消灾"中,狄员外帮杨春对付贪婪乡约,让他自认晦气拿出30两银子破财消灾,杨春带了银子来,"狄员外接过来看了一看,又自己拿到后边秤了一秤,高高的不少"②,才敢将银子献出。《醒世姻缘传》中描写称银处甚多,每处都折射出白银称量的不精确带给使用者的心理焦虑。

称量标准的不确定外,白银的另外一个问题是容易以铅锡铜掺假。第六十四回薛素姐延僧忏罪,支付给白姑子的银钱是"十个雪白银锞"。这是她婆婆狄婆子临死头一年分给了狄希陈的五百两银子,共十封,狄希陈因央邓蒲风行"回背法",共偷用了一百五十两之数,为怕素姐看出,倾了锡锭,依旧做出相似的银锞,封了回去。但素姐在付账时,被见多识广的白姑子察觉,"放在牙上啃了一啃,啃着软呼呼的,说道:'这不是银子,像锡镶似的'"③。于是破绽露出。锡制的假元宝,质地软,可以用指甲划出痕迹,尚好辨认。铜锡合金(白铜)质地硬,需要靠看其色——灰白色,而非银白色,和听其音——敲击会发出铜音,来辨识。其他白银半伪品的鉴定,如银1份、铜1.5份、锡0.5份的"白银三大兑"、在冶炼过程中以铜和铁投入银汁而生成的"夹馅"银和将成品宝银钻洞后灌入铅汁的"灌铅"银,都是以外观检查和掂重所无法判断的,即使是行家,也必须采用一定的化学手段才能测试出来④。

白银又因成色的不同而产生许多名目。标准银有纹银、雪花银、细丝、松纹、足纹之别,成色差的则有摇丝、水丝、千丝、画丝、吹丝、吸丝等。《醒世姻缘传》第一回里,晁思孝选了华亭县美缺,"那些放京债的人每日不离门缠扰,指望他使银子,只要一分利钱,本银足色纹银,广法大秤称兑"⑤。第十三回"理刑厅成招解审,兵巡道允罪批详"中,晁源与爱妾珍哥为致嫡妻计氏

---

① 〔清〕西周生著,翟冰校点:《醒世姻缘传》,第43页。
② 同上书,第264页。
③ 同上书,第493页。
④ 董文超主编:《中国当代金银管理通览》,中国金融出版社1994年版,第230页。
⑤ 〔清〕西周生著,翟冰校点:《醒世姻缘传》,第3页。

自尽事吃官司,邻居妇女高四嫂作为人证,陪他们至东昌巡道衙门驻扎所在地临清受审。高氏虽说是收了晁家钱财才来,但因官司还要"解道","不知在那州那县,那得这些工夫跟了淘气"①。故此大发牢骚,惹得晁源回骂:"我为合你是邻舍家,人既告上你做证见了,我说这事也还要仗赖哩,求面下情的央己你,送你冰光细丝三十两、十匹大梭布、两匹绫机丝绸、六吊黄边钱……送这差不多五十两银子己你,指望你到官儿跟前说句美言,反倒证得死拍拍的,有点活泛气儿哩!"②

白银用作日常人情送礼,则倾为银锞子比较好。但在实际社会生活中,小额人情往还频繁,多数时候直接给银,外面加礼盒或荷包即可。第四十四回狄婆子去薛家为素姐上头,同时也见到了未过门的女婿薛如兼。天下丈母娘见女婿都是欢喜的,狄婆子也不例外:

> 狄婆子甚是喜悦,拜匣内预备的一方月白丝绸汗巾,一个洒线合包,内中盛着五钱银子,送与薛如兼做拜见。薛婆子道:"你专常的见,专常的叫你娘费礼,这遭不收罢。"薛如兼也没虚让一让,沉沉的接将过来,放在袖内,朝上又与丈母作了两揖。③

汗巾荷包外加五钱银子能重到哪里去?"沉沉的接将过来"自然是一种修辞,说明五钱银的作为送礼的经济价值就不算低了。但为何晁源送给高氏"冰光细丝"银外,还需要搭配了"六吊黄边钱"?黄边钱是什么?黄边钱为何会有用于行人情的价值?这就要涉及明代铸钱的话题了。

二、黄边钱及劣质钱

在明代立国之前,朱元璋已开宝源局铸钱,但由于铜料不足、不利财政集权等多重因素,钱法未成气候。洪武八年发行宝钞,铜钱地位逐渐走低,甚至经历了自洪武二十七年至景泰初年的一段禁用期。在实行纯纸币政策

---

① 〔清〕西周生著,翟冰校点:《醒世姻缘传》,第99页。
② 同上书,第100页。
③ 同上书,第338页。

的时期，出于外交和对外贸易的需要，铸钱活动并未被绝对废止。永乐、宣德两朝依然铸铜钱，其铸作、版式亦相当精整，但所产钱基本都用于在朝贡贸易中赏赐外国使节了，郑和下西洋也带出去了大量永乐钱，国内则仍苦于缺乏稳定通货；与此同时，民间的伪钱私铸开始肆行[①]。

大明宝钞不行，逐渐成为无法扭转的趋势，自成化以降，钞法全面崩溃。成化十三年正月二十三日，大兴左卫指挥使周广上言："近年钞法不行，每钞千贯只值银四五钱。"[②] 成化进士陆容谓"宝钞，今惟官府行之，然一贯仅值银二厘，钱二文"[③]。及至嘉靖初，"钞久不行，钱亦大壅，益专用银矣"[④]。这一情形，若质之以成书于嘉靖年间的《水浒传》，我们会看得最为真切。书中几乎没有对纸币的描写，铜钱也很罕见，偶有交易也论贯出现，而多数小额买卖，哪怕小到在饭店烫一壶酒、切一盘熟牛肉，也一律用银。这种唯银称大的局面，经过嘉靖一朝的努力扭转，已经有了起色；自隆庆年间起，明政府渐渐形成一种以银为主、以钱为辅的货币制度，其后虽经各种银法、钱法之变乱，这个银、钱的货币流通格局却一直被保持到清末。

嘉靖初年的"钱壅"情况，并非等同于"钱荒"。民间实则不乏钱，但乏好钱、精钱，使用者对钱币这种硬通货缺乏基本信仰[⑤]。《明史·食货志》在谈到嘉靖朝的险恶钱法情形时载：

> 先是，民间行滥恶钱，率以三四十钱当银一分。后益杂铅锡，薄劣无形制，至以六七十文当银一分。剪楮夹其中，不可辨。用给事中李用敬言，以制钱与前代杂钱相兼行，上品者俱七文当银一分，余视钱高下为三等，下者二十一文当银一分；私造滥恶钱悉禁不行，犯者置之法。[⑥]

在这种情况下，嘉靖初年面临重整钱法、取信于民的需要。嘉靖六年的

[①] 王裕巽：《明代钱法变迁考》，《文史哲》1996年第1期。
[②] 中国台湾"中央研究院"历史语言研究所校印：《明宪宗实录》卷一六一，"成化十三年正月壬戌"，中国台湾"中央研究院"历史语言研究所1963年版，第2951页。
[③] 〔明〕陆容：《菽园杂记》，中华书局1985年版，第122—123页。
[④] 〔清〕张廷玉编著：《明史》卷八十一《食货五》，中华书局1974年版，第1965页。
[⑤] 侯厚培：《中国货币沿革史》，上海书局1930年版，第100页。
[⑥] 〔清〕张廷玉编著：《明史》卷八十一《食货五》，第1965页。

铸钱,最大的变化就是开始采用铜锌合金作为铸材,取代了此前长期使用的锡青铜。锌来自含碳酸锌($ZnCO_3$)成分的炉甘石,当时名为"倭铅"或"水锡"。据宋应星写作于万历年间、初刊于崇祯十年的《天工开物》:

> 凡铸钱每十斤,红铜居六七,倭铅(京中名水锡)居三四,此等分大略。倭铅每见烈火必耗四分之一。我朝行用钱高色者,唯北京宝源局黄钱与广东高州炉青钱,(高州钱行盛漳泉路。)其价一文敌南直江、浙等二文。黄钱又分二等,四火铜所铸曰金背钱,二火铜所铸曰火漆钱。①

黄钱就是在这一铸币史分水岭上出产的不可再复的精品。金背钱是经过四次熔炼的上等黄铜所铸,钱身呈金黄,属于明代制钱中的一等钱;铜钱背肉上往往因翻砂产生的细小颗粒状凸起,若配以四火铜金黄的色泽,会造成涂金的错觉②。金背钱颜色讨喜,民间甚至有"以金涂背"的传言,老百姓钟爱不置,宜其成为送礼佳品。制钱官定作价是10文抵白银1钱,而金背钱在实际流通中作值远高于此。在万历年间,嘉靖金背钱达到了4文抵白银1钱的身价,后来年号所铸的隆庆金背、万历金背虽然也作值坚挺,可始终赶不上嘉靖金背③。

火漆钱的铜料只经两次熔炼,质量稍低,钱身色黑如铁。此外还有一种镟边钱,以镟车加工熔磨而成,钱体外缘平整而光亮④。火漆钱和镟边钱都可算作明代制钱中的二等钱。但即使是镟边钱,也因镟车加工的成本较高,在嘉靖后期就改为使用打磨的锡锬工艺了。我们认为,《醒世姻缘传》中屡称的黄边钱,广义地说,是金背钱、火漆钱与未改锡锬工艺之前的优质镟边钱的统称;狭义地说,则仅限于金背钱。金背、火漆和镟边,都属于优质的"高钱":美观、重量足、含铜量高。宋应星笔下的"高钱",铜九铅一,掷地作金

---

① 〔明〕宋应星著,管巧灵、谭属春整理注释:《天工开物》,岳麓书社2002年版,第207页。
② 张冬:《嘉靖铸钱述略》(2010年2月21日),国学网,www.guoxue.com/?p=465,最后浏览日期:2024年3月12日。
③ 王原:《学庵类稿·明·食货志·钱钞》,赵忠格主编:《古钱钞文存》,台海出版社1998年版,第292页。
④ 吴树国:《民之通货:历代货币流变》,长春出版社2005年版,第196页。

声①。黄边钱的出现,对于稳定人民对钱法的信仰、防止私铸,都起到了很好的作用。隆庆、万历两朝也都生产了各自的火漆钱和镟边钱。这三种黄边钱因差距较小,今人仅凭史料所载,再拿出土实物来比对,仍然不易区分,但藏泉界人士多认为,当时的老百姓都很懂得怎样区分它们②。

《醒世姻缘传》第五十五回"狄员外饔飧食店,童奶奶怂恿庖人",狄员外花二十四两银从京城冉家买了全灶调羹。在卖主、媒人画押,交易结束后:

> 狄员外取出一两银来,又叫狄周数上四钱银子的黄钱,与了两个媒人。那个端茶的管家,爬倒地替狄员外磕了头。狄员外知是讨赏之情,忙叫狄周数上二钱银子的黄钱与管家买酒。③

此处付给媒人的一两是他们原来讲定的佣金。事成,给每个媒人格外多加二钱银子,也是狄员外事先的允诺。在此之前,为了带调羹到童家来相看,"童奶奶数了二十个黄钱,催他(媒人周嫂儿)快去,来回骑了驴来"④。这说明,正规工钱或交易用银,额外打赏、小人情、小差使用黄钱,已经成为京城的风气。由于黄钱的珍贵性和美观性,大额送礼时,银两之外再另送黄钱,效果就如加送丝帛方物一样有面子。

明朝铸币政策最大的问题就是没有统一性,时废时立,愈发增加了钱法的混乱⑤。铸币政策的变化,常常出于如下原因:即使对于国家铸币行为来说,成本也仍然得是考量之一。铸造成本过高,使得铸钱的定额时常无法完成。铜钱与纸币不同,本身具有实际的金属价值,在实际成本价值与发行价值之间的差价,称铸息。嘉靖初期的铸钱,顾炎武称为洪武以来"最为精工",但它是以国家铸息的低下甚至赔本为代价的。徐阶在《请停止宝源局铸钱》中就说到其中的危机:

---

① 〔明〕宋应星著,管巧灵、谭属春整理注释:《天工开物》,第208页。
② 汪有民:《万历金背、火漆、镟边钱初探》,《西部金融》2000年第12期。
③ 〔清〕西周生著,翟冰校点:《醒世姻缘传》,第427页。
④ 同上书,第424页。
⑤ 彭信威:《中国货币史》,第433—446页。

盖制钱之解自南京者，其背或以金涂之，民间因谓之金背；或以火勋其背而使之黑，民间因谓之火漆。其云南所解及宝源局先年所铸，纯用铜锡不搀以铅，每钱一文，秤重一钱二分，钱边又皆经由车镟，民间因其色黄美、其质坚重、其边圆整，谓之镟边；近年局中所铸，为科官建议，革去车镟，止用铸锉二匠，而工匠人等，又复侵盗铜料，民间因其色杂、其质轻、其边锉磨粗糙，遂谓之一条棍。所谓镟边者，工费重大，故奸民不利于私铸；所谓一条棍者，工费轻省，故私铸由之盛兴，且一条棍与私铸之钱相似而难辨，误受于甲，转眼便不能行之于乙，故民间于一条棍不肯行使，并将金背等项，亦皆不行。①

嘉靖四十年以后，就连北京宝源局的官铸质量亦不能保证，从宝源局副使到作官、炉头、匠役都偷工减料，虽经整顿而终无成效。国家铸钱质量走低，私铸遂见猖獗。但这个问题在嘉靖时尚不严重，到了天启、崇祯时才真正变为不可收拾。

《金瓶梅》第三十三回，陈敬济因弄丢了钥匙被潘金莲罚唱，他唱了一首"银钱《山坡羊》"，用双关语说出了很多当时的银钱名目与制作过程：

我使狮子头定儿小厮拿着黄票儿请你，你在兵部洼儿里元宝儿家欢娱过夜。我陪铜磬儿家私为焦心一旦儿弃舍，我把如同印钳儿印在心里愁无救解……姐姐你在开元儿家我和你燃香说誓，我拿着祥道祥元好黄边钱也在你家行三坐四。谁知你将香炉拆爪哄我，受不尽你家虔婆鹅眼儿闲气。你榆叶儿身轻，笔管儿心虚。姐姐你好似古碌钱身子小眼儿大无庄儿可取。自好被那一条棍滑镘儿油嘴把你戏耍……来呵，到明日只弄的倒四颠三，一个黑沙也是不值。叫了声二兴儿姐姐，你识听知，可惜我黄邓邓的金背，配你这锭难儿一脸褶子。②

这首歌谣中，与黄边钱相关的术语我们前已介绍过。"狮子头定儿"是

---

① 〔明〕徐阶：《请停止宝源局铸钱》，〔明〕陈子龙编著：《明经世文编》卷二百四十四《徐文贞公集》，明崇祯云间平露堂刻本，第16页a—b。
② 〔明〕兰陵笑笑生著，陶慕宁校注：《金瓶梅词话》，人民文学出版社2008年版，第385页。

狮子形状的银锭,"黄票儿"是指桑穰为质的"大明宝钞"。"鹅眼儿""榆叶儿""笔管儿""古碌钱""一条棍""黑沙""二兴儿"都是当时市面上流行的各种低劣铜钱及私铸钱的外号。"行三坐四""倒四颠三"指的是好钱与劣质钱的比值①。在被编入歌谣的多种钱名中,除黄钱外基本都是劣钱,这又说明了明末私铸普遍、劣钱让老百姓大倒胃口的情形。

三、当十折子钱考证

成色不同的银子,在实际兑换中出入值会很大。在第五十回"狄贡士换钱遇旧,臧主簿瞎话欺人"里,出于为狄希陈纳监的需要,父子二人来到省城济南换"折子钱",普通银1两可换78文,足色纹银则可换80文。

换折子钱的来龙去脉,篇幅不小,加上狄希陈与孙兰姬故人相遇,在《醒世姻缘传》中整整占了一章。遗憾的是,历来对《醒世姻缘传》的考据都看不到"换钱"一事的史料价值。我们在此愿不惜笔墨,借换折子钱之事,稍稍解读几个明末的金融现象。

狄希陈纳监,是在本省布政司纳银,依的是"廪膳纳贡"的名色——因为他原已有秀才身份。学道掌案黄桂吾对狄家父子说:

"如今当十的折子钱通行使不动,奉了旨待收回去。行下文来,用这折子钱援例,咱九十个换。咱上纳时,八十个当一两。"狄宾梁问说:"这折子钱那里有换的?"黄桂吾道:"东门秦敬宇家当铺里极多。要是好细丝银子,还一两银子换九十二三个。"②

狄家父子去秦家当铺(也就是娶孙兰姬为两头大的浙江义乌商人秦敬宇)询问时,却被告知:

只怕三百两也还有,便是不够,我替转寻。但这几日折子钱贵了。前向原是朝廷要收折子钱回去,所以一切援纳事例都用折钱。那有折

---

① 王莹:《〈金瓶梅〉本事时代考四题》,临清金瓶梅学会编:《临清与金瓶梅》,山东聊城出版社1992年版,第97页。
② 〔清〕周生著,翟冰校点:《醒世姻缘传》,第384页。

钱的人家,听了这个消息,恨不得一时打发干净,恐怕又依旧不使了,一两可换九十文。若换得多,银色再高,九十一二个也换。如今折子钱将次没了,官府胶柱鼓瑟,不肯收银,所以这折子钱一两银子还换不出七十七八个来。①

这两段文字中,显然透露一个现象:当十的折子钱行使不通,政府不得不在援纳事例中强制规定使用折子钱,才能将其收回。对于大钱的行使不通之弊,宋应星的后见之明是:"其大钱当五、当十,其弊便于私铸,反以害民,故中外行而辄不行也。"②其实,便于私铸只是弊端之一,大钱不行,也有政治原因和人民的心理作用。

折子钱的收回手段,与明朝早期对大明宝钞的扶持手段有点像。宝钞不断贬值,朝廷努力维护,宣德与正统两朝停造新钞、扩大宝钞支付的税收或各种犯罪的罚款折钞,减少官俸的宝钞支付或各种使用宝钞的开支,结果宝钞还是出现恶性通胀,最终退出了市场流通③。

考明中叶至末期的各年号铸钱,唯嘉靖通宝、天启通宝和崇祯通宝三种有折十钱。嘉靖通宝仿洪武钱制,由工部宝源局铸,折二、折三、折五、当十大钱各仅铸3万文,均未投入流通。当十钱上除"一两"外,还铸以"十"记值,今日十分稀见④;天启钱与崇祯钱都劣,盖因当时已经内忧外患,经济崩溃,铸钱是为了应付财政困难。崇祯通宝开铸于崇祯元年,当时钱法极乱,命京、省、州府边镇、军卫、仓院,凡有条件处均开炉制造。所铸钱大小、轻重、厚薄、铸工均不相同,是中国钱币中最复杂的一种⑤。由于钱制不统一,盗铸日多,伪钱恶滥于市,被称亡国之象,而政府根本无力整肃,更谈不上有计划、大规模地回收行使不动的旧钱。

明熹宗的父亲光宗是个短命鬼,在位仅29天便因"红丸案"而暴毙,他的年号"泰昌"甚至未来得及铸币,后由熹宗补铸"泰昌通宝"。《明史·食

---

① 〔清〕周生著,翟冰校点:《醒世姻缘传》,第384页。
② 〔明〕宋应星著,管巧灵、谭属春整理注释:《天工开物》,第207页。
③ 张彬村:《明朝纸币崩溃的原因》,《中国社会经济史研究》2015年第3期。
④ 韩建业、王浩编著:《中国古代钱币》,北京大学出版社2007年版,第207页。
⑤ 同上书,第211页。

货志》载：

> 天启元年铸泰昌钱。兵部尚书王象乾，请铸当十、当百、当千三等大钱，用龙文，略仿白金三品之制，于是两京皆铸大钱。后有言大钱之弊者，诏两京停铸大钱，收大钱发局改铸。当是时，开局遍天下，重课钱息。[①]

天启朝百姓以"天启无道，互戒天启钱不用"[②]，抵制天启朝的大小钱币。天启朝后期发行的小平钱脆薄易碎，"铜止二三，铅砂七八"，崇祯末年则"钱式不一，盗铸孔繁"[③]。明中后期，钱质并非一概都劣。经济学家李剑农认为，嘉靖钱法过于遵循了南北朝时孔觊的"铸钱不可爱铜惜工"之理论，好钱的含铜量太高，私铸者为了得到金属，会将其偷偷熔铸，而没有被销毁熔铸的好钱会深藏在民间不出[④]。黄仁宇认为，李剑农相当于说出了劣币会驱除良币的格雷欣法则（Gresham's Law）。黄认为李说有一定道理但不完全令人满意，因为他忽略了16世纪政府铸币的数量因素和其质量管理[⑤]。

天启钱中的折十大钱质量也着实不错，同样也是白铜铸。它开铸于天启二年，停铸于天启五年。官铸折十大钱共有数种：正面有"天启通宝"字样，背面有上十、上十下星、上十左一两、上府、镇十、上十左一右密等。无怪当代钱币收藏家都为之喊冤，认为无论从铜质、重量、形制、钱面文字上看，天启折十钱完全不逊色于历朝的折十钱[⑥]。

将天启折十钱之不行全归于百姓对天启朝政治不满的原因，失之偏颇。

---

① 〔清〕张廷玉编著：《明史》卷八十一《食货五》，第1968页。
② 〔清〕孙之騄：《二申野录》卷七，清初刻本，第13页a。
③ 《钦定续文献通考》卷十一《钱币考》："御史赵洪范言：'臣令楚时，见布政使颁发天启新钱，大都铜止二三，铅砂七八，其脆薄则掷地可碎也，其轻小则百文不盈寸也。'"（清乾隆四十九年武英殿刻本，第53页b。）又，《明书》卷八十一《食货志一》："崇祯中，内帑大竭，命各镇有兵马处皆开炉鼓铸，以资军饷，而钱式不一，盗铸孔繁。末年，每银一两易钱五六千文。"（〔清〕傅维鳞：《明书》，清光绪五至十八年定州王氏谦德堂刻畿辅丛书汇印本，第8页a。）
④ 李剑农：《中国古代经济史稿：宋元明部分》，武汉大学出版社2011年版，第854页。
⑤ 〔美〕黄仁宇：《十六世纪明代中国之财政与税收》，阿风等译，生活·读书·新知三联书店2001年版，第90页。
⑥ 聂水南：《明"天启通宝"折十大钱考述》，聂水南：《钱币研究与收藏》，中国经济出版社2013年版，第31—33页。

抵制天启钱一事，实因吴县周顺昌交游及庇护东林党人，被魏忠贤爪牙逮捕遇害，后激起苏州民变——即在著名的《五人墓碑记》中张溥所谓"当蓼洲周公之被逮，激于义而死焉者也"的"吴民之乱"①。这是中国高中生都熟读的一段古文范文，此不详述。因周顺昌被吴民相约抵制天启钱，"各府州县皆和其说，将天启钱积下后传至京中，各省直出示晓谕，钱乃行。私禁凡十阅月"②。然而苏州民变之发生，已在天启六年，以此来解释天启钱整体的流通不畅，似乎不尽在理。我们认为，诠释百姓的日常经济行为，应具"在政治的背后看到经济，在经济的背后看到政治"的眼光。

明朝的钱币作值有个特色——在位皇帝的通宝钱作价高于本朝先前皇帝的通宝钱。这个例是嘉靖开的。"三十二年铸洪武至正德九号钱，每号百万锭，嘉靖钱千万锭，一锭五千文"，在前朝通宝与本朝通宝皆铸行的前提下，"而税课抽分诸厂，专收嘉靖钱"③，这表明了国家财政政策向本朝通宝的倾斜。其后，因民间用小钱需定尺度，朝廷又复秉承圣意，"定嘉靖钱七文，洪武诸钱十文，前代钱三十文，当银一分"④。在这样的前提下，如果一任天子临朝，朝政稳定，物阜民足，皇帝本人春秋鼎盛，人民自然会乐用本朝通宝，因为其值目前坚挺，且在可预见的将来仍会坚挺；设若情况反之，人民就会出于对当前无道政治的信心低落而抵制使用本朝通宝。熹宗昏庸，天启朝一朝虽仅七年，而自始至终为郁结的民怨所笼罩。天启元年，努尔哈赤已率军攻陷了沈阳，此后大明几乎逐年丧师；天启三年，魏忠贤执掌东厂，各地为之造生祠，称九千岁；后有杨涟、左光斗、魏大中等东林六君子先后枉死。明史大家孟森有"明中叶以后，朝廷大事，成败得失，颇系于阉人之赞否"⑤之叹。而客氏秽乱中宫，与魏忠贤合计逼杀"在万历时，为皇长子伴读，调护皇长子，使郑贵妃欲摭其过而无所得的"⑥好人宦官王安。明末陈子龙辑《明经世文编》里，侯震旸《劾客氏疏》已谓"道路指目，咸曰奉圣夫人客氏，靡

---

① 〔明〕张溥：《五人墓碑记》，孙广才、孙燕编著：《中国历代古文选读》，东南大学出版社2017年版，第224页。
② 〔清〕孙之騄：《二申野录》卷七，第13页a。
③ 〔清〕张廷玉编著：《明史》卷八十一《食货五》，第1965页。
④ 同上书，第1966页。
⑤ 孟森：《明史讲义》，北京理工大学出版社2018年版，第287页。
⑥ 同上。

不舌挢眼张者"①；亲历了万历、泰昌、天启和崇祯四朝的明末太监刘若愚谓客氏嫉恨懿安皇后张娘娘，"天启三年，张娘娘觉孕，客氏、逆贤乃逐去宫人之异己者，故托不更事之宫人答应。一日张娘娘偶腰痛，受捶过度，竟损元子睿胎"②。此种宫闱传言，最易在民间不胫而走，使百姓得出结论认为当朝天子无道。且天启无子，皇储阙如；天启之父泰昌帝在位二十九天即崩山陵，皇帝短命的殷鉴不远。天启五年，后金军又攻取旅顺。在这亡国气象的笼罩之下，百姓抵制天启钱，正如炒股者看低某只股票而不肯入市的心理一样。崇祯通宝的走低也是同样道理。

综上所述，既排除嘉靖通宝与崇祯通宝的折十钱，而天启朝折十钱又确实行使不通，后又有"收大钱发局改铸"之事，则《醒世姻缘传》中所说的折子钱必是天启通宝折十钱无疑。这一优质币种退出流通市场，用经济理性不能完全解释，必须结合天启朝的政治一同看待。

四、小结

使用世情小说研究明清经济问题，我们必须与同时代的其他史料相互参看，也必须自多种世情小说中反复比对同一现象。文学作品所致力的细节的经纬和叙事的逻辑性，使其对当时的社会生活记录翔实，读之令人如临其境。

《醒世姻缘传》中的黄钱和黄边钱在民间广受欢迎的现象，可证嘉靖之后几个优质币种的成功和以银为主、以钱为辅的流通格局的形成；《醒世姻缘传》中当十折子钱被收回的过程和它与白银兑价产生的浮动，体现出政府对制钱的调控。证以天启年间的政治风潮，我们可以看到，政治和经济会以相互作用的方式影响人民的心理，使其做出不完全基于经济理性的金融选择，出现优质制钱也会因受抵制而退出流通领域的情况。

明代的市场交易严重零碎化；国家货币制度朝令夕改，纸币失败；多种劣质钱名被编入歌谣，说明了明末劣钱流行、私铸猖獗。国家虽时有精工铸币，但铸币政策却无远见，又喜干犯经济规律。在这种情形下，民间将通货

---

① 〔明〕侯震旸：《劾客氏疏》，〔明〕陈子龙编著：《明经世文编》卷四百九十九《侯吏垣疏》，第2页b。
② 〔明〕刘若愚：《酌中志》卷八《两朝椒难纪略》，〔清〕潘仕成辑海山仙馆丛书，第2页b。

信仰诉诸白银,因为这时候唯剩下白银才构成稳定的通货选择。刘光临认为明代的"银进钱退"并不是金融进步的标志,而是由于劣钱、盗铸钱泛滥,逼得市场不得已做出的一个选择①。我们认为,在解释16世纪白银兴起现象的四种学说中,确以刘光临的"需要稳定通货说"理论最贴切。

  但需要指出的是,白银作为稳定通货的效用也是有限的。国家始终未使用白银这一民间真正有通货信仰的贵金属进行统一铸币,它的称重与成色,始终无法获得精确的计量标准。在白银交易中同样也存在着信用问题、作伪问题、兑换问题、流通范围问题,这些都极大地增加了交易成本,制约了明代全国市场的发展。《醒世姻缘传》及其姊妹明清文学作品中有关白银长途、大宗转徙的丰富记录,都指向异地汇兑机制在中晚明时期的阙如。而携银旅行的笨重狼冘、易于失窃的问题,亘三百年不能得到一纸汇票的解决。白银的称大并不应被诠释为明末具有成熟的商品经济的表征。

［原刊于《清华大学学报(哲学社会科学版)》2017年第6期,同名英文稿刊于《文史哲》国际版(*Journal of Chinese Humanities*)2023年第2期］

---

① 刘光临:《银进钱出与明代货币流通体制》,《河北大学学报(哲学社会科学版)》2011年第2期。

《醒世姻缘传》中折射出的明代自耕农经济兴衰

——兼谈一条鞭法和"黄宗羲定律"

《醒世姻缘传》是一部反映中国17世纪社会生活的世情小说①,虽然它的主题是婚姻制度里的惧内现象,且深富儒家道德说教气息,但因其丰厚的细节还原了明代社会生活的许多场景,遂成为珍贵的史学研究资料源泉。

有关《醒世姻缘传》可作历史研究资料的认识,最早由胡适提出。1931年12月,胡适完成《〈醒世姻缘传〉考证》一文,在结尾处,他第一次以超越文学的眼光评价《醒世姻缘传》之于社会经济史、历史书写和风俗研究的重要性:

> 读这部大书的人,应该这样读,才可算是用历史眼光去读古书。有了历史的眼光,我们自然会承认这部百万字的小说不但是志摩说的中国"五名内的一部大小说",并且是一部最丰富又最详细的文化史料。我可以预言:将来研究十七世纪中国社会风俗史的学者,必定要研究这部书;将来研究十七世纪中国教育史的学者,必定要研究这部书;将来研究十七世纪中国经济史(如粮食价格,如灾荒,如捐官价格等等)的学者,必定要研究这部书;将来研究十七世纪中国政治腐败、民生苦痛、宗教生活的学者,也必定要研究这部书。②

---

① 目前学术界对于其作者西周生的真实身份仍不能认定,对其成书时间,也只能取得一个成于明清鼎革前而付梓于清初的大致共识。本文引文所使用的版本为〔清〕西周生著,翟冰校点:《醒世姻缘传》,齐鲁书社1993年版。
② 胡适:《胡适文存》第四集第三卷《〈醒世姻缘传〉考证》,(台北)远流出版事业股份有限公司1986年版,第71页。

经济 |《醒世姻缘传》中折射出的明代自耕农经济兴衰

《醒世姻缘传》中有大量的篇幅描述了英宗复辟后的太平丰收年景,其后又写到因税制变动而造成的自耕农富户的破产现象。本文拟援引英宗复辟前后的经济数据,结合文本来探讨天顺年间是否真正存在过一个小农经济的"桃花源";其后,本文欲就明正史中所载的自耕农经济由繁荣走向凋敝的原因进行探讨,并介绍黄仁宇等现代历史学家与传统史家的不同看法;本文还将深入介绍章丘县于万历年间推行一条鞭法的过程,着眼于一条鞭法之于庶民地主或白身富户兴家的机理。通过梳理章丘前后两任县官之于一条鞭法兴废所起到的个人作用,解析"黄宗羲定律"在历史上发生的原因。

一、小农经济的桃花源是否真的存在?

尽管中国文学中并不乏对自给自足的小农生活形态的歌颂,或对如诗如画的田园牧场的描写,但由于隐士文学往往以"外来者"的视角去刻意诗意化农村的生活表象,故其客观性不高。治中国古典文学的汉学家宇文所安(Stephen Owen)将这些由一套术语、价值和形象组成,并表达了一种特定生活态度和处境的诗归入"隐逸"(reclusion)主题,这些诗的作者被宇文所安称为"隐士"(recluse)。在这些隐士中,有的是不关心政治、不想入世的厌世者(misanthrope);有的虽隐于高山和农野,仍旧"希望得到政府的征召"。他们都并不真正关注农家生活①。能够以一年中的时间顺序结构来完整反映"春耕、夏作、秋收、冬闲"的作品,存篇既不甚多,描述也未必真实详致。但古代作品中更为稀少的,还是一种对自耕农生活形态的由衷赞美之情。常见的羡农归田文学,论其创作起源,往往是文人仕宦失意后的反向寄情,或是在道家思想影响下融于自然的情怀寄寓,很少有像西周生在《醒世姻缘传》第二十四回"善气世回芳淑景,好人天报太平时"里那样,对农家真实的耕作收成情形,于细致真实的描写之外,颂赞之意又溢于笔端的。

虽然稼穑辛苦,但是当时的绣江县明水镇②,年成又好,徭役又轻,人民

---

① Stephen Owen, *Traditional Chinese Poetry and Poetics: Omen of the World*, Madison: The University of Wisconsin Press, 1985, p.30.
② 山东自古以来并没有一个叫"绣江"的县治,这名称是作者的虚构。但绣江河却是实实在在的,它是小清河的一条支流,也是章丘境内最大的一条河,又确然流经狄家故事的发生地明水镇,是以我们不妨就把"绣江"当作"章丘"的别称。

淳朴,安居乐业,"所以家家富足,男有余粮;户户丰饶,女多余布。即如住在那'华胥城'里一般"①。先说春夏秋这三个忙季里的情形:

挨次种完了棉花穄秫、黍稷谷梁,种了稻秧,已是四月半后天气。又忙劫劫打草苫,拧绳索,收拾割麦。妇人也收拾簇蚕。割完了麦,水地里要急忙种稻,旱地里又要急忙种豆。那春时急忙种下的秋苗,又要锄治。割菜子、打蒜苔,此边的这三个夏月,下人固忙的没有一刻的工夫,就是以上大人虽是身子不动,也是要起早睡晚,操心照管……才交过七月来,签穄秫、割黍稷,拾棉花,割谷钐谷,秋耕地,种麦子,割黄黑豆,打一切粮食,垛秸干,摔稻子,接续了昼夜,也还忙个不了,所以这个三秋最是农家忙苦的时月。只是太平丰盛的时候,人虽是手胼足胝,他心里快活,外面便不觉辛苦。②

三秋忙季已过,谢了土神,辞了场圃,进入农历十月中旬以后,便是"农家受用为仙的时节":

大囤家收运的粮食,大瓮家做下的酒,大栏养的猪,大群的羊,成几十几百养的鹅鸭,又不用自己喂他,清早放将出去,都到湖中去了,到晚些,着一个人走到湖边一声唤,那些鹅鸭都是养熟的,听惯的声音,拖拖的都跟了回家。数点一番,一个也不少。那惯养鹅鸭的所在,看得有那个该生子的,关在家里一会,待他生过了子,方又赶了出去。家家都有腊肉、腌鸡、咸鱼、腌鸭蛋、螃蟹、虾米。那栗子、核桃、枣儿、柿饼、桃干、软枣之类,这都是各人山峪里生的。茄子、南瓜、葫芦、冬瓜、豆角、椿牙、蕨菜、黄花,大囤子晒了干,放着过冬。拣那不成才料的树木,伐来烧成木炭,大堆的放在个空屋里面。清早睡到日头露红的时候,起来梳洗了,吃得早酒的,吃杯暖酒在肚。那溪中甜水做的绿豆小米粘粥,黄暖暖的拿到面前,一阵喷鼻的香,雪白的连浆小豆腐,饱饱的吃了。穿了厚厚的棉

---

① 〔清〕西周生著,翟冰校点:《醒世姻缘传》,第183页。
② 同上书,第184页。

袄,走到外边,遇了亲朋邻舍,两两三三,向了日色,讲甚么"孙行者大闹天宫","李逵大闹师师府",又甚么"唐王游地狱"。闲言乱语,讲到转午的时候,走散回家。吃了中饭,将次日色下山,有儿孙读书的,等着放了学。收了牛羊入栏,关了前后门,吃几杯酒,早早的上了炕。怀中抱子,脚头登妻,鬏髻帽子,放成一处。那不好的年成,还怕有甚么不好的强盗进院,仇人放火。这样大同之世,真是大门也不消闭的。若再遇着甚么歪官,还怕有甚飞殃走祸。从天吊将下来。那时的知县真是自己父母一般。任有来半夜敲门的,也不过是那懒惰的邻家不曾种得火,遇着生产,或是肚疼来掏火的,任凭怎么敲,也是不心惊的。鼾鼾睡去,半夜里遇着有尿,溺他一泡;若没有尿,也只道第二日上辰算帐了。①

西周生所极力称颂的农村富庶景象,为明英宗复辟后的年成。英宗不啻为明代历史上生平最具戏剧性的一位皇帝,灾难的1449年"土木堡事变"后,这位天子被瓦剌俘虏,其弟景帝即位;但其后能言善辩的鸿胪卿杨善出使瓦剌,居然违反景帝敕命、说动瓦剌太师先将英宗交还给北京,此后英宗一直在景帝的软禁下生活。英宗在蒙古国蒙难的经历,以及他作为政治囚犯的岁月无疑改变了他的性格,使他对底层更具同情心,也开阔了他的政治胸襟,日后他复辟登基,采取了一系列的改革措施②。

根据《醒世姻缘传》书中所载,英宗复辟时期,"轻徭薄赋,功令舒宽,田土中大大的收成,朝廷上轻轻的租税"③。这一段历史,在浩繁的《剑桥中国明代史》中并没有反映,我们只能从本土史料中窥见一二。《明史·食货二·赋役》篇内虽未尝就英宗复辟后的赋税政策做整体的论述,但的确提及复辟后的英宗政府对过去各地区间赋税"起科"不等的现象作出了适当调整:

英宗复辟之初,令镇守浙江尚书孙原贞等定杭、嘉、湖则例,以起

---

① 〔清〕西周生著,翟冰校点:《醒世姻缘传》,第184—185页。
② 英宗复辟后的政策中,最受称道的是永久性废除宫人的殉葬制度。他在临死之前所做出的这个决定挽救了此后成百上千个明代后宫女子的性命。〔清〕张廷玉编著:《明史》卷十二《本纪第十二·英宗后纪》,中华书局1974年版,第159—160页。"己巳,大渐,遗诏罢宫妃殉葬。"
③ 〔清〕西周生著,翟冰校点:《醒世姻缘传》,第183页。

科重者征米宜少,起科轻者征米宜多。乃定官田亩科一石以下,民田七斗以下者,每石岁征平米一石三斗;官民田四斗以下者,每石岁征平米一石五斗;官田二斗以下,民田二斗七升以下者,每石岁征平米一石七斗;官田八升以下,民田七升以下者,每石岁征平米二石二斗。凡重者轻之,轻者重之,欲使科则适均,而亩科一石之税未尝减云。①

经过明前期的土地重整、休养生息政策,明朝农村确然已经达到小农经济的理想之境。如《明史·食货一》所记:

"洪、永、熙、宣之际,百姓充实,府藏衍溢。盖是时,劝农务垦辟,土无莱芜,人敦本业,又开屯田、中盐以给边军,饟馈不仰借于县官,故上下交足,军民胥裕。"②

梁方仲晚年整理的《中国历代户口、田地、田赋统计》,被杨联陞誉为"同行用历代传下来的资料,非经过此书不可""寿命应不下于《通考》。换句话说,数百年后还有人要参考的"③。下面我们就以梁先生提供的数据来比较景帝景泰元年到七年,及英宗复辟后的天顺元年到七年这两个时间段的户、口、田地和米麦与丝的出产(见表1、表2)④。

表1 景泰元年至7年户、口、田地和米麦与丝的出产

年度	公元(年)	户	口	田地(百亩)	田	
					米麦(石)	丝(斤)
景泰元年	1450	9 588 234	53 403 954	4 256 303	22 720 360	64 272
2年	1451	9 504 954	53 433 830	4 156 375	23 320 780	64 385
3年	1452	9 540 966	53 507 730	4 266 862	26 469 679	64 365

① 〔清〕张廷玉编著:《明史》卷七十八《志第五十四·食货二》,第1897页。
② 〔清〕张廷玉编著:《明史》卷七十七《志第五十三·食货一》,第1877页。
③ 语出1984年6月15日杨联陞致梁方仲之子梁承邺的信。参见汤明檖:《梁方仲传略》,汤明檖:《汤明檖文集》,广东人民出版社1997年版,第225页。
④ 梁方仲:《中国历代户口、田地、田赋统计》,上海人民出版社1980年版,第190页。

(续表)

年度	公元（年）	户	口	田地（百亩）	田	
					米麦（石）	丝（斤）
4年	1453	9 384 334	53 369 460	4 627 036	26 602 618	64 229
5年	1454	9 406 347	53 811 196	4 267 341	26 840 653	64 673
6年	1455	9 405 390	53 807 470	4 267 339	26 863 931	64 184
7年	1456	9 404 655	53 712 926	4 267 449	26 849 159	64 141
平均数		9 462 126	53 578 081	4 249 815	25 665 311	64 321

表2 天顺元年至7年户、口、田地和米麦与丝的出产

年度	公元（年）	户	口	田地（百亩）	田	
					米麦（石）	丝（斤）
天顺元年	1457	9 406 288	54 338 476	4 241 403	26 848 464	113 706
2年	1458	9 469 340	54 205 069	4 263 599	16 852 695	64 320
3年	1459	9 410 339	53 710 308	4 199 028	26 845 117	57 844
4年	1460	9 420 033	53 747 400	4 262 748	26 852 575	58 013
5年	1461	9 422 323	53 748 160	4 242 010	26 287 376	113 634
6年	1462	9 309 966	54 160 634	4 245 983	24 716 887	57 833
7年	1463	9 385 213	56 370 250	4 293 503	26 629 492	114 139
平均数		9 403 359	54 325 757	4 249 753	26 363 318	82 784

如表1、表2所示，天顺年间，在户、口、田的基数都未尝异于景泰年间的前提下，丝的产量确然有明显提高，但米麦的年产量两者相去不远。天顺二年还有一次严重减产，米麦产出仅为 16 852 695 石，梁先生因为不太敢相信这个数据，在计算平均数时，甚至没有把天顺二年的数字放进去。对此，他加注说明了[1]。其实天顺二年的收成情况也许可以用天气解释：这一年是大

---

[1] 梁方仲：《中国历代户口、田地、田赋统计》，第190—191页，注释3："本项数目与前后各年相悬殊，疑为错误，故不算在平均数内。"

旱年景,《嘉兴府志》载"二年大旱,运河竭"①;《湖广总志》载"汉阳汉川大旱,人相食""醴陵大旱饥"②。

要言之,纯以数据看,景泰与天顺两个年号的农业产出相差不大,远远不到可以形成鲜明比照的地步。西周生笔下的自耕农"桃花源",只是一个区域性质的好年景而已。

二、有关自耕农经济衰敝的史家之辩

西周生在写完年丰物阜的往昔美景之后,有感于今昔之比,不由悲叹当下的苛捐杂税之恶:

> 教百姓们纳粮罢了,那像如今要加三加二的羡余。词讼里边问个罪,问分纸罢了,也不似如今问了罪,问了纸,分外又要罚谷罚银。待那些富家的大姓,就如那明医蓄那丹砂灵药一般,留着救人的急症,养人的元气,那像如今听见那乡里有个富家,定要寻件事按着葫芦抠子,定要挤他个精光。这样的苦恶滋味,当时明水镇的人家,那里得有梦着?③

我们将这段话与《明史·食货志》里的下面这段叙述对比着看,不难发现,明初的好光景的确是在嘉靖后一去不返了。

> 屯田坏于豪强之兼并,计臣变盐法。于是边兵悉仰食太仓,转输往往不给。世宗以后,耗财之道广,府库匮竭。神宗乃加赋重征,矿税四出,移正供以实左藏。中涓群小,横敛侵渔。民多逐末,田卒污莱。吏不能拊循,而覆侵刻之。海内困敝,而储积益以空乏。④

关于正史记录中的明代经济繁荣,以及从繁荣走向凋敝的原因,现代历

---

① 《嘉兴府志》卷二《祥异》,清康熙二十一年刻本,第11页a。
② 《湖广总志》卷第四十六《灾祥》,明万历刻本,第26页b。
③ 〔清〕西周生著,翟冰校点:《醒世姻缘传》,第183页。
④ 〔清〕张廷玉编著:《明史》卷七十七《志第五十三·食货一》,第1877页。

史学家往往持有与传统史家不同的看法。按照传统的史学观点,包括晚明学者自己的看法,明初良性的财政情况是由于帝国的财政政策得到了充分贯彻;晚明恶化的财政情况是由于这些政策未能完美地得到执行,于是造成了管理混乱,侵害了民生,而其中两个重要的原因是土地兼并和盐运失策。

黄仁宇却并不这么看。在《十六世纪明代中国之财政与税收》一书中,黄仁宇提出,财政政策在明初执行时早已打了折扣,这也并非是由于明代官员之不诚实或不作为,因为在落后的情况下,上层的政策与下层的实际情况脱节,中央集权的愿望超出了地方实现这些愿望的技术手段。在农业方面,各地的土壤、气候、地形、劳动力、作物的情况千差万别,很难用统一的法律贯彻到每一个角落。在这种情况下,地方对全国性政策进行变通已经成为一种必要。这种变通到了明朝后期已经变成一种通行的、公然的背离。事实上,明朝官僚机构改革变动最剧烈的是洪武一朝,此后常见的形态是旧瓶装新酒,一直到明朝中期,财政系统内很少建立新的部门或取消旧的部门,即使发生了税制、徭役方面的巨大变革——实物税收和强制徭役很大程度上已经折纳白银,金兵制被募兵制所代替——但依据习惯而行事的财政部门仍可以在不更改法律、不改变职能机构的前提下继续工作下去①。

《十六世纪明代中国之财政与税收》原是黄仁宇以客座研究员的身份,为哈佛东亚研究所的一项研究计划"哈佛东亚研究丛书"所写的一部论明代经济的专书。项目由费正清主持,黄仁宇拿到一万美元的研究经费,在20世纪70年代初的美国,这笔薪资只略低于他在纽普兹做助理教授的年薪。黄仁宇却因这本书的写作与美国学术界闹到冰炭不投的地步,原因在于,黄仁宇发现,现代社会科学史的研究方法,很难套用到明代的财政问题上来,因为人口、税收和土地的数据——所有现代社会科学所要求的"扎实的数字"——都不可能来得确切,而这种数字的不确切和标准的不统一是当年的明代技术官僚早已面对的。黄仁宇于是悟道:明代财政政策的出台居然可以衍生自一个简单的数学公式,不必考虑所有的相关因素。政策的实施全赖政府当局往下施压,因为官僚体制和一般大众之间缺乏法律和经济的联

---

① [美]黄仁宇:《十六世纪明代中国之财政与税收》,阿风等译,生活·读书·新知三联书店2001年版,第3—4页。其英文版则为 Ray Huang, *Taxation and Governmental Finance in Sixteenth-Century Ming China*, New York: Cambridge University Press, 1974, pp.2-3。

系。黄仁宇在成书过程中与他的指导人、费正清所指派给他的当代计量经济学家杜艾特·柏金斯(Dwight Perkins)产生了不能妥协的矛盾,原因就在于柏金斯认为"帝制时期的中国也可以用计量经济学来解释""没有附带指数或不能进行回归分析,就是'印象派'"——而黄觉得这样处理明史与他的经验相违[①]。

黄氏后来在他的多种著作中都曾指出,明政府在制定经济政策时追求的是简单划一。由于希望各地保持均衡发展水平以维护国家的政令统一,明政府出台的经济政策往往是以将国家经济活动保持在最低水平为基准的。这种由国家倡导并行之于经济政策上的"简朴"和"低标准"原则,反映到百姓的吃穿用度上,就是一种同样甘于"简朴"和"低标准"的经济生活方式[②]。

《醒世姻缘传》中狄希陈之父狄员外的情形,最可体现从明中叶以降的中小地主的困境。在税制改革的大环境下,中小地主们发现,能够保障他们所辛苦积聚的财富的保险箱,只有一个东西,就是为孔斐力(Philip Kuhn)所称的"古代中国最宝贵的商品:官职"。科举的成功可以给一个人带来一大长串的法律特权和豁免权,比如生员以上犯笞、杖轻罪,可照例纳赎,比如徭役的减免,比如有高级科名者(一般为举人以上)可以直诣本地县官、诉求法律公道等[③]。

狄家自狄希陈八岁起,每年出巨资供儿子读书,因为教书先生怠惰而人品败坏,狄希陈天分又差,读了五年书还不认得十个字。不得已,狄家换了新的教书先生,自建书房,每日为先生供给饮食。狄希陈出考童生成功后,狄家使费银钱无算、谢现任先生、谢帮助过狄希陈的连举人父子,还专程去恩谢无良无德的前任先生,为的是怕他捣鬼使坏,破了狄希陈来之不易的秀才前程。其中的缘故是,狄员外身为无任何功名的白丁,物质上的富庶不能转化为权势,一旦门户有事,谁也不能保护他。

[①] [美]黄仁宇:《黄河青山:黄仁宇回忆录》,张逸安译,生活·读书·新知三联书店2001年版,第255、269页。
[②] [美]黄仁宇:《十六世纪明代中国之财政与税收》,第2页。
[③] Philip A. Kuhn, *Rebellion and Its Enemies in Late Imperial China: Militarization and Social Structure, 1796–1864*, Cambridge, Mass., London: Harvard University Press, 1980, p.8.

经济 |《醒世姻缘传》中折射出的明代自耕农经济兴衰

狄员外的为人,同时又最可代表明朝早期的低标准经济政策在农民身上的成功。在轻徭薄赋的自然经济前提下,一个小农可以通过自奉菲薄、勤俭守成而成为一方富户。狄员外不是巴尔扎克笔下的葛朗台,他是书中罕有的盛德长者,在公益和戚里的往还间,他向来大方,不吝使费。他的简朴与低标准固然源于自身的谨慎厚道,但更主要是从小农经济的习惯和需要出发。我们不妨说,狄员外缩影般地代表着中国每一次改朝换代和土地重新分配后、以勤俭苦干而聚家的小自耕农的典型成功。但是当世异时移,他所积聚的财富也可以是十分脆弱的。

在1949年后的中国历史书写中,有关明朝灭亡的理论,我们所耳熟能详的是明朝亡于"土地兼并""政府横征暴敛""大地主的残酷剥削"等富有阶级斗争气息的诠释——审之以阶级斗争以外的视角,这些理论自然会受到质疑。土地的大规模重新再分配,是中国历史上稀有的事件,一般只有通过改朝换代才能完成,自洪武初年之后,它的再次发生已经是20世纪在共产党领导之下的了。黄仁宇甚至曾激进地质问,在明末,大规模的土地兼并果然曾经出现过吗? 若果如此,则纯就国家经济增长而言,这种集中型经济(concentration)应比小规模的全民所有制(universal ownership)更有利于经济发展[1]。

黄氏的结论基于一个现代性的理念,即工业化的农业生产优于自然经济,以此理论施于晚明,就未免犯了"时代错误"(anachronism)。如果说北魏和隋唐的均田制,是为了弱化大地主的政治和经济势力而制定,则明代中晚期以一条鞭法为代表的土地和税制改革,应对的则是比线性历史书写中的"土地兼并日益加重"远为复杂的情况。由于村社制度(village system)的衰落、地主阶级(landlord class)的崛起,地主-士绅阶级(landlord-gentry class)逐渐成为和君主制(monarchy)对立的力量。以打击封建领主来削弱和消除"层级土地拥有制"(graded landownership)的前朝措施,对明朝并不适用[2]。一条鞭法是呼应时代要求而出台的对应政策。它既是明代社会矛盾

---

[1] Ray Huang, *Broadening the Horizons of Chinese History: Discourses, Syntheses, and Comparisons*, Armonk, N. Y. & London, England: M.E. Sharpe, 1999, p.8.

[2] Eckhardt Fuchs and Benedikt Stuchtey, eds., *Across Cultural Borders: Historiography in Global Perspective*, Lanham: Rowman & Littlefield Publishers, Inc., 2002, p.315.

激化的被动之举,也是商品经济发展到一定程度的主动选择。但是,一条鞭法又确实是有重大缺陷的。

三、"黄宗羲定律"与章丘县的一条鞭法

在明中叶巨变的税制形势下,狄员外的兴家老路已经走到了尽头。正如他的亲家薛教授为他分析的,如果得不到来自官场势力的保护,他的财富说不定什么时候就保不住了:

> 如今同不得往年,行了条边之法,一切差徭不来骚扰。如今差徭烦,赋役重,马头库吏,大户收头,粘着些儿,立见倾家荡产。亲家,你这般家事,必得一个好秀才支持门户。如今女婿出考甚是耽心,虽也还未及六年,却也可虑,倒不如趁着如今新开了这准贡的恩例,这附学援纳缴缠四百多金,说比监生优选,上好的可以选得通判,与秀才一样优免。这新例之初,正是鼓舞人的时候。依我所见,作急与他干了这事。又在本省布政司纳银,不消径上京去。①

薛教授的这一番话有一层背景:明朝给所有官员与科举成功者以慷慨的税务和劳役减免。基于其所持有的土地的状况,这个减免最多可达——针对中央政府的最高级别的官员——30丁(财政人头)和30石谷物,最少也有——针对科举制度最底层的成功者,即生员——2丁和2石谷物②。为了保持住其身份,处于士绅阶层底部的生员不得不与科举考试制度做终身之周旋:每隔三年就要参加一次岁考。薛教授深知女婿的功底——狄希陈是靠同窗帮忙作弊和蒙题成功才考中生员的——必不能通过下一场岁考,故此建议狄员外干脆出资400两银子为儿子捐个监生。

此处"条边之法"就是"一条鞭法"的别称。梁方仲先生注意到,在湖广布政使司归州及永州府等志中及北直隶《保定府志》等文献中,"一条鞭

---

① 〔清〕西周生著,翟冰校点:《醒世姻缘传》,第383页。
② Jonathan D. Spence and John E. Wills, eds., *From Ming to Ch'ing: Conquest, Region, and Continuity in Seventeenth-Century China*, New Haven and London: Yale University Press, 1979, p.249.

法"皆作"一条边法"或"条边法","鞭"亦间写作"编"①。梁先生对一条鞭法的理解,短短几言而深入膝理:"先将每户所应输纳的赋役之额制定,然后通知人民,使各户如数输纳,免去胥吏得从中阴为轻重。"②梁方仲总结一条鞭法的特点,同样也是言简而意赅:"一是役与赋的合并;二是赋役的征收与解运事宜,从民间自理改为由官府办理;三是各项赋役普遍地用银折纳。"③

黄宗羲在《明夷待访录》中批评一条鞭法"利于一时者少,而害于后世者大矣",谓:

> 嘉靖末行一条鞭法,通府州县十岁中夏税、秋粮、存留、起运之额,均徭、里甲、土贡、顾募、加银之例,一条总征之。使一年而出者,分为十年,及至所值之年一如余年,是银、力二差又并入于两税也;未几而里甲之值年者,杂役仍复纷然,其后又安之。谓条鞭,两税也;杂役,值年之差也,岂知其为重出之差乎!使银差、力差之名不去,何至是耶?故条鞭之利于一时者少,而害于后世者大矣。万历间,旧饷五百万,其末年加新饷九百万,崇祯间又增练饷七百三十万。倪元璐为户部,合三饷为一,是新饷、练饷又并入于两税也。至今日以为两税固然,岂知其所以亡天下者之在斯乎!使练饷、新饷之名不改,或者顾名而思义,未可知也。此又元璐不学无术之过也。嗟乎!税额之积累至此,民之得有其生也,亦无几矣。④

清华大学的秦晖教授根据黄宗羲的这段话,又兼受到王家范和谢天佑先行研究⑤的启发,把中国历史上所有"并税"改制所催生出的杂派高潮总结为"黄宗羲定律",具体公式为:

两税法=租庸调+杂派/王安石役钱法=两税法+杂派=租庸调+

---

① 梁方仲:《一条鞭法的名称》,梁方仲:《明代赋役制度》,中华书局2008年版,第4页。
② 同上书,第5页。
③ 梁方仲:《明代一条鞭法的争论》,梁方仲:《明代赋役制度》,第65页。
④ 〔明〕黄宗羲撰,孙卫华校释:《明夷待访录校释》,岳麓书社2011年版,第70—72页。
⑤ 王家范、谢天佑:《中国封建社会农业经济结构试析——兼论中国封建社会长期停滞问题》,中国农民战争史研究会编:《中国农民战争史研究集刊》第三辑,上海人民出版社1983年版,第26页。

杂派+杂派/一条鞭法＝王安石税法+杂派＝两税法+杂派+杂派+租庸调+杂派+杂派+杂派/倪元璐税法＝一条鞭法+杂派＝王安石税法+杂派+杂派＝两税法+杂派+杂派+杂派＝租庸调+杂派+杂派+杂派+杂派/地丁合一＝租庸调+杂派+杂派+杂派+杂派+杂派①

秦晖的"黄宗羲定律"理论在当代中国经济领域大行其道。2003年，时任总理温家宝在十届全国人大会议上使用作自警理论、誓言要摆脱这个历史走不出去的征税怪圈——这就成为2006年中国政府全面免除农业税的先声。但秦晖的"黄宗羲定律"当然也只是一种假说，2009年就有杜恂诚提出反驳。杜的看法是：每次税制改革，都包含了土地、农民、政府、人口等相对变化的因子，绝不是杂税入正税后再生杂税那么简单。税负的轻重不在于税的名目，特别是杂税，而主要在于税率、税源、征税方法等②。我们认为，杜恂诚对历史上合税改革后产生的杂税问题的认识更接近真实。

回到狄员外的个案，为何一条鞭法在早期实行期间能为他摒挡差徭，而到了后期就有"马头库吏，大户收头"这些恶状了呢？极为可幸的是，万历年间修的《章丘县志》，专门立有《条鞭志》，再佐以其他章丘史料，我们几乎可以还原一条鞭法在章丘推行的情形，也就可以解开薛教授为狄员外分析的这番话之谜。

章丘地多肥腴，土地兼并的情形严重，在未行条鞭法之前，有功名者享有太多的免税免徭役的好处："乡宦、举监、生员，各照例优免粮银、丁银之外，一应杂办差银，毫不与及。"③而由于征税的基础是土地的"三等九则"，占地广大而田土肥腴的无功名富户显然是最吃亏的，因为"百姓有三等九则之丁银，如下下户一丁纳银一钱五分，每则加银一钱五分；至上上户一丁纳银一两三钱五分，其均徭银、力二差与夫马价、盐钞、里甲一应杂差银两，俱派于地内。又有大户收头之赔费，斗、禁、铺兵、头役之苦累"④。

---

① 秦晖：《并税式改革与"黄宗羲定律"》，《农村合作经济经营管理》2002年第3期。
② 杜恂诚：《"黄宗羲定律"是否能够成立？》，《中国经济史研究》2009年第1期。
③〔清〕钟运泰纂修：清康熙《章丘县志》卷三，清康熙三十年刻本，第34页a。
④〔明〕董复亨纂修：明万历《章丘县志》卷十二《条鞭志》，明万历二十四年刻本，第73页b—74页a。

明代徭役制度里的里甲,也称正役、户役。起初,它的差务只是"催办钱粮,勾摄公事",其后应役范围越来越广,负担越来越重,成为令人恐惧的大役。张显清研究明代官绅优免和庶民地主的负担问题,认为里甲正役的覆盖范围已经达到无穷大,凡"征解钱粮、岁办物料、官府公费、夫马差使、乡官夫皂、科贡恤政、礼仪拨给、鬼神祭祀、祗应私衙、公私燕会、酒席下程、迎送宾旅、传递政令、捉捕人犯、军需岁报、军户起解"都包括在内。由于官户的逃避,这些负担自然就落到庶民地主的头上,于是"无名之征,纷然四出",加上代赔逋赋,遂至"破资鬻产,逃亡相踵""中人之产立尽"①。

章丘县既行条鞭之后,"一不审均徭,二不设里甲,三不佥头役"②,"合一邑之丁粮充一年之役"③,"移上等之差银悉入于地"④,设置"柜头"。"柜头"为县设税银征收专柜,有了"柜头",富户就直接跟官方打交道而不需要面对里甲和头役的盘剥了。

  前项银、力二差与马价、盐钞、收头、工食等项大约每年该银一万二千余两,俱随夏秋税粮马草一概加于实在地内,及将人丁不分贫富一例出办丁银。然士夫所免者止于例,例有限;而所加者因乎地,地无穷。地愈多,银愈加,致使新行所加派者反多于旧例之所优免者。其概县殷富之家既得减上八则之丁银,又无大户收粮之累,又免各项头役之苦,尽称省便,而犹以所减派之银数加派于有地士夫之家。⑤

茅国缙行条鞭法之前,章丘县仅佥派的大户、里长、书手、总催等就有1 352人,每年所费银两过万⑥,这些人的存在,势必造成对乡里富户的敲诈勒索。《醒世姻缘传》第三十四回"狄义士掘金还主,贪乡约婪物消灾"里就

---

① 张显清:《明代官绅优免和庶民"中户"的徭役负担》,《历史研究》1986年第2期。
② 〔明〕董复亨纂修:明万历《章丘县志》卷十二《条鞭志》,第64页a。
③ 《钦定续文献通考》卷十六《职役考》,清乾隆四十九年武英殿刻本,第55页a。
④ 〔清〕钟运泰纂修:清康熙《章丘县志》卷三,第31页a。
⑤ 〔明〕董复亨纂修:明万历《章丘县志》卷十二《条鞭志》,第74页a—74页b。
⑥ 据明万历《章丘县志》卷十二《条鞭志》载,万历十四年以前,章丘县每年约用大户116人、里长103人、书手103人、总催1 030人,共计1 352人;计其开支,"每岁费银不下万金"。(第68页b—69页a。)

明写乡约勒索事。原来狄员外买了村邻杨春的一块闲地盖书房,却掘出杨春之父早年埋下的一沙坛银钱,约有二三百两之数。狄员外为人忠厚,一分不拿,都让杨春取走。但风声冒出,其事被乡约秦继楼和李云庵得知:

> 果不然动了那二位乡约的饘心,使人与他说道:"如今朝廷因年岁饥荒,到处要人捐赈。杨春是甚么人!掘了这几十万的金银,不报了官,却都入了私己。每人分与我们千把两便罢,不然,我们具呈报县,大家不得!"……乡约等不见杨春回话,又叫人传了话来,说:"你叫他到城里去打听这大爷的姓儿。只听见乡约放个屁,他流水就说'好香,好香',往年鼻子里抽不迭的。我申着你掘了一万,你就认了九千九百九十九两,只怕这一两也还要你认。你叫他仔细寻思,别要后悔!"①

杨春无法,只得仍与狄员外商量。狄员外认为"他如今待吃肉哩,就是他老子一巴掌打了他的碗,他待依哩?"②"这事按不下。这两个人,你就打发了去,后边还有人挟制,不如他的意思,毕竟还要到官,如今爽利合他决绝了罢。"③因此让杨春给他们孝敬三十两,又自陪酒饭请两位乡约吃喝,才把他们欲大肆勒索的念头压了下去。

茅国缙行条鞭之后,革除大户、里长等,行十余年后"闾阎殷富,地价腾踊"④,收效显著。他将"三等九则咸罢去"⑤,实行"按地加徭"⑥,"地愈多,银愈加"⑦。这样一来,对士大夫的优免反不及新加派项,于是出现了"乡宦举监生员之屡屡陈诉"⑧的情况;而无地贫民"每丁亦加银三分"⑨,也很难承受。

---

① 〔清〕西周生著,翟冰校点:《醒世姻缘传》,第261页。
② 同上。
③ 同上书,第262页。
④ 〔明〕董复亨纂修:明万历《章丘县志》卷十二《条鞭志》,第65页a。
⑤ 〔清〕吴璋纂修,〔清〕曹楸坚协纂:清道光《章丘县志》卷十四《金石录》,清道光十三年刻本,第125页a。
⑥ 同上书,第129页b。
⑦ 〔明〕董复亨纂修:明万历《章丘县志》卷十二《条鞭志》,第74页a。
⑧ 同上书,第34页b。
⑨ 同上。

无怪对条鞭法的抱怨是"便于庶民,而不便于士夫"①——这里的"庶民",当然指的是白身地主与富户,而非真正的贫民。这也就是狄员外能够兴家的道理。

按茅国缙既为名父(茅坤,号鹿门)之子,又为名子(茅元仪,号石民)之父。王世贞曾任青州兵备使,于章丘政疾甚稔,他的朋友黄汝亨(字贞父)为茅国缙作传,而王世贞又为是传作小序,道章丘之政及茅国缙事功甚详。王世贞感慨茅国缙为难得的循吏:

> (章丘)其户口土田几若大郡,其民富而实,亡不吹竽鼓瑟者,然徭役亦遂专一省冠,大吏往往不能亡橐于官,而缙绅土豪又时侵牟其里。闻三十年来,业已非故章丘矣。今读贞父所称茅令,下车之日,即减省一切浮费以万计,平亭其徭役,毋使羯羠,既宽,而后示之礼,相率为节俭,教授诸生经术艺文,彬彬矣。②

茅国缙在《本朝分省人物考》中亦有传,道其行条鞭事,比王序更详:

> 茅国缙,字荐卿,归安人,鹿门茅公坤仲子也,成万历甲戌进士,令章丘。至则进父老于庭,讯所疾苦,咸言邑徭赋杂纷,吏钩派析乱,于是按地之有无沃瘠,差次户上下,而赋与役繁简轻重因之给由,帖定款目,除大户,不复用重役,一切断以官募,独漕粮与派征别为一则,里正敛之,官任转输,汰冗食于官者二千人,费逾数万。③

此处说茅国缙能汰官二千人,比实数的1 352人自然是一种夸张,但也可以想见原来寄生在徭役体制内的冗吏之繁,父老抱怨的"徭赋杂纷"当非虚语。按所谓"三等九则",原为我国施用已久的徭役佥派方法,并不起源于明代,其思路原则为按人丁多寡,事产厚薄,分豁上中下三等九则,纳粮当

---

① 〔明〕董复亨纂修:明万历《章丘县志》卷十二《条鞭志》,第34页b。
② 〔明〕王世贞:《黄汝亨作茅章丘传小叙》,《弇州山人续稿》卷五十三,明刻本,第21页a—b。
③ 〔明〕过庭训:《本朝分省人物考》卷四十六《浙江湖州府》,明天启刻本,第39页a—b。

差。但是由于各地历史地理社会风俗条件之不同,徭役之金派根本不能形成全国统一的标准。将这种金派的评判标准放置到里正等乡豪手中,最易滋生不公平,若长此以往,这种不公平必然带来致命的恶果。茅国缙削去三等九则,按地之沃瘠派役,又汰去冗役,仅保留漕粮与派征所必需的役力,自然会触犯被汰者的利益。

贯有明一代,在官绅集团内部,始终存在着对于士大夫赋役优免的争议,有识者针对官绅滥免之弊,亦尝提出"参酌优免,以重儒绅;均派余田,以恤编户"①的呼吁,但几乎任何防止官户向庶民随意转嫁差役的改革动作,都会受到官绅阶层的强烈抵制。更为雪上加霜的是,法律条文又常与司法实践相脱离。从法内优免变为法外滥免是明代官绅优免制度的一大特色。诡寄、花分、寄庄、投献、赖粮这些违反朝廷法令的作法,官绅逾制,常得冒用②。茅国缙按地加徭,士大夫的优免利益又会受到侵蚀。某种意义上,他一定会被本阶级视为叛徒和仇雠。

茅国缙后任张企程,亦能"继国缙条鞭之后,与民休息"③。万历二十一年,在士大夫的不断压力下,山东巡抚下令"将原编柜头尽行裁革,佥定里长收受",又搞起收头、大户、头役等一套改革前的老办法来了。董复亨知县屈服于压力,罢去柜头,几经反复后,选取"殷实有行止善书算者三十七人"收受赋役银两。无论如何,旧制无形中又复活了④。

在道光《济南府志》中,茅国缙与董复亨的名字是并列的,二人的小传对比起来也很耐人寻味:

> 茅国缙,浙江归安人,广西佥事坤次子也,进士,万历十一年知章邱县。先是,邑中赋役繁重,民多转徙。立条鞭法,革除一切富户里甲,归之召募。数年后,闾阎殷富,百姓德之,有去思碑。行取监察御史,祀名宦。
>
> 董复亨,北直元城人,进士,万历二十一年知章邱县,博学有重名,

---

① 〔明〕朱国桢:《涌幢小品》卷十四《揭帖》,明天启二年刻本,第32页a。
② 张显清:《论明代官绅优免冒滥之弊》,《中国经济史研究》1992年第4期。
③ 梁方仲:《明代一条鞭法年表》,梁方仲:《明代赋役制度》,第223页。
④ 袁良义:《清一条鞭法》,北京大学出版社1995年版,第18页。

时江陵柄国召之,力辞不往。政暇,手不释卷,尤加意作人,视若子弟,清操不滓于利禄,若将浼焉。辑县志三十四卷,行取礼科给事中,祀名宦。①

"浼"为"玷污"之意。强调董复亨的"若将浼焉",是说他个人操持比较狷介。董复亨的史才显然逊于茅国缙许多。万历版《章丘县志》工程浩大,累计十五万字,是明修地方志里一个相当受推崇的本子。《大清一统志》亦谓董复亨"重修章丘县志三十四卷,士大夫皆善之"②。若只看到此处,董复亨留给历史的面貌似乎是一位行为清正拘谨而著述多产的学者型官僚,而茅国缙则仅是一员敢作敢为的能吏——挟泰山以超北海是他的风格。但若再细检茅、董这两位章丘名宦的生平与著述,事实又并非我们所认知的那么简单。

茅国缙的著述与董复亨相比完全不遑多让。他本来就家学有自——其父茅坤是明代著名的散文家和藏书家。茅国缙著有《晋史删》四十卷,辑有《东汉史删》,《千顷堂书目》载茅国缙著有《茅荐卿集》二十卷,又有《菽园诗草》二十卷③。而董复亨真正传世的作品只有《繁露园集》二十二卷,其书颇诋朱子等宋儒,最有名一事为诋朱子《宋名臣言行录》之不收刘安世乃因刘"尝劾程子""谈禅"及亲近"苏(轼)党"三事。因其观点与《四库全书》的主修者纪昀厌恶宋儒的态度接近,故其说为《四库提要》所采④,然《繁露园集》的水准,即使《四库提要》亦讥"其文喜剽掇词藻"⑤;其录宋儒之学案官司,详于钩心斗角,多处琐屑而八卦,文献无征,即刘安世一案已为清魏源所批倒⑥。

---

① 〔清〕王赠芳等纂:清道光《济南府志》卷三十六《宦迹四》,清道光二十年刻本,第11页b—12页a。
② 〔清〕和珅撰:《钦定大清一统志》卷一百二十七《济南府二》,清文渊阁四库全书本,第34页a。
③ 〔清〕黄虞稷撰,瞿凤起、潘景郑整理:《千顷堂书目》卷二十五《别集类》,上海古籍出版社2001年版,第629页。
④ 〔清〕魏源:《古微堂外集》卷四《书宋名臣言行录后》,清光绪淮南书局刻本,第40页b—41页a;〔清〕永瑢等撰:《四库全书总目》卷一二一、中华书局1965年版,第1040页。
⑤ 〔清〕永瑢等撰:《四库全书总目》卷一七九,第1618页。
⑥ 〔清〕魏源:《古微堂外集》卷四《书宋名臣言行录后》,第40页b—41页b。

历史是一面多棱镜，它怎样反照，完全取决于我们看它的角度。

小结

综上所述，西周生笔下的山东明水风调雨顺、春种秋收的自耕农天堂，至多只代表地方性的善政与好年景的结合，并不代表全国性的丰衣足食。英宗复辟时代的富庶，不是一个独立的现象。即或有自耕农"桃花源"的出现，也是建立于此前"洪、永、熙、宣"数朝长久积累的基础之上的。这种"丰年"的状态十分脆弱，可以随着年景变坏而破产，也可以随着制度的崩坏而走向衰敝。对起家于勤俭的自耕农而言，重税重役固然使其不堪，但就算是意图良好的税役制度改革，亦往往虎头蛇尾，新旧一番兴替之后，更易造成"黄宗羲定律"下苛政猛于虎的效果。

一条鞭法由善法变为恶法的过程，并不鲜见于中国古代赋役史，且几乎形成一种模式：起初，政府基于各种社会矛盾不得不改革税制，将正税正役与各项杂税予以合并简化，虽收一时之效，但不久后就会自毁制度，在简化的赋役外另立名目开征①。以《醒世姻缘传》的情节结合章丘地区的案例来看，一条鞭法能为自身富户"摒挡差徭"的作用是鲜明的，但由于不能平衡各阶层利益，尤其是触犯了士大夫所享有的优免利益，一条鞭法被罢用的命运也是终必难免的。

[原刊于《明清小说研究》2018年第2期]

---

① 刘玉峰：《中国历代经济政策得失》，泰山出版社2009年版，第348页。

明代奢侈性食品消费的阶层下移趋向

——兼考《醒世姻缘传》中的罕异方物名吃

《醒世姻缘传》是一部共一百回、近百万言的明末章回小说,一般认为成书于明清鼎革前而付梓于清初①。仅就饮食文化而言,《醒世姻缘传》中的描写虽不及《红楼梦》之精致上品,也不及《金瓶梅》之丰富堆积,但是它确然传神地呈现了17世纪中国北方城乡上、中、下三等家庭的饮食状态。本文考证书中所载的罕异方物名吃,论述明代奢侈性食品消费中呈现出的阶层下移趋势,并结合其他明清文献中的记录,说明这个趋势有着文化、历史和地理的三重来源。

一、明代罕异方物名吃考据

在《醒世姻缘传》第79回中,男主人公狄希陈的悍妾寄姐有喜,早孕反应严重,嗜吃各种奇特方物名吃。她的丈夫只好四处奔波,为满足她的食欲而罗致各地美食:

> 听见人说四川出的蜜唧、福建的蚪蚪汤、平阴的全蝎、湖广的蕲蛇、霍山的竹狸、苏州的河豚、大同的黄鼠、固始的鹅、莱阳的鸡、天津的螃蟹、高邮的鸭蛋、云南的象鼻子、交趾的狮子腿、宝鸡县的凤肉、登州的

---

① 《醒世姻缘传》的作者西周生的真实身份及准确的成书时间至今仍是明清小说研究界所无法解决的难题。小说中的场景、人物,从时间框架上来讲都属于明代,年限上起正统,下至成化。虽然该书主要关注婚姻制度中的惧内现象,以两世姻缘的冤冤相报设立了道德说教的主题,但由于其丰厚的细节描写还原了中国17世纪社会生活的许多场景,遂成为无价之珍的史学资料源泉。

孩儿鱼,无般不想着吃。狄希陈去寻这些东西,跑的披头散发,投奔无门,寻得来便是造化,寻不着就是遭瘟。①

蜜唧就是生吃活鼠崽。据张鹫《朝野佥载》卷二载:"岭南獠民好为蜜唧,即鼠胎未瞬、通身赤蠕者,饲之以蜜,钉之筵上,嗳嗳而行。以箸挟取,啖之,唧唧作声,故曰蜜唧。"②李时珍《本草纲目》"鼠"条载:"惠州獠民取初生闭目未有毛者,以蜜养之,用献亲贵。挟而食之,声犹唧唧,谓之蜜唧。"③当年苏轼谪居儋州,其弟苏辙则被贬雷州,缺衣少食、水土不服,瘦得皮包骨头。苏轼得知后便写了一首《闻子由瘦》相慰,特告以儋州乏肉的苦况:

五日一见花猪肉,十日一遇黄鸡粥。
土人顿顿食薯芋,荐以熏鼠烧蝙蝠。
旧闻蜜唧尝呕吐,稍近虾蟆缘习俗。④

苏轼在这里诉苦说自己起初一听到"蜜唧"这两个字都要吐,但饿极需啖,日久也就成了日常食物。于是在《闻正辅表兄将至以诗迎之》诗中,他又写了"朝盘见蜜唧,夜枕闻鸺鹠"⑤句。现在两广时兴一道生吃小老鼠的特色菜,具体吃法是:筷子夹起——鼠一叫,酱碟里一蘸——鼠再叫,送入口中一咬——鼠又一叫,所以这道菜名为"三叫"——显然它就是"蜜唧"⑥。

蝌蚪是蛙和蟾蜍的幼体,有清热解毒的功能,可治热毒疮肿。据李时珍《本草纲目》:"主治:火飙热疮及疥疮,并捣碎敷之。""俚俗三月三日,皆取

---

① 〔清〕西周生著,翟冰校点:《醒世姻缘传》,齐鲁书社1993年版,第611页。
② 〔唐〕张鹫:《朝野佥载》卷二,明万历绣水沈氏尚白斋刻宝颜堂秘笈本,第17页a。
③ 〔明〕李时珍著,钱超尘、董连荣主编:《〈本草纲目〉详译》下册《兽部》第五十一卷《兽之三》,山西科学技术出版社1999年版,第2149页。
④ 〔宋〕苏轼著,〔清〕冯应榴辑注,黄任轲、朱怀春校点:《苏轼诗集合注》卷四十一《闻子由瘦》,上海古籍出版社2001年版,第2123页。
⑤ 〔宋〕苏轼著,〔清〕冯应榴辑注,黄任轲、朱怀春校点:《苏轼诗集合注》卷三十九《闻正辅表兄将至以诗迎之》,第2009页。
⑥ 王清和:《古典小说里的地方名吃》,《美文》2012年第12期。

小蝌斗以水吞之,云不生疮,亦解毒治疮之意也。"①用蝌蚪熬汤为食,以广西苗族和贵州侗族为多。

油炸全蝎是一道平阴名菜。做法是将鲜活全蝎放入清水中,浸泡一小时,使其吐净泥沙,然后捞出空尽水,放入油锅内,炸至酥脆微黄食用。蕲蛇出自湖北省东南部的蕲春县,与蕲竹、蕲艾、蕲龟共称"蕲春四宝""天下重之",药用价值很高,泡酒可以"透骨搜风,截惊定搐"②。竹狸又名竹鼠,它喜食竹的地下茎、竹笋,其肉相当鲜美,有清炖、生焖、红烧、葱油数种烹法。唐人谓之"竹䶉""竹貓",《太平广记》引《王氏见闻》记载谓"竹貓者,食竹之鼠也,生于深山溪谷竹林之中无人之境。非竹不食。巨如野狸。其肉肥脆。山民重之。每发地取之甚艰。"③元稹诗有"䶉炙漫涂苏"④句。山东社会科学院研究员、国际学术交流期刊《饮食文化研究》主编王赛时认为,这是以紫苏为酱料涂在竹鼠肉上烤着吃,是一种唐时佳味⑤。

河豚生于浅海,自钱江潮入浙,松江潮入苏,叶梦得谓:"今浙人食河豚始于上元前,常州江阴最先得。方出时,一尾至直千钱,然不多得……二月后,日益多,一尾才百钱耳。柳絮时,人已不食……而江西人始得食。"⑥对于江浙百姓来说,"拼死吃河豚"就像家常便饭——"邻翁劝我知机早,有毒伤人如鸩鸟。世间万事是机阱,此外伤人亦非少"⑦。

《本草纲目》云:"黄鼠出太原、大同、延、绥及沙漠诸地皆有之,辽人尤为珍贵。状类大鼠,黄色,而足短善走,极肥。穴居……村民以水灌穴而捕之。味极肥美,如豚子而脆。皮可为裘领。辽、金、元时以羊乳饲之,用供上膳,

---

① 〔明〕李时珍著,钱超尘、董连荣主编:《〈本草纲目〉详译》下册《虫部》第四十二卷《虫之四》,第1807—1808页。
② 〔明〕李时珍著,钱超尘、董连荣主编:《〈本草纲目〉详译》下册《虫部》第四十三卷《鳞之二》,第1845页。
③ 〔宋〕李昉编著:《太平广记》卷一百六十三《竹貓》,中华书局1961年版,第1187页。
④ 〔唐〕元稹撰,冀勤点校:《元稹集》卷十二《酬乐天东南行诗一百韵》,中华书局2010年版,第156页。
⑤ 王赛时:《唐代饮食》,齐鲁书社2003年版,第69—70页。
⑥ 〔宋〕叶梦得:《石林诗话》卷上,收录于〔清〕何文焕辑:《历代诗话》,中华书局2004年版,第405页。
⑦ 〔宋〕周承勋:《食河豚》,《全宋诗》第45册卷二四四二,北京大学出版社1998年版,第28274页。

以为珍馔"①。明代重臣于谦《塞上即景》诗中,有"炕头炽炭烧黄鼠,马上弯弓射白狼"②句纪实。

当代固始地区宣传自己的方物,称早在隋时,固始鹅已是与金华火腿齐名的名菜,谓《隋书》载:公元582年,隋炀帝车驾临江都,奏百戏之乐,宴众爱妃于赤舰船楼上,佳肴近千种,惟金华火腿与固始鹅被风扫残云吃掉云然。网上有关固始鹅的轶事亦多据此而流传,甚至有将食鹅的妃子误为陈后主宠妃张丽华的。其实《隋书》中并无这样一段记载。然固始鹅作为肉食鹅,其养殖方法独特,固非浪得虚名。李渔谓:"鹅鸭之肉无他长,取其肥且甘而已矣。肥始能甘,不肥则同于嚼蜡。鹅以固始为最,讯其土人,则曰:'豢之之物,亦同于人。食人之食,斯其肉之肥腻亦同于人也。'"③已经道出固始养鹅的秘诀。清代名宦田文镜于雍正三年下《饬委署理事(署理直隶州印信不许勒索员员)》公文时,特别申明,对于"各属土产",需"即现钱平买亦当避薏苡之嫌",其所举四种土产中就有固始之鹅④。

谈迁《枣林杂俎》:"元氏《长庆集》云:'元和十五年,奉宣令采同州双鸡五联,各种四斤……'今同州鸡无闻,止称泰和鸡、莱阳鸡。"⑤这说明了莱阳鸡在明清时期的著名。至于天津螃蟹,有海、河两种,都称著名。一种是春季的海蟹,"津门三月便持螯,海蟹堆盘兴尽豪。"⑥另外一种是出自近郊军粮城、芦台、葛沽、小站、咸水沽等地的河蟹,虽个头不大,但肉肥黄多,异常鲜美⑦。

腌鸭蛋的技术,早在一千五百年前已载贾思勰《齐民要术》。高邮及附近的宝应、兴化一带,因位于湖荡众多的苏北下河水乡,养鸭业自古发达,高

---

① 〔明〕李时珍著,钱超尘、董连荣主编:《〈本草纲目〉详译》下册《兽部》第五十一卷《兽之二》,第2156页。
② 〔明〕于谦著,林寒校注:《于谦诗选》,浙江人民出版社1982年版,第67—68页。
③ 〔清〕李渔著,杜书瀛译注:《闲情偶寄》卷五《饮馔部》,中华书局2014年版,第567页。
④ 〔清〕田文镜撰,张民服点校:《抚豫宣化录》,中州古籍出版社1995年版,第99页。
⑤ 〔清〕谈迁著,罗仲辉、胡明校点校:《枣林杂俎》中集,中华书局2006年版,第495页。
⑥ 〔清〕吴惠元修,〔清〕俞樾纂:《清同治天津县志》卷十九《艺文四》,清同治九年刻本,第49页b。
⑦ 杨琳等编著:《天津民俗》,甘肃省古籍文献整理编译中心编:《中国民俗知识》,甘肃人民出版社2008年版,第75页。

邮鸭所产蛋个大量重,比别处的普通鸭蛋平均重 30 克左右,且令人称奇的是多为双黄蛋。嘉庆《高邮州志》卷四载:"邮水田放鸭,生卵,腌成盛桶,名盐蛋,色味俱胜,他方购买之。"①高邮咸鸭蛋具"鲜、细、嫩、松、沙、油"等特点,中间没有硬心,其蛋心的色泽之红,引来"高邮鸭蛋赛朱砂"的美誉②。

"象鼻炙"为唐代美食的八珍之一。刘恂《岭表录异》载:"广之属郡潮、循州,多野象。潮循人或捕得象,争食其鼻,云:'肥脆,尤堪作炙。'"③唐人段公路撰《北户录》中有相似内容,且加了一句:"滋味小类猪而含消。"④这里是指口感细腻似猪肉,入口即化。这又说明象鼻炙与烤猪的味道很相近。

宝鸡的凤肉,疑为宝鸡凤翔出产的腊驴肉。"凤肉",一般解释为风干制作的肉,因"风"与"凤"同音而常假借使用,故又称"凤肉"。如将"凤肉"限定到宝鸡地区,则只有以凤翔驴肉对应最为贴切。腊驴肉的制作,原料取自膘肥肉满的"关中驴"的驴腿,工序复杂,其中包括白天挂于阳光下晾晒风干的步骤,故称之为"凤肉"也可。

孩儿鱼即大鲵,是一种肉食性的两栖动物,它的叫声像婴儿的哭声,故又名娃娃鱼,现在是国家二级保护动物。李时珍《本草纲目》录"鱼形微似鳎,四足,腹重坠如囊,身微紫色,无鳞,与鲇、鮠相类。尝剖视之,中有小蟹、小鱼、小石数枚也。"又提及:"今渔人网得,以为不利,即惊异而弃之,盖不知其可食如此也。"⑤可见即使在李时珍生活的嘉靖年间,大众仍不知孩儿鱼可食甚至可作为美味来烹制。登州孩儿鱼在明末也该算是一种非常小众的美食了。

寄姐的"孕妇奇嗜方物食品名单"上唯一找不到对应就是"交趾的狮子腿"一物。《马可波罗行纪》第126章记有"交趾国州",然已被近代的交通史学者冯承钧考证为彻里,即今之西双版纳一带⑥。按永乐、洪熙、宣德三朝,为"安南属明时期",亦即越南史中的"第四次北属时期",交趾承宣

---

① 〔清〕杨宜仑修,夏之蓉纂:《清嘉庆高邮州志》卷四,清道光二十五年范凤谐等重校刊本,第16页a。
② 周彭、钟益、吴越:《江苏特产》,江苏科学技术出版社1982年版,第51—53页。
③ 〔唐〕刘恂:《岭表录异》卷上,清光绪二十五年广雅书局刻武英殿聚珍版丛书本,第8页a。
④ 〔唐〕段公路:《北户录》卷二,清光绪间归安陆氏刻十万卷楼丛书本,第8页a。
⑤ 〔明〕李时珍著,钱超尘、董连荣主编:《〈本草纲目〉详译》第四十四卷《鳞之四》,第1884页。
⑥ 〔意〕马可波罗:《马可波罗行纪》,冯承钧译,上海书店出版社2006年版,第292—293页。

布政使设于永乐五年,废于宣德三年,历时虽不太长,而明朝民众已惯于以"交趾"来指代"安南"。安南地区自汉赵佗起,多数时期为中原朝代的藩国,其向中央政府进贡,物产品类虽多,却未闻有狮子一种,更勿论食品中的"狮子腿"了。安南大型动物中常入贡者唯象、犀两种。而有明一代之以朝贡方式输入狮子,则都是来自西亚、中亚诸国①,大明使臣、与郑和齐名的旅行家陈诚因作《狮子赋》,颇有流传。陈诚在洪武三十年亦曾奉诏出使安南,他的文集中尚存有该年四月初一日安南国王陈日焜写给他的信②——这已是在陈朝被篡的前夕。若陈诚果然在安南看到了狮子,岂会不写下一篇安南版的《狮子赋》?"狮子腿"究竟如何能出自"交趾",实在令人费解。

在这份"孕妇奇嗜方物食品名单"上,虽说作者为讽刺寄姐的不合理要求、写作上有喜剧夸张之嫌,却也在另一个角度反映出明末方物名吃之丰富。由于地理位置的相近,在北京能找到的各地奇异方物,在山东省会济南也同样能找到。作者之夸列各地方物,在《醒世姻缘传》第50回中还有一次。狄希陈父子去济南纳监,因要在当铺换折子钱,竟与娶了狄希陈旧日情人孙兰姬的秦敬宇打上了交道。秦敬宇是浙江义乌商人,他的当铺不过中等规模而已,当年他娶青楼女子孙兰姬做"两头大"的花费是100两银子。闻知心上人要来,孙兰姬喜出望外,准备了无比丰富的菜式,可惜秦敬宇提前回家,这个破镜最后并没有重圆:

> 孙兰姬甚是欢喜,妄想吃酒中间还要乘机相会,将出高邮鸭蛋、金华火腿、湖广糟鱼、宁波淡菜、天津螃蟹、福建龙虱、杭州醉虾、陕西琐琐葡萄、青州蜜饯棠球、天目山笋鲞、登州淡虾米、大同酥花、杭州咸木樨、云南马金囊、北京琥珀糖,摆了一个十五格精致攒盒,又摆了四碟剥果、一碟荔枝、一碟风干栗黄、一碟炒熟白果、一碟羊尾笋簸桃仁。又摆了四碟小菜,一碟醋浸姜芽、一碟十香豆豉、一碟莴笋、一碟椿芽。一一预备完妥。知狄希陈不甚吃酒,开了一瓶窨过的酒浆。实指望要狄希陈

---

① 王颋、屈广燕:《芦林兽吼——以狮子为"贡献"之中西亚与明的交往》,《西北民族研究》2004年第1期。

② 〔明〕陈诚著,王继光校注:《陈诚西域资料校注》,新疆人民出版社2012年版,第20—22页。

早到,秦敬宇迟回,便可再为相会。①

上述两段出自《醒世姻缘传》的引文中提到的各处特产,许多至今仍为地方饮食文化的黄金招牌。一个中等富裕程度的北京家庭,居然能为一个怀孕的妾罗致这样多的奇异特产以资其口腹之欲;一个在济南做中等规模当铺生意的外地商人的"两头大"外室,居然能在请客时摆出这样多的精致食盘,这在现代读者看来未免奢侈。不过,衡之以晚明城市生活中弥漫的美食之风,这一情形又不是那么不可思议了。

在明清小说中,有一段堪与《醒世姻缘传》的方物穷举相媲美的文本,出自《梼杌闲评》的第22回"御花园嫔妃拾翠,漪兰殿保姆怀春":

> 门悬彩绣,地衬锦裀。正中间宝盖结珍珠,四下里帘栊垂玳瑁。异香馥郁,奇品新鲜。龙文鼎内香飘蔼,雀尾屏中花色新。琥珀杯、玻璃盏,金箱翠点;黄金盘、白玉碗,锦嵌花缠。看盘簇彩巧妆花,色色鲜明;接席堆金狮仙糖,齐齐摆列。金虾干、黄羊脯,味尽东西;天花菜、鸡鬃菌,产穷南北。猩唇、熊掌列仙珍,黄蛤、银鱼排海错。鹿茸牛炒,鲟鲊螺干。蟹蝤满贮白琼瑶,鸭子齐堆红玛瑙。燕窝并鹿角,海带配龙须。莱阳鸡、固始鸭,肥如腻粉;松江鲈、汉水鲂,美胜题苏。黄金叠胜,福州橘对洞庭柑;白玉装盘,太湖菱共高邮藕。江南文杏兔头梨,宣州拣栗姚坊枣。林檎橄榄,沙果苹婆。榛松、莲肉蒲桃大,榧子、瓜仁密枣齐。核桃、柿饼、龙眼、荔枝。金壶内玉液清香,玉盘中琼浆潋滟。珍羞百味,般般奇异若瑶池;美禄千钟,色色馨香来玉府。②

《梼杌闲评》是一部揭露宦官魏忠贤乱政的晚明小说,又名《明珠缘》。这段文字是写魏忠贤眼中的皇家生活——正宫娘娘在御花园宴请各宫妃嫔及太子妃——故其笔墨纷繁、渲染之至。然细考其所举,我们发现,其中多种方物也并非民间所不能致。我们甚至可以说,晚明的上等社会与中等富

---

① 〔清〕西周生著,翟冰校点:《醒世姻缘传》,第386—387页。
② 〔明〕无名氏著,刘文忠校点:《梼杌闲评》,人民文学出版社1983年版,第263—264页。

裕的城市家庭,其所能享用的罕异方物名吃范畴,已经有了相当的重合。

二、明代文人墨客对美食文化的推波助澜

明代食书在宋元基础上发展出了烹饪和食材理论的新高度。《多能鄙事》《墨娥小录》《居家必用事类全集》《便民图纂》等都是"为民服务"型的饮食书,而张岱的《陶庵梦忆》《琅嬛文集》、何良俊的《四友斋丛说》、陈继儒的《晚香堂小品》、冒辟疆的《影梅庵忆语》、文震亨的《长物志》、李渔的《闲情偶寄》等,尽管不是专门的饮馔类作品,但都有相当篇幅专谈饮食与方物,是则为文人笔下的"吃的艺术"——与现代文人梁实秋的《雅舍谈吃》实异代而同趣。

明末文人张岱自诩"越中清馋",特喜吃各地方物,他在《陶庵梦忆》中枚列自己曾经吃过的土特产,几乎涵盖全国所有省份。

> 越中清馋无过余者,喜啖方物。北京则苹婆果、黄鼠、马牙松,山东则羊肚菜、秋白梨、文官果、甜子,福建则福橘、福橘饼、牛皮糖、红乳腐;江西则青根、丰城脯;山西则天花菜;苏州则带骨鲍螺、山查丁、山查糕、松子糖、白圆、橄榄脯,嘉兴则马交鱼脯、陶庄黄雀,南京则套樱桃、桃门枣、地栗团、窝笋团、山查糖,杭州则西瓜、鸡豆子、花下藕、韭芽、玄笋、塘栖蜜橘,萧山则杨梅、莼菜、鸠鸟、青鲫、方柿,诸暨则香狸、樱桃、虎栗,嵊则蕨粉、细榧、龙游糖,临海则枕头瓜;台州则瓦楞蚶、江瑶柱,浦江则火肉,东阳则南枣,山阴则破塘笋、谢橘、独山菱、河蟹、三江屯蛏、白蛤、江鱼、鲥鱼、里河鲻。远则岁致之,近则月致之、日致之。①

"吃的艺术"自上而下流漫,表现出由京师至外省、由城市至乡村、由巨富至小康的方向特征。其中最常见的是烹饪方法的借鉴。《醒世姻缘传》中,狄希陈之父狄员外在京城纳得一厨娘为妾,名调羹,她善制京城风味的炒螃蟹,做法是"把螃蟹外头的那壳儿都剥去了,全全的一个囫囵螃蟹肉,连

---

① 〔明〕张岱撰,马兴荣点校:《陶庵梦忆》卷四《方物》,中华书局2007年版,第55页。

小腿儿都有,做汤吃,一碗两个。"①我们如将此节与《金瓶梅》对照来看,不难发现此处就是吴大舅赞螃蟹的翻版:西门庆赞助常时节买了房子,常的老婆遂亲手做了"四十个大螃蟹,都是剔剥净了的,里边酿着肉,外用椒料、姜蒜米儿、团粉裹就,香油炸,酱油醋造过,香喷喷酥脆好食。"②《醒世姻缘传》受《金瓶梅》影响的地方当然不止此。刘、苏二锦衣与九千岁王振拜寿一节,也有模仿"西门庆东京庆寿诞"的影子。《醒世姻缘传》这部笔力并不输于后者的巨著,在饮食上的描写要平实得多,盖因两书主要人物的阶层不同,故《金瓶梅》着眼在西门庆这样的巨商富户,而《醒世姻缘传》着眼在狄员外这样的小康人家。但即使小康人家的一饮一啄,竟也处处体现上层风尚的影响。小康人家的饮食渐学巨商富户,正说明了明末物质生活流风相师、市民文化竞向上层学习的趋势。

日本东京大学东洋文化研究所的大木康(Yasushi Ōki)将文震亨、陈继儒、李渔等人的著述称为"晚明中国审美生活的教科书"(Textbooks on an aesthetical life in late Ming China),他的同名研究探讨了明末时人追随这些风雅文人、学习时尚做派的有趣现象③。以大木康的看法,由于元代的部分时间段关闭了知识分子的科举考试之门,遂在中国历史上第一次产生了一种将志趣完全投入私人空间——如写诗作画、吃喝玩乐——的纯文人,他们与苏轼一类的前朝文士不同。苏轼固然也在其私人空间中致力于文学艺术乃至烹茶美食一类的活动,但他毕竟仍有着"士"与"官员"的公众身份。从元代传承下来的这一脉纯文人的志趣,在明末得到了发扬光大。为什么呢?答曰:因为市场的存在。大木康最后的结论是:

> 在日本的德川时期(1603年—1867年),人们的社会身份是固定的。再有钱的富商也不能成为武士,进入仕途。因此,商人只有创制自己的文化,也就是普通人的文化。在中国,情形则相反,"文人"并不意

---

① 〔清〕西周生著,翟冰校点:《醒世姻缘传》,第444页。
② 〔明〕兰陵笑笑生著,陶慕宁校注:《金瓶梅词话》,人民文学出版社2008年版,第764页。
③ Yasushi Ōki, "*Textbooks on an aesthetic life in late Ming China*", in *The Quest for Gentility in China: Negotiations Beyond Gender and Class*, eds. Daria Berg and Chloë Starr, London and New York: Routledge, 2007, pp.179-187.

味着一个严格的阶级。普通人可以通过科举考试成为文人。在繁荣的晚明江南社会,普通人获得了经济权力,他们比以前更渴望得到高贵的身份。但由于社会上并无一种纯正的民众文化,故他们亦只能企望于文人文化。如此一来,他们就需要指南手册了(manuals)。这层原因,我相信,即是晚明有关审美生活方式的文士指南手册盛行的背景。①

我们认为,大木康对德川时期与明末两种社会形态的概括,未免太过线性了。众所周知,中外学界对德川时期的经济和社会形态的研究十分透彻,结论也相当多样化,早已突破了"社会等级制度固囿商人发展"的一元论断。我们恐怕不能如此简单地下结论说:日本由于商人"向上社会流动性"的内压无处释放,故催生出了独有的市民文化;而中国市民可以任意模仿文士,"向上社会流动性"不成问题,故其市民文化乃为文士文化的一种模仿品。

事实上,明代市民若要追随文人士子的精致生活方式,首先也面临着对社会等级的突破问题:庶民在吃穿用度上的逾制,同样也是明代的禁奢令所不能允许的。明代在立国之初,就在饮食上制定了一套等级制度,特别严令在饮食器皿的使用上不得逾矩:"洪武二十六年定,公侯、一品、二品,酒注、酒盏金。余用银。三品至五品,酒注银,酒盏金,六品至九品,酒注、酒盏银,余皆瓷、漆。木器不许用朱红及抹金、描金、雕琢龙凤文。庶民,酒注锡,酒盏银,余用瓷、漆。"②在洪武皇帝眼中,对饮食的规范不仅仅为了提醒人们俭省的美德,与舆服制度一样,对酒器食器的规定还代表着对有序社会等级的强调。

此类禁奢令不仅常出于洪武年间,贯有明一代,中央政府时常以诏书、布告、敕文、法律的形式对禁奢令进行加强,或发布新的内容。建文四年(即洪武三十五年),"申明官民人等、不许僭用金酒爵。其椅卓(桌)木器之类、亦不许用朱红金饰"③。在同一年发布的禁奢令里,还有"申明军民房屋、不许

---

① Yasushi Ōki, "Textbooks on an aesthetic life in late Ming China", in *The Quest for Gentility in China: Negotiations Beyond Gender and Class*, eds. Daria Berg and Chloë Starr, London and New York: Routledge, 2007, p.186.
② 〔清〕张廷玉编著:《明史》卷六十八《舆服四》,中华书局1974年版,第1672页。
③ 《大明会典》卷六十二《礼部二十》,明万历十五年内府刻本,第6页a。

盖造九五间数。一品二品、厅堂各七间。六品至九品、厅堂栋梁、止用粉青刷饰。庶民所居房屋从屋、虽十所、二十所、随所宜盖、但不得过三间"①"申明官员伞盖、不许用金绣朱红妆饰"②等条目。按后世文献亦有将"建文四年"称"洪武三十五年"者，盖建文被篡后，其年号不被允许使用，遂被并入洪武，在洪武终年（三十一年）上进行叠加。建文制度之于洪武制度有一定的连续性，也有明显的改变，主要表现为削藩、宽政、减刑及文官制度改革。其文官制度改革仿周礼定官制，提高了文官的地位，这势必会加强政府在礼制方面的要求，表达在法律上，就会有更为繁复、细致的禁奢令的出台。正德十六年，规定"职官一品二品、器皿不许用玉、止许用金、以为定例。其商贾技艺之家、器皿不许用银。余与庶民同。官吏人等、不许僭用金酒爵。其椅卓木器之类、并不许朱红金饰。"③正统、景泰、天顺、成化、弘治、万历年间，各自有若干禁奢令发布，只不过都不及洪武年间之详严。细观洪武以降的禁奢令，原则大致相同，内容趋于繁复，新颁法令有时亦有补订之意，这些都显示出政府文官集团在禁奢思维上的连贯性。正德十六年四月二十，年仅31岁的正德皇帝朱厚照病死于豹房。正德离经叛道，少年嬉游，明朝的文官集团未尝见识过这等大胆出格的天子，简直拿他没有办法。正德也的确不似一位会花心思去干涉别人使用何种酒器及桌椅的皇帝。正德十五年九月，皇帝渔于积水池舟覆，救免，遂不豫，次年一月已病重不起，三月已在弥留之际。这份发布于正德十六年的禁奢令，无论出于正德生前还是死后，其实都是文官集团的手笔④。

  明代禁奢令的特点是：作为国家典令，细节繁多，数米量柴，而对违禁者的处罚，在法律层面上规定得过于苛严，以至从一开始就很难执行；至中晚期，当明代经济环境已经发生了本质变化后，以早期粗简的"一刀切"法令来应对千变万化的社会实情，就变得更为肤泛不切，难以操作。然而，如将这些禁奢令完全视同废纸，则也未免太过简单化了。不错，进入明代中晚期，社会流动性加强、阶级分际不再如明初般鲜明、逾界违礼的现象发生频

---

① 《大明会典》卷六十二《礼部二十》，第 2 页 b—3 页 a。
② 同上书，第 4 页 b。
③ 同上书，第 6 页 a。
④ 张廷玉编著：《明史》卷十六《武宗》，第 212 页。

仍,但禁奢令试图将每个民众禁囿于他的原生社会定位——这个定位由他的出生决定,在概率很小的情形下,可由科举、军功、捐官或联姻提升——的效力,显然还是有一定惯性的,在国初法令被忽略无视的背后,我们不应否认,它们仍然对中晚明社会具有一定程度的震慑作用,因为这些法令从未真正被政府所废止。

大量的晚明文人,出于对倾颓的阶级秩序的困惑和对性道德崩坏的不满,将他们的一腔愤怒发泄到道德书、家训、行事箴和白话小说的写作中去,《醒世姻缘传》也是这类作品之一。严格意义上来说,甚至"淫书"《金瓶梅》也是一部批判性自由的警世之作。但吊诡的是,尽管这些自恃以道德警世的晚明文人本意是要对两性的放荡、物质的穷奢进行口诛笔伐,但在真正写作中,他们又不禁沉迷于对物质和两性的细节描写,毕竟,他们就是从吃喝玩乐的极欲、酒色财气的争逐中经历过来的,严重的末世感并不能驱散他们想要加入明末物质主义狂欢的愿望。以上这个大背景,就造成了明代饮食类著作数量可观:不仅文人墨客以撰述美食为雅事,笔记小说多载罕异方物的烹饪方法,有关市井之家的饮馔常形也多见诸地方志中。

三、北京美食文化的天时与地利

在靖难战争中打败侄儿建文帝、攫取皇位之后,明成祖决定迁都北京,一则是为了回归他原来做燕王时的大本营;二则因中国历来的边患都在北方,无论是亲王守边还是大将守边都容易造成尾大不掉的军事割据,故此成祖要"天子守边"。

由于其特殊的地理位置及其在明之前作为金国首都(时称中都)和元朝首都(时称大都)的历史,北京长久以来就是一个国际性都市,汇集了女真、渤海、契丹、回鹘、突厥、波斯、大食等异族人民和异族政权带来的文化。就饮食文化而言,北京也是多种美食的会冲之地,丰富的食品原料、调料、香料、庖厨都汇聚于此。北京以北的各色游牧民族,特别是在13世纪后期入主中原的蒙古人,给北京的饮食文化带来巨大的影响;元征服之后,又有大量来自中亚、西亚和欧洲的色目人徙居中原,他们中的很多人服务于元政府,在北京定居,又为北京的烹饪文化带来了强烈的伊斯兰色彩。如果《马可波罗行纪》是可信的,当时住在北京——原书称Khan-balik,中文作"坎巴立克"或"汗八里",有"可汗之大都"的意思[①]——的非蒙古国外国人中,有为数不少的契丹人、鞑靼人、基督徒、撒拉森人(Saracens,一译回教徒)、犹太教徒(Jews)、偶像教徒(idolaters)[②]。这样大规模的人种和文化的汇聚,势必会给北京带来巨大的美食文化遗产。

北京之发展为明代城市饮食文化的龙头,一方面,源于身为首都的中枢位置,另一方面,更是源于成化以来追逐享乐的社会风气。明朝立国之初,太祖朱元璋为了防止世习走向奢靡,亲立榜样,宫中所馔,不过为家常菜肴的"常供",且早晚进膳,必有一道豆腐,"示不敢奢也"[③];马皇后也亲自主宫中之馈,监督宫内饮食的制造。

进入弘治朝之后,朝政清闲宽大,士大夫游宴成为风气。这种风气自上而下,流漫于社会。士人以相夸美馔为尚,时人散文中充斥着对菜谱、宴会的记录。明孝宗出生和成长于万贵妃妒灭后宫的阴影下,六岁才得见其父宪宗,但他成年后仍然成为一位宽宏慷慨的君主。弘治也可能是中国历史上唯一实行一夫一妻制的君主[④]。孝宗的廷臣将他写成一位敏锐、勤勉、忠于礼教的圣主,这其实与他既勤于朝政、又宽于吏治有很大关系[⑤]。后者给文官集团带来了一股和煦的气息,松解了明初以来政府对文官集团的控制。陈

[①] Marco Polo, *The Travels of Marco Polo*, New York: Signet Classics, 2004, p.97, "the city of Khanbalik [or Kanbalu, now part of Peiping]"; p.110, "KHAN-BALIK is situated near a large river in the province of Cathay and was in ancient times a great and noble city. The name itself means 'the city of the Emperor'."

[②] Marco Polo, *The Travels of Marco Polo*, p.101, p.114。《马可波罗行纪》第2卷第6章讲述可汗平叛,凯旋入汗八里城,其时复活节临近,可汗召汗八里城的基督徒前来,与在场的高官大臣遵例为之、一同礼敬,且"对于回教徒、犹太教徒、偶像教徒之主要节庆,执礼亦同。"(He observed the same at the festivals of the Saracens, Jews, and idolaters.)第2卷第12章讲述可汗偏信佞臣阿合马(Achmat or Ahmad),国人——尤其是契丹人(Cathayans)——不满,两名契丹人——千户陈箸、万户王箸,密谋造反,他们联系汗八里城内及他城的契丹要人,约定以信火为号,屠尽有胡须的人,因为"契丹人无须,仅鞑靼人、回教徒及基督教徒有须。"(The reason they spoke of massacring bearded men was that the Cathayans naturally have no beards, while beards are worn by the Tartars, Saracens, and Christians.)上述两段出自《马可波罗行纪》的记述皆可从侧面证明其时北京种族群聚。

[③] 〔清〕吴骞纂:《拜经楼诗话》卷四,中华书局1985年版,第48页。

[④] 《明史纪事本末》载:"闻帝与张后情好甚笃,终身鲜近嫔御。琴瑟专一,出自掖庭,玄鸟呈祥,遂在中宫,亘古今仅事云。"(〔清〕谷应泰等撰,河北师范学院历史系点校:《明史纪事本末》卷四十二《弘治君臣》,中华书局2015年版,第627页。)

[⑤] F. W. Mote, *Imperial China: 900–1800*, Cambridge, Massachusetts, and London, England: Harvard University Press, 2003, p.635.

宝良详细比较了明初和明中叶以后城市宴会的规模、菜品、酒器,认为"自成化以后,城市饮食生活日趋奢华""城市饮食生活逐渐由俭素转向丰腴"①。但是细究历史的末端,我们可以看到,这个转折实发生于孝宗弘治初期。

孝宗本人是官员游宴吃酒的支持者。考虑到官员们的宴会多在夜间,骑马醉归,没有灯烛不便,孝宗曾下令让街市的商家店铺点灯笼、为饮酒回家的官员们照明。这一规定施用于南北两京②。就现有的史料看,孝宗的宫廷用度并不过奢,不过他也留下了吃"百鸟脑"豆腐的记录——豆腐仍然是宫中的常膳,只不过不再是黄豆所制,而是采了上百只鸟的脑子来凑成。关于这百鸟豆腐,还有一则轶事流传:此珍馐本是皇家特有,即使高官厚禄之家,又哪得听闻?百僚中唯翰林最居清要,故朝廷盛宴后,唯翰林可以向光禄寺索要宴后的余膳。有一次光禄寺散御膳,一少年翰林去晚了,仅得豆腐归,怒其衰而掷之。适逢一名老翰林经过其寓,索酒而尽食豆腐,但不言其故。少年窃怪,其后方知这豆腐不是真豆腐,而是人间珍馐的鸟豆腐,不由大悔③。

《大明会典》记录的唯一一次天子"驾幸太学筵宴"发生于弘治元年。弘治于即位伊始就"驾幸"了国子监,应该是希望通过此行释放某种崇儒重学的政治信号。席面虽不奢靡,却也丰实。通过这桌席面,我们可以想见孝宗与国子监师生们共宴的和煦融融的情景。

> 上卓、按酒五般。果子五般。大银锭。大油酥。宝妆凤鸭。小点心。棒子骨。汤三品。菜四色。大馒头。羊背皮。酒五钟。中卓、按酒五般。果子五般。茶食五般。烧鱼。小点心。汤三品。菜四色。大馒头。羊脚子饭。酒五钟。④

而《大明会典》中记录"进士恩荣宴"共三则,我们在此不惮烦地将其列出比较:

---

① 陈宝良:《飘摇的传统——明代城市生活长卷》,湖南出版社1996年版,第61页。
② 同上书,第69页。
③〔清〕吴骞纂:《拜经楼诗话》卷四,第48—49页。
④《大明会典》卷一百一十四《礼部七十二》,第8页b—9页a。

永乐十三年、上卓、按酒烧炸四般宝妆茶食。果子五般。软按酒五般。菜四色。汤三品。双下大馒头。羊肉饭。酒五钟。上中卓、按酒烧煤四般。宝妆。茶食。果子四般。软按酒四般。菜四色。汤三品。双下馒头。羊肉饭。酒五钟。

天顺元年、每卓炸鱼。大银锭堆花。双棒子骨。宝粧云子麻叶。甘露饼。大油饼。凤鸡。(火贵)猪肉。(火贵)羊肉。小银锭。笑靥儿。椒醋猪肉。椒末牛马。椒醋鸡并鱼。汤三品。果子五般。小馒头。双下大馒头。牛羊肉饭。酒五钟。

弘治三年、上卓、按酒五般。果子五般。宝妆。茶食五般。凤鸭一只。小馒头一楪。小银锭笑靥二楪。棒子骨二块。羊背皮一个。花头二个。汤五品。菜四色。大馒头一分。添换羊肉一楪。酒七钟。上中卓、按酒果子宝妆茶食各五般。凤鸭一只。小馒头一楪。小银锭笑靥二楪。炸鱼二楪。羊脚子饭二块。花头二个。汤五品。菜四色。大馒头二分。添换羊肉一楪。酒七钟。中卓、按酒果子茶食各五般。甘露饼一楪。小馒头一楪。小银锭笑靥二楪。炸鱼二楪。牛肉饭二块。花头二个。汤三品。菜四色。大馒头二分。添换羊肉一楪。酒七钟。①

罗列以上使我们看到，孝宗弘治时期招待进士的席面远比成祖永乐时期和英宗天顺时期丰奢。这既说明了孝宗对于文士的尊崇，也说明了在物质的供奉上，弘治朝的宽大远胜前朝。《皇明宝训》中的《大明孝宗敬皇帝宝训》，其"厚勋臣""兴学""崇儒"等条目都格外殷切翔实②。孝宗的朝政优容，最直接的结果就是为他赢得了后世文人的美誉。天启朝首辅大臣朱国桢评价："三代以下，称贤主者，汉文帝、宋仁宗与我明之孝宗皇帝。"③明代理学家邓元锡评价："闻诸父老言，敬皇帝之世，太平有象也。君臣恭和、海内雍晏。兆氓益殷炽阜裕，学士争游情于三代两汉之文。"④曾国藩称明孝宗为"英哲非常

---

① 《大明会典》卷一百一十四《礼部七十二》，第9页a—10页a。
② 《皇明宝训·大明孝宗敬皇帝宝训》卷一，万历三十年秣陵周氏大有堂刻本，第36页a、第42页a，第43页b—48页a。
③ 《皇明大政记》卷二十一，明崇祯刻皇明史概本，第30页b。
④ 〔明〕谈迁著，张宗祥校点：《国榷》卷四十五《孝宗弘治十八年》，中华书局1988年版，第2832页。

之君",将其与"汉之武帝,唐之文皇,宋之仁宗,元之世祖"①并举。

明孝宗未尝拓土开疆,臣服万夷,弘治朝政的特点是,一方面朝野政通人和,另一方面贤臣辈出。弘治中兴是一个内向式的、熙和宽松的局面,物质的丰厚正是其重要的指征之一。然而,一个铜元总有两面。物质的丰厚必然带来享乐风气的兴起,孝宗亦被查继佐批评为"待外戚过厚,赐予颇滥,冗员尚多,中贵太盛"②。查继佐是由明入清的历史学者,他对历史源流的认识应该是比较清楚的(康熙初,查氏罹南浔庄廷鑨私修明史案,下狱几论死)。孝宗之后,崇奢繁、尚享乐的社会风气继续发酵,表现在饮食上,就是上至达官贵人、下至平民百姓,全国一派食不厌精的气象。

万历朝的首辅张居正奉旨归葬其父,所过州邑郵,牙盘上食物逾百品,而他还以为无处下箸。真定守钱普是无锡人,他既为张居正创制了"旁翼两庑,各一童子立""凡用卒三十二昇之"的航空母舰型步舆,又特能为吴馔,居正甘之,曰:"吾至此仅得一饱耳。"于是,吴中之善为庖者,招募殆尽,皆得善价以归。

综上所述可以观之,明代奢侈性食品的消费,呈现出明显的阶层下移趋向。天子贵官鸣钟鼎食、文人骚客竞夸美馔本不足怪,但寻常百姓家特别是城市富足家庭在罕异方物名吃的消费上,已经与最上层相去不远,这确实是非同寻常的。明末精致繁荣的市民生活,已经带有如日本学者内藤湖南(Naito Konan)所定义的"近世"性格。日本学者内藤湖南提出"唐宋近世说",以如下因素作为"近世"的表征:一、贵族统治的没落;二、皇权的集中和兴起;三、普通民众地位的提升;四、官员任免权力掌握于中央政府之手;五、党争的性质从王室宗亲的斗争变为能够为普通民众代言的官僚文人集团之间的斗争;六、金融经济的拓展,特别是白银的大量使用;七、大众娱乐文化形式(如元杂剧)的兴起③。考察明代晚期的社会构成,不但以上七个条件完全符合,而且再往前推,其实在唐宋转型期间,上述社会变化就已在酝

---

① 〔清〕曾国藩:《曾文正集·文集》卷一,民国八年上海商务印书馆四部丛刊景清同治刻本,第24页a。
② 〔清〕查继佐:《罪惟录》卷十《孝宗敬皇帝纪》,民国二十四至二十五年上海商务印书馆四部丛刊三编景稿本,第22页a。
③ 〔日〕内藤湖南著,夏应元选编并监译:《中国史通论·中国近世史》,社会科学文献出版社2004年版,第323—334页。

酿和发生中。内藤将宋元明清都划为"近世",并且将其放置到世界史的格局上去与欧洲自文艺复兴以来的"近世"相对应。内藤的近世论,极为注意平民力量的抬头,强调他们在政治、文化、经济等诸方面所取得的权利[①]。

明代奢侈性食品消费的阶层下移,有如下前因:从思想史源头上说,明中叶以后,王阳明会通儒佛道三家,以心性论和良知说打破了程朱理学的垄断局面,从而打破了禁奢令、打破了尊卑贤愚不可逾越的疆界;从政治角度看,它与孝宗弘治朝以降的宽大政治风气相关;而北京城的特殊历史地理因素——人烟辐辏、名庖汇集、此前作为金元故都的定位使其饮食理念更为开放,都促使其成为全国美食的龙头。流风靡草,海内翕然景从,在此大环境下,明朝的罕异方物美食也就不仅仅是上层社会的禁脔了。

[原刊于《明清小说研究》2019年第2期]

---

① Hisayuki Miyakawa, "An outline of the Naito Hypothesis and Its Effects on Japanese Studies of China", *The Far Eastern Quarterly* 14, No.4, 1955, pp.533-552.

明代的水陆旅行：
以《醒世姻缘传》中的描写为例

在明末清初的著名世情小说《醒世姻缘传》①中，旅行是一个重要的写点，可分为起旱和走水路两种形态。如果一位男性角色旅行，则他或是需要赴任，或是需要经商，或是需要赶考；而女性角色的旅行，则多半是与其丈夫一起去远方赴任，或由家人和仆人陪伴前往丈夫的所在地谋家庭团聚。此文首先介绍西方汉学界对明清闺秀群落及闺秀式旅游的研究成果，进而提出，在传统中国的非闺秀女性中，存在着一个经济相对富裕、不需亲自耕稼及持家的"城乡富家女眷群"，《醒世姻缘传》的女主人公薛素姐堪称其代表人物。本文不仅探讨其旅行活动，且关注她们追求人身自由、突破父权社会禁囿的手段。本文亦考察明代官员赴任的行路情景，他们的行程给地方上造成的应役负担及明代的水路交通等问题。

一、有关明清闺秀群与"城乡富家女眷群"的旅游研究

近年来，由于卜正民（Timothy Brook）、韩书瑞（Susan Naquin）和于君方（Chun-fang Yu）等明清史学者作品的出版，我们得以了解到：至16世纪，消闲性旅行已经成为被中国精英士子阶级肯定的一项文化活动②。

---

① 本文引文所使用的版本均为〔清〕西周生著，翟冰校点：《醒世姻缘传》，齐鲁书社1993年版。
② 这方面的著作有 Susan Naquin and Chun-fang Yu, eds., *Pilgrims and Sacred Sites in China*, Berkeley, CA: University of California Press, 1992; Chun-fang Yu, *The Renewal of Buddhism in China: Zhuhong and the Late Ming Synthesis*, New York: Columbia University Press, 1981; Chen-Hua, *In Search of the Dharma: Memoirs of A Modern Chinese Buddhist Pilgrim*, edited with an Introduction by Chun-Fang Yu, translated by Denis C. Mair, Albany: SUNY Press, 1992。

"闺秀"一词,特指中国历史上一个享有特殊经济、社会和文化地位的女性精英群体。高彦颐(Dorothy Ko)、曼素恩(Susan Mann)和达利娅·伯格(Daria Berg)等治晚帝国史的女性汉学学者,都在她们近年来的著作中不约而同地发现并证明了明清闺秀群热爱旅行的特点。曼素恩通过对中国女性与旅行的研究,将明清闺秀旅行者与英国维多利亚时代的adventuresses——女性旅游者,其旅行有漫游和冒险双重的性质——相提并论,指出两者都将旅行当作一种追求自由的方式,"既突出个性又享受隐匿,既审视自我又远离自我"①。曼素恩治晚帝国妇女旅游的研究,将女性旅游分为以下数类:一、闺秀互访交际,其组织形式通常为诗社、茶酒会等;二、寻求宗教满足和性灵发展;三、已婚妇人归宁母家,通常由丈夫和儿子陪伴;四、已婚妇人陪伴丈夫赴任远方;五、新寡妇人护送亡夫灵柩返回故乡埋葬②。

曼素恩认为,涉及妇女"寻求宗教满足和性灵发展"的旅行题目,目前好的研究尚不多见。她承认"在晚帝制中国,在儒家价值系统内,旅行乃是男性的世界",但亦指出,闺秀旅行者已经对这个世界形成了"事实上的入侵"③。在"新寡妇人护送亡夫灵柩返回故乡埋葬"的类别中,曼素恩使用了清代女作家张纨英的日记来分析旅行之于女性的个人感受④。此日记完成于张纨英前往江苏太仓葬夫的途中。她的丈夫客死他乡,这位新寡妇人携夫灵柩而行的愁绪,她作为女儿、妻子和母亲的责任感,都从她深具典型旧式闺秀教养的笔端流露出来⑤。明清闺秀群作为一个写作群体,不仅自身留下了大量的日记、诗文和游记,而且她们的存在,又被同时代的男性文人记录了下来。两者之间除了形成互动性质的唱和之外,还有男性文人为之收编和刊刻文集、撰写序跋、予以揄扬;对已亡故的才女,男性文人往往以回忆录、诔文等形式予以纪念;如袁枚这样的风雅文人,更是留下了收闺秀琼英

---

① Susan Mann, "The Virtue of Travel for Women in the Late Empire", in *Gender in Motion: Divisions of Labor and Cultural Change in Late Imperial and Modern China*, eds. Bryna Goodman and Wendy Larson, Lanham, Boulder, New York, Toronto, Oxford: Rowman & Littlefield Publishers, 2005, p.70.

② Ibid, pp.65-70.

③ Ibid, p.70.

④ Ibid, pp.55, 63-68.

⑤ Ibid, pp.63-66.

为女弟子的风流轶事。明清闺秀群以此完成了她们在历史上的"不朽"定位。依据胡文楷《历代妇女著作考》一书所做的统计,清代女作家共有3 684名,其中有籍贯可考的3 181名,远胜前代之规模,而长江下游占了70%以上,苏、松、常、杭、嘉、湖及周边各府,更是才女汇聚①。

即使明清闺秀群的人数逾千越万,相较于非闺秀女性的庞大人口,她们也仍在少数。在晚帝国时期的承平岁月里,社会上存在着一个富裕但识字程度不足的城乡女性群体,我们不妨称之为"城乡富家女眷群"。她们是佛经变文和说唱文学的主要消费者,也是当时物质生活中各项新奇昂贵之物的主力购买者,同时也是城乡节庆和宗教活动的主力参与者,更是旅游活动的积极参加者。城乡富家女眷群的主要构成者为富裕家庭的已婚妇女,一般为主妇,掌有财政权,或至少也应是有相当经济独立性的"两头大"——很难想象举动仍处处受制于正室的小妾可以自主出外旅行。《金瓶梅》中,除正室吴月娘在夫亡后曾赴泰山"上顶"之外,西门庆的另外数妾都没有出远门的记录。孟玉楼和李瓶儿都是以有钱孀妇的身份嫁给西门庆的,婚后仍然保持相当的经济自主权,但即使是城内的行人情、赴宴会,或依照节气习俗女眷可以享受外出之日——如元宵节观灯和"走百病"、清明踏青或上坟——她们若出门,也仍需获得吴月娘的许可,与她同进退,听她的安排;地位最低的孙雪莲常常被安排"看家",实际上就是剥夺她外出的机会。

明清文学中,有关女性旅游者的形象,不能不提的是自传体叙事散文《浮生六记》中的芸娘。作者沈复是她的丈夫,也是一位仕途潦倒的清中叶苏州士人。林语堂对芸娘这位清新可喜的女性形象大为赞赏,用英文全篇还原了《浮生六记》。在沈复的原著中和林氏的译笔下,芸娘美丽、聪明、幽默、诗情,但更难得的是她对爱情的信仰和忠诚。沈复是否出于悼亡之情将芸娘形象美化拔高了?林语堂反对这个说法。他认为芸娘堪称"中国文学中最可爱的女子之一""她不过就是渴望眼见和理解生活中的美好事物而已——而这些美好的事物,并不在古代中国的良家妇女所能触及的范围内"②。我们

---

① 陈玉兰:《明清江南女性的文学生活》,《中国社会科学报》2012年12月14日。
② 〔清〕沈复:《浮生六记》,林语堂译,外语教学与研究出版社1999年版,第20—21页。

格外注意此文,是因为芸娘的形象有别于千人一面的中国古典闺秀样式。细研芸娘和素姐这两个晚帝国时期的女性旅行者,我们认为她们的旅行诉求不得满足,主要是因为她们都不属于闺秀群体,也就无法以风雅的诗会、茶会等名目取得社会交际权,更不能得到同阶层男性的赞许和赞助。

二、明清"城乡富家女眷群"的陆路旅行

《醒世姻缘传》中素姐的婆婆狄婆子,虽然作为夫权代言人一再挫败素姐的旅行意图,但她自己也不愿放弃旅游观景的机会。狄希陈在济南贪恋着妓女孙兰姬,不肯回家,狄婆子带上狄周夫妇和觅汉李九强,决定亲自到"府里"抓儿子回来,她的丈夫狄员外打发她上骡子出门,又殷殷叮嘱她不要为难了儿子:

> 说着,打发婆子上了骡子,给他掖上衣裳。趿上了镫。又嘱付李九强好生牵着头口。狄员外说:"我赶明日后晌等你。"他婆儿道:"你后日等我!我初到府里,我还要上上北极庙合岳庙哩。"狄员外心里想道:"也罢,也罢。宁可叫他上上庙去。既是自己上庙,也不好十分的打孩子了。"①

北极庙位于大明湖北岸,始建于元代,明永乐、成化年间曾两次整修。它背城面湖,庙基高耸,门前有三十多级台阶,是大明湖北岸最高的地方。正殿及其后面的启圣殿都建得富丽堂皇,供奉着"真武大帝",两殿多处有道家人物的壁画,惟妙惟肖,又有所谓龟蛇铁铸像供妇女触摸求子。每年农历七月三十日地藏菩萨成道之日,北极庙的道士们会身穿法衣,焚烧法船,放河灯,照得大明湖湖面通明,轰动济南城邑②。北极庙前可观湖,后可观山,下可荡舟,又有这些热闹景观,宜为女眷所钟爱,那狄婆子当然也向往去"上上庙"了。狄婆子一行游了北极庙,到大明湖上游了湖,又上了岳庙和千佛山大佛头,玩了一个心满意足。

---

① 〔清〕西周生著,翟冰校点:《醒世姻缘传》,第307页。
② 张润武、薛立、张菁:《图说济南老建筑:古代卷》,济南出版社2007年版,第104—107页。

《醒世姻缘传》中还写到另外几次素姐的长途旅行,都是出于寻夫的缘故。第一次是因姑表小叔相于廷家的仆人漏出狄希陈京中娶妾的口风,素姐上京去找丈夫算账,让她的幼弟再冬陪行,"算计雇短盘头口就道"①。书中没有详细写从山东到京是怎么走的,但她在京中相于廷家赌气上吊,连再冬也打骂在内,再冬气得回道:"姐姐,你倒不消哩,好便好,不好,我消不得一两银子,雇上短盘,这们长天,消不得五日,我撩下你,我自己跑到家里!"②原来走旱路,沿路分段以畜力为客户作短程运输者,称为"短盘"。《警世通言》里《苏知县罗衫再合》的故事载:"苏雨领命,收拾包裹,陆路短盘,水路搭船,不则一月,来到兰溪。"③清纪昀《阅微草堂笔记》记"庐江孙起山先生谒选时,贫无资斧,沿途雇驴而行,北方所谓短盘也"④。

《醒世姻缘传》第56回"狄员外纳妾代庖,薛素姐殴夫生气"里面写狄员外父子从京中"坐监"结束后回山东的过程:

> 狄员外雇了四个长骡。那时太平年景,北京到绣江明水镇止九百八十里路,那骡子的脚价每头不过八钱。路上饭食,白日的饭,是照数打发,不过一分银吃的响饱,晚间至贵不过二分。夜住晓行,绝无阻滞。若是短盘驴子,长天时节,多不过六日就到。因是长生口,所以走了十日方才到家。⑤

又,第4回"童山人胁肩谄笑,施珍哥纵欲崩胎"一节中,晁源原计划带珍哥自武城前往父母在上海华亭的任上,后因珍哥小产而阻了行程:

> 晁大舍从此也就收拾行李,油轿帏,做箱架,买驮轿与养娘丫头坐,要算计将京中买与计氏的那顶二号官轿,另做油绢帏幔与珍哥坐,从新叫匠人收拾;又看定了二月初十日起身;又写了二十四个长骡,自武城

---

① 〔清〕西周生著,翟冰校点:《醒世姻缘传》,第590页。
② 同上书,第596页。
③ 〔明〕冯梦龙编著,吴书荫校注:《三言·警世通言》,中华书局2014年版,第152页。
④ 〔清〕纪昀:《阅微草堂笔记》卷二十二《滦阳续录四》,上海古籍出版社2001年版,第455页。
⑤ 〔清〕西周生著,翟冰校点:《醒世姻缘传》,第428页。

到华亭,每头二两五钱银,立了文约,与三两定钱。①

"短盘"是按路段走,中间需要换畜力,故脚力比较快,明清人常用驴为短途运输工具,即《醒世姻缘传》中所谓的"短盘驴子"。与"短盘"相对的是"长雇",即一走到底、中间不用换牲口的运输方式,一般用骡,《醒世姻缘传》中称"长骡",脚力或稍慢,但适合走长路。短盘快但赶路紧张,适合于夏秋天长的日子,价也稍贵,空身一人走划算,带大量行李则不划算;长雇慢但不必赶路,适合于冬春天短的日子,价格便宜,中间不必换牲口,又方便驮运行李。以山东明水到北京的980里行程论,短盘需5—6天,长雇需10天左右。狄员外自京返乡,"那时太平年景",长骡的价格明写为一天八分银。胡旦与晁家二仆带着1 000两银子进京行贿那次,也是雇了长骡,从上海华亭走到北京,用了28天,路程约计2 800里,《醒世姻缘传》中仅云三人盘费200两,没有明确说所雇的"三个长骡"使费多少。但我们可以参照晁源未成行的武城到华亭之旅来进行计算。按现在的地图估算,此程应在2 000里左右——参考胡旦三人进京的时间,姑以20—25天来计。晁源一共"写了二十四个长骡",骡子的价格是"每头二两五钱银"。那么,我们可粗略算出,晁源、胡旦所雇的骡价,大致为一天一钱至一钱二分之间,较后来狄员外在"太平年景"的使费,要贵个二分到四分左右。晁源之拟从武城去华亭、胡旦之从华亭进京,对应的历史时间为土木堡之变前;狄员外自京返明水的时间,对应的历史时间为行一条鞭法后、白银大量流通的万历年间,两个时段的骡价,有这二分到四分的落差,是合理的。至于驴价,据《醒世姻缘传》第68回:"素姐道:'咱这里到泰安州有多少路?'道婆道:'人说有二百九十里路。'"素姐又问出行方式及路费,道婆回答:"会里雇的长驴,来回是八钱银子。"②每天约走100里路,加上登山下山,来回6天,则驴价约为一天一钱三四分银——若不计算登山下山的时间,单日价格只会更高。比之同期的长行骡价,驴价显然是更贵的。狄员外有俭省的天性,宁走十日,不用短盘,定是因为长骡的价格更便宜。

---

① 〔清〕西周生著,翟冰校点:《醒世姻缘传》,第26页。
② 同上书,第524页。

但骑骡起旱走长路是男性旅行者的常见方式,女性旅行者走长路,如有条件,一般还是自己乘轿,再由男性旅行者骑骡相伴。晁源带珍哥回武城,"携着重资,将着得意心的爱妾,乘着半间屋大的官轿,跟随着狼虎的家人,熟鸭子般的丫头仆妇,暮春天气,融和丰岁,道涂通利,一路行来,甚是得意"①。这是不着急赶路、资费又富裕的起旱情形。

素姐由京中姑表小叔相于廷家返回山东明水的一程也是乘轿,书中明确写道:"(相家)雇了四名夫,买了两人小轿,做了油布重围,拨了一个家人倪奇同着再冬护送,择日起身。"②

素姐再次出远门,是去追赶刚回明水上了坟、乘船前往成都赴任的狄希陈。这次,她从厨子吕祥口中明白无误地印证丈夫已在京娶妾生子了。他们赶船的方式,按照吕祥的建议,不按水路走,而是骑骡起旱径到济宁,因为狄希陈的官船有勘合,逢驿支领口粮廪给,他们可以询问而得知。

素姐赶船未遂,反被吕祥拐跑了两头骡,流落淮安,幸得好人韦美帮助,被安置在尼姑庵里住了一段时间。韦美每日送柴米供她食用,后来又"买了一个被套,做了一副细布铺陈,做了棉裤、棉袄、背心、布裙之类。农隙之际,将自己的空闲头口,拨了两人,差了一个觅汉宋一成,雇了一个伴婆隋氏"③,将素姐送回明水。"伴婆"为职业的女性旅游陪伴人。

由此可见,城乡富家女眷群的非香社旅行,一般都有着非观光性的目的,但在旅行过程中借机看景游玩,也是常事。非香社旅行的旱路走法,有条件的多乘轿,无条件的则依据日程及资费情况,可采取短盘骑驴或长盘骑骡的方式,但以长盘为更常见。女性旅游需有人陪伴,若非自己的丈夫、家人,就是自家仆佣,如都没有,就需要雇佣职业的旅游陪伴者"伴婆"来同行上路。驴和骡可以是自家所出,也可以是雇来的。客栈的饮食,在太平年景极为便宜,没有负担不起的问题。城乡富家女眷群对旅游的各种可能性都极为欢迎,不惜顶着整个男性社会不赞成的皱眉,在本应赶路或办事的行程中谋求游山玩水、登寺访庙的机会。

---

① 〔清〕西周生著,翟冰校点:《醒世姻缘传》,第54—55页。
② 同上书,第597页。
③ 同上书,第676页。

三、水路旅行的情况

从淮安回来后年余,素姐一来在明水家乡的经济情况支撑不下去,二来心头恨意难平,"恰好侯、张两个道婆引诱了一班没家法、降汉子、草上跳的婆娘,也还有一班佛口蛇心、假慈悲、杀人不迷眼的男子,结了社,攒了银钱,要朝普陀,上武当,登峨嵋,游遍天下"①。素姐就与侯、张二人结伴,又一次托着香社的名目,"万里亲征"跑到四川。

这次的行程,是由薛家的小男仆小浓袋陪伴,走水路而行。原书中的描写,如"一路遇庙就进去烧香,遇景就必然观看"②等,极易使人误会为这是一程水陆结合进发的旅行,而他们弃陆登舟的地方在淮安。但细读第94回"薛素姐万里亲征,狄希陈一惊致病"的文本,我们认为,这一程应是完全的水路,素姐所属的香社旅行团所包的船只,使用了一种类似现代游轮旅游(cruise travel)的机制,不以赶路为要,却以观光为主,沿路走走停停。船到淮安,时间充裕到可以让素姐到她曾寄寓的尼姑庵去拜望以前熟识的老尼,再与恩人韦美宴聚。韦美收了素姐的礼物后,又"收拾了许多干菜、豆豉、酱瓜、盐笋、珍珠酒、六安茶之类,叫人挑着,自己送上船去"③。在这一程水路朝圣的香社旅行里,"素姐朝过了南海观音,参过了武当真武,登过峨嵋普贤,迤逦行来,走到成都境内",只是在下船之后才换了轿子,"雇了一个人挑了行李,雇了一顶两人竹兜,素姐坐在里面。小浓袋挽轿随行"④。这些都说明,侯、张组织的这个水路旅行团,比起泰山香社,宗教意义更低,基本以闲游、观景为目的。

狄希陈携眷远赴成都上任,没有疑问地必须走水路,他先是托骆校尉至张家湾"写船":

> 骆有莪问狄希陈要了十两银子,叫吕祥跟随到了张家湾,投了写船的店家,连郭总兵合狄希陈共写了两只四川回头座船。因郭总兵带有

---

① 〔清〕西周生著,翟冰校点:《醒世姻缘传》,第726页。
② 同上书,第728页。
③ 同上。
④ 同上书,第729页。

广西总兵府自己的勘合,填写夫马,船家希图揽带私货,支领廪给,船价不过意思而已,每只做了五两船钱。狄希陈先省了这百金开外的路费,便是周景杨"开宗明义章"功劳,且路上有何等的风力好走。①

狄希陈经由幕宾周景杨而结识郭总兵。郭这次入川,虽是因失机被流放,但毕竟仍有广西总兵府的身份,"回头座船"抵川后即会原线返回,图的就是捎揽私货,路上关卡少做盘查。有了郭总兵的勘合,来回的利润就抵得过这一百多金的单程船价。此中我们亦可窥见明末走私船运的一点机窍。

狄希陈一行赴蜀,从张家湾开船,家人送行也是直送到通州。几年以后,当他做完官返回的时候,座船也是走到张家湾泊住的。②当时的京师,不许罢闲官吏潜往居住,于是他在通州赁房暂居,从此他的人生与他前生作为晁源的际遇关联了起来。

而宠妾灭妻的恶少晁源舍弃妻子在老家武城、带爱妾珍哥北上,因当时他还未曾向在通州任上的父亲晁思孝禀过娶妾之事,故从武城起旱直接上京,先将珍哥安置在北京的沙窝门——即今广渠门——附近,此后他借口身为国子监学生必须住校,常驻北京。晁源安顿好珍哥后:

> 自己还在京中住了两日,方才带了几个家人自到通州任内,说计氏小产,病只管不得好,恐爹娘盼望,所以自己先来了。晁夫人甚是怨怅,说道:"家门口守着河路,上了船直到衙门口,如何不带他同来,丢他在家?谁是他着己的人,肯用心服事?亏你也下得狠心!况且京里有好太医,也好调理。"他埋怨儿子不了,又要差人回去央计亲家送女儿前来。晁大舍也暂时支吾过了。③

晁夫人怨怅儿子没有走水路带儿媳来,甚有道理。武城是大运河经过之处,通州是大运河的北终点,如果晁源不是要去北京先安置珍哥,则水路本是他最好的选择,从武城直接上船到通州极为便利。事实上他后来第二

---

① 〔清〕西周生著,翟冰校点:《醒世姻缘传》,第653页。
② 同上书,第769页。
③ 同上书,第40页。

经济 | 明代的水陆旅行：以《醒世姻缘传》中的描写为例

次去通州，就是走水路了。

　　晁大舍看定了四月十三日起身，恐旱路天气渐热，不便行走，赁了一只民座船，赁了一班鼓手在船上吹打，通共讲了二十八两赁价，二两折犒赏。又打点随带的行李，又包了横街上一个娼妇小班鸠在船上作伴，住一日是五钱银子，按着日子算，衣裳在外，回来路上的空日子也是按了日子算的，都一一商量收拾停当。①
　　往河边下了船，船头上烧了纸，抛了神福，犒赏了船上人的酒饭。送的家人们都辞别了，上岸站着，看他开船。鼓棚上吹打起来，点了鼓，放了三个大徽州吉炮。那日却喜顺风，扯了篷，放船前进。晁大舍搭了小班鸠的肩膀，站在舱门外，挂了朱红竹帘，朝外看那沿河景致。那正是初夏时节，一片嫩柳丛中，几间茅屋，挑出一挂蓝布酒帘。河岸下断断续续洗菜的、浣衣的、淘米的，丑俊不一，老少不等，都是那河边住的村妇，却也有野色撩人。②

　　船只开航时祭祀神祇，属于船户禁忌文化。中原一代多信龙王，古时祭水神河伯。祭祀的目的，不外乎要取悦于神灵，使之不为邪祟，使人旅途平安③。素姐赶船追狄希陈未遂，流落淮安，气愤之下，对吕祥说："你去打听那里有甚河神庙宇，我要到庙里烧纸许愿，保护他遭风遇浪，折舵番船、蹄子、忘八一齐的喂了丈二长的鲇鱼！"主仆二人找到"东门里就是金龙四大王的行宫，今日正有人祭赛还愿的时候，唱戏乐神，好不热闹"。素姐买了纸马金银，在神前亲手拈香，叫吕祥宝炉化纸，祷告道："河神爷有灵有圣，百叫百应，叫这伙子强人番了船，落了水，做了鱼鳖虾蟹的口粮，弟子专来替三位河神老爷重挂袍，杀白鸡、白羊祭赛。要是扯了谎，还不上愿心，把弟子那个好眼滴了！"④——这就是相信水神有破坏舟程的力量。

---

① 〔清〕西周生著，翟冰校点：《醒世姻缘传》，第108页。
② 同上书，第109页。
③ 黄红军：《车马·溜索·滑竿——中国传统交通运输习俗》，四川人民出版社1993年版，第179—180页。
④ 〔清〕西周生著，翟冰校点：《醒世姻缘传》，第662页。

再说晁源，第二次北上走了近一个月才到，"五月十二日，晁大舍到了张家湾，将船泊住"①。走得这样慢，自然与他携妓图消闲有关。狄希陈赴任，自通州行船出来，不出10日到了沧州，通州至沧州约等于通州至武城的一半距离，以此约算，晁源若是赶路的话，大约20日能到通州。

晁家早年的幕宾邢皋门升为兵部侍郎，从湖广上京途经山东时曾下船到前上司晁思孝坟上致祭。为此，武城县礼房循例迎接，特意到晁家提出要在晁思孝坟上建"一座三间的祭棚，一大间与邢老爷更衣的棚，一间伺候大爷，一间伺候邢老爷的中军"②。晁家本要预备起来，礼房则仍坚持让"地方催办"。及至邢侍郎到时，"匆匆的赴了一席，连忙的上船，要往晁乡宦坟上致祭，祭完还要连夜开船。到了坟上，武城县官接着相见过，辞了开去。却是姜副使迎接入棚，更衣上祭。祭完，让至庄上筵宴"③。明代侍郎为正三品官员，这一段描写虽略，却使我们窥见地方政府招待沿途经过的高级官员的形式化做法。

据《中国交通史话》统计，明代设有水马驿1 295处，后稍裁并为1 036处。较大的水驿站会配备驿船60艘，较小的也有5艘④。驿站之设，主要职能原本是公文传递，方便官员旅行不过为其附带功能，但明中叶以后，公文传递的功用已经不再重要，而应付过往官员的夫马则是地方行政的一件大事。不仅其所需的役力财物是地方上的一种无形负担，迎送本身更成为地方官的债责。仅以水路而论，官员行经地方，不仅需要动用船只迎接，还可能需要征用到吹鼓手、炮手（发船前需要点炮起行）、挽船的纤夫、开关水闸的闸夫等，官员上岸后的活动，则不免用到马夫、膳夫、门子等，这些都要靠地方从民众中签派。

说起来，当年晁思孝在华亭官场上闯的一个大祸就是未曾应付好一位辛翰林的夫马：

那辛阁下做翰林的时节钦差到江西封王，从他华亭经过，把他的勘

---

① 〔清〕西周生著，翟冰校点：《醒世姻缘传》，第111页。
② 同上书，第359页。
③ 同上书，第360页。
④ 秦国强：《中国交通史话》，复旦大学出版社2012年版，第520—521页。

合高阁了两日,不应付他的夫马,连下程也不曾送他一个。他把兵房锁了一锁,这个兵房倒纠合了许多河岸上的光棍,撒起泼来,把他的符节都丢在河内。那辛翰林复命的时节,要具本参他,幸而机事不密,传闻于外,亏有一个亲戚郑伯龙闻得,随即与他垫发了八百两银子,夹了那个翰林的座师,把事弥缝住了。①

后来辛翰林由南京礼部尚书钦取入阁,到了通州。这一番晁思孝倒也万分承敬,但辛翰林有了成心,"一毫礼也不收,也不曾相见,也不用通州一夫一马,自己雇了脚力人夫,起早进京"②。最终参了贪污腐败的晁思孝一本,将他收入刑部监中,若不是有钻天本事的衙役相救,晁老险些不保。

有关邢侍郎、辛翰林的水路旅行的记录,在《醒世姻缘传》中都甚简略,且也只有地方接待、没有实际行程的描述。狄希陈赴川的行程却很值得一记,除了上文提及的带勘合行走可以抵消船价的现象,他的携眷而行、沿路的驻泊、购物、观光,都颇能代表晚明中下级官吏远程赴任的情形。他与郭总兵两船之间通信的情况,也是个有趣的现象。

狄希陈与郭总兵联船而行。到了沧州,他带仆人从河间武定竟到明水,让两船到临清泊住等他。临清是大运河沿途八大钞关里最繁华的一座码头,在当地购物甚方便。狄希陈从家中上完坟回到船上,一路行来,过淮安,过扬州,过高邮,屡次经过大码头时,都欲请客,只因惧内而不敢:

> 只要设个小酌,请郭总兵、周景杨过船来坐坐,回他的屡次席。只因恼着了当家小老妈官,动也不敢动,口也不敢开。喜得顺风顺水,不觉得到了南京。歇住了船,约了郭总兵、周景杨同进城去置买那一切礼物。住了两日,各色置买完备,然后开船起行。③

船上的日子,整整走了四个半月,才到成都:

---

① 〔清〕西周生著,翟冰校点:《醒世姻缘传》,第127页。
② 同上书,第127—129页。
③ 同上书,第667页。

离成都不远,只有了三站之地,央了便人传了信与本衙衙役。这成都是四川省会之地,财赋富足之乡,虽是个首领衙门,却有几分齐整,来了十二名皂隶、四个书办、四个门子、八名轿夫、一副执事、一项明轿,齐齐的接到江边。望见狄希陈座船将到,各役一字排开,跪在岸上,递了手本。船上家人张朴茂分付起去,岸上人役齐声答应,狄希陈在船上甚是得意……初一日,狄希陈自己进城宿庙。到任以后,着人迎接家眷入衙。差人与郭总兵另寻公馆。初二日,狄希陈到过了任,向成都县借了人夫马匹,搬接家眷,又迎接郭总兵合家眷属到了公馆。①

这程水路旅行至此才算结束。狄希陈的职位是府经历,正八品,乃是知府官署的首领官,习惯上,地方官吏犯罪等待审讯的,往往发交府经历厅看管②。狄希陈后来能盈其宦囊而归,与他以经历而代署成都县有很大关系;而能够代署成都县,又与经历的工作性质有关。有些讲职官制度的书上,将府经历仅仅诠释为知府下面负责出纳文书的属官,这就忽略了府经历可以审案的默认属性。成都府前来迎接狄希陈的阵仗不小,这很可能是因为"风俗淳厚的地方,乡宦士民都不妄自尊大,一般都来拜贺,送赘见,送贺礼,倒比那冷淡州县更自不同"③。但迎接的规格之高,更与府经历职位的实权有关。

京杭大运河从通州到北京城四惠有通惠河段,在不淤塞的情况下,漕粮和各种货物可以直接运至今朝阳区的积水潭。明代最后一次疏浚通惠河的工程,由巡仓御史吴仲于嘉靖七年主持进行。疏浚后的通惠河稍短了一些,但仍可通达至今朝阳区杨闸村附近。此处到晁源安置珍哥的沙窝门住处,直线距离只有16公里,以正常的经济理性推论,如果通惠河可用,则晁源第一次与珍哥上京,从武城走水路仍是划算的——前提是如果他们不赶路的话。从晁源、狄希陈北行都泊船于张家湾,南行则以张家湾起点,我们可以推知,通州的张家湾,就是大运河客运的北终点。这个推论可以自我国著名

---

① 〔清〕西周生著,翟冰校点:《醒世姻缘传》,第699—700页。
② 俞鹿年编:《历代官制概略》,黑龙江人民出版社1978年版,第484页。
③ 〔清〕西周生著,翟冰校点:《醒世姻缘传》,第700页。

的水利历史学家姚汉源的书中得到印证:"明清通惠河只能驳运漕粮,不通商旅。"①

实际上,京杭大运河中的通惠河一段,虽经嘉靖年间的吴仲疏浚,在京通之间,仍是水陆兼运的,从大通桥至京城东仓一段使用的是陆运②。而元代通惠河通航时,不光漕粮可以北运到积水潭,就连客商出京的船,也可以从积水潭出发南行。嘉靖七年(1528年)去通惠河竣工时的至元三十年(1293年)近两个半世纪,明代的水利工程的实效,反不及前代之"通"且"惠"。

水路旅行舒适,不必风餐露宿,但也有其明显的缺陷:速度太慢。狄希陈入川竟然走了四个月,同时期发生的"五月花"号渡洋旅行才不过用了一半时间③。晁源从山东的武城到北京足足用了近一个月。这两次"慢生活"的内河旅行都与旅行者自身的耽搁或诉求有关。

内河旅行者可以自己掌握速度,这一特色若与明清官场的政治形式相结合,有时会产生耐人寻味的结果。遭贬谪或者赌气辞职的官员,可以用慢行船的方式,等待朝廷的风云变化中出现新机,或等待主上的回心转意。邢皋门就是一例,他的情况借由武城县礼房之口表述如下:

> 他原是湖广巡抚,合陵上太监合气,被太监参了一本。查的太监说谎,把太监处了。邢爷告病回家,没等得回籍,路上闻了报,升了北京兵部侍郎,朝廷差官守催赴任,走的好不紧哩。④

但赶路的水路旅行也常常快不起来,尤其是在大运河航道内行船,这

---

① 姚汉源:《黄河水利史研究》,黄河水利出版社2003年版,第309页。
② 王培华:《元明北京建都与粮食供应——略论元明人们的认识和实践》,文津出版社2005年版,第242页。
③ 与《醒世姻缘传》中所描绘的内河航行的发生时间不远——有可能更早,因为小说的时间不能确定给出——在1620年秋冬之交,"五月花"号迎着大西洋的西风带(Westerlies)驶往美洲,全程不过用了两个多月(10周);1621年4—5月间,它回程的时候未受风向影响,时间缩短一半多,只用一个月就完成了(1621年4月5日,"五月花"号从普利茅斯殖民地出发,返回英格兰,顺风顺水,于1621年5月6日到达英格兰)。欧洲的造船技术落后于中国,但至16世纪末17世纪初则奋起直追,出现从克拉克(carrack)帆船到盖伦(galleon)帆船的转变,稳定性与速度均得到提高。
④〔清〕西周生著,翟冰校点:《醒世姻缘传》,第359页。

已经不是船速的问题。明代中叶以后,黄河屡次决口,冲击运河,导致堤岸崩溃,闸门失效。黄河夺淮以后,黄河水倒灌入运河,泥沙内侵,运河的河身也日趋垫高。明政府为保漕运,只知治标,采用牺牲下游百姓的办法,加高河堤,建平水闸,泄水东注。而秋季水减之后,漕舟上闸,难于上天,每舟用纤夫三四百人,犹不能过,用力急则断缆沉舟①。漕舟如此,客船可想。《明史·河渠志》里载有长篇累牍的朝臣议论、治河方略,但都不能于大运河每况愈下的行舟情况有所补益②。水闸建多了以后,需要重复关合才能保证水位,势必羁迟旅途。明代订有"漕河禁例"十七条,第一条就是有关启闭闸门的规定:除了贡鲜船外,非积水满不能开闸过船,违者虽权贵豪强亦重罚。"漕河禁例"又禁止普通船只敲锣鼓响器③。从《醒世姻缘传》的描写看,这一条完全失败。所有船只,开船时无有不"点鼓"或"点炮"者。

黄仁宇在密歇根大学的博士论文即为《明代的漕运》,他其后的明经济史巨著《十六世纪明代中国之财政与税收》即本其博士论文所来。黄在他的论文中,分析了政府投入和大运河的实际运输成效后认为,这条水道并不如一些现代学者所认为的那样对于中国的经济有很大的刺激作用④。此一观点他亦在《十六世纪明代中国之财政与税收》书中反复表达⑤。

明末的内河航行比之同时代的欧洲仍占先机,但渐渐失去了如马可波罗那时所见的优势。那种"樯桅林立,遮天蔽日"的内河繁荣景象,在欧洲的重要城市,特别是阿姆斯特丹,也在渐渐生成中⑥。布罗代尔——分析过的欧洲中世纪的重要商港:布鲁日、威尼斯、安特卫普和阿姆斯特丹,都兼具有海港与河港的特征⑦。欧洲中世纪的内河航行,实是追随海航之后的,并没有

---

① 〔明〕宋祖舜修,方尚祖纂,荀德麟、刘功昭、刘怀玉点校:《天启淮安府志》卷十三,方志出版社2009年版,第579页。
② 朱偰编:《中国运河史料选辑》,中华书局1962年版,第83—90页。
③ 姚汉源:《黄河水利史研究》,第312页。
④ Ray Huang, "The Grand Canal During the Ming Dynasty", PhD diss., University of Michigan, 1964.
⑤ [美]黄仁宇:《十六世纪明代中国之财政与税收》,阿风等译,生活·读书·新知三联书店2001年版,第421页。
⑥ [法]费尔南·布罗代尔:《15至18世纪的物质文明、经济和资本主义》(第3卷),顾良、施康强译,生活·读书·新知三联书店2002年版,第195页。
⑦ 同上书,第94—97页、第119—124页、第149—164页、第193—223页。

形成独立发展的风貌；中国虽出过郑和这样伟大的航海家，但海航在实际经济生活中起作用的时段既少又短，以大运河为主动脉的内河航运才真正承担着国计民生，这又意味着：大运河的任何一截一旦失守，国家的生命粮线就中断了。1842年，英国人攻占京杭大运河与长江交汇处的镇江，封锁漕运，致使道光皇帝迅速作出求和的决定，不久就签订了《中英南京条约》。晚清漕粮北运彻底转向海漕，直接的原因是太平天国军队占据了南京和安徽沿江一带，间接的，则与1842年吃过的那一堑有关。

四、结论

通过对《醒世姻缘传》这部世情小说的文本细读，我们可以看到，明代的"城乡富家女眷群"对旅游有着不亚于闺秀群落的诉求；她们出行的方式不一，或起旱，或走水路，往往追求舒适性和安全性。在一般的客航中，已经有类似游轮的旅行船，旅行者多依托着香社机制，沿途朝圣游景。《醒世姻缘传》中的旅行描写又可被用以印证以下史实：明代相较于其前的元和其后的清，运输更为严重依赖内河；朝廷为严保漕粮运输，不惜牺牲客旅的速度与方便；京杭大运河中的通惠河段，不通商旅；官员携带勘合，走得既风顺，沿路有关卡补给，又可为船家带私货以减免船资，但除此之外，低级官员与一般商旅无异，也都是自家订船上路；高级官员在内河旅行，排场很大，不免给地方造成种种应役负担。

［原刊于《山东师范大学学报（人文社会科学版）》2019年第4期］

非理性繁荣：回顾危机的历史

提起"非理性繁荣"（irrational exuberance）这个词，我首先会想到瘦小而发量堪忧的联储主席艾伦·格林斯潘，因为他更可能是这个词的原创者。我说"更可能"，是因为这个词的原创权一向有点争议。2000年4月初，就在纳斯达克刚刚创下的5 000点辉煌处，耶鲁经济学教授罗伯特·席勒（Robert Shiller）的著作《非理性繁荣》面世，不似一声喝彩，倒像一道谶语。

《非理性繁荣》开篇，首先提出如下问题："今日的市场走到如此之高，真的是那些有力的、基本的因素在起作用吗？抑或不过某些非理性繁荣的因素在作祟？站在投资人角度上、代他们着想的良好意愿，是否蒙住了我们探窥事实真相的双眼？"席勒枚举了12项因素，包括401（K）退休计划的广泛使用、婴儿潮一代的退休储蓄、媒体对商业和股市的深度报道等；他认为，这12项因素，虽无关于企业本身所创造的价值和利润，却形成了美国股市"泡沫的皮肤"。

《非理性繁荣》考察了20世纪90年代至21世纪初的经济泡沫，并以书名致敬了格林斯潘1996年针对互联网泡沫暗敲警钟的那句名言。格老的身份决定了他不能对市场直接发出警告，但他又有义务进行提醒，所以，任何有关经济前景的意见，他都必须用晦涩难懂的词语、冗长复杂的句子来表达；他必须模糊化表述他的观点，才能尽量减轻市场的反应。为了迷惑市场，他甚至说过"如果你们认为确切地理解了我讲话的含义，那么，你们肯定是对我的讲话产生了误解"之类的话。1996年12月5日，格老应邀在美国企业研究所发表题为"中央银行在民主社会中的挑战"的演讲，尽管他确然使用了晦涩难懂的词语、冗长复杂的句子,但演讲经由CNBC现场直播,被谨慎嵌在"我们如何知道非理性繁荣何时过度推高了资产价值?"这一疑问句中的小心翼翼的提醒,导致了东京日经指数收盘下跌3%。世界各国市场紧随其后,都出现了不同程度的震荡。但时过境迁,全球股市的这次小颠顿,并没有带来什么真正严重的后果。

作为当代著名的凯恩斯派经济学家,席勒一向主张国家干预经济;2000年春,当席勒的大著出版的时候,格老正在致力于做这件事:推行一系列调息措施,以防大规模经济危机的到来。听说数年前他隐晦的警语今已成为经济学畅销书的书名,格老感到大势已去。4月份、5月份,他持续在电视上露面,人们发现他面带焦虑,似乎比他谈及千年虫时还要焦虑;事实上千年虫危机刚刚度过,他未雨绸缪的大放水被证明是恐慌过度、反应过度了。他日薄西山的后脑勺常被摄像机照到,他的发量似乎在肉眼可见地变稀少,这对股市绝不是一个好兆头。多年后,格林斯潘在其回忆录里写道,"非理性繁荣"一词,乃是他在浴缸里准备演讲稿时偶然想到的。但席勒也曾接受采访说:在那次著名的演讲前,他与格林斯潘共进了午餐,他为后者贡献了"非理性"一词;至于"繁荣",那倒确然是格老自产的。

一个小小的词汇,为何会给全球市场带来了如此之大的影响?这似乎超出了普通人的理性认知。让我们打个比方说。美国的经济危机,就如同被镇在龙虎山伏魔殿里的天罡地煞,这些神魔们以前曾出世作恶,但被某种大力收服了、封压了。1996年,因张天师偶尔失言,提及它们的存在,结果闹出了响动,其后张天师在封条上努力打补丁,想将其更严实地密封起来,但到了2000年,搁不住竟来了个愣头青洪太尉,他三下五除二、一把揭去封条,于是"那一声响亮过处,只见一道黑气,从穴里滚将起来,掀塌了半个殿角。那道黑气,直冲到半天里空中,散作百十道金光,往四面八方去了"。

天罡地煞之所以出世,是因其合当出世,故此会"遇洪而开"。命该如此,封条揭了也罢。在美国历史上,危机的降临,早就不是第一次了。就连格老领导下的联邦储备委员会,也是多次经济危机后的历史产物。就让我们借格老在2000年春的特殊心境,来看看美国的经济危机史吧。

1815年是美国史的标志性年头。这一年,随着拿破仑战争的结束,美国终于可以自欧洲事务中抽身了;这一年还见证了新奥尔良战争的胜利与

《根特条约》的签订,这意味着第二次独立战争的终结——英美这对冤家,终于回到了和平状态。1816年,也就是詹姆斯·麦迪逊总统任期的最后一年,美国颁布了首个保护性关税法案,并成立了第二国家银行。次年,门罗总统上台,美国进入"感觉良好时代"(Era of Good Feelings)。早在战争期间,美国已发生了"地产热",这是因为欧洲的战争破坏了生产,为美国农产品的出口提供了机遇。随着棉花、小麦、玉米、烟草价格的飙升,地价水涨船高,美国南部和西部都出现了土地投机。国家视此为自由经济的繁荣,从中央到地方皆出台政策进行鼓励。肯塔基州曾在一次立法会议上一次性批准了46家银行的成立。进入"感觉良好时代"后,许多操作不规范的"野猫银行"开张,纸币充斥全国,通货膨胀进一步推动了土地和商品价格的上涨。但到了1817年左右,欧洲农业生产已恢复,英国人甚至开始对美国进行反倾销,这导致美国农产品在本国及欧洲的价格同时下跌。1818年夏,第二银行担忧债务过高,开始拒收纸币。同年10月,财政部强制第二银行以200万美元铸币偿还购买路易斯安那的债券——托马斯·杰斐逊总统于1803年从法国购买了密西西比河以西的大部分地区,史称"路易斯安那购买"——这加重了原本就已非常严重的信贷紧缩。

危机在1819年初全面爆发:土地热一夜间垮掉,地价和农产品共同以跳楼速度下跌,成千上万人的抵押无法赎回。1819年危机不仅影响到普通人,也影响到了美国的顶级富人。前总统托马斯·杰斐逊在这场危机中债台高筑,险些失去了他的蒙蒂塞洛庄园。原因是这样的:危机前,杰斐逊本拥有35万美元财产,堪称巨富,但他将相当一部分财产抵押到地产上。随着弗吉尼亚州土地价格的大贬,他的财产严重缩水,总负债额最高时达10万美元。祸不单行的是,1818年,他曾为老友兼亲家、外孙的岳父尼古拉斯背书了一项2万美元的抵押,年息1 200美元,不意尼古拉斯不久后竟去世了。新债加旧债,将老总统逼到末路。路易斯安那购买,原是杰斐逊任期内最重要的成就之一,他万万没有想到的是,日后风水轮转,他竟会因此而破产。由于大宗土地很难出售,市面上的硬通货又非常稀少,杰斐逊无奈之下,乃向弗吉尼亚州政府写信,请求允许他用抽彩票的方式售卖小块土地以偿还他的债务。美国民众同情这位潦倒的前总统、《独立宣言》的执笔人,通过捐款筹到了一万多美元,但这仅使杰斐逊免于售卖其庄园而已。他至死仍然债务缠身。蒙蒂塞洛庄园及其毗邻的552英亩土地,最终还是在他死后被其外孙售卖以清偿债务了。

1819年危机是美国和平年代里发生的第一场经济危机。这是一个不幸的肇始。从那以后的一个世纪里,危机形成了每隔20年就"前度刘郎"来一次的循环。

1837年,马丁·范布伦(Martin Van Buren)总统上台前后,土地投机再次勃发,但投机的对象已由地产变为运河和铁路公司的股票。黑奴贩运也成为一项重要的投机。两者都需要欧洲的信贷。当欧洲银行清盘、收回其贷款时,即引发了一系列后患:地方野猫银行摇摇欲坠,美国金融系统几因之崩溃。投机者不惜将婴儿与洗澡水一起泼掉,不管好投资坏投资但求立即脱手。这个时候,如果有强力的国家银行接盘,危机还有得救,然而范布伦不欲使国家财政卷入民间的资本危机。他并非未曾踌躇犹疑,但最终还是决定不去出手干预经济——如后来的罗斯福所行之有效者。范布伦之所以选择不救场,是有原因的:一来,他本人的理念重联邦而轻州权;他本来就反感地方的金融投机,认为地方的贪婪导致了外国银行的过度信贷,这对联邦的权力形成了侵蚀;二来,他受拘于前上司兼前总统安德鲁·杰克逊的请托,对方曾恳求他不要一上来就推翻其经济政策。正因过于"萧规曹随"了,范布伦被他自己的民主党疏离为孤家寡人,戴着"放任主义""冷漠于国计民生""坐在火上保持中立"诸高帽,直到1841年期满下台。他没有得到机会再次连任。此为"1837年危机"。

"1857年危机"的开始有别于前两次,是由大量涌入的硬通货——来自加州淘金热的黄金——所引发的。黄金充斥市面,造成硬通货过剩,而硬通货过剩又引起对土地和铁路的投机。1857年8月24日,俄亥俄生命信托公司之纽约分部被发现账目不清,有侵挪现象。精明谨慎的纽约银行家听到风声,开始对最常规、最普通的交易也作出严格的限制,以防万一。但此举为民众所误解,以为一个金融系统的崩溃将至。对"狼来了"的恐惧引来了真狼,普通持股者纷纷找上他们的经纪人,要求抛售手中的股票和商业凭单。当时的金融杂志 *Harper's Weekly* 如此评说纽约证券交易所惨不忍睹的情形:"就在一日之内,许多声名卓著的股票跌至8分钱至10分钱一股,从上午10点至下午4点间,巨亿财富就这样转手,有人一穷到底,有人一夕致富。"1857年危机导致了约5 000家公司的连锁破产。

1873年危机起于尤利西思基金上层管理的腐败和混乱,联系到日后震动美国的"安然破产案",人们会很容易理解。危机的模式仍然司空见惯:高危险性的土地和铁路投机。从1860年到1873年,美国铁路的总里程翻了一番,这与金融资本的注入有很大关系。以位于费城的Jay Cooke & Co银行为代表的诸多金融机构都投资了"北太平洋铁路",但它们根本没有足够的硬通货储蓄作为银根。1871年的芝加哥大火和1872年的波士顿大火造成了重大的财产损失,为美国大小银行的生存都带来了压力。当危机到来,面对储户和投资人滔天的提款要求,无银根的银行只有倒闭的份儿。

1893年危机始于谣传的青蘋之末。2月份,有传言说"费城和雷丁铁路"公司即将破产,持股大户在一个下午抛售了该公司的一百万股股票。惊慌的散户纷纷抛盘,此后又将唯一的金融信仰诉诸黄金。很快,国家黄金储备被私人吸纳一空。商业信心动摇了。5月初,股市崩盘。年底,逾两万家企业关门,上百万家企业处于没生意做的闲置状态。失业工人缺吃少穿,组成联盟跑到华盛顿要求食物和救济金。

1907年危机人称"富人危机"(the rich man's panic),牵连普通百姓的利益较少,因其主要发生在股票和国际货币领域。但美国的国家财政却因这场危机而走到崩溃的边缘。投资人大量抛盘后,发现市场上没有足够的硬通货供他们进行安全投资。美元被过分稀释。如非传奇金融家J.P.摩根出手,事态还不知会糟糕到什么程度。也就是从这次危机开始,美国政府痛定思痛,决定建立中央银行系统。

1929年,美国经济的老朋友——"危机"——又一次大驾光临了。但这次它却赖着不走了。1929年的股市崩盘带来了长达10年的大萧条,又如瘟疫般蔓延全球。笔者有则个人经验,可证大萧条之威猛。在亚利桑那大学念书时,笔者常与同学、友人去游图桑郊外的莱蒙山(Mount Lemmon)。此山之顶高于海平面9 000英尺,沿途可见自夏至冬的植被与风光。我们所谓的"爬山",其实是沿盘山公路开车上去,那险峻、悠长的山道,两个小时也开不到顶。初次走这山道的朋友,总是会惊呼"这一程比从图桑开到凤凰城还要长!"山景固然优美,我们还是觉得,靡费人力开凿这样一条长山道,州政府也未免太拿纳税人的钱不当回事了。后来在"夏日天堂"(Summerhaven)

山顶见到一块石头碑文，方才了解到：这条称Catalina Highway的山道乃是罗斯福新政的产物，初建于20世纪30年代中期，至20世纪50年代方始竣工。罗斯福为了创造就业，让政府掏腰包，把被资本家遣散的人民召集起来，修了无数"下雨天打孩子——闲着也是闲着"的工程。这条山道，不过是当时的沧海一粟。

在被危机上了这七堂大课特别是最后一课之后，美国政府和商界终于痛下决心，联手创制了一系列银行法规与勘误标准。1907年危机后成立的联邦储备委员会、1934年依托《证券交易法》成立的证券交易委员会，都是历史教训的产物，它们被赋予对美国经济进行规范和制衡的作用。对它们的争议始终存在。比如，美联储总被视为犹太金融集团的掌中物；证券交易委员会则从诞生日起就被讥"带有投机家气息"——受富兰克林总统任命，华尔街投机大亨约瑟夫·肯尼迪出任首届证券交易委员会主席。他的儿子就是后来的约翰·肯尼迪总统。

尽管争议存在，规范和制衡还是取得了效果。效果之一是："危机"果真在1929年之后，就再没有"一顾倾人城，再顾倾人国"地光顾过，尽管小幅度的经济跌宕是兵家常事。效果之二是：人们渐渐忘记了什么是"危机"。在小克政府治下，连续八年的经济升平带来了国债的大幅削减；互联网科技革命兴起；亚洲金融风暴在美联储减息的灵丹下悄然化解；千年虫危机亦平安度过。如此这般，美国国民遂集体进入了"开元天宝、民不知兵"的健忘心态。

西谚有云：忘记历史的人注定会重复历史。2000年春，就在格林斯潘主席忧愁的眼神注视下，纳斯达克指数从5 000点开始跳水。美国股市重蹈了它所并不陌生的、一条叫作"危机"的覆辙。

［补记：此文初作于2001年，笔者不能卜知未来。著名的"次贷危机"于2008年又一次光顾美国，并引发了全球金融海啸。］

［原刊于《香港商报》2002年5月12日］

教你五个金融术语

引子

我不认识你,但我理解你,因为每当金融专家告诫"保持镇静、保持镇静"的时候,我都会紧张不已,想必你也如此。最近以来我们都很紧张,因为股市在迅速跌落,我们不断从电视或报纸上得到专家的建议,他们说市场不过是在"矫正"而已,我们都需要"冷静的脑袋"。但是你的投资组合每天都在被市场"矫正",正齿医生也没有让你那么痛过。于是,周五下午三点,你请了两个小时的假,专程开车去银行见你的投资顾问。见到投资顾问像见到自己人,你迫不及待地想把你的焦虑倾诉给他;他要你先坐下来,于是你坐了下来;他倒给你一杯水,于是你不渴也开始喝。你们头顶的那盏大白炽灯完全无助于缓解你的焦虑,只有益于加强他的自信。

"你应该同一位像我这样的专家坐下来,进行深度分析,"再过两个小时,他打发掉你,就可以与恋人外出晚餐,其后欢度周末;你是他需要用套话对付的最后一个客户;他交叉两腿、侃侃而谈,"也许市场的低迷使你发现你需要更多的安全感。在这种情况下,你不得不甘心情愿放弃你的投资组合中某些可能上涨的因素。你必须有重新搭配和重新调整的意愿才行"。

你初步地有点走神。

"那就是说,你仍然有选择去斗争。你到底想逃避、还是斗争?逃避,就是你对自己说:'我知道我在做什么!'——然后在最糟糕的时间卖掉所有股票,此后不再作任何实在的打算。另外一方面,你也可以斗争。斗争,就是以自知之明来武装起自己。首先,你得了解自身,明白你是哪一类的投资人,你愿意承担什么风险。你需要拥有一项投资计划。"他拿出一堆答题卡,通过办公桌排了过去,示意要你看看。

天啊,又来了。你的内心升起一个哈欠。这不是你开户的时候做过的那堆多重选择题卡吗?

"假定说,你知道你是一位'中庸进取'型投资人,你有一项计划,在该计划中你知道投资组合内有某一部分是含有风险的,当其下跌时,你不会感到太承受不住,因为那是在你的计划之内的,对吗?你事先已经知道,你将会赢到一些,也会输掉一些。"

这不都是废话吗?——你心里想。你瞄了一眼他排过来的第一张答题卡,上面的第一个问题是:

"你对于损失超过50%是否有所准备?"答案:1. 完全没有准备 2. 有完全的准备 3. 有一些准备,所以不会太震惊 4. 虽有一些准备,但仍会震惊。

你烦得要命,虚弱地摆摆手表示你不想再做题。这套题卡你已经做过一遍了,而且在任何银行开户你都要做一遍。你见到这套题卡的频度比见到你的邮差还高,毫无疑问高于见到你母亲的频度。你很想揪住这套题卡的设计者的领子咆哮进一问:"你脑子里是不是只被塞入了有关设计问卷的这两个教条?所谓'1. 单项具有相互排除性 2. 总项具有覆盖性'——之外没有别的玩意儿了?!"

你的投资顾问只是虚晃一招,并不坚持,显然他惯见你这样的拒绝做题者。他瞄了一眼墙上的时钟后,继续跟你语重心长:"交易几乎就像投机一样。你对一笔钱有一个短期的目标,但你真的不知道,它是否会开花结果。对于这类投资者来说,我们能做的,就是帮助他对其上扬和下跌设定一个清晰确定的目标……"

"好极了,我需要清晰的目标。"你抓住这个机会打断他,"我需要一个长期的、稳赚的目标。"

"长期投资,就是符合你的长期目标——将视野放远7到10年后——的投资。当你说'我有一项计划',那是否意味着你永远不改变你的计划呢?不是的。你仍然要理解,在一定的时间内,它肯定会有上下波动,对此,你应当有所准备。"

"什么样的准备?我的投资组合已经缩……"

这次他打断你:"我明白你的感觉。你刚刚拿一大笔钱在股票上打了水漂,你本以为会涨,结果它们却大跌特跌。每一个长期都由短线组成。你觉得你已经损失这么多了,再卖有什么意义?再说了,它还可能反弹回去也未可知呢?但是先生,除去寄予希望以外,有什么研究使你相信,这只股票还会反弹回去?"

他的反诘使你几乎噎嚅了:"……没有什么研究……"

"所以,你只能接受这个现实。你不能改变你曾是一位心血来潮的投资人的过去,但是,你应当跟这段过去勇敢作别。你拥有现在,不是吗?而且,你还可以为未来做出计划。"

"我还可以做出计划?"你鹦鹉学舌。

他又重新递给你那套题卡。与此同时,时钟也快指向五点了。

……

要我说,在去见你的投资人之前,你最好先掌握一点金融术语,免得不断被他兜来兜去。如果你不学会一点金融概念,了解什么是投资,以上情景,确确实实是可能在你身上重复发生的。一遍又一遍地做同一件事而指望会有不同的结果,是称"愚顽"。

让我来告诉你一点事实。作为初级投资者,你买卖的金融产品大抵不出三种:债券、定存和股票。我会教你有关债券和定存的两个基本概念以及买卖股票所使用的三个指标,加起来一共是五个金融术语。它们是基础的基础,入门的入门。这是最接近速成的方法。希望这些信息可以帮你从困境中初步突围。

一、债券

在美国金融市场上,债券大致分为三种类型:美国政府债券、地方政府债券和公司债券。美国政府债券可分为长期和短期两种,由美国政府全面担保,信用度最高。其支付的利息通常免交州税和地方税,但并不豁免联邦税。

地方政府债券由州和地方政府发行,用于筹资地方性项目,如学校、桥梁和道路建设。由于联邦政府不对其征税,而购买本州债券的居民通常免交州税,地方政府债券常被认为是投资的"避税天堂"。地方政府债券不涉及评级问题,因为已得到地方政府信誉的保证。

公司债券则是由公司发行的债务工具,旨在筹集资金。在许多情况下,公司债券可在主要股票交易市场(如纽约证券交易所)上挂牌交易,类似于普通的公司股票。与国家和政府不同,公司可能面临经营风险,即使是像微软、IBM那样的大公司也会常见营收波动。公司债券的收益率可能相差几倍甚至几十倍。

美国债市上有两大信用评级机构,曰穆迪(Moody's),曰史坦普(Standard & Poor's)。两者对债券的评级原则不尽相同而大体相似,其使用的评级符号,也有一些人所共知的差别。债券的评级机构对发行债券的公司常会有一言九鼎之力。

债券评级基于债券的发行方出现倒账、不能完尽其对投资人义务的可能性。这种可能性愈小,债券获得的评级就愈高。最高质量的债券是自史坦普获得AAA的评级,而自穆迪获得Aaa的评级。在评级系列的另外一端,则是一些投资人会闻之而变色的债券,如由史坦普评估为DDD或更低的债券,则已属于倒账之列了。

那么,质量较低的债券是如何刺激投资人进行购买的呢?你猜得不错,它们靠的是提供更高的利率。由史坦普评估为BBB或更高——相当于由穆迪的Baa或更高——级别的债券,可被视为"投资级别"一类,亦即合适于谨慎投资人购买的证券。评级在此以下者,则被视为非投资级别或"垃圾债券"。垃圾债券提供很高的殖利率,但被认为是高投机性质的投资。

对一家公司债券的评级,可以深刻影响到其股价。以北电网路(Nortel)2002年4月8日跌破3.5美元价位关的一事为例。北电是一支曾经声名煊赫的股票,它在1999年、2000年经历两次分股后,到2000年中仍然达到过80多美元的价位。但是与多数曾经煊赫过的科技股的命运一样,北电也是一挫再挫,"9·11"袭击时已经低落到5美元。"9·11"后随着科技股的一个"小阳春",它曾"回暖"到9美元左右,此后又是一番狂跌不止。2002年4月初,该股已经低落到5美元的"心理线"以下,股民们当时都认为价位不可能再低了。但4月4日，穆迪突然对北电无情出手，将北电从原来所属的"投资级"资深无抵押债券"贬谪"到"垃圾债券"。北电的发言人虽立即声明"经营将一成不变"以安抚人心，但颓势已不可挽：北电股票连续三个交易日下滑，终于在4月8日开盘后不久，跌破了3.5美元的心理防线。从此之后，北电一蹶不振，以落花流水之势滑落下去，目前正优游于1.5美元与1.9美元之间，不知何时才能重见2美元的天日。

二、定期存款

寻求相对低风险、又可以方便地转换为现金投资的投资人常会看好定期存款（CDs，简称"定存"）。定存是一种特殊类别的银行或储蓄机构的存款账户，通常可提供比普通储蓄账户更高的利率。不同于其他投资，定存的联邦存款保险额可高达$100 000。

定存是这样运作的：当你购买定存的时候，你将一笔固定的钱投入一段固定的时间之内，6个月、1年、5年或更久。作为回报，发行定存的银行就会支付给你利息，通常以规律的间隔来支付。当你提取现金或赎回定存的时候，你就会收回你最初所投资的钱，再加上任何累积利息。但是如果你在定存到期之前就将其赎回的话，则你可能需要支付一笔"提前提款"罚金，或者，你所赚取的一部分利息将被罚没作为违约金。

过去，投资人都是自当地银行来购买定存的，现在则不同，很多经纪公司和独立推销员都出售定存。有时候，你与后者可以讨价还价，让他们出一个较高的利率，前提是你为后者贡献一定数字的储蓄额。

过去，多数定存都是直到到期日才支付固定金额利率。但正如今日市场上的许多其他产品一样，定存也已变得愈来愈复杂了。现在，投资人可以从诸多不同利率的定存、长期定存和具有其他特性的定存中进行选择。

某些长期的高收益率定存具有"赎回"特性，发行方银行可以在一年之后或其他固定时间段之后，选择中止或赎回该定存。只有发行方银行可以赎回定存，投资人则不能。例如，一家银行可以决定赎回其高收益率定存——如果利率跌落的话。但如果你投资于一项低利率长期定存，而利率却于此后扬升，则你将被"锁定"在低利率上，动弹不得。

在你考虑自你的银行或经纪公司购买定存之前，要确认自己已经完全理解了其规定。应仔细阅读公开说明书的声明，包括任何小字印刷在内。以下事宜请务必注意：

1. 弄清定存何时到期。尽管这一点很简单，许多投资人却未能确认其定存的到期日。日后，了解到他们的资金已被锁定了5年、10年甚至20年的时候，他们会震惊而无助。

2. 查看其可赎性。可赎回定存给发行方银行以在一段时间之后中止或赎回定存的权力。但是你并没有同样的权力。如果利率下跌，发行方银行就可能会赎回定存。这种情况下，你会收到你的原始存款的全部金额，加上任何未支付的累积利息。但是你必须再去买一张回报率更低的新定存。不同于银行的是，你永远也不能赎回你的定存并收回你的本金。所以说，如果利率上涨，则你将会被锁定在一张仅支付低于市场利率的长期定存上。如果你想提出现金，就会失去你的部分本金。那是因为，你的经纪商只能折扣出售你的定存以吸引人买入。很少会有人愿意全款买入一张低于市场利率的定存。

3. 理解赎回性和到期日之间的不同。不要把"联邦保险一年无赎回"的定存假想为一年就到期的定存。不是的。这句话的意思是该银行不能在第一年赎回这张定存，但那与定存的到期日无关。一张"一年不可赎回"定存的到期日可能在未来的15年或20年以外。

4. 对于经纪定存，要确认其发行方是谁。因为联邦存款保险对每一位存款人在每一家银行或储蓄机构所存总款项的上限为\$100 000，所以要紧的是，你应知道哪家银行或储蓄机构发行了你的定存。你的经纪商也许会将你的钱存入某家银行，若不巧，你在该行还有其他储蓄，你的总储蓄额度就可能超过了\$100 000的保险上限，这样一样，你就不能全额受保了。

5. 弄清定存以何种方式被持有。与传统银行的定存所不同的是，经纪定存有时由一组不相关的投资人共同持有。他们不是持有整个定存，而是每位投资人持有一小部分。你要确认你的定存是以何种方式被持有的。如果为多位投资人所持有，则储蓄经纪商可能不会将每个人的名字都列在名单上。但是你应确认账户记录反映经纪商的身份——他仅仅是作为你和其他持有人之间的代理商来行动的，这会保证你的定存部分符合条件，能使用最高额为\$100 000的联邦存款保险。

6. 了解提前提款罚金。储蓄经纪人常常吹嘘说他们的定存没有提前提款罚金。从理论上说这可能没错，但这类声明却也是误导人的。一定要弄清楚，如果你想在到期日之前将定存兑换为现金，你需要支付多少钱、是否要承担损失本金的风险？如果你是该经纪定存的唯一持有人，则通过支付一笔提前提款罚金给发行该定存的银行，你应该就可将你的钱取回来。但是，如果你与其他客户共同投资于该定存，则你的经纪客户将不得不寻找一位购买者来买入你那一部分。如果在你购买后利率又跌落了，而银行也未曾将其赎回，则你的经纪商可能会将你的部分卖掉赚取利润。那就意味着，你将不得不以折扣价格将定存卖掉，并损失你原始存款的一部分——这还是在假定没有提前提款"罚金"的情况下。

三、股票的本益比

本益比（price/earnings，简称P/E）被许多人视为一个重量级的指标。它可以帮助你在股票之间进行对比，也可将股票与诸如史坦普500、道琼斯工业平均指数或罗素2000小型股指数一类的市场指数进行比较。本益比是这样计算的：将当前的每股股价除以前一年度的每股盈余（earnings per share，简称EPS）。一个假定情形：如果L公司（假定代号为LLLL）现在的价格为每股$50，其前一年度的每股盈余为$1.25，则其本益比应当为$50除以$1.25，即40。

本益比亦称"股票的倍数"。也可以说，LLLL有一个40的倍数，即买家会愿意为每$1的盈余去支付$40。本益比通常使用前一年的盈余，称"追踪盈余"（trailing earnings）。然而，本益比也可以使用未来的盈余预期，或平均盈余（很少见）来计算。如果分析师预期LLLL今年每股能够赚取$1.50的盈余——这就是一个比前一年增长了20%的盈余——则未来盈余的本益比是这样计算的：$50除以$1.50，即33.3。

本益比为何如此重要？你想要寻找一只股票，它具有稳定的盈余和发展的潜力，价格还要相对便宜。你如何在股票之间进行比较？哪一只是比较好的投资决定？本益比可以帮你作出权衡。通常说来，在两支或更多相似股票中，如果其他条件都等同的话，具有较高本益比的那一只会是比较好的选择。

假如你有兴趣买两家竞争性公司A和B的股票。如果A公司现在的股价为每股$60，其追踪盈余为每股$2.44，其预期盈余为$2.88（20%的增长），则该股的追踪性本益比为25,未来本益比为20.8。

假定这两家公司都预期来年会有20%的增长。然而,B公司的追踪性本益比为40(请记住,这意味着你要为每$1的盈余支付$40),其未来本益比为33.3,这两个数字比起A公司的25和20.8来说明显较高。严格地基于这一考量来说,B公司的增长潜力与A公司相同,而价格更优惠。

运用本益比的要诀是要做相类似的比较。如果你把一家制药公司与一家石油公司进行比较,本益比就不那么有用了。将股票在同一产业内进行比较,无论是相对于产业指数还是相对于产业范围内的历史本益比价值,都可以得出最好的结论。

今日的股票有着相对较高的本益比。史坦普500的本益比是所有在该指数之内的500家公司的本益比的平均值,这个数值在1999年高达36。从历史上说,史坦普500的平均本益比在16左右。

本益比仅限于有盈余的公司才能使用。如果公司尚无盈余怎么办?许多互联网公司及初始股不会在几个季度之内就产生出盈余。答案是:那就不能用。

通常,跌落的股价意味着股票是有利可图的。但如果盈余跌落的速度比价格更快,本益比则实际会攀升上去。如果公司将未来季度的盈余预期调低,则未来本益比就会变得很高。故此,结论是这样的:比率并非存在于真空中;在呼吸、流动的市场内,对它的应用也应依市场而定。在评价某一特定比率是否有意义的时候,应参照价格/账面比和价格/销售比等参数。

四、股票的价格/账面比

价格/账面比(price/book,简称P/B)即股票的每股价格除以公司的每股账面价值。一家公司的账面价值是这样计算的:将总资产减去总负债。使用这个基本的会计方程:总资产=总负债+持股人证券-两方的总负债,我们可以看到,这个账面价值就代表着该公司证券的估算值。另外一个看账面价值的方式是将其视为公司的清算价值。一家公司如果关门,将其所有现存账单付清,将其所有现存余额收回,然后进行清算,所得的余额即为其账面价值。

账面价值对于普通股持股人来说是一项重要指标,因为他们是最后才能从公司的清算中收到钱的——假定他们最后能够收到钱的话。某些投资人认为价格/账面比的价值比本益比要大，因为他们相信，公司的收益可以轻易地为个中老手的会计师所操纵，但公司的账面价值就没那么容易被操纵。

在寻找价值股的策略中，有一点就是去要找寻股价在其账面价值的一半或以下的股票。通常说来，股价低于其账面价值——即价格/账面比低于1——的股票会吸引价值型投资人。公司的价格/账面比高于3的股票通常是成长型股票。

尽管价格/账面比是一个有力的工具，但它也有时代造成的弱点——在互联网时代，许多公司已不再需要重型资本设备来制造高贷款的产品。微软股票看上去具有极高的价格/账面比值，因为它可以生产高贷款产品，而不需支出老式工业企业那样的传统经营费用，但微软也不是没有大幅震荡的——这并不能很好地由价格/账面比所表现。

正如盈余一样，账面价值也可以被操纵，或被错误地诠释。老公司在数年之前所买的地产可能以原购买价登记在其账面上，但那未必能反映该地产的真正价值。另外，库存价值可以被错误诠释，而其他诸如无形资产（如公司名声，专利等）也未必能反映在账面上。

五、股票的价格/销售比

价格/销售比（price/sales，简称P/S）是一只股票的价格除以其每股销售额。它是另外一个可替代本益比使用的常见衡量标准。由于对销售额作假的难度比对本益比作假要大，如有人想在会计上动手脚，会倾向于动本益比而不是动价格/销售比。由于销售额通常没有盈余或现金流动的波动性那么大，用价格/销售比来衡量短期内情形不妙的公司尤为适宜。

推崇价格/销售比的人认为，这一比率之所以有效用，是因为它将公司股票的受欢迎程度与其经营规模联系在一起。研究显示，一组具有高价格/销售比的股票与另外一组具有低价格/销售比的股票相比，前者的平均表现相当之差。

价格/销售比在不同的产业之间差异很大，仅适用于比较同类公司。例如，一家零售公司的价格/销售比通常会比一家高科技公司的价格/销售比要低。另外要注意，具有低营运贷款的产业通常具有较低的价格/销售比。

法 律
Law

"美国诉弗吉尼亚"案与美国司法审查思维的变迁

——兼论美国南方价值传统中的"与时背驰"

在美国弗吉尼亚州的雪兰多山谷,坐落着一所历史悠久、饱负盛誉的军事院校——弗吉尼亚军校(Virginia Military Institute,缩写为VMI,一译"弗吉尼亚军事学院",以下简称"弗军校")。直到1997年为止,该校在其长达158年的校史中,没有招收女生的记录。1989年,一位本州高中女生因申请该校被拒而上诉联邦司法部门,遂引发"美国诉弗吉尼亚"案(Unite States v. Virginia et al.,以下简称"弗案")①。为了维护弗军校清一色的男性招生记录不变,弗州政府、弗军校及校友集团携起手来,在此案中不折不挠地打了6年官司,最终弗方败诉,被裁定自1997年秋季开始,它的校门必须向女生开放。弗方的失败,代表着美国公立大学系统内最后一个单一性别招生传统的消亡,从此之后,美国所有的纯男校和纯女校,只存在于私立教育系统中。

弗案从表面上看是一起有关男女平权的官司,但它涉及的层面却非常之多。弗军校对其不招女生的校规的坚持,代表着南方传统的历史强音,更代表着"南方重生"后的地方自信;弗案引发了有关传统与"普世价值"的争议,它与同时进行的另外一起州立军校拒收女生案平行互动,它的最后判决提高了最高法院对性别歧视案的司法审判标准。本文从历史和当代的两个维度来诠释此案所折射出的社会文化意义,并提出,美国南方传统中存在着一种与现代"普世价值"相龃龉的"与时背驰"(anachronism),它悠长的历史源头可直溯至"黑奴、棉花和骑士风范"三位一体的蓄奴植棉时期,它在今日

---

① United States v. Virginia, 518 U.S. 515 (1996).

的强势存在则系于南方经济的重振；对性别歧视案判案标准的严格化，反映的是以2020年去世的前最高法院女法官金斯伯格（Ruth Bader Ginsburg）为代表的美国联邦司法体系将性别案与种族案并置类比的一种司法思维。

一、弗案与要塞案

弗军校在20世纪90年代曾保有一项记录：其在校生人均享有的捐资额度居全美公立高校之冠。换言之，学生所缴的州立学费虽极少，而享受的教育质量实则极优[①]。有人说，这是因为该校校友在国内军政两界多栖高枝，对母校的提携与襄助自然不在话下。其实，比较其他同类院校毕业生的平均收入，弗军校的校友亦非格外富裕，他们对母校异乎寻常的慷慨，系一种异乎寻常的情感，而此种情感正由弗军校的特殊传统所培植[②]。

有鉴于该校是一所州立院校而非私立学府，从法理上说，它就有义务为一切合格的本州纳税人子女敞开大门。但到了男女平权观念早已深入人心的20世纪80年代末，弗军校仍以它特殊的军事训练传统为由将女生拒之门外，这就引起了该州部分纳税人的不满。1989年那位被拒女生出于人身安全考虑，未进行实名诉讼，而由时任司法部部长的迪克·索恩伯格（Dick Thornburgh）于1990年代其提出匿名诉讼[③]。

弗案的第一轮，地方法院裁决弗军校胜诉。原告"美国"不服，继续上诉。美国第四巡回法院裁决：弗州州政府可以给州内女子教育以补偿，从而换取维持弗军校的男性招生传统不变[④]。弗州方面表示首肯，并着手在本州的玛丽·包德温学院内用州经费营建一所"虽隔离，但平等"（separate-but-equal）的"弗吉尼亚女子领导学校"（Virginia Women's Institute for Leadership，缩写为VWIL，以下简称"弗女领"），后于1995年建成开办。"美国"仍然不服，上诉到最高法院[⑤]；1996年6月26日，最高法院以7票对1票的压倒多数

[①] Elizabeth L. Spaid, "Last All-male Bastion Faces its Own 'D-day'", *Christian Science Monitor*, Sept.20, 1996.

[②] Laura F. Brodie, *Breaking out: VMI and the Coming of Women*, New York: Pantheon Books, 2000, p.31.

[③] Wilfred M. Mcclay, "Of 'Rats' and Women", *Commentary*, Summer 1996, p.47.

[④] United States v. Virginia, 976 F.2d 890, 4th Cir. (1992).

[⑤] Wilfred M. Mcclay, "Of 'Rats' and Women", pp.46–47.

裁定：弗军校的单性别招生政策违宪，弗女领的补救措施不能成立。弗女领的补救措施是否合格是此番终审的重心。在最高法院的9位法官中，托马斯法官（Justice Thomas）回避此案，因为当时他的儿子正在弗军校就读，唯一投下反对票的是斯卡利亚法官（Justice Scalia）。多数法官都认为无论在师资、资金、声誉、校友提挈和影响方面，弗女领都不能与弗军校相提并论。终审书文件的执笔人、对弗案起到最大影响的女法官金斯伯格使用了一个意味深长的双关语 incomparable 来形容弗军校，该词既有"无可匹敌的"又有"比不上的"意思，它是针对弗方试图用弗女领来李代桃僵而发的讽刺[①]。弗军校被责令从1997年秋季开始必须招收女生。消息传来，弗州的传统派人士悲痛不已，为此事奔走数载的校友中，不少人老泪纵横。

弗案的复杂，在于它还有一个与之平行的诉讼案正在进行。要塞军校（The Citadel）坐落于南卡罗来纳州（以下简称"南卡"）的独立革命名城查尔斯顿，是另外一所历史悠久的老牌南方军校，它与弗军校是当时全美唯二的单一性别招生的州立院校。1993年初，南卡高中女生香农·福克纳申请该校，被招生处误当作男生录取，发现错误后又拒绝了她，于是她在1993年3月对要塞军校的校监会主席琼斯提出实名诉讼，即"福克纳诉琼斯"（以下简称"要塞案"）。同年7月，福克纳成功地在原告名单里加上了"美国"，在被告名单里加上了"南卡"。由于要塞案的重要性在宪法决定意义上次于弗案，且要塞军校最终开放校门给女生的决定是跟随弗案裁决而来的，故我们将其视为弗案的伴生案。

弗案与要塞案平行推进，时有交错，互为参考。两组人员构成不同的第四巡回法庭和地方法庭在一局局官司中角力。1993年秋季，福克纳已经被判可以去修要塞军校的日间文化课[②]，但传统最后的守护线在于纯男性的"学生军团"（Corps of Cadets），而且校方愿意拼尽一切力量阻止福克纳欲踏入这个"和尚"训练营的脚步。1994年7月，地方法庭裁决福克纳获得完整学生身份，可以进入"学生军团"，并责成南卡补救州内女性教育的不足[③]。要塞军校不服而继续上诉。为了在下一轮诉讼中占据有利地位，并受到弗

[①] United States v. Virginia, 518 U.S. 515 (1996).
[②] Faulkner v. Jones, 10 F.3d 226, 4th Cir. (1993).
[③] Faulkner v. Jones, 858 F. Supp. 552, D.S.C. (1994).

案的启发,要塞军校亦在本州的康沃斯学院(Converse College)内谋求建立一个"虽隔离,但平等"的女子教育项目,即"南卡领袖学院"(SCIL)。要塞从自己经费中掏出500万美元给南卡领袖学院,这大手笔不仅为首批入学的女生带来了丰厚的奖学金,而且使它濒临困境的宿主学院重焕财政生机。

1995年8月,福克纳终于进入"学生军团",打破了要塞153年不招女生的传统,但是她只在训练营待了4个小时、在学校待了6天之后就自愿退学了。男生对她的敌视使她精神崩溃。1996年6月28日,弗案的最高法院决定出台后仅两天,要塞军校即宣布它将接受女生申请,并于当年秋季招入4名女生[1]。尽管要塞案不如弗案具有宪法裁决意义上的重要性,但由于它是一个小女子以实名对南方传统的宣战,故它的整个过程更充满火药味。福克纳父母的房子被捣毁、被涂上侮辱性词汇;当那形单影只的姑娘出现在校园选修日间课程时,男生们环绕着她,起哄发出"哞哞"的牛叫声;福克纳的体重数字被刊在当地小报上;高速公路旁一度竖起大型广告牌"香农去死!"最后,当官司的硝烟散去,人们重看此案,发现福克纳的律师团要价600万美元,要塞军校的律师费让州纳税人支付了380万美元,而南卡领袖学院后被法庭毙掉,要塞首期支付的500万美元打了水漂。为要塞案写作了一本专书的女作者说,要塞案充满了"小城市的仇恨、丑恶的嚼舌根和空洞的恐吓"[2]。

弗案的悲情高潮则由一位叫菲利斯·施拉夫利(Phyllis Schlafly)的女律师刊在弗军校网站的一封致校友公开信引发。施拉夫利是一位著名的保守派宪法律师,身为女性而以反对现代妇女主义和平权法案著称。她警告校友们要"了解你的敌人",并谓,当克林顿总统将金斯伯格指定到最高法院大法官的位子上去时,弗军校的命运其实就已经注定了[3]。

为了抵制这一终审结果,校友会还曾竭力推出过一个使弗军校由州立变为私立的计划,但因募不到足够资金而告流产。弗军校1996年从弗州得

---

[1] Nancy Levit, *The Gender Line: Men, Women, and the Law*, New York: New York University Press, 2000, p.93.

[2] Catherine S. Manegold, *In Glory's Shadow: Shannon Faulkner, the Citadel, and a Changing America*, New York: Knopf, 2000, p.9.

[3] Laura F. Brodie, *Breaking out: VMI and the Coming of Women*, p.59.

到1 300万美元的拨款,若要将其彻底私立化,就需要每年至少得到类似数额的私人捐款,此外还要支付使用州建筑物和财产的额外费用,总额达数亿美元。校方悲叹道,尽管校友集团是慷慨的,但这种慷慨也不是可以无穷尽透支的[1]。

国防部这时出面了,部长助理威胁说,弗军校若不接受最高法院的裁定,国防部将会取消掉其后备军官训练队(ROTC)的训练项目[2]。这一前景导致校监会军心涣散,最终以9∶8票的决案同意接收女生。这一决定迟至1996年9月21日才做出,由校监会主席威廉·拜瑞(William Berry)对外宣布。从当时的存照看,数位董事表情沉痛如丧考妣。投票结果如此胶着,结果宣布如此之晚,都足证校监会对私立化的强烈倾向[3]。决定宣布后,多位贫困校友蜂拥而至,手举支票簿找到校基金会负责人,表示情愿倾家荡产也不甘心母校失去传统[4]。

针对弗案的判决,获得过普利策奖的自由派专栏作家埃伦·古德曼(Ellen Goodman)发出了一种颇不同于平日的论调,她承认弗军校的存在"与其说是对妇女权利的威胁,不如说是某种anachronism"[5]。Anachronism在中文中常被译作"时代错误",其实它也指"不合潮流的人或物",毫无歧义的,此处这个词就是指一种"与时背驰"。一般来说,与时背驰的传统并不真正妨害社会生活,或者说即使有妨,其作用也是十分微小的。弗案在道德层面上引发如此之多的争议,正是由于人们困惑于普世的法律精神是否太过无情,为何一定要将百年传统肢解而后快。笔者以为,弗案的内涵不但是超乎道德的,也是超乎法律的,有关道德和法律层面的激辩将它更深层的社会文化意义掩盖了。为了解析弗军校事件,我们必须把视线拉远,从文化史和心态史的角度来看待南方传统,唯有如此,我们才能解释为何从强悍的地方传统中诞生出来的与时背驰精神,会与当行其道的"普世价值"产生如此严重的冲突。

---

[1] Elizabeth L. Spaid, "Last All-male Bastion Faces Its Own 'D-day'."
[2] Laura F. Brodie, *Breaking out: VMI and the Coming of Women*, p.56.
[3] Keith E. Gibson, *Virginia Military Institute*, Charleston: Arcadia Publishing, 2010, p.110.
[4] Laura F. Brodie, *Breaking out: VMI and the Coming of Women*, p.57.
[5] Wilfred M. Mcclay, "Of 'Rats' and Women", p.49.

二、弗军校传统背后的南方价值

弗军校始创于1839年,是南方最古老的军事学院,被称为"南方的西点"。它的创建人普勒斯顿(John Thomas Lewis Preston)于19世纪30年代中期借加强弗州军事力量和强化民兵的地方诉求而谋建此校时,自己也不过是位年方二十四、五岁的莱克星顿市律师。普勒斯顿仪表风度非凡,他被同代人形容为"优雅、礼貌、体面、热忱、机智、善言、具领袖气质"[1],这一系列褒义形容词充分勾勒出战前南方精英士绅的理想风貌。该校之创,虽是起于现实的地方军事需求,但普勒斯顿的眼光却远高于此。他对于教育的认识,颇类于我国儒家经典《礼记》中所谓的"建国君民,教学为先"。一方面,他极端重视人品教育,认为弗州青年身上的恶习——懒惰、潦倒、粗暴——可以由军事教育来纠正,并借以将南方社会引为骄傲的"荣誉感、爱国心、国民责任感"等灌输到青年身上;另一方面,他注重人才培养给本州带来的实际效益,声称公民受教育之于政府的重要性甚于公民以自我牺牲精神来持枪对其进行保卫。普勒斯顿期望通过录用和培养贫家子弟推动社会流动性,鼓励勤奋者从底层出头,他寄望未来的毕业生会成为合格的工程师、教师,为弗州带来公路、桥梁和师资,而不仅仅是加强本州的民兵防务[2]。需要注意的是,普勒斯顿的教育目标中虽然亦不乏"爱国心""公民意识"等关键词,但是弗军校的创校机制及其打造毕业生的教育设计,都是要为弗吉尼亚联邦(Commonwealth of Virginia)的地方利益服务的,美利坚合众国只是这个丰美蓝图的纸面上一层淡淡的底色而已。

弗军校固然是南方子弟谋入军界的上佳出身地,但是它的招生却并不仅限于南方。它的著名校友、美军参谋长马歇尔将军就来自宾州,在他那一届的82名学生中,14名是北方佬儿[3]。弗军校这个以中国标准看来完全够得上被称为"全国招生"的院校,其人心向背却是山崩式的"地方压倒中央":

---

[1] Jennings C. Wise, *The Military History of the Virginia Military Institute from 1839 to 1865, with Appendix, Maps, and Illustrations*, Lynchburg, Va.: J. P. Bell, 1915, p.33.

[2] Bradford Wineman, "J.T.L. Preston and the Origins of the Virginia Military Institute, 1834–42", *The Virginia Magazine of History and Biography*, No.2, 2006.

[3] Ed Cray, *General of the Army: George C. Marshall, Soldier and Statesman*, New York: Cooper Square Press, 1990, p.25.

当内战在1861年打起来时,其1 930名校友中有1 827人以不同的形式参加或支持了南军,占总人数的94.7%①。在著名的"新市场战役"中,弗军校的学生军英勇地投入了战斗。这段历史虽比不得我国近代由黄埔学生军组成的主力完成北伐大业的壮举,但也成为美国军事史上学生从军的名章。参加"新市场战役"的学生兵共受伤47人,战死10人,至今每年5月15日,弗军校仍然要举行活动纪念牺牲者②。

既然弗军校自定的办学宗旨是要在一般的大学教育之外,为国家培养"公民士兵"(citizen-soldier),为了达到这一目标,该校遂对它的新生使用近乎残酷的"挫折方式"(adversative method)进行训练。所有新生入学后,都要连续过6个月斯巴达式的"鼠阵"(ratline)生活,其特点为"完全的平等主义、严明的纪律、隐私权的彻底剥夺和时时刻刻的体力与精神压力"③。校方认为,只有将学生强制推入鼠阵,使其泯灭掉他们入学前在家庭、社会和普通学校生活中视为当然的个体意识,才能够将弗军校奉为士兵伦理准则的"荣誉感、忠诚和集体心"灌注到这些年轻人身上。

新生在入学前虽各有姓名、籍贯、种族、学习成绩之不同,但一旦进入鼠阵,这些个人特征通通都不准提起。所有新生只准有一个名字——"鼠"(rat),他们之间则互称为"鼠兄弟"(brother rats)。弗军校自认它的鼠阵训练强度和严酷程度超过美国陆军的新兵营或基本训练,大致与美军军兵种中最精英的海军陆战队相埒④。"鼠"们住在简陋的兵营里,营房的设计,极类古希腊的"圆形监狱",每个人都无时无刻不在其他人的注目之下。这隐私权的剥夺,意在让学员们产生一种自身唯托属集体的忘我感⑤。压力则来自

---

① 见弗军校网站的校档案文章"How many VMI Alumni fought in the Civil War?"(《多少弗吉尼亚军校的校友参加了内战》)及"Popular Questions — VMI in the Civil War"(《热门问题——弗吉尼亚军校在内战中》),http://www.vmi.edu/archives/manuscripts/new-market-vmi-in-the-civil-war/umi-in-civil-war-faq/.

② J. D. Haines, *Put the Boys in: the Story of the Virginia Military Institute Cadets at the Battle of New Market*, Austin: Eakin Press, 2003, p.33.

③ Kevin N Rolando, "Decade Later: United States v. Virginia and the Rise and Fall of Skeptical Scrutiny", *Roger Williams University Law Review*, No.12, 2006, p.183.

④ R. Claire Snyder, *Citizen-soldiers and Manly Warriors: Military Service and Gender in the Civic Republican Tradition*, New York: Rowman and Littlefield, 1999, pp.149–151.

⑤ Kevin N Rolando, "Decade Later: United States v. Virginia and the Rise and Fall of Skeptical Scrutiny", p.196.

各个方面,有学业的、训练的、体育竞技的等,但高年级学员的"凌弱"(bully)文化是一个最主要的源头。每一只新"鼠"都会终生不忘的特殊待遇是,老生会往"鼠"的脸上故意吐吐沫①。其实,凌辱低级学员尤其是新生,为美国军校悠长的传统,浙江警察学院的陈卓曾著专文研究西点军校凌辱学员的现象②。延伸开来说,这凌辱新人的现象在美国各军种中其实都是广泛存在的③。然本文欲指出的是,南方的价值观使之更为强化。

有关南方社会的构建模态,文化社会学家奥兰多·帕特森(Orlando Patterson)于1967年所做的研究《奴隶制的社会学》仍称经典。帕特森的贡献,在于将"黑奴、棉花和骑士风范"三个因素组合成三位一体。我们认为帕特森的理论并不过时,可以被借用来诠释"凌弱"文化。历史学家斯坦利·埃克森(Stanley Elkins)曾提出过颇具争议的"桑博模态"——"桑博(sambo,指黑人,现在已为禁语)柔顺但不负责任,忠诚但懒惰,谦卑但会长久地不改撒谎和偷窃劣习。他的行为充满婴儿式的愚蠢,他的言语全是孩童式的夸张。"帕特森在这个"桑博模态"的基础上进一步提出,南方社会的存在机理实为一种"荣誉统治"(Timocracy)。他认为,桑博既然是一种半人半孩的劣等人类,有产白人男性就有责任以铁腕手段将权威示范给他们,同时避免被他们看到自己有任何不体面之处。奴隶主阶层的荣誉感,因被奴隶的低劣性所参照,较常规社会更为凸显。帕特森甚至提出了所有蓄奴社会都具有极高荣誉心伦理的理论④。"荣誉"(honor)在"旧日南方"的语境中最初是独属于有产白人男性的,但是它从高处流布,也延及白人女性和无产白人男性⑤。

南方荣誉感的内涵可以很宽泛,但毫无疑问它的某些组成部分是:对

---

① Laura F. Brodie, *Breaking out: VMI and the Coming of Women*, p.40.
② 陈卓:《西点军校欺辱学员现象研究》,《武汉科技大学学报(社会科学版)》2015年第6期。
③ 由黛米·摩尔和汤姆·克鲁斯主演、1993年获金像奖最佳影片提名的 *A Few Good Men*(国内译作《义海雄风》或《好人寥寥》),讲述的就是在美国海军中发生的一起案件的辩护和审判过程。该案件的起因,是某上校动用美国军队中默认的私刑惩罚"红色军规"(red code),导致被虐罚的士兵身亡。
④ Orlando Patterson, *Slavery and Social Death: a Comparative Study*, Cambridge, MA: Harvard University Press, 1982, p.96.
⑤ John H. Franklin, *From Slavery to Freedom: a History of American Negroes*, New York: Knopf, 1947, pp.72-75.

上，尊奉权威，甘心于接受来自权威的挫折性对待；对下，不忘展示自己之于较低社会身份之人的权威；面子大过天；个人尊严胜于法制公正；对同侪组成的小社会具有强烈的集体与共感等。据弗军校著名校友、中国国民党抗日名将孙立人的回忆，最热衷于欺凌新生的，都是刚刚结束"鼠阵"升上去的"新"老生。孙将军在缅甸密支那征战期间，曾谈起过他早年的军校生活，其中的老生凌弱细节令人触目惊心：

> 从前有一个中国学生姓胡的，是张作霖报送去的，在这个学校里不到半年，就活活地被打死了……在平时打骂，那还不算怎么样，最难受的和最没有理由的是：每过三、五天有一次revive，意思就是要你苏醒。这是在早上站队的时候，老生打新生，从出寝室门起，一个打一个，一路打到集合场，甚至站到队伍里去了，还在挨打。①

孙将军并不否认，他身处斯境时曾产生过很强的屈辱感，但他其后对弗军校凌弱文化的总体看法是还是很积极的。他认为：

> 本来美国是一个文明、民主的国家，为什么这学校那么野蛮呢？大家要知道：这并不是野蛮，而是一种锻炼，就是要锻炼你一种坚忍奋斗的意志，无论在任何环境中，都能接受一切艰难困苦。等于一个婆婆带童养媳，在坏的方面讲：是虐待；在好的方面是训练。就是希望他训练出，成为一个在任何情况之下，能够应付一切艰难困苦的完人。②

乔治·马歇尔于1898年9月入校时只有16岁，当"鼠"才三个星期，竟被老生罚裸蹲在刺刀尖上20分钟，他刚刚害过伤寒，体力不支，被刺伤了臀部，血流如注而差点死去。值得一提的是马歇尔后来从未说出整人者的名字，这个决定与其说是来自他天生的谨慎，不如说是校训中的荣誉感和集体

---

① 孙立人：《在密支那对教导总队学生讲演（1944年10月31日）》，朱浤源编著：《孙立人言论选集》，中国台湾"中央研究院"近代史研究所出版社2000年版，第6页。

② 同上。

心在这个少年的思想铸成上已经起到了作用①。马歇尔和孙立人作"鼠"的时间距弗案之发生虽已久远,但那令他们心悸的"鼠阵"和"凌弱"传统却在他们的母校代代相传,至20世纪90年代中期而未稍减。家长们褒扬"鼠阵"使他们的儿子从不懂事的少年成长为成熟的青年;一位参加过越战的校友说,若不是"鼠阵"教会他坚忍,他无法熬得下来被俘虏的六年半牢狱生涯。管理层更是坚信,在"鼠阵"共同受挫的经验,会让学生们结下终生不渝的友情②。

严格有序的南方社会分等思维,折射在军校制度上,就是老学员"凌弱"有理,但这在另一方面也被视为是公平的,因为终有一日"鼠"会升为老生。

三、两性反差传统与南方重生所加持的与时背驰

美国南北战争后,原属南部邦联(Confederacy)的南方白人进入了一种集体心态,可由"败局命定"(Lost Cause)一词来表达。他们因怀恋战前"旧日南方"(ante-bellum South)的世风世情,愿固守南方传统,不惜走到近代"普世价值"的反面。文化社会史学家罗林·奥斯特韦斯(Rollin Osterweis)在对南方社会气质的深度分析中,抓住了其精髓:发展到过分的荣誉感与骄傲感,尚武精神,对女性的人格理想化和物理隔离,以及地区性民族主义③。在理念上将女性浪漫化、柔弱化、内闱化,在物理上将其排拒于男人的天地之外,正是南方固有的两性反差传统。

有关美国南方文化对于女性的定位,普通中国读者多是从《飘》这部在美国发行量仅次于《圣经》的名著中了解到的:郝思嘉的母亲和情敌媚兰都是南方传统妇德的完美化身,她们娴静、优雅、温柔、谦抑、尊重丈夫、尊重整个白人男性社会。南方文化并不认为妇女被置于弱势的社会地位上,它只是坚持男性女性各应有泾渭分明的社会角色。"败局命定"文学的一个特色就是,女性常被描写为具有"斯巴达式的坚忍"(Spartan endurance),即使她们面对战争和杀戮,必须要走出家庭的小天地,为自家、社区和邦联的生存

---

① Ed Cray, *General of the Army: George C. Marshall, Soldier and Statesman*, p.26.
② Laura F. Brodie, *Breaking out: VMI and the Coming of Women*, p.40.
③ Rollin G. Osterweis, *Romanticism and Nationalism in the Old South*, New Haven: Yale University Press, 1949, p.213.

而斗争，她们也仍然保持着辨识度极高的内闱性(domesticity)①。与此相对应的则是在南方文化中亦被视为当然的男性的刚雄之气与骑士精神。南方男人期待自女人身上看到娇弱、居家、容饰、调情等特点，而讨厌看到她们的强势、外向、不打扮、不撒娇。妻子和女儿（某种意义上姐妹也是）对南方白人男性来说，既是财产也是被保护对象，必要时后者会为保护前者的身体或名誉付出生命；宽泛意义上说，白人男性对整体白人女性持有一种基于中古欧式骑士风范的理想态度。

在"凌弱"传统盛行的兵营里，出现了女性新学员该怎么办？老学员的恶拳，能否抡向长着柔软乳房的异性新学员的前胸？设想这情形本身，就会让一个具典型南方心态的白人男性陷入思维和情感的短路。弗军校抬出"鼠阵"训练强度超过女性生理承受能力的说辞，又提出"鼠"被要求剃光头会造成女性心理不适的问题，其实都是在避重就轻，如何在它不肯放弃的"凌弱"传统中摆置女性才是它真正的困境，因为它亦同样不肯放弃将女性柔弱化和内闱化的文化心理诉求。

迪克西(Dixie)——美南十一州的非正式统称——究竟有何种力量，使得它在举世滔滔中敢与美国宪法中的"平等保护"精神背道而驰呢？这考量必须涉及旧日南方的社会气质与今日南方的发展成就两个方面。

先行研究都肯定植棉庄园经济给南方上等人、劳心者提供了一种"闲适"(leisure)，使之能够与工业化后的世界节奏逆流而行，这种"闲适"使得白人阶层能够以较为罗曼蒂克而非实际紧张的态度来组织自己的社会生活。笔者欲进一步指出，气候、土壤、宗教信仰都成为决定地方特色的因素。以马萨诸塞为核心地带的新英格兰地区，气候严酷，土壤贫瘠，早期清教徒的生计艰难沉重，导致北方诸州的社会气质严肃、虔诚、偏理智而不浪漫。农业的产出利润不丰，机器工业和商业遂相应发展；对自由劳工和具有公平交换性市场的需要，使得北方社会更为重视人的实质性平等而倾向于忽视人的肤色、性别及出身差异。白人妇女参与体力劳动是常态。而南方气候温润，土地肥沃，农业产出的利润高，奴工的劳作使得多数白人摆脱体力劳动，上等妇女更不用说，憩于华屋，四体舒齐。如此一来，北方人看南方人是

---

① Karen L. Cox, *Dixie's Daughters: the United Daughters of the Confederacy and the Preservation of Confederate Culture*, Gainesville: University Press of Florida, 2003, pp.43-44.

"懒惰、不虔诚、放荡"①,而南方人看待自己的生活方式,却是完全两样的:闲适,好山好水好风光,人际之间温暖忠信,男人更像男人,女人更像女人。

经历了炮火纷飞的战争,失去了家园、财产和社会制度的南方白人走入战后时代,在"败局命定"的集体心态中,一代又一代的南方人找到了自己的心理神龛。"败局命定"运动绝不仅仅是关于在政治或历史书写上重新定义内战的,它更是一系列旧日价值的合集,它以缅怀的形式试图重生"旧日南方"的邦联文化。它是集体心态,也是文学和史学;是修辞,也是现实。

法国年鉴学派巨擘吕西安·费弗尔(Lucien Febvre)高度重视文化中的群体心态,提出了"心理器质"(mental equipment)的概念。布罗代尔赞同前者,在他对文明的定义中,也提出了"集体心态"(collective mentalities)的概念。他说:

> 这些基本价值,这些心理构建,正是文明之间最不容易互相沟通的东西。它们对文明的隔绝最为剧烈。通过时间的路途,这些心灵的习惯依旧存在。在漫长的、无意识的孵化后,它们很少会改变,即使改变也是非常缓慢的。②

当然,纯从心态史(History of Mentalities)的视角,以"旧日南方"和"败局命定"来界定南方,也未免太简单化了。笔者无意用铅板化的思维去套框南方文化。我们都知道,即使在非常稳定的社会格局里也会酝酿着变化。新近的研究认为,骑士风范的黄金时代在1830年左右。约在内战前10年,南方人其实就已经不是全心全意地相信骑士风范了。即使种植园主们也开始三心二意地膜拜起金钱的成功。新贵们的财富往往是植棉以外的投机或地产生意带来的。种植园主中的聪敏好学者都输心于北方文化,特别是新英格兰文化。所以,实际上在1850年左右,南方就已经在"自己人跟自己人打架"了。而在战后,当人们提起那种"挥霍而心地慷慨的种植园主绅士",

---

① Patrick Gerster and Nicholas Cords, *Myth and Southern History*, Urbana: University of Illinois Press, 1989, p.138.
② Fernand Braudel, *A History of Civilizations*, trans. Richard Mayne, New York: Allen Lane, 1994, p.22.

该形象一定会伴随着"叛乱分子、决斗者、与古怪命运作斗争的勇士"等负面意味,在新兴中产阶级的物质主义浪潮里,人人都知道那种骑士风范的乌托邦势将一去不回了①。即以对女性实行物理隔离而言,那其实也只是一种理想态,战后的郝思嘉尚能冲破三姑六婆的流言蜚语、每日自己驾车前往她的木材厂工作,其隔离性的社会条件在近现代显然已经不复。但这不等于说,现代南方文化就不再坚持两性之间应有的刚与柔的对比。"在很大程度上,南方仍然是个'士兵都是男儿,女子尽多闺秀'的地方",一位全面审视过弗州案并将其过程写为专著的作者如是评论20世纪90年代的南方社会②。弗案的道德泥沼,在于南方价值体系对军事院校的"凌弱"传统和其固有的两性反差传统同样都不肯放弃。

南方不仅仅是一个地理的概念——尽管光是在地理上定义南方,现在就已经出现了多个方案。社会学家约翰·里德(John Reed)在其《我的眼泪搞糟了我的目标:对南方文化的反思》一书中罗列了24种对于南方的界定,并配以相应的24个图示③。对"南方"的定义,可以在多种层面上进行,但心态认同无疑是相当重要的一个。同一作者亦指出,南方黑人、阿巴拉契亚白人和移民到南方的白人,尽管他们的历史与"败局命定"的关系是复杂的或微乎其微的,但亦乐于认可自己的南方身份。很显然,"南方人"与"前邦联人"并非同义。据来自20世纪60年代的一项数据统计,美南11州出生的白人对自己的南方身份之认同,超过了罗马天主教徒之于自己的同教教友、亦超过了工会成员之于其他工会成员的认同,接近黑人和犹太人对自己的种族认同的程度④。

同样的,在时间轴上将南方以1865年为界划出古今,也未免太过简单了。即使最粗线条的分法,也要区分出1865至1877年的"重整"(reconstruction)时期——南方挣扎于死水般的落后农业经济中,贫穷泛滥,白人将不满诉

---

① Patrick Gerster and Nicholas Cords, *Myth and Southern History*, pp.139-141.
② Philippa Strum, *Women in the Barracks: the VMI Case and Equal Rights*, Lawrence: University Press of Kansas, 2002, p.130.
③ John Shelton Reed, *My Tears Spoiled My Aim and Other Reflections on Southern Culture*, Columbia: University of Missouri Press, 1993, pp.5-28.
④ Ibid, p.31.

诸暴力,和1877年以后的"新南方"(New South)时期——联邦从南部诸州的首府撤出最后的驻军,社会开始拥抱现代化观念,植棉经济解体,工商业兴起,非奴隶主白人阶层社会地位上升;"新南方时期",包括1877年至20世纪20年代的南方文艺复兴时期——初步的工业化和城市化,人民党运动,进步运动①;大萧条和二战时期;20世纪中期的"第二次重整"(second reconstruction)时期——布朗判决,种族隔离的取消(亦称"第二次废奴运动"),民权运动,种族仇视加剧,社会动荡不安。但也正是借"第二次重整"的社会大整合和大震荡,南方才有了今日的成就。

从20世纪70年代至今,南方已涅槃重生为现代工商业的"阳光地带"(Sun Belt)。白人农业精英的重要性彻底减低,工业家与商业领导者情愿或不情愿地开始支持黑人的政治和经济吁求,在联邦的推动下,黑人的工作、住房、福利、教育机会等状况都有所改进,各种族和谐共居,南方社会进入稳定阶段。

与之伴生的是令世界刮目的经济增长和城市建设成就。南方的中小城市格林斯博罗、诺克斯维尔、布里瓦德成为兰德麦克纳利地图出版社评选的全美最宜居城市,以另外的统计标准,罗利-达勒姆科研三角,温斯顿-塞勒姆和亚特兰大也都榜上有名。教堂山以拥有70%的院校毕业生人口而成为全美教育程度最高的城市。亚特兰大成为联合企业、世界性大银行的总部所在地和奥林匹克的东道主②。

相形之下,在民权运动之后的半个世纪中,北方同样也经历了种族冲突和经济衰退的痛楚,诸多老工业城的破败和高犯罪率已成为严重的社会脓疮。女权的张扬亦带来一系列无解的社会问题:少女早孕、孩童无父、离婚率攀升、单亲家庭子女辍学率高等。于是,从20世纪60年代的社会无序中重新崛起之后,南方就一直处于某种矜然自喜(self-congratulation)中。南方在与北方的对比中重拾自信,重新肯定自己的地方传统,这种自信又给它的与时背驰精神做出了背书。南方人在社会生活实践中,将地方传统中所珍视的价值置于"普世价值"、法律价值甚至宪法价值之上,也就不难于理解了。

---

① 黄虚峰:《美国南方转型时期社会生活研究(1877—1920)》,上海人民出版社2007年版,第5页。

② Patrick Gerster and Nicholas Cords, *Myth and Southern History*, p.135.

四、弗案的实质：性别案司法审查标准向种族案靠拢

弗方输在了哪里呢？是弗州没有给女性提供高等教育机会吗？否。20世纪90年代初，弗州已有14所公立四年制大学，两年制大专更是多达20多所，皆为男女同校①。弗女领方案将该校寄宿在著名百年私立女校玛丽·鲍德温的美丽校园里，同样给女生提供四年制教育、兵营训练和ROTC预备役训练②，虽然诛心一点说，它只是弗州以开办女校来换取弗军校现状不变的权变之策，但该校的实际创办是可以给弗州女性带来教育福利的。那么，是美国的教育理念或法律精神反对单一性别教育吗？显然也不成立。单一性别教育——即纯女校和纯男校的设置，无论在中学还是在高等院校中，都是美国教育实践中的一支强大支流，它的背后有着无数教育理论家的支持。五大常春藤女校蒙特霍利约克、瓦萨、韦尔斯利、史密斯和布赖恩莫尔在全球赫赫有名。有关单一性别教育可以提供独特、有益的教育经历这一点，弗案的双方和各级法院都具共识。在弗案的审判过程中，有26所单一性别的学校以法庭之友（amici curiae）的身份联合发表了意见，虽然它们的终极态度是反对弗方的，但亦提出，单一性别教育有时会"驱散，而非强化，传统的性别分类"③——对此，法庭没有异议。

弗方是栽在了被沃伦（Earl Warren）大法官称为"美国宪法的心脏"④的第十四条修正案上。其所谓"违宪"，违的是第十四条修正案的第一款："平等保护条款"（Equal Protection Clause）：

> 任何人，凡在合众国出生，或归化合众国并受其管辖者，均为合众国及所居住之州的公民。任何州不得制定或执行任何剥夺合众国公民特权或豁免权的法律；任何州，未经适当法律程序，均不得剥夺任何人的生命、自由或财产；亦不得对任何在其管辖下的人，拒绝给予平等的

---

① 见弗州高等教育理事会网站 http://www.schev.edu/ 的统计。
② Laurie L. Weinstein and Christie C. White, *Wives and Warriors: Women and the Military in the United States and Canada*, Westport, CT: Greenwood Publishing Group, 1997, p.72.
③ United States v. Virginia, 518 U.S. 515 (1996).
④ 朱应平：《澳美宪法权利比较研究》，上海人民出版社2008年版，第467页。

法律保护。①

在历史上,第十四条修正案的制定,最初是为了加强联邦权、弱化州权,以防止内战后的奴隶制卷土重来的。林肯在战前竞选时,曾和道格拉斯参议员发生过一场著名的论争。林肯反复强调,南方实行奴隶制的州有企图将奴隶制"全国化"的危险,因此必须加以制衡②。这条在内战后不久出台的宪法,其第一款"平等保护条款"的最初施用,也只是意图用以针对种族问题的。最高法院直到1971年的"里德诉里德案"③之前,都不使用"平等保护条款"来处理"性别分类"案。"性别分类"(Gender Classification)是一个法律术语,它是指雇方或录用方区别对待两性的一种做法,在司法语境里就是"性别歧视"的代名词。在美国司法实践中,"性别分类"不是不可以被允许的,但需要满足一个条件:它必须能通过司法审查(judicial review)的某个级别的测试,亦即,雇方或录用方要为自己做出一套"自圆其说"(justification),证明其进行"性别分类"是有道理的。

最高法院的司法审查力度分三个分级:最宽松的"合理基础审查"(rational basis review)、中等严格的"中等详审"(intermediate scrutiny)和最为严格的"严格详审"(strict scrutiny)。一般来说,涉及种族和国籍歧视的案子都使用"严格详审",而在里德案之前,性别歧视案都采用"合理基础审查",也就是说,若是被控方的"自圆其说"在逻辑上能"合理地"说得通,就可被法庭容忍。里德案本身使用了"中等详审",但并未将其设立为一个标准,直到1976年的"克雷格诉博伦"案④,"中等详审"才上升为性别分类案的标准⑤。

每一级的司法审查,都伴有对其进行定义的"定义码"(code)——亦即一段注释性文字。"合理基础审查"的定义码是"合理地与政府的合法利益相关联";对应"中等详审"的是"之于重要的政府目标的实质性关系",这

---

① 陆镜生:《美国人权政治:理论和实践的历史考察》,当代世界出版社出版社1997年版,第238—239页。

② 崔之元:《关于美国宪法第十四条修正案的三个理论问题》,《美国研究》1997年第3期。

③ Reed v. Reed, 404 U.S. 71(1971).

④ Craig v. Boren, 429 U.S. 190 (1976).

⑤ Christina Gleason, "United States v. Virginia: Skeptical Scrutiny and the Future of Gender Discrimination Law", *St. Johns Law Review*, No.4, 1996, pp.801-807.

就比上一个级别严格多了。而"严格详审"最为苛严,它的定义码是"狭窄裁剪的手段,仅用于推动强制性的政府利益"。"强制性"(compelling)在此有"不得不尔"之意,换言之,若否,则政府利益就必然受损。定义码的词语组合有时会有变化,但意思不变①。第四巡回法庭为弗案又格外制定一个"特殊中等详审测试"(special intermediate scrutiny test),它在考量弗方的单一性别教育目标能否被视为政府目标之外,还审查其"性别分类"的做法与该政府目标的相关性。第三条更为奇特,因为弗军校不要女生,而弗女领(依照建校原则)不要男生,法庭要看会被排拒在校门外的两组男女学生是否能在对方院校、"或通过州内的其他方式"获得"实质性的类似利益"②。

条件虽貌似苛刻,但弗方通过了这一考验。笔者对此的诠释是:在第四巡回法庭那里,"中等详审"的定义是与政府利益挂钩的。20世纪八九十年代的弗州高等教育,已经给女性提供了很可观的机会,若做更大规模的改弦更张,则州政府的利益就要受损。弗军校之所以受攻讦,是因为它将女性排斥为异己,违反了美国文化的核心要素——"多样化"(diversity);然而个体的单一正可以构成集体的多样化。弗州可以借此说:正是由于弗军校的特殊性,才增加了弗州高校的"多样化"——这可以被弗州打造成一个它需要谋求的教育目标,于是就符合"(州)政府利益"了。其实,第四巡回法庭给弗案测试的第三条中,"或通过州内的其他方式"的用词,就已经为弗方留下了被放一马的余地。

"中等详审"标准一直稳定地被用于审判性别歧视案。从1979年的"马萨诸塞人事管理者诉费尼案"③开始,"中等详审"出现了一个新的定义码:"极度具有说服力的自圆其说"(exceedingly persuasive justification)。法学家们发现,这一用语常常与既有的定义码"之于重要的政府目标的实质性关系"互用,但它的出现并没有抬高对性别歧视案件的司法审查严格程度④。

众所周知,美国的司法判决是遵循先例原则的。弗案的先行案例理论

---

① David K. Bowsher, "Cracking the Code of United States v. Virginia", *Duke Law Journal*, Vol.48, No.2, November 1998, pp.309-312.

② Ibid, p.324.

③ Personnel Administrator of Massachusetts v. Feeney, 442 U.S. 256 (1979).

④ David K. Bowsher, "Cracking the Code of United States v. Virginia", pp.318-319.

上应该是1982年的"密西西比女子大学诉霍根"案①。霍根是一名男子,因申请单一性别招生的密西西比女子大学的护士项目被拒而引发诉讼。最高法院以5比4的投票结果裁定州立的密西西比女子大学违宪。其后霍根得以入学,这所纯女校对男性开放,到2006年,它的男生入学率已达21%②。对霍根案使用的司法审查力度是"中等详审",两组定义码都被使用了,但在语言的置换上没有级别意义上的不同③。霍根案的裁决,本应在全美范围内终结所有州立大学单一性别招生的记录,但它实际上没有做到。此事也是司法先例原则有时会不好用的一个例子。

弗案与霍根案毕竟不同,其理甚明也。军校拥有一所普通大学所不具备的特殊建校宗旨,它为州和联邦输送军官的功能可以关联到国防层面,在暴动、自然灾害等特殊情况下,它的在校生可以为州治安和救灾作出贡献,它的传统值得州政府为之出力维护;说男人不胜任做护士肯定是世俗的偏见,但说女人不胜任做士兵却不乏实际的忧虑——种种此类,都使得弗案比霍根案拥有更为充沛的"自圆其说"。

为了打破这些"自圆其说",金斯伯格在"定义码"上作起了文章。最高法院对弗案的判决文件仅使用了"极度具有说服力的自圆其说"而不再使用"之于重要的政府目标的实质性关系",如此一来,"政府"的利益就被淡化了,更不消说是"弗吉尼亚联邦"(Commonwealth of Virginia)的利益;与此同时,性别分类的司法审查标准被再次上提,但是最高法院谨慎选择了不使用最高级的用词"严格详审",而代之以一个新词汇:"怀疑详审"(skeptical scrutiny)。

从"中等详审"到"怀疑详审"的标准收紧,标志着联邦司法思维已倾向于将性别案与种族案做类比处置。这一转变很大程度上是出于金斯伯格法官个人的推动。金斯伯格早在1973年就已是妇女权利项目的总法律顾问,她为20世纪70年代以来的几个重大性别歧视案都做过辩护④,特别是在

---

① Mississippi University for Women v. Hogan, 458 U.S. 718 (1982).
② https://en.wikipedia.org/wiki/Mississippi_University_for_Women#Students.
③ David K. Bowsher, "Cracking the Code of United States v. Virginia," pp.320-321.
④ Thomas R. Hensley, Kathleen Hale and Carl Snook, *The Rehnquist Court: Justices, Rulings, and Legacy*, Santa Barbara, CA: ABC-CLIO, pp.92-94.

里德案和"弗龙诉理查德"①案中,她提出了将性别与"种族"(race)和"血统"(ancestry)并置的司法审查理念,认为这些属性都是个人得自天生、此后也无法控制、无法改变的事实,基于这些属性而对人进行区别对待是不公平的②。金斯伯格为弗案执笔写作的终审意见,被视为是她司法生涯中的冠顶之珠。在文件中,金斯伯格回顾了里德案后最高法院对性别分类案的司法审查标准虽然上提、但并未加严到与种族案等同的历史,表达了对法庭"保留态度"的批评之意。

金斯伯格在复审书中抽丝剥茧,一层层分析了弗州给女性提供的平等教育机会之不足;她提出弗军校拒招女生的做法构成违宪,讨论的中心则为:营建弗女领的补救措施,是否真正达到了"虽隔离,但平等"的标准。

宪法第十四条修正案出台后,"虽隔离,但平等"的原则曾长期被用于判决种族案,其用意是在"平等保护条款"下巧妙地维持种族隔离的现状,如黑白两色人种不能使用同一饮水机、乘车必须分开车厢等。这一原则由1896年的"普莱西诉弗格森"③案所确立,其所欲示者:即使在隔离的前提下,各种社会组织和各级政府提供给黑人的"设施"(facilities)并不亚于提供给白人的,故此并未造成白人与黑人之间的不平等;黑人的"平等权"既然未被剥夺,也就无由通过第十四条修正案要求"得到保障"。对"设施"的强调,形成了后来常被使用的"有形因素"(tangible factors)的概念。普莱西案之后的种族案,多是关于黑人不能与白人同校共享教育资源的,而各级法庭常常用"有形因素"的硬件指标——如黑人学校的课程设计、师资、建筑物、校园设备等——已经达标为由,来驳回黑人控方的指控。如果"有形因素"实在差得太远,则法庭会责成负责分配教育资源的州政府或地方为黑人学校补足这些"有形因素"。

"有形因素"到了20世纪50年代初被"非有形因素"(intangible factors)所推翻。1950年,黑人律师、未来的最高法院大法官瑟古德·马歇尔

---

① Frontiero v. Richardson, 411 U.S. 677(1973).

② Toni J. Ellington, Sylvia K. Higashi, Jayna K. Kim and Mark M. Murakami, "Justice Ruth Bader Ginsburg and Gender Discrimination", *University of Hawai'i Law Review*, 20 U (December 1998), pp.724-725.

③ Plessy v. Ferguson, 163 U.S. 537(1896).

(Thurgood Marshall)成功辩护了黑人大学生斯韦特诉德克萨斯大学法学院的种族隔离案——"斯韦特诉佩因特"①。斯韦特成绩优异,但因黑人身份而未被该校接纳,故提出对校长佩因特的诉讼,地方法院裁定德州可以在休士顿为黑人设立一所大学来补救,这所学校后来就成为南德克萨斯大学,其法学院此后以"瑟古德·马歇尔"冠名。但最高法院裁定,优势白人学校的"非有形因素"——如学校名声、管理经验、校友影响、社区地位等,不能由弱势黑人学校所弥补②。就在同一年,马歇尔还辩护赢了"麦克劳林诉俄克拉何马州立大学校董会"案③。1954年,"布朗诉托皮卡教育局"④一案历史性地终结了美国的种族隔离政策,在它的裁决书中,"教育资源的隔离"更是被定义为"本质上的不平等"(inherently unequal)。布朗案的成功有很多历史因素的巧合:在其案悬而未决的听审过程中,1953年,保守派首席大法官弗雷德·文森(Frederick M. Vinson)忽患重度心肌梗塞而去世,最高法院法官的组成结构面临改变。当时的总统德怀特·艾森豪随即提名一向具有保守主义倾向的厄尔·沃伦上台。沃伦上任后马上重启布朗案听证,而且在其后的一连串联邦最高法院判决中显示出了强烈的自由主义倾向,以致艾森豪后来后悔地说:任命沃伦是"我一生中最蠢蛋的错误"⑤。

分析至此,我们已经可以清晰地看到教育资源性质的性别案与种族案的共同之处:两者都会以"虽隔离,但平等"的策略来换取维持现状。对金斯伯格来说,最方便的做法就是借用斯韦特案来比对弗军校与弗女领在"有形因素"与"非有形因素"上的不平等,再以布朗案的"本质上的不平等"理论来加强自身逻辑。金斯伯格没有这样做,却以跨时空的方式做出了一个戏剧化的比对。她指出,1950年,就在斯韦特被排拒于德州大学校门外的时候,该校的法学院已经拥有16位全职教授,850名学生,一所有65 000册藏书的图书馆,一家法学评论期刊和一所模拟法庭,其获得律师资格的校友多不

---

① Sweatt v. Painter, 339 U.S. 629(1950).

② Karen J. Maschke, *Educational Equity*, New York: Routledge, 1997, p.257.

③ McLaurin v. Oklahoma State Regents, 339 U.S. 637(1950).

④ Brown v. Board of Education of Topeka, 347 U.S. 483(1954).

⑤ Melvin I. Urofsky, *The Warren Court: Justices, Rulings, and Legacy*, Santa Barbara, CA: ABC-CLIO, 2001, p.264.

胜数；而时至今日（弗案判决的1996年），瑟古德·马歇尔法学院的教育资源有什么呢？——5位全职教授，23名学生，一所有16 500册藏书的图书馆和唯一一名成为德州注册律师的校友。两校教育资源不堪一比的事实昭然若揭。

金斯伯格欲将性别案与种族案等置、并以司法代码将这一思维固定下来的做法，受到了两个人的抵制。一是对弗案投下唯一反对票的斯卡利亚法官。他认为，金斯伯格批评最高法院对性别案司法审查的严格程度持有"保留"态度，这种言辞是"不负责任的，因为它们是被精心设计以动摇我们的现行法律的。我们的责任是澄清法律，而不是把水搅浑"。另外一位是首席大法官伦奎斯特（Chief Justice Rehnquist），尽管他同意弗案的判决，但对新创标准和改动"定义码"的做法表示不满，认为这会造成"潜在的困扰"，并建议回到原来的定义码"之于重要的政府目标的实质性关系"[①]。法学家们认为，"怀疑详审"是在"中等详审"和"严格详审"之间创制的一个中间地带，它更接近于"严格详审"而非"中等详审"，它是金斯伯格为日后将性别案推进到与种族案相同的"严格详审"而打下的伏笔[②]。但亦有教育学家质疑道：现有的很多著名私立高校，也是部分地接受联邦与州的资助的；所谓私立与公立，在美国教育系统中只有概念的不同，而无实际操作上的区分，弗案这样裁决，分明会损害到私立单一性别教育的前景[③]。

笔者认为，将性别案与种族案做类比处置的倾向虽已发生，但真正转变联邦司法思维的突破并未完成。作为有史以来的第二位女性联邦大法官，金斯伯格确然是带着推动男女平权的使命进入最高法院的。1993年，克林顿在任命她的致辞中说："金斯伯格之于妇女权利运动，就像前最高法院大法官瑟古德·马歇尔之于非洲裔美国人的权利运动一样。"[④] 检视两者的职业记录，我们的确可以发现惊人的相似性。马歇尔自1934年起就开始

---

① 518 U.S. 515 (1996).

② Deborah A. Widiss, "Re-viewing history: The Use of the Past as Negative Precedent in United States v. Virginia", *The Yale Law Journal*, Vol.108, 1998, p.248.

③ Wilfred M. Mcclay, "Of 'Rats' and Women", p.49.

④ Julie Novkov, *The Supreme Court and the Presidency Struggles for Supremacy*, Thousand Oaks, CA: CQ Press, 2013, p.99.

为"全国有色人种协进会"(NAACP)服务,1940年至1961年间他作为其首席律师,共打赢了32个诉讼案中的29案,包括里程碑式的布朗案[①];而金斯伯格于1972年在"美国公民自由联盟"下创建"妇女权利项目",自任其首,从1973年到1980年的7年间,她成功辩护了6个重大性别平权案中的5个,包括里程碑式的里德案[②]。两人在职业生涯上的相似辉煌,一个表现为以黑人身份推动黑人权益,一个表现为以女性身份推动女性权益,其为弱势群体谋求铲除社会生活中的"本质上的不平等"则一致。在这样的大框架下,金斯伯格产生出将性别与种族并置的司法思维,并倾其终生之力推动之贯彻之,是不难理解的;但两者是否真正具有司法哲学层面上的可并置性及司法实践层面上的可操作性,仍然是很多宪法学家、法学理论家和司法实践者所怀疑的,这也就是为什么,性别案的标准后来始终未得提升到"严格详审"。以弗案后10年左右的后续情况看,弗女领也并未成为如金斯伯格所断言的"弗军校的一个苍白的影子"[③]。从1995年建校以来,它每年至少招收42名女生,超过弗军校招收女生的数目,有时甚至超过一倍,它的毕业生也以高比例进入美国军界服务[④]。

五、结语

金斯伯格在弗案中取得了骄人的胜利,但是弗案本身的特殊性决定了无论怎么判,它都会产生巨大的争议。这当然也不仅仅是弗案的特色。应该说,能够打到最高法院的官司,往往都具有必须在两种重大利益和基本价值之间进行抉择的性质。荣耀和指责一直都如影相伴着最高法院的每一个里程碑案件[⑤]。弗案不应被简单诠释为一场高等法院为公民实现宪法"平等

---

① John J. Patrick, Richard M. Pious and Donald A. Ritchie, *The Oxford Guide to the United States Government*, New York: Oxford University Press, 2001, p.398.
② Ibid, pp.264-265.
③ Christina Gleason, "United States v. Virginia: Skeptical Scrutiny and the Future of Gender Discrimination Law", p. 807.
④ Matt Chittum, "Decade Strong Virginia Women's Institute for Leadership", *Roanoke Times*, March 18, 2005.
⑤ 张庆熠:《探究美国最高法院司法审查的理论和实践——略评〈最有权势的法院:美国最高法院研究〉》,《学术界》2012年第3期。

权利"的正义保卫战。它涉及南方独特的地方传统：荣誉感，骑士精神，尚武精神，对女性的浪漫又贬抑的态度，优美而伤感的旧日时光，"败局命定"的集体心态，挣扎、重生和新时代的自信。

美国的"普世价值"，一向与世界上其他国族的价值多有冲突、龃龉，弗案使我们明确地看到，它是如何与自己的地方传统，甚至与自己文化的"多样性"特质凿枘不投的。弗方对其"与时背驰"的价值的珍视与坚持，使得同情它的人们发出了为何不能容忍这种文化多样性的悲叹。

弗案提升了性别案的审查标准，在司法界亦引发了对原来已存在很大争议的"肯定性法案"——即照顾弱势和少数群体的"优先录用法案"（affirmative action）[①]——将往何处去的忧虑。限于篇幅，本文尚不及探讨弗案中折射出来的州权与联邦权之争[②]和弗案之于克林顿政府在20世纪90年代实施全国性教育改革、联邦干预地方教育的祭旗意义[③]。

[①] "优先录用法案"是美国法律对"国际人权公约"所承认弱势群体所采取的纠偏性保护措施。现在的最高法院已经在这方面走向保守。朱应平：《澳美宪法权利比较研究》，第469页。
[②] Russell Miller, "Clinton, Ginsburg and Centrist Federalism", *Indiana Law Journal*, No.1, 2010.
[③] 柯森：《美国九十年代教育改革的特点》，《比较教育研究》1997年第6期。

险对特朗普出鞘的达摩克利斯之剑：第25条修正案的前生今世

2023年3月30日《纽约时报》报道：涉嫌向色情影星克利福德支付封口费的美国前总统特朗普被曼哈顿法院大陪审团正式起诉，这使得他成为首位面临刑事指控的美国前总统。从彼时到现在，新闻镜头一直追逐着这位有意谋求连任但官司缠身的卸任总统。然而当其在任时，特朗普曾引发美国的宪法危机、险些导致第25条修正案第4款的出台——这节过往发生于2021年，如今已失去新闻时效性，故此乏人关注。第25条修正案第4款的前生今世，在中国仅为少数政治学者所知，有关其在现实美国政治中的作用，相关探讨更为少见，因为它虽存在、却从未真正被援引过。其下进行介绍。

2021年1月6日晚，美国爆发了令举世震惊的暴乱：大批特朗普支持者冲入国会大厦，骚乱过程造成5人死亡；即将进行认证总统程序的参众两院联席会议不得不临时中断。晚8时，联席会议继续召开，副总统彭斯宣布认证结果：拜登获306张选票，特朗普获232张选票，拜登当选总统，其女副手哈里斯当选副总统，他们的任期将于2021年1月20日开始。

次日，即距离总统权力交接前13天，众议院议长南希·佩洛西（Nancy Pelosi）提议，副总统彭斯及现任内阁成员应立即援引美国宪法第25条修正案罢免特朗普，因为"尽管他的任期只剩13天了，但剩下的每一天，都可能是一场恐怖秀"。1月8日，佩洛西又提出，参联会主席马克·米利应采取积极行动，预防特朗普在下台前的最后时刻使用核密码发动战争。佩洛西为特朗普之宿敌，她的提议自有快意恩仇因素，然观和者之众，特朗普此番引起第25条修正案的达摩克利斯之剑震动，并非仅仅是一句"墙倒众人推"可以解释得过去的。

第25条修正案有个复杂的前生今世。美国宪法第2条第1款第6节中所规定的总统继任程序，原表述并不明确，仅谓"如遇总统被免职，或因死亡、辞职或丧失能力而不能执行其权力及职务时，总统职权应由副总统执行之"。这就为后来实际操作中的混乱留下了伏笔。1841年，第九任总统哈里森死在办公室，副总统泰勒继位，然而，他拒绝使用"代总统"一称，凡以"代总统"称谓他的公文，他概予不理；两院无奈之下，乃通过决议正式承认泰勒为第十任总统，此即为"全权继承之滥觞"（the precedent of full succession）。在第25条修正案出台前，美国历史上时有因总统生病、不能视事而造成的事实权力真空——如威尔逊中风的消息曾为其妻及其医生所隐瞒，更有副总统填空总统后造成储贰之位阙然多年的情况——如罗斯福死后副总统杜鲁门上位，他的原萝卜坑空了将近四年后才被填上。

副总统不光偶需填空，也同样存在死亡及辞职的情形，在1967年之前，副总统真空总共出现过16次之多。1865年的林肯遇刺造成了空前的宪政危机。由于林肯死在其第二个任期之初，他的继任者约翰逊几乎完全享有了剩余的四年。约翰逊留给美国的最大的一笔遗馈当属阿拉斯加购置，但这功劳是要从历史的后见之明去看的，他在任上的日子并不好过。因其作风强梁、兼其民主党立场与众议院共和党多数相龃龉，约翰逊在1868年曾遭到弹劾，起因是他拒绝执行为限制其权力而出台的两项法律。最终结果是，约翰逊仅以参院一票之差勉强保住了总统之位。如果他竟去职的话，接替他的将会是魏德参议员，后者是个步履超越时代的人物，因倡扬女性参政等激进思想而深为同侪所忌。参院决定放过约翰逊一马，大约也出于"已知的魔鬼胜过未知的魔鬼"（The devil known is better than the devil unknown）之顾虑。魏德参议员其后不久即被当作"跛脚鸭"（lame duck）选下台，经此一事，参院满是后怕，竟不再容得下他的存在。艾森豪威尔总统在任上时健康状况不佳，1955年一次心脏病、1956年一次结肠手术，都够险象环生，然而在他的两次缺席期间，副手尼克松只不过是没名没份地坐在内阁前替他主持会议而已。"艾克"和"迪克"这一对正副被称为美国政治史上的"一对奇怪的夫妇"，"迪克"主意正，经验老练，发言时常冲撞"艾克"，但他没有趁危机攫取艾森豪威尔的权力。此事赢得了后者的尊敬。两人后来还结成了儿女亲家。

到了1963年，情况变得不能更糟。肯尼迪遇刺后，副总统约翰逊上位。整个国会将忧心忡忡的目光投向继承线。且不说肯尼迪之死，副总统本就有难逃的动机嫌疑；虽然尚称年富力强，55岁的半大老头约翰逊却早在8年前就曾发作过心脏病，且其家族有着著名的男性早亡基因；接下来的众议院议长麦克康马克年已71；再接下来的继承人是参议院临时议长，按照宪法，此人应为多数党参议员中在参院服务年限最长者——这一特殊的工龄要求令海登参议员站到聚光灯下，人们恍然发现，他已高龄86。

1963年，纽约州参议员肯尼斯·基廷首先提出修改宪法，其后得到田纳西州参议员埃斯蒂斯·基福弗的支持。基廷–基福弗提案提出，应允许众议院来定义总统在何种情况为"丧失能力"（disabled）。然而，由于某些参议员担心如此一来众议院可能会滥用权力，是议未举。1965年，由参议员伯奇·贝亚首倡、众议院司法委员会主席伊曼努尔·塞勒应和的贝亚–塞勒提案出台。该提案对"丧失能力"的定义较为周详，同时也针对副总统真空提出了方案，因此最终在参议院获得通过。然而两个月后，众议院又自行搞出了另外一个版本。参众两院于是不得不联席开会、协调两个版本，终于在1965年夏推出了一款让两院都点头的老少咸适最终版，获四分之三多数通过。

第25条修正案成文后，美国宪政史上一共出现过6次援引先例，但都是在现任总统同意的情况下。1973年10月，尼克松的副手阿格纽宣布辞职，两天后，尼克松提名福特担任副总统；1974年8月，深陷"水门事件"沼泽的尼克松宣布辞职，副总统福特继任；福特成为总统后，又提名洛克菲勒出任副总统；1985年7月，里根接受结肠癌手术，因需施行完全麻醉，故他援引修正案第3款，让他的副手老布什当了近8个小时的代理总统；萧规曹随，2002年6月和2007年7月，布什两次因结肠镜检查需麻醉，也曾临时将权力交给副总统切尼。

以上6次援引，3次为副总统任命，3次为因医疗需要引起的临时视事，属总统的"自愿移权"，而移权的时间皆以小时计，可谓小打小闹。但是第25条修正案还备有让每位总统都会寒毛竖立的第4款：

> 凡当副总统和行政各部主官的多数或国会通过法律设立的其他机

构成员的多数,向参议院临时议长和众议院议长提交书面声明,称总统不能够履行总统职务的权力和责任时,副总统应立即作为代理总统承担总统职务的权力和责任。

通俗的诠释就是:副总统加内阁的三分之二,或副总统加参众两院的三分之二,这两种组合中的任一,只要同意让总统下台,他就必须下台。

第25条修正案第4款的概念与"弹劾"不同。美国制宪诸国父于1787年制订的原宪法,其第2条第4款对弹劾已有规定:"总统、副总统和合众国的所有文职官员,凡受叛国、贿赂或其他重罪轻罪的弹劾并被判定有罪时,应被免职。"弹劾案唯众议院可提议、唯参议院可审理;通过弹劾,需满足参院的三分之二票数。美国历史上被正式弹劾的总统,除约翰逊外还有两位:克林顿及特朗普,前者发生于1998年12月,原因太过著名无须多释;后者发生于2019年12月,两条控诉分别指向特朗普的"滥用职权"及"妨碍国会"。

第25条修正案第4款本意是为了制定一个继任程序,以备美国总统和副总统职位因"各种原因"出现空缺时使用;对导致空缺的"各种原因",制宪时本有枚举法与定义法两种可行方案。修正案的主要执笔人、法学家约翰·费瑞克回忆道:国会"并不想要一个严格的宪法定义,因为'丧失能力'的情况可以是多种多样的"。正是出于这一思维,第4款对"危机情形"的定义,并未采取原宪法弹劾条款的枚举法;最重要的变动是:第4款将判断总统是否能够继续履行职责的主要决定权交给了副总统。第4款甚至没有设一个医疗证明的门槛。彼时的制宪者们虽然承认,使用医学证据或有助于确定总统是否真正"丧失能力",但同时又认为,确定总统"丧失能力"并不需要专业医学知识。总之,为了保证实施的灵活性,他们明确拒绝了任何一种对这一术语进行定义的企图或方案。

第25条修正案第4款自问世以来,从未被援引过。从法理上说,由于第4款的灵活性,援引它,应比使用弹劾程序更简易、快速,有宪法学家甚至认为一天之内就可以完成。根据佩洛西的提法,特朗普已经是"一个非常危险的人物",这已非常接近将其界定为"精神病人"。

补刀者显然不在少数,辞职的白宫幕僚长约翰·凯利就是其中的代表。幕僚长在美国的行政系统运作中,实际权力超过副总统,故此会被称为"美国第二有权者",一般来说,他也会是总统当选前的有力支持者;他与总统,往往有着原生的亲密关系,反不似副总统通常来自利益的结合。凯利控诉道,"特朗普只相信自己所愿意相信的,他会找到那些能给出他以他想要的意见的人……说真话的人在他身边存在不了太久……我非心理医生,我没法指出精神健康方面的问题。我只能说,他是一个非常有缺陷的人,他有着非常严重的性格问题"。

对特朗普精神状态的猜疑从来就不是空穴来风,围攻国会事件也早有预征。来一点前情回顾:2020年12月27日,特朗普在推特上两次发文,称本次大选是"美国历史上最大的骗局",他敦促支持者2021年1月6日聚集到华盛顿,进行最后一战。在他的幻想中,仍忠于他的彭斯将会领导国会抵制认证拜登。而事实上发生的是:彭斯在认证程序结束后,竟与佩洛西碰肘相庆。再早一点,1月3日,《华盛顿邮报》曝光了一段特朗普与佐治亚州务卿的通话录音。通话过程中,特朗普多次发出威胁,要对方帮他"找到"11 780张选票,比现有选票多一倍。与州务卿的冷静、克制相反,总统在电话中显得气急败坏、底线全无。这段录音迅速在社交媒体上引发热议,一些美国媒体开始命之为"新水门事件"。音色、口气、言语的组织等,最能暴露一个人的心理状态,令美国民众吃惊的尚不是特朗普这次怎么竟亲自出演黑社会老大了,而是,他怎么演个黑老大也这么到三不到两的语无伦次!

国会骚乱事件后,特朗普最铁杆的政治支持者纷纷倒台。共和党参议员史蒂夫·拜恩斯自选情明朗后一直在疾呼:"民主党正在窃取选举结果。特朗普需要我们的支持!请捐出5块钱,帮我们打回去!"他后改口谓"我从来没说过选举结果被偷窃的话"。共和党参议员林赛·格雷厄姆则隔空喊话特朗普:"别指望我了,请让我出局吧!我受够了,我已经尽力帮忙了!"次日,他在机场受到一群特朗普支持者的追剿,差点没被唾沫星子淹死。同一天,交通部长赵小兰辞职。赵小兰之夫为参议院共和党领袖麦康奈尔,她这挂冠求去,明显就是要与"特"字号的共和党遗产相切割。树倒猕猴散的情境,更催生民众对总统精神状态和心理健康的忧虑。CNN的一位记者报道,有位白宫线人告诉他,特朗普已经"疯了"。记者强调,该共和党高官线人的原话就是"out of his mind"。经由佩洛西的宣传,全球媒体都对特朗普"可能做的事"产生了一个图景式的可怕猜想:他已决定带上地球一起离任,他的胖手指将颤颤巍巍按向那个红色按钮……

副总统彭斯拒绝了佩洛西的提议，但他说，亦不排除动用宪法第25条修正案第4款的可能性。保留这一选项是为了防止总统"变得更不稳定"。对于这个可能性，尽管参联会主席马克·米利已保证将采取预防措施，但有核专家认为，米利无法阻止特朗普下令发射核武器，因为依照宪法，总统依旧是唯一有权下令实施核打击的权威。国防部部长虽有理由怀疑总统精神失常，从而拒绝执行命令，但那就相当于兵变，总统完全可以将他撤职，由副国防部部长继续执行命令。

由于彭斯拒绝援引第25条修正案第4款，众议院于1月13日上午以232票赞成、197票反对表决，通过了针对特朗普的弹劾条款，这就使得特朗普成为美国历史上首位两度遭弹劾的总统。但由于麦康奈尔已明确声明，他不会动用紧急权力要求参议院提前复会，弹劾审判也不会在拜登就职前开始。

第25条修正案第4款的达摩克利斯之剑从未出鞘过，但在距离权力交接前的第13天，全世界都听到了它在匣中作龙虎之声。

［原刊于台湾《观察》期刊2023年第5期］

外 篇
Outer Chapters

大圣教：
海外中国人网络社区的二次元宗教

一个搞笑的二次元宗教正在海外中国人的网络社区中走红，尽管它还不甚为外界所知。"大圣教"名义上是为膜拜明代神魔小说《西游记》中的主角孙悟空而设，其真实用意则在讽刺伪虔诚的海外基督徒。

来自中国大陆的学生、学者及他们的家人，大多生长于无宗教环境中，故此，来美后，他们大多仍会对福音传教保持免疫。对一名普通中国人而言，若有邻人硬邀他参加社区的圣经学习小组，则他烦恼的程度将不亚于必须对付年度报税。但这并不是说，他一定会拒绝到附近教堂聚餐的邀约，事实上，如果他是位居住在小大学城的单身人士，大概率他会不反对常到教堂走走，因为那将是他找到同文同种的另一半的可能场所之一。对业已成家的华人夫妇，教堂也是个不错的社交选择：妻子们可以在此交流育儿及血拼经验，丈夫们则就体育、汽车和股票话题侃侃而谈。其后，大家听牧师先生布道、唱歌；其后，郑重吃饭；其后，作鸟兽散。

缺乏丰富社交生活的留学生或高科技农民工们常会花大把时间在网上，未名空间的MITBBS成为他们的必造之地。MITBBS是一个网络BBS论坛，由麻省理工学院的主机伺服，现已成为最著名的海外中国人网络社区。在过去的十年间，这家社区成为无数游子的乡情所系。BBS系统面向不同的兴趣受众，提供超过100个版块，其中约一半为信息共享、解决问题而设。另外一半版块则为网友们表达思想、倾诉感情而设。"情爱幽幽"提供给失恋之人以写作幽怨诗歌的场地，"我爱我家"吸引烦恼的主妇吐槽婚姻的苦恼并寻求安慰——这些版块终年热火朝天，也有空间保留给有关人生、宗教、精神追求的严肃讨论,很多并不冷寂。

MITBBS是受过高等教育的海外精英聚合地,它的发帖的质量及深度皆不可等闲视之,精致优雅的文字时或可见。帖子通常为中文,但如果情况特殊,如发帖人正在上班、手边没有中文输入法,也会有英文帖。访问者中藏龙卧虎,尤其是第一个回帖,往往一语中的;当富有见地的第一帖(二楼)吸引观者,才容易激发观者的兴趣、形成系列回帖,故网上有"自古真相出二楼"之说。

"大圣教"的提法,本来可能仅出自某个促狭鬼的某次即兴发帖,但它居然兴旺发达了起来,这是拜"宗教信仰"版上的大量诙谐回复所赐。"宗教信仰"版一直都是基督徒和非基督徒的激战交火之地,人们在此乐此不疲地辩论着三位一体和圣处女问题。火药味十足的辩论中又点染着一种调侃的味道,这是由BBS系统的整体风格决定的。整个BBS洋溢着一种犬儒式嘲讽,越是在偏重精神探讨的版面越表现得明显,那或许是因为海外精神生活的空虚,或许是因为网络亚文化语言本具嘲讽修辞。远离了主流社会的语言环境及限制,各种典故、谐音、缩写组合而成的网络语梗被欢乐地发明和流布,反讽、褒贬相间的修辞手法直击虚假的公共生活表象。在一波又一波的语言狂欢中,无厘头的"大圣教"于焉载诞。

"大圣"是《西游记》里孙悟空的别名。他原是一只无父无母的猴子,从巨石中崩裂而出,因发现了花果山水帘洞赢得众猴拥戴,成了猴王。为寻找长生不老之道,他远涉江湖,学道于一位道家神仙,得名"孙悟空"。他学就了筋斗云、七十二变和一身好功夫,回到花果山水帘洞继续称王。急于得到一件称手兵器的他,竟将龙宫的"定海神针"撬走,并将其私有化为他那著名的可变大小的金箍棒。他又跑到天庭大闹,将那起初也未尝没有绥靖之心的玉帝激得恼羞成怒,发兵十万攻打猴山的叛军。孙悟空最终被无所不能的如来击败,被压在大山底下,整整五百年不得动弹。其后他得到释放,但前提条件是他必须护送唐玄奘去西天取经,于是他成为唐僧的大弟子。一路行去,他们又碰到另外两名弟子:猪八戒——一位猪头人身的神道,和沙僧——一位曾在流沙河居住的妖怪。此外还有一匹白马加入了旅程,该马前身原是犯了罪行的龙王太子,他被变为马,驮唐僧西去以洗清罪愆。他们一行在路上遭遇了无数的苦难和折磨,不断地为各种魑魅魍魉所惊所扰,但多数都被战无不胜的猴子打发掉了。

孙猴子永远乐天、欢闹、士气高涨,同时他也是一名讲究战术的战士。与孙猴子极为不同的是,唐僧是个叽叽歪歪、又没什么主意的哭包;八戒又懒又馋,意志薄弱;沙僧则似为一无聊无趣之人物。一部《西游记》使孙悟空在中国家喻户晓,尽管佛教作为宗教,就其历史的最高峰值而言,也未尝成为一种压倒性的国教。

正是出于对基督徒——无论是虔诚的,还是吃教的——的讽刺,未名空间的大圣教将其基本教义定义如下:

1. 齐天大圣孙悟空是普天之下的唯一神圣造物及唯一真神。
2. 他之以石猴的方式降临人间,足以证明他的神性。
3. 他是为了解救尘世中苦难的人们才来到人间的。
4. 《西游记》的作者、明人吴承恩,是一位伟大的先知,一位接近至善的人,但他不是神。每个人都拥有成为先知的能力,所需要的只不过是不断修行以臻于至善。
5. 要想成为一名信徒,只需相信、信赖并热爱大圣——我们的唯一救世主。
6. 大圣教如今和未来都不会、也不打算成立任何形式的教会。它拒绝任何形式的神职、经文及供奉。
7. 任何人都可以在任何时刻与大圣直接交流,并不需要被任何形式所束缚。

以上条则中,若干处戏仿了新教的"普遍的祭司职分"(universal priesthood)或"平信徒皆祭司"(priesthood of all believers)理念、"因信称义"(拉丁语Sola fide)理念、"唯独恩典"(Sola Gratia)理念,各个惟妙惟肖。

有人认为,大圣教的信徒之间,应该相互致以一种独特的"金鸡独立"敬礼:单腿站着,反手搭凉棚。至于这标准的孙猴子站姿为何叫"金鸡独立"而不叫"金猴独立",我们不得而知。有人建议,大圣教应致力发展"五位一体"的神学教义,以反映"圣五一"的合为一体;没有悬念的,"圣五一"必须是这五位:孙悟空、唐僧、猪八戒、沙僧和白马。但此事在学理层面并非像表面上看去那么"小胡同赶猪"——直来直去。根据这位建议人的学说，拉丁词根penta除了有"五"的意思之外，还可发音作"蟠桃"；既然作为蟠桃爱好者的孙猴子曾为蟠桃大会的与会权大打出手、把玉帝的天宫砸了个稀巴烂，那么，蟠桃，就理应成为自由精神或追求自由精神的象征。

最欢乐的发言来自"皈依者见证"。"皈依者"们纷纷写下"我是如何成为大圣教徒的""大圣永远与我同在""大圣帮助基督徒的明证"等见证文章，半是模仿基督徒皈依者的常见作文、半是即兴的自娱自乐，其所记录的大圣神迹，或有《西游记》所不逮处。

此一半真半假的二次元宗教已在未名空间积聚了足量人气，并有传播到其他华人网络社区之势。由于大圣教的信徒们是一批受到高等教育的中国人，人们不禁想问：他们投入大圣的怀抱，仅仅是一种二次元现象吗？这一现象是否为中国知识分子无神论心态之证？更多的探索等待着来自宗教研究与跨文化研究领域的专家。

[原刊于澳门《神州交流》期刊2009年第4期]

后记：

此篇原为英文，投稿给澳门利氏学社下属的《神州交流》期刊。利氏学社隶属澳门圣约瑟大学，富天主教背景，拙文之被接受，足以说明学社对异端声音的包容。由于《神州交流》为双语刊，主编赵仪文神父（Yves Camus）写邮件来问笔者，是否愿意自己回译为中文，稿酬从优；笔者同意、交还译稿后，又受邀成为利氏学社的长期翻译。

在异文明中，悠游于其文化、语言，但精神上绝不受点染的例子，笔者还能想到一例，正是利氏学社的得名之源：明末来华的天主教传教士利玛窦。

1581年，耶稣会遣意大利籍传教士罗明坚和利玛窦二人浮海东来中土，起先卜居澳门学习中文，其后谋入内地传教，经向地方官吏"赠送厚礼"后，利玛窦得以在广东肇庆建立教堂。为了入乡随俗，他披起了和尚的袈裟。这位利和尚的庙里没有菩萨，却特设一个接待室，里面摆置着时钟、时晷、浑天仪及一副用汉文标明的世界舆图。为了迎合中国士大夫的自大心理，利玛窦故意把本初子午线的投影位置转移，把中国放在正中。于是，观者大悦。

1594年起，利玛窦改穿儒服，饰儒冠，自称是儒者。中国士大夫虽恒常喜与方外交游，骨子里却又极看不起他们，视其与娼妓相类，分别为疏导人们精神和肉体压力的不可或缺的底层社会分工。利玛窦敏感地会意到这一点，不失时机地调整了自我形象。1601年，利玛窦到达北京，受到了万历皇帝的召见，并献上了天主圣像、自鸣钟、铁弦琴、万国图等物。精致的洋琴和洋钟打动了万历的心，"皇上欣念远来，另见便殿，垂帘以观。命内臣习学西琴，问西来曲意。利子始译八章以进。后蒙赐问大西教旨及民风国政等事。于是钦赐官职，设馔三朝，宴劳利子"。

"利子"——他现在已经得到一位儒者的荣誉称号了——对于大明皇帝要给他加官进职一事却大费踌躇起来。盖他之视不信天主的万历皇帝，不过为上帝的迷途羔羊一只（当然，是一只重要的头羊），唯这只羊及其身后以恒河沙数计的羊群的灵魂救赎问题，才是利玛窦毕生的事业追求。至于从天而降的花翎乌帽，倒是从来没想过的。当下利玛窦就"固辞荣禄"，又具疏请命，要求到广大天地去，"或西京，或吴越，乞示安差"。不料万历坚决要授给他官儿做，一道谕旨将礼部的题复驳下。帮他与内廷通气的太监既可气又可笑这不识好歹的蛮夷夫子，婉言劝道："弗固辞，主上方垂意。若固辞，则上心滋不喜"。其时又有礼部赵公邦靖周旋其间，利玛窦始有僦屋京师之意。

这一住就是十年，直至他病逝为止。这十年是对中国文化传播贡献巨大的十年，利玛窦先后译著了《几何原本》《乾坤体义》《同文指算》《测量法义》《万国舆书》等书，部分与徐光启、李之藻等合译；编写了一部手抄本《中意葡字典》和一本《中国文法》，供欧洲人学习汉语之用；他死后的文字被人辑成《中国札记》和《中国书简》，内容为他在中国搜集的历史、地理、政情、人文思想、宗教伦理、文化风俗等，于1910年在意大利出版。

利玛窦播下的柳枝成了荫，然而究其初衷，他不过把科学当作上帝的婢女、福音的手杖。他与中国士大夫及王公大臣结交的方式是：先以介绍数学、地理、天文等方面的知识引起他们的好奇心，然后取得接近的机会结交为朋友，转而论证天主教教义，引人入教。在这个过程中，利玛窦出神入化的中文水平和他对孔孟原典的精湛理解，成为他攻无不克的一道利器。

前面序文中所举的利氏的文言写作，出自其致大明铨部大臣虞淳熙的一封尺牍，兹不复引。那封蕴籍典奥、遣辞华赡的尺牍会给收信人以什么样的心理冲击，我们大约也可揣想而知。然而利玛窦在中国的运数，正应了"有意栽花花不发，无心插柳柳成荫"这句老话。天主教的传教活动由明至清，历经康、雍两朝的盛时，因乾隆的禁教闭关政策而基本废止。禁教令一直延续到鸦片战争为止，虽有少数传教士冒死东来，但多已转为秘密活动；以介绍自然科学为主的利子正音从兹绝矣。

一心摒弃异教偶像的利玛窦却被中国人抬成了一具神。在他死后，新兴的钟表制作行业把他认作本行的开山祖师爷，刻像供了起来。逢年过节，初一十五，上香磕头，保佑本行大发利市；新徒乍入行会，也要在利爷爷像前三拜九叩。

笔者有时不免会想：国人的精神DNA，或是差池于宗教而容与于偶像崇拜的吧，无论古时还是今时，精英还是底层，现实还是网络，严肃还是娱乐。

我为潇水写推荐语的来龙去脉

由我来介绍潇水的写作,应该是一件非常违和的事情,因为近十几年以来,我一直在头秃地搞明朝的谷子,而潇水是一位从群众中来、到群众中去的人民作家。但是潇水找到我,指定我宣传他,或辱蔑他,但不得不发声。我决定写,并不是因为我受到压力,一般我是不屈从于压力的。

作为一个在论文生产压力中恨不能提溜着自己头发逃离地球的学院派,我其实一直都鄙夷不能为建设和谐社会和美丽中国添砖加瓦的写作。学院最近经常开展政治学习;回顾历史上的重大文艺路线,我也经常反思文艺是为什么人的问题、文艺的普及与提高问题。我是从这个政治高度上去认识潇水的写作的。

潇水原本是一名先秦史写手。他的《青铜时代》曾被罗胖在"罗辑思维"上推介过。遗憾的是,由于全民风靡白话历史的热情已经过去,《青铜时代》未能获得《明朝的那些事儿》那般的关注。

网络社区的明矾们屏息等待第六卷问世的前夜,我正在亚利桑那读博,与明谷子的第一个回合的缠斗快要结束了。当时有个还不赖的刊物约我给《明朝的那些事儿》写篇英文书评,正好我也需要从谷子中透口气,就写了一篇。明月像他的传主一样崛起于畎亩之中,躬耕于天涯社区间,我十分羡慕、赞叹,或者应该说,我天生就是一个延安文艺座谈会精神的服膺者,喜欢一切能把复杂事情讲简单的文字,而非反之。但由于我脑子里还是有些学院派的遗毒,加上约稿期刊也提出"要有建设性批评",我好像也写了点"对历史演进机理还欠深度思考"之类的话,像一名浅薄的小学语文老师批作文。我对明月是有点看法，但膏药没贴在疮上：明月后期的写作，不少地方像明代文献的今译，抻量着加上点搞笑逗趣；后期文字缺了裁剪和提炼。我见到就想，咦，这不是我在鼓捣的那点料吗？这段可能我也会写。

后来我对明月感到很抱歉。抱歉的原因是因为把谷子抻到足够长之后，我发现长篇真的是很难驾驭，不是丢了芝麻就是丢了西瓜，要想均匀地保持前后逻辑一致、行文腠理一致、语言风格一致，实在是个力气活儿。曹雪芹没有死，他只是写疲儿了化蝶为高鹗了。

再后来就读到潇水的五卷本《青铜时代》。他的各卷本命名法就挺稀罕的，分别为"蕨类战争""蜥蜴战争""鳄鱼战争""恐龙战争"和"终结战争"，对应着先秦的五段时期。从蕨类到恐龙的古生物学演进，寓意着上古民族从文明初化走向成熟的过程；战争的古生物载体，连接升级，直至最后战争终结，寓意着诸国武力竞争的升级，从春秋到战国到秦统一，最终以强秦独霸天下而收场。

读毕，我感到，潇水同志，是一位深刻领略了巴赫金精神的写手，他一直写到第五卷，仍保持着高水平的狂欢化品质。就凭这点，我对潇水就有着与对兰州拉面抻面师傅一样高的敬意。但书名《青铜时代》与王小波的名著重了，在命名法上很吃亏；在快读时代，这是一个灾难。《青铜时代》没打出更大的响动来，跟这个重名很有关系。

有个书评栏目注意到我评过草根写史，要我给潇水也来一篇。我写了，写得十分拧巴，一方面想到稿子毕竟作为史学书评——虽然探讨的是通俗写史——得有专业术语，另一方面考虑到所评文字具有娱乐性，在严肃紧张团结之外，我的也该有点小活泼，所以在炮制的过程中，水多了搁面、面多了搁水，好容易才撮成面团擀成皮，把《青铜时代》的馅儿包成了包子。其中比较不近似人话的有以"取历史研究应具揭橥历史意义和历史运动趋向的学科价值的一面而言……"开头的一段，明显面疙瘩都还没和开；勉强包住馅儿可能还有点漏汤的比如这段：

在这个如尼尔·波兹曼所定义的"娱乐至死"的时代，"恶搞"文化是几乎为所有网文所共用的。它的产生原因很复杂，一种说法是出于对精英文化、经典话语权和宏大叙事的结构和挑战。在白话历史写作上,则呈现为将原历史文本打碎、破坏,使原来的语境与寓意消解,糅入现代人的思维和话语,形成一种超现实的、常常引人喷饭的奇特效果。这种做法,与历史学科的求真性本是背道而驰的。

其后,我可着头做帽子,抛出了一个"如何写出一段狂欢的白话历史网文而不失历史作品的真实性?"的貌似深奥问题,但马上进入了对《左传》和潇文的大量转引,有点骗稿费之嫌。如今我不怕带着这个嫌疑再次转引,以证潇文之狂欢化特征:

潇水写过"楚囚"钟仪的故事,而读书人都知道,它的出处在《左传·成公九年》。其原文本如此:

> 晋侯观于军府,见钟仪。问之曰:"南冠而絷者,谁也?"有司对曰:"郑人所献楚囚也。"使税之。召而吊之。再拜稽首。问其族。对曰:"泠人也。"公曰:"能乐乎?"对曰:"先人之职官也,敢有二事?"使与之琴,操南音。公曰:"君王何如?"对曰:"非小人之所得知也。"固问之,对曰:"其为大子也,师、保奉之,以朝于婴齐而夕于侧也。不知其他。"公语范文子,文子曰:"楚囚,君子也。言称先职,不背本也;乐操土风,不忘旧也;称大子,抑无私也;名其二卿,尊君也。不背本,仁也;不忘旧,信也;无私,忠也;尊君,敏也。仁以接之,信以守之,忠以成之,敏以行之。事虽大,必济。君盍归之,使合晋、楚之成?"公从之,重为之礼,使归求成。

潇水将这段故事打碎重写,变成了以下这样:

> 晋景公视察战车库,瞥见胡子邋遢的钟仪,吓了一跳:"呔!是人是鬼?"对方没有动静。晋景公仗着胆子走近这个发霉了的东西细看,却是活人,卧在一堆白森森的老鼠骨头中间,衣服已经被老鼠或者他自己吃光了,惟(唯)独帽子还端坐在头上。我们知道,帽子对于春秋时代的古人,就像阿拉伯妇女的面纱,是身份的标志,

不能摘的。当时不加冠的只有平民、小孩、夷人、罪犯和女同志。由于罪犯不冠,所以免冠表示谢罪,跟现代社会的脱帽致意差不多吧。

"你是什么人?"

"我是一名来自楚国的囚犯,名叫钟仪兮!"一口纯正的楚国话从这个人、鬼、兽的结合体传来。一年蹲监狱,寂寞将何言?他不但没变成哑巴或"白毛男",居然兮兮地乡音未改。一年多来,他一直用尽浑身的黑暗想家,光着身子也要坚持戴故国的南冠(楚民族帽子),不忘本,不懈怠,为保住自己的民族帽子,跟老鼠们不知英勇搏斗了多少次,估计一年都没敢睡大觉。晋景公让他演奏了一段儿楚国音乐,他唱起故国乡音,凄婉哀绝,闻者泣下数行。晋景公觉得这个"楚囚"钟仪的一举一动都慎守着故国礼仪,很有股子信仰,值得敬佩。于是就礼遇钟仪,把他当成一个守节不移的爱国模范来宣传推广,以教育本国的白眼狼卿大夫们(他们越来越有势力,不听君主的话了)。而与此同时,战场上传来坏消息:楚共王奋起爹爹楚庄王遗威,北上解救晋人对郑国之围,攻服陈国,远袭山东莒国威胁齐人。并且晋国西线又遭受了秦军、白狄的联合骚扰。晋景公想一举击溃楚人,重新夺回被楚庄王时代抢走的中原霸权,已变得希望不大。于是,浑身不爽的晋景公只好先跟楚国妥协,把钟仪释放回去,以和平大使身份向楚国人民讲晋主席的好处。楚国响应了晋国的示好行为,双方谈判议和,并在取得人质后晋国释放了扣押的亲楚派郑国国君。

潇水在这段改写中,强调了南冠不可摘的重要性——这对春秋时代的人是不言而喻的,故左传中没有对此进行阐发;添加了"不冠之人"的类别;在钟仪的对白中加入"兮"字以强化其楚国人身份并生成搞笑效果;加入了与老鼠斗争的想象情节;删掉了范文子其人其言;交代了晋国的困境形势和晋景公释放钟仪的动机。他的改写,更动了原文结构,但符合历史的真实。我们不妨试想:换一个对晋楚争斗格局认知稍差的写手,在处理左传这个故事的时候,肯定会出于对经典的敬畏而不敢放开手进行增删,这段文字恐怕就会被写成像一段古文今译的样子。古文今译而欲带有网文的狂欢搞笑性以吸引点击率,只能往里面生加佐料,这类网文见得多了,读者味蕾都会蜕化,掺入物压根儿不能被食道消化,只会让人觉得牙碜。

我因为这则书评认识了潇水。他是个喜欢听响动的人,自然欢迎我的"谬誉";我觉得,他是真心欢迎一切打到经络上的赞美与侮辱,可能后者更甚。我似乎确实有一些制造后者的生产力,但在鲁国的文史圈中完全施展不上;出过一册旧诗文小集后,我交了一批友人,他们都似对我蛮客气,我隐藏着我的生产力,对他们也蛮客气。过了一段时间后,我发现我好像被当作一个维基在用:

"刘老师,《尚书今古文注疏》《逸周书校补注译》《大戴礼记解诂》《国语集解》《礼记训纂》《吕氏春秋注》《诸子集成》的英译为何?"

"刘老师,舜的继母的名字壬女的出处为何?"

我不时收到这样的问题。第一个问题我查查,能答,因为这些书名存在于我过去修课获得的知识结构里,查查是为了确认不错。第二个问题答不了。我对于我在鲁国经常被当维基用这件事感到有点懊恼,因为一个知识点,如果我记得,我一定是能阐释的,但你并不需要我的阐释;如果我不能阐释,则我能搜到,你也应该能搜到。

我搜不到,其实问答就可以终止了,但因为潇水了解,所以我听到了有趣的诠释。他的上古史储备十分丰富,而且是与《论语》《孟子》《诗经》《尚书》对读得来的。所以,他不光是这类问题的维基,其阐释也有道道儿。我一向以为,纯知识值不了几个钱,有价值的是阐释,在那之上是文采。两者都有叫"受上苍祝福的笔"。能阐释,就让人高看。他的口头表达与笔头一样强。

问舜继母问题的是位文化官员,他佐贰于一位更重要的官员,他们在致力于把舜打造成鲁国的文化IP。他们对舜在何处栖居过有深入的研究,相应地点设计了蓝图,蓝图里有舜酒店、舜餐饮、舜娱乐城的系列推出。当然,我现在还没见到它们盖起来。

潇水本名张守春,毕业于清华大学电机系,留学于新泽西州立大学,正职是人力资源管理。我猜想,在他十三不靠的专业、写作和本职之间,一定有些什么会通,因为上古史中有大段的空白,在没有材料的地方,写作者要动用他对社会组织、人际和心理的认识,拼接起来。潇水从事人力资源,这大概有利于他练成一种看人事死角的视线。但他于真正的、尘世的人事持有一种嵇康式的抽离,"纵逸来久,情意傲散,简与礼相背,懒与慢相成",如果不是为了钱,他连上班打卡都懒得打。人读书多了会有一个自我从头顶冒出来,在上面飘浮着、闲闲看着自己的肉身与社会。潇水好像练成了此功,我还没有。但是他与出版社常年吵架,就像嵇康见谁都懒得说话但跟山涛实磕,因为编辑动他的文字。《青铜时代》两次要再版,印量5万起,都因为他坚持不能大动文字而丢了合同。在这类事上我也反感编辑的主观能动性,这年头很少有作者的风格不被他们削没的。作者的风格是个面团的话,他们一定要把这个团儿削成面叶子才罢休。

我们共同认为写小说比写史要难。因为史有框架,史的最终结果业已发生,阶段性结果也都还算清楚,就算对其中的细节不完全把握,照着摹不会摹飞了;小说就不同,每一个人物的每一句语言、每一个动作都构成场域,都必须与另外人物的每一句语言、每一个动作进行互动,而互动必须是合理的。在这个层面上我们的认知大体一致。分歧在于具体的部头。

我仅承认《红楼梦》《金瓶梅》《醒世姻缘传》三部长篇小说的伟大,而他并不熟后两部。看在我与明谷子纠缠的份儿上去翻了翻《醒世姻缘传》,像鲁迅一样读不下去,但承认其伟大。我说过对其他部头的看法,他很赞赏。我的观点是:《水浒传》《儒林外史》,都取巧地使用了人物情境的转递,规避了宏大场域的互动;而《西游记》《镜花缘》,则取巧地通过地理情境的转递,规避了宏大场域的互动。它们没有死磕过虚拟写作的真正硬骨头,被归为二流,宜哉。

"你怎么看《三国演义》?"他问。他会关注这个问题,也宜哉。

潇水与"得到"签了约写三国,缘起还是因为罗振宇认可他的白话写史。此前他已经写过一部《真三国不演义》,80万字,是基于《三国志》的对《三国演义》的纠偏之作,取消了《三国演义》里所有的杜撰,加上了独属

《三国志》的情节和人物。Again，临付梓前，他与编辑吵架，把合作吵黄了。他自己掏钱找出版社印了一些，送了我一套；我因为进入了新一轮的明谷子，没有时间细看。无论志还是演义我本来都不咋爱看。但略翻翻就知道，写出此书需要有对二著的极大熟悉。

我当然不认为志或演义中的任何一种高于我所认同的三种，但也承认历史叙事之难。刘知几谓"善叙事"是良史必备的能力与素质。他说的是一种裁剪功夫。史家必须将在多维中发生的历史事件和多维中存在的历史因果硬挤到一条线之内。古希腊学者卢奇安（Lucians）谓历史叙事应有"真实之美""秩序之美"与"文字表述之美"。对付三国这样复杂的时代、事件和人物群落，如果叙事还没让读者晕掉，则作者已经是伟大的，因为他实现了"秩序之美"。

我扯得有点远，一不小心暴露出祭獭鱼本色，好在提问方是谅解的。

"全国那么多人做三国，易中天啊谁的，他们得有多瞎，非得找你做呢？而且我实在是不明白选题意义何在，"似被"选题"二字激活什么黑暗元素，我的音调高了起来，并且冒出了行业黑话："一个选题只有两种情况下值得做：1. 前人没有研究过；2. 前人研究过但是出于各种原因没有研究到位。"

潇水的回答倒是很流利，比我听过的多数开题答辩过硬，其逻辑流是这样的：

> 用一句最老生常谈的话，《三国演义》不但是民族的，也是世界的，它是世界了解中华文明的一个重要媒介。《三国演义》这部名著就是这样，它弘扬了历史，又通过虚构改变了历史认知。它影响了中国人的价值观念，影响了中国人的思维方式。
>
> 三国时代是中国五千年文明的一个分水岭，这前后的历史和文化，都由《三国演义》棱镜般折射而出。棱镜的折射，有光和角度的曲折，不可一一看实，然亦不可将其看虚。要把握这个时段，绝非仅仅掌握东汉末年和三国那有限的近百年即可的。在此之前的先秦时代和秦汉时代，即中华文化的上古和中古，传给我们后世的，是经和史。所谓经书，就是春秋战国时代相继成书的《论语》《孟子》《诗经》《尚书》，它们是中国文明的思想源泉，是贵族精神与平民哲学的智慧互动结晶，至今仍支配着

中国人的思维方式与善恶原则。《三国演义》所塑造的核心人物，分别就是这些善恶价值观的符号性代表。其书的一个重要使命就是呈现这批符号。换句话说，《三国演义》有着与经书同样的载道的作用，而且更为贴近人民的阅读需求。读了刘备、曹操、关羽、诸葛亮这些人物的故事，人民就懂得了仁、义、贤、智这些核心经学要素。《三国演义》通过虚构，突出刻画了刘备、关羽、诸葛亮、赵云等人，生动具化了经学中原本抽象的概念，从而塑造了国人的思想观念。

所以，讲透三国演义，是件有意义的事情。一个在现代社会里长大的普通中国人，通过阅读《三国演义》，可以快速地了解本国文化的前生今世，对于理解"我和我的祖国"，是大有益处的。

我当时没有想到的是，潇水也需要给"得到"交选题报告，自然用心准备了一番。他流利的答辩很学院、很正规，里面有驳不倒的逻辑，尤其是还涉及国族的崇高叙事。学院派的弱点是一见到自洽的崇高叙事就感动，可以连报酬都不谈。舜那哥们儿给过我信息费吗？没有；他找舜的继母干啥，给我提供过上下文吗？使我感到过叙事自洽了吗？也没有。我还不是照样把潇水提供的信息第一时间转给了他？那仅仅是在乡邦史层面上！潇水加码，转述了王国维语录："一国人的性格志趣，是和他们接触的历史的深度有关。"这当然就点了我死穴。我表示无条件支持。他预约我写篇推荐语。

没过多久他把书和节目都做出来了，的确是快手。他希望我如约出推荐语，要惊悚一点的。于是我提笔写了一个开头，带着我所隶属的二级学科"比较文学与世界文学"独有的气质：

读三国，不读三国，这是个问题。尤其是，《潇水讲透三国演义》出版了，作为读者的你，难免要陷入这个哈姆雷特之问。

他很不满意。NG了。于是我援笔又写了一个：

不论后现代史家如何反对线性历史，在历史书写的问题上，若没有时间线——爱德华·吉本称之为"时间的秩序，那不可能出错的真实性的试金石"——的话,文本绝对会是一场灾难。潇水携其先秦史积淀,复来啻说《三国演义》,这就形成了某种垂直打击的优势——这正是其他的《三国演义》评说者所不具备的。

就是在这个节点上,潇水批评教育了我:

> 一个不能从群众中来、到群众中去、与人民同呼吸共命运的人,写得越多,就越祸害树,你知道吗?像你这样一个不上不下、出版过一批无毒无害的谷子但群众也并不喜闻乐见的作者,可谓"往者不可谏,来者犹可追"。你需要在"延座会"理论的正确导向下,逐渐摆脱机械论文观、机械著述观,虽然一时还达不到"文艺为工农兵服务"的境界,最起码应该有"不再糟蹋树"的觉悟吧。

惊悚的效果达到了。我十分惊悚。我惭愧地说,最近这段日子,我数了数年终的核定工作量,还差两篇 CSSCI——其实也写差不多了,而且有 C 刊编辑表示感冒。我可不可以等写完这两篇之后,再告别对树的浩劫生涯、回归作树的朋友呢?

潇水说,以我的明谷子对生态造成的破坏,现在再不起而行之就晚了。如果我肯宣传他或辱蔑他,让他为更多人所知、所阅读,本质上就是一种 tree-friendly 的行动,因为他的读者都不买他的正版书。群众看了他的书,不就没空看那些假大空了?而他的书又不费树,这是不是双倍的环保?这是不是双重地减少碳排放?这是不是可以双重地赎回我以前写谷子对树造成的浩劫?我想了想,也是这个理儿,于是就把两篇 C 刊搁置了。在两家编辑和我之间,也说不清谁鸽了谁;比较清楚的是,缺了两篇 C 刊,后来我的年度奖金在院里遥遥领低,至今也没地儿索赔去——此为后话。

再后来呢,我就确实写了一篇推荐语。以上就是我为潇水写推荐语的来龙去脉。不抄了,过录为单篇,免得像骗稿费的。

给人民写手潇水的推荐语

虚构的历史作品,由擅长虚构历史作品的写手隔代析来,格外富有趣味。

相信很多人对读《三国演义》抱有矛盾的心态。读吧,里边的人物故事是已经熟悉的,比如草船借箭、吕布貂蝉、挥泪斩马谡等,又有不确定比例是虚构的。都说《三国演义》就是一本不怎么尊重历史的通俗读物,那假的东西还有读的必要吗?一本巨著,读下来耗时不少,并不是"996"人生所能轻易负担的奢侈品啊。

不读呢?似乎也不太对头。众所周知,无论排四大名著还是六大名著,《三国演义》反正总是上榜的。《三国演义》与《红楼梦》《金瓶梅》相同,都是由情节持续推动形成的完整小说,同时,它又与《西游记》《水浒传》《儒林外史》系列相似,每段故事几乎都能单独成篇。横看成岭侧成峰,《三国演义》在多层文化维度中,都已成为维系中国人社会性的共有精神财富。任何一个合格的中国人,理论上,都应对它有一定的了解。

为什么你应该通过潇水的解读版去读《三国演义》呢?答曰:因为当代人民写手潇水与元末明初的人民写手罗贯中隔代相知,他们都从群众中来、到群众中去,自觉遵循了延安文艺座谈会精神。

不要以为传统社会里就没有延安文艺座谈会精神的执行者。在《三国演义》里,儒家思想被表达得非常到位、充沛。经,对《三国演义》的影响非常巨大。读书人都知道,"义勇"是《孟子》书中的重要观念:孟子强调"舍生取义",又论说"小勇""王者之勇"和"浩然正气"。然而"义勇"的观念播到民间,恐怕不是通过《孟子》,而是通过《三国演义》的戏剧形式对红脸忠臣和白脸奸臣的褒贬。意义被形式抽空、被符号化,本就是绚烂的古典艺术的原则。在演义的早期明代版本中,有称赞关羽的赞诗曰:"两尽其忠,世称义勇。"这一观念自彼时成为显性,直到今日仍旧强劲——我们现在仍有"见义勇为"这个词。

再说史。《三国演义》,是对三国及之前的周、秦、汉两千多年历史的精华故事和中华文明核心思想价值观的集中汇总。《三国演义》的历史主线取材于《三国志》,其八十万字的体量,是由非常丰富的故事组合而成的,是个史料精华的大荟萃。许多《史记》中的情节,如刘邦项羽争霸的原型故事,皆变形、演化成演义中的虚构情节。更早的史料如《左传》《战国策》《吕氏春秋》等,其中的一些经典故事也成为了《三国演义》的素材,如《左传》中记载的神射手养由基,对演义中黄忠形象的虚构就有很大的影响。

《三国演义》的作者罗贯中在写作时并不以忠实反映时代及人物事件为职志。或者说,即使他努力想反映,事实上也不可能做到"忠实",因为作家是他的时代的产物。他的笔,必秉受其时代的风格与意志。

罗贯中,太原人或杭州人,号胡海散人,史料说他"与人寡合",就是跟人吃不到一桌、尿不到一壶,比较宅男。赶上了元末明初的短期战争,日子过得也不算好,他就打磨出了这本《三国志通俗演义》。他跟施耐庵是朋友。据说施耐庵每写出一篇,都叫周边人看看有无硬伤,罗贯中在其中出力最多。

罗贯中不善表达、能钻古书、情商有点不足。这个宅男比施耐庵的史学造诣深,但文笔不如后者——比较《水浒传》和《三国演义》的文采,这是显而易见的。他替施耐庵当了一段时间的枪手,不能老当下去,想单干。

宅男喜欢琢磨事理儿,看政治比较通透,所以他写外交纵横颇来得;经过元末战乱,他对写战争在行,武戏也来得。罗贯中读书很多,有些像学院派,喜欢列参考资料,有考据倾向。在《三国演义》中,虚构刘备与周瑜争荆州时,他加了一笔引自《吕氏春秋》的话来加强论点:"天下者,非一人之天下,天下人之天下也。"对于史料上的"关羽有国士之风",他正确地解读了"国士"的典故,即豫让的"众人国士"。总之,考证很严谨,资料很周密,但文采没有施耐庵厉害。这也同样是我与潇水的差距。历史总是那么悲剧地相似。

三国结束在公元280年,其后经历魏晋南北朝唐宋元,至罗贯中的亡年(约1400年),约计1120年。《三国演义》的酝酿期其实很长,其片段故事从宋朝和元朝起,就以民间说书和杂剧形式广有流传。罗贯中撰成后,其书又经清朝人修订。今日我们所见的《三国演义》版本,其所呈现出的道德风貌、人物伦理,体现的是晚近的宋元明清四朝的平民思想、观念、趣味与智慧。谈《三国演义》,必须结合宋、元儒家理学影响下的社会氛围来谈。"存天理,灭人欲"是作者及续者、编者所追求的古典道德,也就是理学所谓的"天理"。非分的欲望被这个写、编、改团队所一体抵制。比如刘备的克制、仁让,其实是这个时段的流行思想的折射——当时的价值观,鼓励的是质疑自己的欲望、追问个人道德方面是否完善。

这个写、编、改团队把秦汉时代普遍的功利主义进取心——如"不能九鼎食,就当九鼎烹"——换成了时代的平和安分。对成功的克制和对幸福的幻灭,折射出了道家思想;对节义、勇敢和智慧的致敬,则体现出了儒家精神。这些,构成了《三国演义》在家国政治层面下的人性立场。作者在开场诗里就放弃了自我中心:"古今多少事,都付笑谈中。"选择去顺应社会、命运的安排,他已与永恒达成妥协。

更为学院派的说法是:《三国演义》是中国上下五千年历史、思想文化和文学艺术的精华萃取和总汇集;读透《三国演义》,就把握了中华历史的形上思维,不仅仅是政治史,还包括军事学、儒家道家乃至佛教精髓,有助于一个普通人去领略人性,从中学习处世哲学、对抗韬略、人际关系和心理学。其他的收获,还可能包括地理学、历史学方面的提高。

然而普通读者在择书取向上,未必跟着学院派的指挥棒走。相反,学院派叫好的作品,在民间未必叫座。叫好又叫座的写作,写手需要有学院派的功力,同时又能摆脱学院派的负担。这些负担包括综述倾向、祭獭鱼偏好、语风的不接地气等等——有关这些毛病,你们只要扫一眼我的写作就都明白了,我一样没落都集全了。像我这么膏肓的病人尚且受到延安文艺座谈会精神感召,愿意向潇水学习,可见他确实是一位人民写手。此处我用"写手"而非"作家""学者",就是要强调写作者追求市场、追求读者接受度的自我觉悟。

扯远了,赶快回来。《三国演义》人物如何传达价值观、影响受者?

以潇水之见,演义打造了一系列对当代仍有生活、审美、处世、创业、谋存参照价值的"模范人物",包括曹操的"狠"、刘备的"让"、赵云的"虽千万人吾往矣"的"勇"、司马懿的影帝级演技的"伪""诈"等。对此,他在第二单元"中国人格"和第五单元"三国治用"中,系统地进行了讲解。演义精心塑造的这批正反人物,折射出从上古到中古的价值观,又体现出了近古宋明儒家的君臣大义和处世哲学。从心理范式到行动,这些人物可以成为我们学习的模板,也是普通职场人在组织管理、领导力、人际关系管理方面的重要参照。

《三国演义》中的智谋、策术如何影响我们的思维?

潇水认为,《三国演义》崇尚智谋,因智谋是弱者保护自己权益的利器。书中不断构建出压力冲突,然后用连绵不断的计策来应对和推动情节,从而引人入胜。这些智谋,有的直接来自《三国志》《史记》人物的军事、政治、外交博弈的韬略和智慧,如曹操在诸多军事战役中都善用心理因素,他的出奇制胜,往往不是靠着武将的战斗值。他对敌我心理因素的把握,可以演化为对抗或合作的方法论。

作为一名清华工科出身的文老,潇水热衷于以严谨的逻辑去分析文学技法。他其实不该用这个笔名,他的本名"张守春"是多么地富有理工和文科的综合气息啊,"潇水"是不是有点儿太文学了?虽然但是,潇水一直坚持以理工科思维来分享:如何才能把事情讲明白、讲生动,吸引人的注意力。潇水告诉我们:《三国演义》原本来自口头文学和戏剧形式,所以它有很多讲故事的文学技法。小处来说,有经常使用的"未见其人,先闻其声"法:不张口则已,一张口就夺人耳目;大的来讲,《三国演义》在构造故事时,顺应传播学和集体无意识心理,无缝捏合了近十个古今中外通行的原型故事。捏合处在哪儿,不经拆解我们素人看不到。

在理工男潇水眼中,《三国演义》运用素材故事、进行虚构的手法非常之成熟,只欠一场无PPT的文学技法示范秀,就可以被立为讲故事、人际沟通乃至文学影视创作的永恒典范。他如今就做了这么一部示范秀,真的是除了PPT之外,啥都整全活儿了。在第一单元和第六单元中,他就《三国演义》的全书脉络、主题、影响和前景进行了讲解;在第四单元"文学技法"中,他一一讲透了演义人物的塑造与关系刻画;在第三单元"原型故事"中,他剖析了英雄成长、联盟、捉弄等九个原型故事,与同类知名故事相比较,对标阐明了相同要素和独到创新。

潇水认为他在《三国演义》评析方面下的功夫是感天动地窦娥冤的。他有自拟文案如下：

> 一个人，就是我，已经用了"一万个小时"把自己变成了对真实三国（《三国志》）及三国相关杂剧、话本精熟，并且写出了近百万字的真实三国故事，夹持以文学、军事、更早期历史、人际社会思辨、文学虚构与历史耸人听闻的事实，以三十讲和诸位一起看透三国演义的纸面，领略这部从真实历史中剪裁出来的比真实历史更有影响力和生命力的名著或者按当时的说法"奇书"，其实"奇书"的说法更准确，从而分享我的心得、乐趣与历史的张弛悲壮，应该会是一场不虚的旅行。

潇水还不怕费事地发明了一段不知所云、不明觉厉的网络用语，供实在记不住书里说了些嘛的读者直接取用，作为商用的微信推送或抖音提词：

> 演义为宋元明清的社会秩序作出巨大贡献；演义打造的一系列高度知名IP符号，同化和塑造着人们的生活哲学和价值观，并且具有进一步承载未来社会价值观传播的IP价值。

我给潇水拟的文案宣传，一开始想走"白发渔樵江渚上，都付笑谈东风"的飘然白衣秀士风，结果很不成功；后来又想取"周公瑾、曹孟德，果何为，都打入渔樵话里"的羽扇纶巾智者路径，结果仍不成功。我沉痛总结了不成功的原因：说来说去，还是因为潇水本人并不"渔樵"！他是一名与人民群众心连心的创作者，而不是什么逃世的高人隐逸！所以，以下这段我给潇水拟的小文案，虽然有点讣告式的宝相庄严，但的确是非常真实、非常量体裁衣的。如果不能印在此书的腰封上，未来也自会在永恒的青山间找到它的所在。总之，这段小总结，写了，瞎不了：

> 潇水同志毕业于清华电机系，曾经是世界前二十强企业高管中的战斗机。然而，他没有站在他的清华背景和二当家资本者的位置上俯

视人民，相反，他大无畏地与他的出身作出了勇敢的决绝。从他过去完成的《青铜时代》《真三国不演义》等著作判断，他一直在自觉地遵循"延座会"精神、自始至终地坚持为工农兵创作。他坚持用文艺为人民服务，始终坚持贴近实际、贴近生活、贴近群众。他在真实体验中汲取养料，在感悟生命中寻求灵感，在洞察时代变迁中深化主题，创作出了无愧于历史、无愧于时代、无愧于人民的文艺精品。

所以，当潇水要带你出发、走上一程对中华文化和古代思想府库的探索之旅，要我说，要不，你就买张站台票先上车，跟着这位人民写手去看看景儿吧？

［原载于张守春：《潇水讲三国》全二册，浙江人民出版社，2023年；《潇水讲透三国演义》，"得到"APP，2021年。］

跋

《食货家法》勒成感希圣公生平

之一

国器才名魏鹊枝①,
生平跌宕似秦斯②。
壁间著述③文兹在④,
盐铁筹侔两汉辞⑤。

之二

八政⑥惟先食货⑦书,

---

① 魏鹊枝,譬贤才之所依托。三国魏曹操的《短歌行》中有"月明星稀,乌鹊南飞,绕树三匝,何枝可依"句,表达了其求贤才之情。
② 秦斯,秦相李斯,楚人,以客卿事秦,佐秦始皇完成统一霸业,终受斩咸阳市,生平起伏跌宕。陶希圣的生平与其有类似处。他曾同时受知于蒋介石与汪精卫,1937年全面抗战之初,他受蒋之邀参加庐山座谈会,出任国民政府国防参议会议员;1938年追随汪精卫去香港,1940年与高宗武联合从汪伪政府出走并披露了汪日签订卖国密约的内容,史称"高陶事件";1942年重入蒋幕,任蒋介石侍从室第五组组长,1948年陈布雷自杀后跃居蒋氏首席理论幕僚、政治文案代笔人。
③ 壁间著述,指留在世间的著述。秦始皇时下令焚书,部分典籍被儒生学者藏匿于墙壁中,方得以免厄。《汉书·艺文志》:"秦燔书禁学,济南伏生独壁藏之……《古文尚书》者,出孔子壁中。武帝末,鲁共王坏孔子宅,欲以广其宫,而得《古文尚书》及《礼记》《论语》《孝经》凡数十篇,皆古字也。"
④ 文兹在,犹"文在兹",语出《论语·子罕》:"子畏于匡,曰:'文王既没,文不在兹乎?'"兹,此。
⑤ 盐铁筹侔两汉辞,喻经济论著的价值可相当于文学论著。盐铁,指汉昭帝时召开的盐铁会议,主要探讨了盐铁专营、酒类专卖和平准均输等经济政策,兼及政治与军事,后由桓宽撰集为《盐铁论》一书。筹,筹略;侔,齐等、相当。清龚自珍《己亥杂诗》之一二三:"不论盐铁不筹河,独倚东南涕泪多。"
⑥ 八政,语出中国早期政治思想文献《尚书·洪范篇》:"八政:一曰食,二曰货,三曰祀,四曰司空,五曰司徒,六曰司寇,七曰宾,八曰师。"
⑦ 惟先食货,《汉书·叙传下》:"厥初生民,食货惟先。"厥初,其初也。本诗末句的"元为生民论厥初"亦出此。

金刀龟贝^①价相如。
谋心千古诘传法，
元为生民论厥初。

之三

一溯源清流自澄，
譬将隔世照回灯。
自为^②章句得河上^③，
不问安期^④与老僧。

之四

信有嘉言晚锡予^⑤，
或传父祖意其初。
岂无天禄青藜火^⑥，
来烛经年汲冢书^⑦。

---

① 金刀龟贝，喻钱币宝货，本《汉书·食货志》："《洪范》八政，一曰食，二曰货。食谓农殖嘉谷可食之物，货谓布帛可衣，及金刀龟贝，所以分财布利通有无者也。二者，生民之本，兴自神农之世。"颜师古注："金谓五色之金也……刀谓钱币也。龟以卜占，贝以表饰，故皆为宝货也。"

② 自为，"为"乃"因为、由于"之意。宋蒋捷《东坡田》："卜居自为溪山好，不是区区为买田。"

③ 河上，即河上公，亦称河上丈人，相传其为战国时期通晓黄老之学的学者，隐居河滨，著《老子章句》。晋葛洪《神仙传》亦有录。唐赵彦昭《奉和圣制幸韦嗣立山庄应制》："逍遥自在蒙庄子，汉主徒言河上公。"

④ 安期，即安期生，曾受学于河上丈人，《史记·乐毅列传》："河上丈人教安期生。"一说为古之仙人。三国时期魏国诗人阮籍《咏怀》之四十："安期步天路，松子与世违。"

⑤ 锡予，犹赐我。锡，通"赐"；予，我。《诗·小雅·采菽》："君子来朝，何锡予之。"

⑥ 天禄青藜火，天禄为汉代皇家藏书阁名，青藜火则出自一则佑护著述人的典故。晋王嘉《拾遗记》："（刘向）校书天禄阁，专精覃思。夜有老人着黄衣，植青藜杖，登阁而进，见向暗中独坐诵书。老父乃吹杖端，烟然，因以见向，说开辟已前。向因受《洪范五行》之文。"宋苏轼《和读山海经》之四："安知青藜火，丈人非中黄。"

⑦ 汲冢书，此譬如旧学、古文。《晋书·束皙传》"太康二年，汲郡人不准盗发魏襄王墓，或言安厘王冢，得竹书数十车"，中有《纪年》《易经》《穆天子传》等古书。宋陆游《冬夜读书甚乐偶作短歌》："鲁壁汲冢秘，天遣慰困穷。"